CHINESE AND EUROPEAN STORIES
ABOUT EMPEROR KU
AND HIS CONCUBINES

历史文本的文化间交织

中国上古历史及其欧洲书写

［比利时］钟鸣旦 —— 著

陈妍蓉 —— 译

THE
INTERCULTURAL WEAVING
OF
HISTORICAL TEXTS

上海人民出版社

　　这幅帝喾画像取自一本介绍中国历代著名君主的小册子，其中每一位都配有简短的生平和一幅彩绘插图。这本小册子现存于巴黎的法国国家图书馆，编号为BnF, Chinois 1236。钱德明（Joseph-Marie Amiot，1718—1793）曾提到过，这些图像是1685年勃碣（常岫）从一座名为兴德寺的寺庙中复制过去的，他不仅保留了这些图画的原样，而且还加上了解释。

目　录

序言　　　　　　　　　　　　　　　　　　　　　　　　　1

绪论　　　　　　　　　　　　　　　　　　　　　　　　　1

第一部分
中国文献与欧洲文献：十七、十八世纪的
欧洲人书写中国历史

第一章　明末清初的通史和纲鉴体文本的谱系　　　　　20

　导论　　　　　　　　　　　　　　　　　　　　　　　20

　1.1　明代编纂上古史的资料来源：宋以前及宋代的史书　23

　1.2　明代的通史类著作　　　　　　　　　　　　　　33

　1.3　清中前期的通史类著作　　　　　　　　　　　　65

　结论　　　　　　　　　　　　　　　　　　　　　　　76

第二章　耶稣会士撰写的中国历史、纪年，及其参考的

　　　　中国资料　　　　　　　　　　　　　　　　　114

　导论　　　　　　　　　　　　　　　　　　　　　　114

　2.1　十七世纪晚期　　　　　　　　　　　　　　　　116

　2.2　十八世纪　　　　　　　　　　　　　　　　　　139

　结论　　　　　　　　　　　　　　　　　　　　　　177

第二部分
主体文本与传注疏义之间：十七、十八世纪的
欧洲人解读中国历史

第三章　中国文献对神奇生子记的解释　　224
　导论　　224
　3.1　宋代以前对神奇生子记的解释　　226
　3.2　宋代和明代对神奇生子记的解释　　251
　结论　　267

第四章　耶稣会士对神奇生子记的解读　　279
　导论　　279
　4.1　索隐派（"广州派"）　　282
　4.2　历史派（"北京派"）　　319
　结论　　360

后记　　397
参引书目　　406
索引　　444

序　言

　　如果我必须回想一下这本书的形成过程，起点可能要追溯到 2002 年春天发生在普林斯顿的一次谈话。当时，安东尼·格拉夫顿（Anthony Grafton）提出了一个简单的问题：耶稣会的历史学家——比如卫匡国（Martino Martini）、柏应理（Philippe Couplet），或者冯秉正（Joseph de Mailla），他们使用的中国资料是什么？我最初的研究给出了一些答案，但诚如后来所见，仍然非常有限。直到我关注到一种被称为"纲鉴"的史书类型之后，这项研究才真正浮出水面。一开始我走了很多弯路——我试着去了解十七、十八世纪出现的、讲述中国历史的各种综合性的著作，于是就找到了很多收藏在欧洲、中国、日本和韩国的纲鉴类的文本。这让我回到最初那个问题并重新回归这些文本的内容。一些在鲁汶举办的小型研讨会，以及我在伯克利和哈佛大学教书期间的各项活动、对话——它们都极大地推动了这项研究的进展。

　　在此期间，许多同事的帮助和支持令我受益匪浅。首先，我要感谢鲁汶大学汉学系的同事，他们以各种不同的方式为本书做出了贡献：Katrien Berger、康言（Mario Cams）、陈妍蓉、戴卡琳（Carine Defoort）、杜鼎克（Ad Dudink）、安妮（Annick

Gijsbers）、高华士（Noël Golvers）、李庭绵（Lee Ting-mien）、Lise Merken、马伊珂（Maaike Mottart）、华贝妮（Benedicte Vaerman）。他们对本书的初稿提出批评意见、纠正脚注、检查翻译、表达质疑，或者给予同情和鼓励。我还要感谢以下各位同仁：浅见雅一（Asami Masakazu）、Stefan Derouck、魏希德（Hilde De Weerdt）、Tineke D'Haeseleer、欧立德（Mark Elliott）、韩琦、何义壮（Martin Heijdra）、詹嘉玲（Catherine Jami）、何剑叶、伊维德（Wilt Idema）、梅欧金（Eugenio Menegon）、戴梅可（Michael Nylan）、胡司德（Roel Sterckx）、宋怡明（Michael Szonyi）、叶翰（Hans van Ess）、魏宁坦（Nathan Vedal）。他们通过各种途径帮助我查阅一手资料和二手资料、甄别文献中的信息。

这项研究得到过鲁汶大学的研究委员会资助项目（Onderzoeksraad）和弗兰德研究基金会（FWO-Vlaanderen）的慷慨支持。我要感谢《远东文物博物馆馆刊》（*Bulletin of the Museum of Far Eastern Antiquities*）和《东亚科学、技术与医学杂志》（*East Asian Science, Technology, and Medicine*），因为早期发表在该期刊上的文章得到允准，可以在修订之后作为本书的第一章和第二章重新出版。我还要感谢 Axel Schneider 和 Susanne Weigelin-Schwiedrzik 将本书的英文版收入莱顿的比较史学系列（*Leiden Series in Comparative Historiography*）。

最后，我要向在整个过程中赠予我友谊的每个人表示深深的感谢。特别是我的家人、同伴、同事、朋友和学生，他们鼓励我完成了本书的写作。

值此中文译本出版之际，我想对本书的书名作一点简短的思考。细心的读者可能已经发现，英文单词"intercultural"在这里被译为"文化间",而不是"跨文化"。这不仅是因为中文的"跨文化"一词对应的是"transcultural"而非"intercultural",更主要的是,我想强调"inter"这个部分的重要性,而汉语中的"间"字能够很好地体现这一点。我经常在研究中提到"之间"("in-betweenness")这个概念的意义——不止在文化间的交往这个领域,在任何的相遇、交往中都是如此。实际上,汉语很好地表达了"间"的思想,这个字出现在诸如空间(space)、时间(time)、人间(humanity)等词语当中,而这些都是历史学研究必不可少的、最本质的概念。正是交往的这种之间性带来了新的文化创造,而新的思想和解释恰恰脱胎于文化之间的间隙当中。这也是我在从事本书的研究、发现纲鉴类文本的价值这个过程中得到的收获。我希望本书的读者也能体会到类似的、关于"之间"的意义。

我要向周振鹤教授(复旦大学)表达真挚的谢意,感谢他的鼓励和上海人民出版社的支持。我也在此致谢倪文君的编辑以及陈妍蓉博士为本书做的翻译。非常感谢两位的工作。

绪 论

关于中国，它的悠久、强势和律法，还有对科学的
运用。

它的历史基本上是无可辩驳的，它是唯一一部建立在
天体观测基础上的历史，有最精确的纪年可以追溯到遥远
的、比我们的世俗时代早2155年之前的日食。这些已经
被精通数理的传教士验证过了。最近这些年，传教士们被
派去这个不知名的国家，向他们的人民传播福音——传教
士对他们心生倾慕，同时也教导他们。

伏尔泰（Voltaire），《风俗论》（*Essai sur les mœurs et
l'esprit des nations*），2009, p. 20

1684年，巴黎皇家科学院的成员们会见了刚从中国回到
欧洲的耶稣会传教士柏应理（Philippe Couplet，1622—1693）。
这次会面期间，他们编纂了一份"调查问卷"——这将成为一
份重要的文件，那些由路易十四（1643—1715年在位）派往
中国的、被称作"国王的数学家"的耶稣会士们将会以此为基
础，展开委派给他们的调查工作。这份调查问卷的前两个问题

是，关于中国的纪年和历史，是否有更多的消息。[1]法国学
者们首先想知道是否存在最新版本的中国历史纪年，尤其是关
于耶稣诞生之后的历史时期。他们对此特别感兴趣是因为另一
位从中国返回欧洲的传教士卫匡国（Martino Martini，1614—
1661）所写的《中国历史的第一世代》（也译为《中国上古史》，
Sinicae historiae decas prima，1658）仅仅讲到耶稣诞生之前的
中国历史。接下来，他们提出了另一个问题："（中国）历史的
权威性和准确性体现在哪里？（中国人）是否继续以同样的方式
编纂他们的历史？"在随后的几十年里——直到十八世纪，这
些"国王的数学家"，以及他们在中国的继任者们，一直与巴黎
和圣彼得堡的学者们保持通信联系，讨论有关中国历史和纪年
的起源问题。这类信息的流通催生了大量的欧洲出版物，继而
对欧洲的启蒙运动产生了重大影响。最著名的作品可能是冯秉
正（Joseph-Anne-Marie de Moyriac de Mailla，1669—1748）的
《中国通史》（*Histoire générale de la Chine*）。这部著作最初写于
十八世纪三十年代，于1777年到1785年间分13卷出版。该书
约有6 500页的正文内容（以及约1 100页的索引和补编）。两
个半世纪以后，它仍然是由单个欧洲作者编纂的、最全面的中
国历史。[2]

在这部作品的序言里，冯秉正开篇就对中国的历史学家和
欧洲的历史学家展开比较，他对前者大为赞赏。他说道："就像
在欧洲一样，中国也有优秀的历史学家和拙劣的历史学家，因
为两边都同样地热衷于历史；而且由于不同的旨趣和利益——
抑或是担心得罪了某一方，抑或是为了抬高某一方，历史学家
们往往根据自己选择的既定立场来增删（事实）。但在广大的编
纂史书的中国书吏们当中，有一些史官具备我们的世俗历史学

家所没有的优势，他们能由此获得一种其他人通常无法具备的权威性。"〔3〕冯秉正接着颂扬中国的史家们"如实记述历史"、"唯一的愿望便是讲出事实"。他写道："对于这些历史学家来说，热爱事实真相是一种不容侵犯的责任，以至于我好几次都看到他们宁愿付出生命的代价也不愿（在编纂史书的过程中）歪曲事实。"〔4〕这种赞美听起来似乎有些夸大其词，但它很好地反映了这位早期的欧洲作者对于中国的历史著述持有怎样的看法。

文化间的史书编纂方法

在十八世纪初的欧洲历史学家眼里，什么是关于中国历史的"历史真相"？欧洲传教士是在哪些中国资料的基础上形成了他们对于这种真相的看法？中国历史学家是如何处理这种真相的？这些只是本书将从"文化间的史书编纂方法"这个角度来讨论的几个问题。"文化间的史书编纂方法"指的是一种书写历史的方式，与另一种文化的互动是这个书写过程当中不可或缺的一部分。这种互动在今天更为常见，但在欧洲启蒙运动的前夕，当欧洲人与中国发生相遇的时候，这却是一种相当新的体验。当欧洲人第一次了解到中国历史的宏大后，某种"极大的精神上的移位"〔5〕便发生了：到达中国的传教士们本来对远古历史有一个相对清晰的认知，因为它是在《圣经》中描述和建立起来的；但他们很快就要面对一种新的历史叙述，它在许多方面都比《圣经》里记述的时间更加久远。随后，他们翻译了中国的历史著作，并将它们发回欧洲；而那里的启蒙思想家们接触到这些著述，并为自己所用。在欧洲，这些著作被置

3

于一个更大的背景中，与之相提并论的是一些类似关于迦勒底人、埃及人、美洲古老人种的古代文明这一类的话题。于是，中国历史激发了欧洲人重新思考他们的古代纪年，由此引起观念上的重大改变。[6]在最初的引进阶段，中国的纪年迫使欧洲学者重新审查他们参考的资料来源，对有些人来说，这意味着要（重新选择《圣经》的译本），用希腊文的七十士译本取代拉丁文的武加大译本里的纪年方案。七十士译本里面包含一个更长时段的纪年，基于此，中国历史便可以被纳入《圣经》的历史，而不会严重改变《圣经》的地位。然而，到了第二个阶段，有学者们——如伏尔泰（Voltaire，1694—1778）在他的《风俗论》（*Essai sur les mœurs et l'esprit des nations*，1756）里写的那样——直接将古代文明的首要地位归于中国，并为中国历史的开端指定了一个比《圣经》纪年更早的日期。于是，一个外域国家的历史书当中的纪年最终变得比神圣如《圣经》这样的书中所记录的欧洲纪年更有权威性。这一转变已经可以作为一个典型的例子来说明，中国非常明显地改变了欧洲人的世界观。关于这一点，欧洲方面保存了广泛的记录。维吉尔·毕诺（Virgile Pinot）的《中国对法国哲学思想形成的影响（1640—1740）》[*La Chine et la formation de l'esprit philosophique en France (1640-1740)*] 于1932年出版，至今仍是有关这一主题的最佳、最详细的研究；它是一部分析欧洲史料的杰作。[7]多年以后，埃德温·范克莱（Edwin J. Van Kley）在1971年的一篇综述文章中展示了，"发现"中国使得世界历史的书写方式发生了重大变化。[8]然而，这些作者只使用了欧洲的一手资料，没有使用中国的文献。那么，这个故事里的中国方面是什么样的？耶稣会士使用了哪些中国资料，这些资料又如何影响了他们对中国古代历史的解释?

本书分析和反思的是,这些欧洲人如何与另一种文化的过去相处,他们如何将另一种文化的过去概念化,以及如何为它赋予意义。严格来说,本书不是一部"比较历史学"的作品,因为本书的目的不是比较十七、十八世纪的中国历史编纂学和欧洲历史编纂学,也不是研究当时的欧洲人如何将自己的编纂方法与中国史家的编纂方法进行比较。本书研究的是"文化间的史书编纂方法":历史书写是一场互动的结果,而这场互动始于两个文化间的接触;同时,历史的书写建立在另一种文化已有的历史基础之上。本书所涉及的问题有:欧洲作者们是如何被他们阅读、翻译的中国史书所影响的?在与中国接触的过程中,他们如何改变了自己的历史观?他们怎样解释中国的上古历史?他们在解释中使用了哪些方法和观点?他们如何处理原典的正文内容和注疏评语之间的关系?他们在多大程度上采纳了中国作者的诠释?互动本身是如何促成这种解释的?

理想的情况下,拿同样的问题来研究中国人接触欧洲历史的方面一定大有裨益。遗憾的是,当时几乎没有中国人直接地接触到欧洲的史书编纂。并不是因为中国没有足够的资料,毕竟那时的中国已经有专门存放欧洲文献的图书馆,而是因为中国人没有掌握欧洲语言,以至于无法阅读这些资料。尽管如此,本书还是会间接提到一些中国文献,它们将欧洲历史的翻译版本整合进书里面。[9]

文本的交织

为了进一步探讨这些问题,本书采用以文本为主的研究方法。众所周知，中国和欧洲都有悠久的文本传统，经书典籍及其评传注疏在当中发挥着重要作用，它们影响了包括历史学在内的各种知识论述的发展。因此，本书将重点关注这些经典的历史资料，研究它们是如何在不同历史时期逐渐被注疏文本补充，并与之交织在一起的。然而，十六、十七世纪还展示出另一个有意思的地方：当时的两个大陆都在经历图书市场的快速发展。这场中国和欧洲的相遇所具备的另一个特点，正是二者都已经拥有发达的刊刻和图书文化。图书的商业化催生了越来越多的书籍种类——包括历史类作品，这都是值得我们关注的对象。

对欧洲版本的中国历史展开分析之前，我们还有一个根本的问题需要解决，这看上去也是一个简单的问题：传教士们是根据哪些资料来撰写中国历史的？但事实证明，回答这个问题要比原先预计的困难得多。例如，冯秉正的《中国通史》（*Histoire générale de la Chine*）在扉页上显示它是《通鉴纲目》的译本。实际上，这个副标题在三个方面具有误导性。首先，冯秉正书中所涵盖的历史要比朱熹（1130—1200）的《资治通鉴纲目》所涵盖的更长。《资治通鉴纲目》里面囊括了公元前403年至公元959年的中国历史，而冯秉正追溯到最早的上古时期，并且一直写到雍正皇帝（1723—1735年在位）年间。第二，它不只是为朱熹的书做翻译，因为冯秉正也使用了其他的历史资料，虽然很难一一确认这些作品。之所以很难辨认，是因为其中一些作品，比如明末学者南轩所写的通史，或诸如"纲鉴"类史书这种广为流传的体裁在十八世纪非常普遍，但在今天有关中国历史的论著中却很难找到。最后，至少就作为《通鉴纲目》的译本这一点来说，冯秉正所参考的主要底本似乎不是汉文版本，而是满文版本。冯秉正的作品与朱熹的著作之间存在这些差异，而这些差异告诉我们，在对文本的内容进行分析之前准确识别文本的来源是多么重要。

事实上，本书第一部分的主要研究对象就是资料来源的文本谱系和出处，我也将从文化间的角度来回答这个问题。选择这个切入点，是因为耶稣会传教士所参考的资料不仅能帮助我们认识他们自己编纂的、寄往欧洲的作品，也能给予我们一些不同的视角去看待当时，即明末清初的中国，历史类作品是怎样写成的。传教士们不光使用了写于宋代、已成为经典的史书，而且还使用了十七世纪以来许多新近辑录或编撰的作品。当时在欧洲，历史学（ars historica）正处于全面转型的时期，传教士他们来自这样的背景；与此同时，他们在中国遇到的情况是，新的历史学方法也已经出现。他们参考了那个时候最重要的作品，即纲鉴类的文本——这些资料后来显得微不足道甚至被遗忘，是由于十八世纪末编修《四库全书》的浩大工程将其淹没。因此，本书的研究不仅格外关注欧洲的一手资料（包括刊印品和手稿文本），也关注属于纲鉴类文本的资料。

诚然，做出这一选择的部分原因也是基于搜寻资料的方法，是这个研究过程本身逐渐塑造了本书的主题。在试图寻找耶稣会士记述中国历史和纪年所参考的中国文献时[10]，我最初犯了一个常见的错误，我追踪的方向是形成于汉代或宋代的主流历史著作，如《史记》或《资治通鉴（纲目）》。经过几年的研究之后，我才得以确定，纲鉴类作品是耶稣会士使用的主要资料之一。接下来，在编纂《四库禁毁书丛刊》时被查禁和销毁的书籍得以再版，这为我的研究提供了新的线索。（《四库禁毁书丛刊》是1997年出版的，但多年后才出现在欧洲和美国的图书馆里。）随后我还发现，纲鉴体的文本是明末清初最常见的通史类作品之一。然而，有关纲鉴体著作的二手文献数量有限（仅有一些中文和日文的参考资料，几乎没有英文的研究[11]），这个现象与纲鉴类文本在历史时期的重要性和目前已知文本的版本数量形成了鲜明的对比。据我所知，当时有120多个版本（我能够在全世界范围内查到其中的80多个版本），其中一些版本至今仍在重印。此外，纲鉴体文本产生过很大的影响。例如，它们曾经作为备考资料在准备科考的学生手中广泛传播，也曾一度成为（历史）小说的主要灵感来源。纲鉴体文本也是第一批被翻译成满文的历史作品。我对这个课题研究得越多，产生的新问题也越多——比如，这类文本与晚明识字率的提高有什么联系？它们与刊刻活动和图书文化之间是什么关系？就纲鉴体文本的诠释力度这个方面来说，这些历史类的作品与其他同时代的出版物有什么共同特点？以及，它们与当时的科举考试和小说创作有什么联系？在探究这些问题之前，我认为有必要认识一下纲鉴体著作的文本本身以及它们与通史类著作之间的文本谱系。[12]由于缺乏这样的谱系，我经常发现自己得出错误的结论（例如，将史书编纂方面的创新归功于十八世纪初，而实际上，这在十六世纪就已经发生了）。在从文化间的史书编纂方法这个角度去审视这些文本之前，必须澄清这些重要问题。我充分意识到这本书的某些部分是在做百科全书式的说明，但如果有从事其他研究主题的学者想要从这些文本入手——毕竟，这是个虽然曾被忽视、实则趣味无穷的史书编纂方法，我希望本书也能对他们有所助益。

关注资料来源不仅对确定文本的谱系至关重要，而且也是为了重建文本的交织过程。我在之前的研究中（如《礼仪的交织》一书）使用了"交织"（interweaving）这种表述，探讨过这个比喻的优点和缺点。[13]就像文化借鉴的其他形式一样，为他者的文化书写历史也好像那种制作纺织品时发生的交织——许多不同的丝和线以比较繁复的方式拉扯在一起。然而，"文本的交织"这个表述在某种程度上是一种赘述，因为"文本"（text）和"纹理"（texture）都基于相同的词源，来自拉丁文 texere，意为编织、连接、配合、制造、构建、建造——这些本义、引申义也与汉字的"经"相似，后者既用于表示经典著作，也用于描述纺织品的经纱。对于讲述中国历史的中国著作和欧洲著作来说，文本的各个部分就像纺织品的一股股、一缕缕丝线一样连接在一起。本书的第一部分专门分开讨论这些中国和欧洲的文本，它们分别是经线和纬线；然后，这些经纬结构交织在一起被掺入传注疏义类的文本，本书会在第二部分中讨论。而且，汉文和满文的文本自身也是脱胎于本土文化里悠久的文本交织的传统。

在某种意义上，"文本的交织"（interweaving of texts）与"文本互现"（intertextuality，即文本间的互相引用或指涉）非常相似。本书会交替使用这几种表达方式——"文本互现"或"文本间的互相引用或指涉"更强调一份文本的具体特征，而"交织"涉及的是多个文本或观点怎样结合在一起的互动过程和鲜活的状态。的确与《礼仪的交织》当中的分析相似，在讲述中国历史的中国著作和欧洲著作里，文本的句段篇章就像纺织品一样<u>丝丝缕缕</u>地连接起来。这种文化间的文本互现（intercultural intertextuality）将是本书的核心。[14]相比之下，《礼仪的交织》主要是关于外域的丧葬礼仪如何掺杂进入中国的仪式当中，但本书的方向将是相反的：中国的历史文本和讨论如何进入欧洲人讲述中国历史的著作当中。对这一问题的研究

8

需要分两个步骤。首先，重点是中国文本，它们本身就具有很强的互相引用或指涉的特征，不同文本彼此穿插、进行对话，形成了同一语言和文化当中非常悠久的文本互现的传统。然后，重点将转移到另一个层面，即这些中国文本向欧洲语言和文化中的著作传递信息、并与之展开对话。虽然"中国"和"欧洲"有时会作为相对的两方而存在，但从一开始就应该强调，双方文化都具有丰富多样的特征。本书中提到的欧洲人来自不同背景，他们不仅代表了自己母体文化的多样性，在探究中国历史的过程中，他们还经常同时利用汉文和满文的资料。其实，早在这些满文资料出现在欧洲之前，它们本身就代表着，关于历史的对话已经从一种语言向另一种语言发生了转移。本书关注的正是这两个步骤——第一步是在中国传统中发生对话，第二步即转向欧洲文本。厘清这两个步骤之间的互动非常重要，因为本书的一个主要信念就是，向欧洲转移的那场对话在很大程度上已经被之前发生在中国的对话所决定了。这就解释了为什么要对中国背景下的文本交织给予重点关注。在本书的第一部分，我将更多地关注文本互现基于文本形态的各种表现方式（如一个文本对另一个文本的直接引用或隐性指涉）。在本书的第二部分，我关注的对象将转移到内容上（如作者们在解释神奇生子记的时候，如何与已然存在的、早先对这些故事所作的诠释进行对话，他们如何通过这些对话来形成自己对该故事的理解），当然，内容本身显然是离不开文本形式的。

文化间的诠释

本书的第二部分将通过文化间的解释学视角来讨论欧洲人

对中国历史文本的解读。为了研究如何从文化间的角度来解释文本和叙事，这部分集中讨论中国上古史，因为这一时期给欧洲的历史记载带来的挑战最大。前往中国的传教士们遇到了今天被称为是"传说时代"，但在当时被认为是史实的叙述。这些是关于"神话人物"的故事，如"神话中的"三皇五帝，他们被认为是人类的起源、朝代的开创者和文化的发明者（如发明文字、农耕等）。以伏羲和他的妹妹女娲为例，他们在大洪水中幸存下来并被认为是人类的始祖。根据那些上古神话，伏羲是第一个教他的臣民烹煮食物、结网捕鱼、冶锻金属并用以打猎的人。在中国的史书记载中，伏羲和他的继任者所在的年代可以串联成一个精确且连续的纪年。一旦耶稣会士读到这些记载，他们显然要将这些故事线和时间点与诺厄（天主教对诺亚的称谓）的故事线和时间点作比较——在他们熟悉的文化中，是诺厄方舟从洪水的灾难中拯救了人类和其他受创造的生命。因此，这些叙事对于研究文化间的史书编纂方法是有益的案例，我们不禁要问：中国的三皇五帝在欧洲人的纪年中处于什么位置？其他的文化要如何理解他们的故事？与各种中国文献的互动如何催生了新的解释？

　　为了研究这些问题，同时也为了重建这些文本的谱系，以及同一个故事在经历不同体裁的讲述时所发生的变化，本书重点讨论一个人物：作为三皇五帝之一的帝喾。[15] 这位上古时期的"帝王"不如他的几个儿子那么有名，比如，他的儿子当中有史前时期的模范君主尧、专事农耕的后稷（也称作稷王）。但选择帝喾的一个重要的原因是，他被算作三皇（即最早的帝王）之一。为了深入了解近世的史书编纂者对于上古史的看法，就得选择一位尧之前的帝王，因为有一些中国的史书只从尧的时代开始写，没有讨论尧之前的时期，并且认为神话传说不能作为可靠的历史。此外，帝喾的故事提供了一个有趣的案例可以研究，因为他的继承人都是以某种奇异的、神话般的方式出生的。事实上，接受中国历史的那一部分欧洲人经常以此为论点，他们认为，与其他古代文明的记载相比，正是因为中国上古史排除了这种神话奇事，所以古代中国的史书显得更加可信。[16] 然而，中国上古史里奇异的故事并不罕见，而且这些故事是研究文化间的解释学极好的资源。帝喾的众位帝妃或妻妾们正好为神话人物的降生方式提供了一个缩影。即使在各种古代文明的神话故事当中，这也是一个举足轻重的案例。[17] 就像在其他文化中一样，有关中国的杰出贤人、君主或英雄的叙述往往涉及各种各样的"神奇出生"（marvellous births）——这是神话学的研究常用的表述，但严格地说，它们的叙事更接近"神奇受孕"（marvellous conceptions）。举例来说，孩子的出生往往源自神奇的受孕经历，比如来自某种神灵的干预、龙的显现，或一个玄鸟蛋的赐予——帝喾的三个儿子就是这样得来的。这些关于神奇生子记的叙述往往被呈现为历史事实，至少自汉代以来一直被作为解释的对象：它们是否真的发生过？而且/或者应该如何理解这些故事？这些问题已经在一种文化内部受到重视，当不同的文化当中有关神奇生子记的不同叙述碰撞在一起时，这些问题变得更加有趣——一段神奇生子记从一种文化流传到另一种文化，会产生什么样的意义？

结　构

本书由两部分组成，每个部分分为两章。第一部分是"中国文献与欧洲文献：十七、十八世纪的欧洲人编撰中国历史"，主要任务是梳理文献——第一章和第二章分别展示中国的和欧洲的参考资料。这种章节划分可能容易形成一种印象，即中国和欧洲的文献是可以明确分隔开来的，但实际上，欧洲人所写的著作明显受到中国资料来源的影响。这个部分首先展示汉文和满文的史书之间互相引用或指涉的历史，接着讲述这些文本如何逐渐与欧洲的文献交织在一起。第二部分是"主体文本与传注疏义之间：十七、十八世纪的欧洲人解读中国历史"，重点关注解释的部分——其中一章是中国人的诠释，另一章是欧洲人的解读。这个部分呈现的是这种文本的交织如何延伸到文化间的解释。帝喾及其众妃的故事当中有简狄、姜嫄、庆都和常仪，她们分别诞下契、后稷、尧和挚。他们是贯穿本书所有章节的主线。他们的故事，或者更恰当地说是其故事的多种变体，将在本书中得到充分展现。目前，我们只需了解故事的核心要素即可。帝喾继承了他的叔父颛顼，登上王位。由于他的第一位正妃简狄很长时间没有子嗣，他便迎来第二任帝妃姜嫄，同样，姜嫄无子，于是帝喾便娶了第三任庆都、第四任常仪。最终是常仪为他生下一位儿子，取名为挚，作为帝喾的继承人。后来，前面的三位帝妃均经历了某种神奇力量的干预而生下儿子：姜嫄在与帝喾一同向上帝献祭之后，生下后稷；庆都收到红龙的预兆并且怀孕十四个月之后，生下尧；简狄是在向掌管受孕的神灵高禖祈祷之后，收到玄鸟的征兆并吞下一个玄鸟蛋，才生下了契。挚继承王位之后维持了一段短暂且灾难性的统治就结束了，由尧继承了挚的王位。契被认为是商代的先祖，而后稷被称为周代的先祖。

11

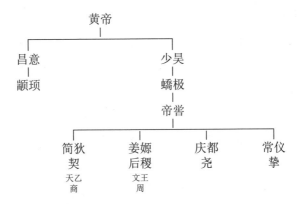

注释

〔 1 〕见 Landry-Deron (2002), p. 176 (参阅 p. 150, 153) (参阅 BnF, NAF 22335, fols. 340-341: "Mélanges sur l'histoire d'Afrique, d'Asie et d'Amérique"): "Questionnaire de l'Académie des Sciences de 1684" : "1. S'il〔= Couplet〕a mis au net sa chronologie depuis J. C. qui sert de continuation à l'histoire du P. Martinius; 2. Quelle est l'autorité et la fidélité de leurs histoires et si on continue a présent d'y travailler avec le même soin."

〔 2 〕唯一与它接近的作品是 Otto Franke 所写的（不完整的）历史, *Geschichte des chinesischen Reiches*, 5 vols., Berlin: De Gruyter, 1932-1952〔参阅 Haenisch(1956), p. 41〕. 见 Wilkinson(2000), p. 500, n. 10: "它〔即冯秉正的著作〕是两个世纪以来（直到《剑桥中国史》出版之前）西方语言中最大部头的中国通史著作, 后来的许多教科书作者都采用过这部著作。"亦见 Wilkinson (2013), p. 619。

〔 3 〕"Préface," in De Mailla, *Histoire générale de la Chine (1777-1785)*, vol. 1, pp. i-ij.

〔 4 〕"Préface," in De Mailla, *Histoire générale de la Chine (1777-1785)*, vol. 1, pp. ij-ii（引用几个例子）。

〔 5 〕参阅 Schwab (1984), p. 473。

〔 6 〕关于欧洲的时间表述, 见 Rosenberg & Grafton(2010) 等新的著作。到 1606 年, 施迦莱格（Joseph Scaliger, 1540—1609）已经表明, 埃

及最早的王朝开始于《创世记》的创作之前［Rosenberg & Grafton (2010), p. 65］。

〔 7 〕Pinot (1932). 这部作品也被翻译成中文，即《中国对法国哲学思想形成的影响》，北京：商务印书馆，2004 年。相关的概述性质文章，亦见 Florence C. Hsia (2008)。

〔 8 〕Van Kley(1971).

〔 9 〕关于这类文本的介绍，见 Dudink(2012)。

〔 10 〕见 Nicolas Standaert, "Jesuit Accounts of Chinese History and Chronology and their Chinese Sources," *East Asian Science, Technology, and Medicine* 35 (2012), pp. 11-88。

〔 11 〕第一条严肃的参考信息出现在新版的 Endymion Wilkinson, *Chinese History: A New Manual* (2013), 48.7: "Simplifications of the Gangmu."

〔 12 〕完整版参见 Nicolas Standaert, "Comprehensive Histories in Late Ming and Early Qing: The Genealogy of the Gangjian 纲鉴 Texts," *Bulletin of the Museum of Far Eastern Antiquities* 79/80 (2016), pp. 221-312。

〔 13 〕参见 Standaert (2008)，特别是第 8 章 "Conclusion: The Metaphor of Textile Weaving"。

〔 14 〕"文化间的文本互现"（"intercultural intertextuality"）这种表达方式也出现在 Christina Schäffner (2012)。

〔 15 〕严格来说，英文用 "emperor" 来表示 "帝" 的这个用法，一般是指从第一个王朝即秦（公元前 221—前 206 年）之后的历史时期。对于秦之前的时代，有时会使用 "thearch" 来表示。至于本书关注的十七、十八世纪的著作，常见的西文表达是 "Empereur" 一词。

〔 16 〕VanKley (1971), p. 373.

〔 17 〕Birrell (1993), p. 113. 关于帝喾及其帝妃的神话，见 Birrell(1993), pp. 114-118；Yang Lihui & An Deming (2005), pp. 98-100, 131-135, 148-153, 227-229。

第一部分

中国文献与欧洲文献：
十七、十八世纪的欧洲人
书写中国历史

　　欧洲传教士在撰写中国历史的时候使用了哪些参考资料？这个问题构成了本书第一部分的核心内容。一种非常显而易见的答案是，他们使用了当时最常见的资料。这的确是文化间交流的一个特点，即文明的对话者经常——尽管并不总是如此——使用最方便易得的东西向新来的旅行者介绍自己的文化。我们会在随后的历史进程中看到，耶稣会士在寻找关于中国历史的资料时，也以类似的方式依赖于他们的中国朋友。因此，关于原始资料的问题可以换另一种方法来表达：那些与传教士接触的中国学者们，他们的书桌上有哪些通史类的书籍？在当时的书商那里，常见的历史类著作有哪些？

　　回答这些问题的视角经常是取决于现代学者的视角。现代学者们一般认为当时最常见的作品是主流的史书，比如《史记》《资治通鉴》。本书的第一章将展示，经常被翻阅、且被介绍给传教士的并不是这些史书，而是当时比较流行的"纲鉴"类著作。这种体裁出现在十六世纪，由于当时经济发展，识字率大大提高，导致对阅读材料的需求急剧增加。这一背景催生了各种体裁的历史类书籍。对通史类著作的需求增长十分强劲，于是纲鉴体的文本应运而生。乍看之下，纲鉴体脱胎于《资治通鉴》和《资治通鉴纲目》的宋代传统，其实，这类文本有它们自身的特点，而且在写作风格和内容方面非常不同。虽然纲鉴体的文本体裁在明末广泛传播，也在清代早期受到朝廷的认可，但它几乎没有得到现代学者的关注。这种忽视本身也解释了为什么之前在讨论欧洲人所写的中国历史时，学者们从未考虑过纲鉴体的文本作为传教士的参考资料这种可能性。本书的这一部分即将展示，它们实际上是最重要的资料来源之一。

　　这个部分由两章组成。第一章概述十七、十八世纪的中国学者手边有哪些常见的汉文和满文的史书，着重强调纲鉴体著作的文本谱系。第二章梳理耶稣会士是如何讲述中国上古史和纪年的，并且在第一章的基础上追溯他们所使用的资料来源。

第一章　明末清初的通史和纲鉴体文本的谱系

15　　　中国历史最初的几个世纪就好像许多块织得多少有点紧的画布，各个朝代的人们以自己的方式在上面刺绣，人们相信还能认得出最初设计的古老痕迹，虽然有一多半都褪色了。我们自己来审视这块画布吧，我们来尝试在这里发现我们所寻求的东西；但我们要抛开那些绣上去的图案，因为它只会混淆我们的想法，使我们丢掉引导我们的线索。

钱德明（Joseph-Marie Amiot），《中华帝国简史》（"Abrégé chronologique de l'histoire universelle de l'empire chinois"），

MCC (1788), vol. 13, p. 101

导　论

明末清初的中国学者可以获得哪些通史类的著作？为了介绍这些资料，本章第一节提供一个历时性的概述，梳理宋代及宋代以前有关中国上古历史的资料。这一节将展示明末清初主要存在着两类的通史体裁：纪传体史书（源自《史记》）和编年

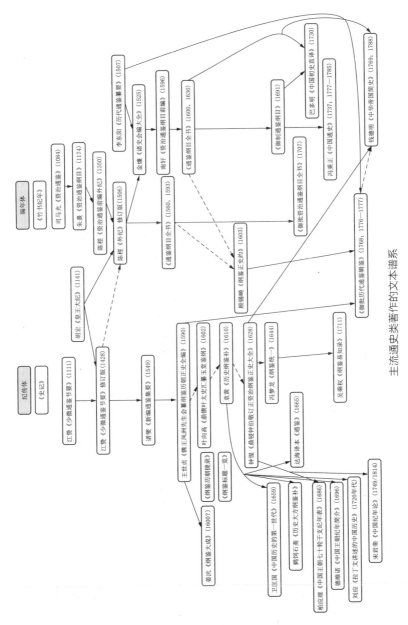

主流通史类著作的文本谱系

体史书（源自《左氏春秋》），两种体裁的史书都以宋代的著作为范本。在追溯文本源流的同时，本章指出，关于传教士撰写中国历史时使用的资料这个问题，需要考虑一批宋代及宋代之前的文本，但更多时候需要排除它们——它们不会出现在传教士的参考文献列表里。另一方面，本章关注这些文本在中国传统内部发生的交织，换句话说，十七世纪的史书已经是文本交织形成的结果，有些文本线索可以追溯到宋代及更早的时期。

17　　　本章接下来的两节所涉及的时期与传教士在中国的时间同步，即第二节关于明末（1582 年之后），第三节关于清中前期（约 1770 年代）。也就是说，传教士们到达中国的时候正值一种新的史书编纂体裁出现，而且，许多与他们熟络的中国学者实际上参与了纲鉴体文本的出版。本章把这些纲鉴体的著作置于更广泛的背景中，此处关注的焦点是明末清初的中国学者编写通史类史书的工作。这些作品旨在涵盖从最古到最近的整个历史时期。本章即将展示，纪传体和编年体这两种体裁也同样经由再次创作的加工，被转化为纲鉴体的文本，而纲鉴体让更多的公众能够更容易地接触历史著作，并引发了新的观念来看待历史。这些纲鉴体史书自身也产生了更多文本的交织——不仅包括过去的许多记载彼此交织，而且掺入了大量各种各样的注解疏义，包括当时最新的评论。在这种文本间引用或指涉的背景下，本部分第二章才得以展开。第二章重点关注耶稣会士如何基于汉文和满文的参考资料来讲述中国历史。因此，第二章将会梳理出所有主要的传教士文本当中所涉及的相关文段及其与出处的关系。图表 1 是一份主要的通史著作的文本谱系，所有用粗体字表示的作品标题都可以在那里找到相应的位置。帝喾和他的众妃们神奇生子的故事将带领我们翻阅这些各式各样的史料文献。

1.1 明代编纂上古史的资料来源：宋以前及宋代的史书

晚明或清初时候，那些编写中国古代史的传教士们所依赖的是他们同时代的中国作者所写的历史著作。晚明是新的历史文本及作者们蓬勃发展的时期，这样的气候仍然延续到清代初期。他们所依据的史料来源是什么？

明代早期的学者编写通史类著作时有两个主要的写作惯例可以遵循——编年体和纪传体。最早提到这两个文本传统的是刘知幾（661—721），他在《史通》（约708—710）里面对史书的写作风格作了分类。[1] 在描述六种不同的史书编纂方法时，刘知幾区分出"编年"（按年代次序）和"纪传"（按人物生平记录）。[2] 编年体模仿《左氏春秋》的风格。[3] 这种体裁更注重各个事件的发生，按照时间顺序叙述，不必在这些事件之间建立联系。从排版来看，这种体裁的史书只在正文部分对事件本身作简短记录（与《春秋》相对应），刊刻时通常使用大号黑体汉字，置于书页的顶部。在这些正文内容的下面是双行排版的行间注解（与《左传》相对应）。这些注释及评论的内容比正文长得多，通常为正文隐晦表达的道德评判提供论证支持。这种排版为读者提供了方便，很容易按照时间顺序从一天到另一天、一年到另一年地追踪事件的发生过程。纪传体以《史记》为范本。这种体例通常以人物传记为导向，试图呈现出一个关于某位上古帝王的连贯故事。从排版上看，它的叙述包含在一篇相当长的文章当中，正文内容的刊刻是连续的。短短的行间注释通常按双行排布，主要发挥解释说明的作用，为正文内容服务。这种排版很容易让读者对一个人物的生平传记形成完整的印象。这两种文体都具备很强的文本互现特征，因为它们都在正文或注解当中或隐或显地提到了其他著作的内容；而且随着时间的推移，这种在一部作品内部展开的对话、该作品与早先著作之间发生的交织，都变得越来越复杂。接下来将会看到，明代作者以这两种文体为基础来编写他们的通史著作，延续了宋代先学在其著作中表现出来的风格。在某种程度上，也可以从传教士有关中国历史的文本当中看到这两种文体之间的对立。不过也不能把这两种文体的区别看得过于死板，毕竟在中国传统的图书分类系统中，本章即将涉及的绝大多数作品——包括那些纪传体风格的——都被归于编年史的范畴。

以下段落概述的是目前已知的、与明代作者及后来的传教士相关的早期著作。

1.1.1 《史记》和其他早期文本

《史记》

19　　　　明末清初，由司马谈（约公元前 165—前 110 年）和司马迁（约公元前 145 年或前 135—前 86 年）撰写的《史记》及其注疏系统已经成为经典。当时出版的大多数有关中国古代史的著作里都存在许多直接摘抄自《史记》及其注解的段落，这意味着《史记》已被视为主要的权威性史书。

《史记》的特点在于其纪传体的写作风格，其中有关帝喾的一段话可以作为例子。《史记》第一卷就从黄帝开始讨论了五帝的基本纪年。下面这段对帝喾的描述被许多明代作者引用：

> 帝喾高辛者，黄帝之曾孙也。高辛父曰蟜极，蟜极父曰玄嚣，玄嚣父曰黄帝。自玄嚣与蟜极皆不得在位。至高

辛即帝位。高辛于颛顼为族子。

　　高辛生而神灵，自言其名。普施利物，不于其身。聪以知远，明以察微。顺天之义，知民之急。仁而威，惠而信；修身而天下服。取地之财而节用之；抚教万民而利诲之。历日月而迎送之；明鬼神而敬事之。其色郁郁，其德嶷嶷。其动也时，其服也士。帝喾溉执中而遍天下。日月所照，风雨所至，莫不从服。帝喾娶陈锋氏女，生放勋。娶娵訾氏女，生挚。帝喾崩，而挚代立。帝挚立，不善；（崩），而弟放勋立，是为帝尧。[4]

　　这段话只提到了帝喾的两位帝妃：帝喾的直接继承人挚的母亲和尧的母亲。尧在挚死后——或被废黜之后（见下文）——接替了他的位置。这里没有提到神奇生子的故事。不过，《史记》中的人物传记并不自诩为全面，读者往往要利用几个不同地方的段落才能拼凑出一个人物的全貌。[5]帝喾的情况也是如此。例如，他的另外两位帝妃出现在第三卷（《殷本纪》）[6]和第四卷（《周本纪》）[7]的开头：她们分别是契的母亲和后稷的母亲。这些篇章里用文字记述了两段神奇受孕的过程。简狄外出沐浴的时候看到一只玄鸟掉落一个蛋，她吞下了这个蛋，随后，她怀孕并生下契。另一位是姜嫄，她在野外看到一个巨人的脚印，就踩在脚印上，后来怀孕生子，取名为弃，就是后稷（专事农耕之人）。[8]

　　最值得注意的是，纪传体很少直接呈现一个完整的故事，而是构建一段叙事，且这段叙事通常明显具备文本间引用或指涉的特征。自十一、十二世纪以来，再版的《史记》一般都伴有行文注解。这很重要，因为它们经常被后来的作者逐字引用。

20

21 最受认可的注疏版本有以下几种：裴骃（活跃于公元438年）的《集解》（80卷），其中收集了后来失传的古代注解；司马贞（约656—720年）的《索隐》（30卷）；张守节（公元8世纪）的《正义》（30卷）。《集解》和《正义》的注解里面经常引用皇甫谧的（215—282年）的《帝王（世）纪》。[9]《帝王（世）纪》对上古史的记述开始于世界的起源（没有提到后来被认为开天辟地的盘古），依次讲到天皇、地皇、人皇及其他，主要讲的是帝王的行事。根据《史记》的注疏对皇甫谧的引用，《帝王（世）纪》里提到了《史记》的正文中没有提到的新信息：

> 《帝王纪》云："帝俈高辛，姬姓也。其母生见其神异，自言其名曰夋。龀龃有圣德，年十五而佐颛顼，三十登位，都亳，以人事纪官。"[10]"都亳，今河南偃师是。"[11]

22 这里的大多数信息都出现在明代著作中有关帝喾的注解或叙述部分，因此也出现在传教士的作品中。此外，根据皇甫谧的注解，帝喾有四位（而不是前述《史记》卷一《五帝本纪》中提到的两位）帝妃，并在《帝王（世）纪》里面依次列出了所有帝妃的姓氏，包括她们的孩子，但并没有提到神奇生子的故事：

> 《帝王纪》云："帝俈有四妃，卜其子皆有天下。元妃有邰氏女，曰姜嫄，生后稷；次妃有娀氏女，曰简狄，生禼；次妃陈丰氏女，曰庆都，生放勋；次妃娵訾氏女，曰常仪，生帝挚"也。[12]

这份帝妃的名单也经常出现在明代的作品中，有时连排名顺序都相同，有时却不同。帝妃次序对于梳理明代文本之间的谱系有一定的帮助，也是一种线索，有助于确定传教士在撰写中国上古历史时可能用到的参考资料。

值得注意的还有《史记》的各个明代版本，特别是关于上古史开端的那个部分。在几个明代的版本中，《史记》的第一卷（关于五帝）前面有很短的一卷是介绍三皇（通常不超过 4 至 5 页）的。[13] 该卷名为《补史记》，由唐代学者司马贞（小司马）撰写。[14] 因此，在原版的《史记》里面，帝喾是第三位帝王，但在这些版本中，帝喾的位置要更靠后。这表示晚明的史书编纂方法有一个特点，即增加了更古早的帝王（这种添加也常见于当时的其他著作中）——越是晚近的作品，越是倾向于将历史追溯到更久远的时间点。这种做法对传教士更有益处，因为他们感兴趣的就是最古老的那段历史。

《竹书纪年》

除了纪传体以外，还有一些编年体史书也包括上古历史的时期，但至少在宋代以前，这类文本的发展程度没有纪传体那么成熟。宋代以前最重要的编年体作品是《竹书纪年》——公元 284 年发现于战国魏襄王（公元前 318—前 296 年在位）的墓中，因其用小篆书写在竹简上而得名。随后，沈约（441—513）为其做注，便有了另一个版本。这个比较简短的文本记录了从黄帝直到周幽王（公元前 781—前 771 年在位）时期的事件。它是按时间顺序编排的，以帝王在位期间所发生事件的年份为次序。[15]《竹书纪年》里关于帝喾的段落非常短：先有一句简短的说明介绍人物特征，然后提到了他在位第一年、第十六年、第四十五年、第六十三年的大事记。这里也没有提到帝妃或神奇生子的故事：

帝喾高辛氏生而骈齿，有圣德。初封辛侯，代高阳氏
王天下。使鼓人拊鞞鼓击钟磬；凤皇鼓翼而舞。

元年：帝即位，居亳。

十六年：帝使重帅师灭有郐。

四十五年：帝锡唐侯命。

六十三年：帝陟。[16]

24　　《竹书纪年》这种按年份编排的结构对后来的史书产生了影响：例如，后来的编年体著作——包括明清时期的，还有传教士所写的——都采用了以年代为线的方式叙述各位古代帝王的生平大事。

《史记》可以说是奠基性的，因为明末清初的大多数关于中国古代史的著作里面有许多段落直接摘抄自《史记》及其注疏。这些大量的、明里暗里的文本间引用表明，《史记》在当时被认为是主要的权威性著作。《竹书纪年》在某种程度上也可以说是奠基式的，因为后来的史书复制了它的精确纪年方法和按照年代次序编排的结构。传教士们可以接触到这两部史书里面提到的信息，他们也了解各类与之相关的著作，但他们并不一定用这两部典籍作为自己的第一手资料来翻译或编纂中国历史，因为他们更依赖同时代的史书，而后者从这些原始典籍里面摘抄了很多内容。随着十八世纪对纪年方法的兴趣更加浓厚，法国传教士们会更多关注《竹书纪年》。

1.1.2　宋代的通鉴及其摘要

宋代的史书编纂方法发生了一个重大转变：继编年体之后，

通鉴类史书开始盛行。这些著作也可以按照纪传体和编年体的风格分为两类，它们逐渐成为明代编纂上古历史的写作典范。

宋代的编年体通鉴

从编纂体例来说，成书于宋代的编年体通鉴是明代书写上古史的重要范本；但就其内容而言并非如此，因为大多数的宋代通鉴并不包括最早的那段历史时期，而帝喾就是其中之一。众所周知，宋代最重要的两部编年体著作是司马光（1019—1086）的《资治通鉴》（成书于1067至1084年）[17]和朱熹（1130—1200）的《资治通鉴纲目》（1172年）。[18]《资治通鉴纲目》既是一种总结或者说纲要（59卷，不是294卷），也代表了已经体现在《资治通鉴》里的、标准的新儒家历史观，它以细"目"作为线索的编排方式与《左传》为《春秋》作传的方式如出一辙。[19]若与《资治通鉴》相比，《资治通鉴纲目》在写作体例上作了更明确的区分：简短的正文为"纲"（按时间顺序排列，以大字刊刻），更长篇幅的注解评论为"目"（以小字刊刻）。[20]这部著作俨然成为"官方的道德伦理"规范，[21]而且，它"将历史知识重新定义为培养文人在历史的语境中做出道德决策的工具"[22]。然而，这两部史书并不包括最早期的上古史。《资治通鉴》涵盖的历史时期从周威烈王二十三年（即公元前403年；其统治开始于公元前425年）延续到公元959年，即五代的最后一年（960年宋代建立）。[23]因此，这两部著作没有帝喾等三皇五帝所处年代的时间框架。

不过，其他几部宋代著作确实将时间线延伸到了更早的时期，而且往往比之前的作品更简洁，只是点到为止。司马光自己的《稽古录》（约1070年）[24]就是一部简史，从伏羲时代到1067

25

年宋英宗去世。它曾被呈给皇帝，作为《资治通鉴》的背景和补充。《稽古录》里面包括一段关于帝喾的描述，基本上是对《史记》中相应内容的概括。（这里没有提及众妃的情况或神奇生子的部分。）[25] 刘恕（1032—1078）的《资治通鉴外纪》[26] 是一部由司马光的副手们编写的著作，但未完工。这部作品不仅将历史时间延伸到最早的时期，而且还超越了自己的时代要往未来写。这种预想没能实现，只是根据早期的史料，在该书的开头有关三皇五帝的年表里面非常简短地提到了帝喾，并在关于黄帝的注释中作了稍长的解释。这都是些说明性质的内容，但是，刘恕在一些非常小的问题上并列了几种不同的解释，如有关帝喾的名字、发明乐器和声歌，或在位年代等细节问题。[27] 这部作品后来受到批评是因为它对经典史书的关注太少。学者金履祥（1232—1303）编写了《通鉴前编》，这本书更常见的标题是《（资治）通鉴（纲目）前编》（1264 年）[28]，它在很大程度上取代了刘恕的作品。金履祥的书涉及了从尧即位开始到公元前 403 年的时间跨度。关于上古时期的叙述，他依赖的资料是《竹书纪年》和邵雍（1011—1077）的《皇极经世书》。《皇极经世书》是一部以宇宙万物的最高原理来解释历史的著作，它以六十四卦为基础，用数术来表达世界观。[29] 虽然《皇极经世书》包括了尧之前的时间段，但提到具体的帝王时，它只从尧开始，没有包括帝喾。[30] 金履祥的著作里面也没有帝喾，只是从尧开始，因为他认为"自帝尧以前，不经夫子所定，固野而难质"[31]。金履祥还编写了《举要》，该书又被称为《（资治）通鉴（纲目）前编举要》（3 卷）[32]，这是一个年表大事记，把干支纪年的周期和帝王（同样从陶唐氏即尧开始）在位的年份结合在一起。简言之，我们已知成书于宋代、符合狭义编年体类型的史书很少涉及中国上古史的开端。但因为宋代的编年体"通鉴"后来在儒家正统体系中占据了重要地位，这就在一定程度上解释了为什么它们曾被错误地认为是传教士编写中国历史时使用的首要资料来源。

宋代的纪传体通鉴

此外，另一种成书于宋代的史书在明代也变得重要。这些作品是为通鉴做的概要，旨在降低文本阅读的门槛。[33]它们更接近于《史记》的纪传体写作风格，并非严格的编年体。这方面，值得一提的是江贽（活跃期是1111年）的《少微通鉴节要》，它对《资治通鉴》（包括从公元前403年至公元960年的历史）做了一个简明的概要。《少微通鉴节要》有一则"外纪"讲到了从伏羲开始的上古时期，因此，它所涵盖的时间范围要比那部最重要的宋代编年体通鉴长得多。[34]其中关于帝喾的部分主要来自《史记》，并且没有提到神奇生子的情节。这种摘要式的作品与《史记》一样，采用的是叙述式的流畅行文，只夹杂一些取自《史记》注解的行间注释，没有（道德方面的）论述或解说。[35]这种纪传体风格明显不同于《资治通鉴纲目》的编年体风格。

另一部在明代占有一席之地的宋代纪传体史书是《皇王大纪》（1141年）[36]，作者胡宏（1106—1162），即胡安国（1074—1138）的儿子。[37]

这部著作的重要性体现在三个方面。首先，它开创了以盘古开篇的传统，因此，它为帝喾之前的帝王们填补了很长的历史时期（结束于周朝末年）。其次，它提供了自《史记》以来对帝喾最具体、最系统的描述。[38]《皇王大纪》的风格与《史记》的正文非常相似。胡宏直接讲述有关帝喾的内容，没有任

28

何行文注释。就像前述的作品一样，这种纪传体明显不同于跟《左氏春秋》一脉相承的《资治通鉴纲目》。虽然胡宏逐字地引用了《史记》中关于帝喾的段落（没有明确提供出处），但他重新编排了文本结构，将被引用的文字与其他章节和来自其他史书的内容相结合。这种隐性的文本间引用或指涉同样出现在其他地方，例如，提到制作"鼗鼓、钟磬、吹苓、管埙、篪鼗、椎钟"和创作声歌"九招""六英"的部分，均出自《吕氏春秋》。《吕氏春秋》是一部知识汇编，可追溯到公元前239年，由吕不韦组织编写。[39]《吕氏春秋》里面有一处详细的关于音乐的段落，是帝喾发明乐器和声歌这种说法的源头。《皇王大纪》里的另一个段落的出处传统上认为是左丘明所著的《国语》以及《史记》的第四十章，讨论了帝喾的各位贤臣。[40]在《皇王大纪》里面，四位帝妃的名单被补充进了神奇生子的情节，故事的来源是诸如《史记》和《诗经》这类文本，但胡宏对其进行过调整和改编，拼凑出一个他自己的版本。[41]第三个也是最后一个特点，胡宏在正文的叙述后面跟着自己的评语，名为"论"。在他的作品中，这些评论的排版都采用缩进式，与正文分开。[42]这体现了另一种类型的文本互现——既不是纪传体风格的行间注释，也不是深刻影响了明代文本的、篇幅较长的编年体行间注释。从明代的通鉴类史书来看，胡宏由此开创了一种个人注解的新传统。据谢康伦（Schirokauer）的研究，胡宏经常得出自己的结论，甚至在评论那些最受尊崇的经典文本里面的内容时，也是如此。[43]

宋代可供参考的史籍还应该包括罗泌（？—1176年之后）的《路史》。[44]这部著作在传统意义上属于别史，它是一部私撰的中国历史，从上古时期到东汉（25—220年），旨在遵循断代史的文体风格。这部作品中囊括了正统的、纬书的、道教的叙事，也包括神话故事。在这部著作中，帝喾的传记里不仅提到众妃和神奇生子的情节，而且整整写了两段。[45]这是一本很难阅读的作品，因为叙事本身总是被驳杂的内容打断，夹杂着大篇幅的文字列举官职头衔，还有象征着文官武将的符号，据说这些都源自上古时代。[46]法国耶稣会中的一些传教士喜欢用这本书作为他们对古代中国历史的解释。

总之，宋代是编年体通史盛行的时期，这种体例往往坚持将历史叙事和道德教化的目的统一起来。它们将在明代成为权威著作——不仅在内容方面，而且在写作风格上也是如此，因为它们遵循《左氏春秋》的风格。这类史书大多数不考虑上古时代的开端，因此对于如帝喾等三皇五帝，只有只言片语。两个主要的例外是后来同样被视为权威的纪传体作品，它们的写作风格和内容都受到推崇：江贽的《少微通鉴节要》遵循了《史记》的纪传体写法；胡宏的《皇王大纪》不仅遵循同一风格，而且还增加了个人评论。

传教士们十分了解这些成书于宋代的史书。他们在编撰近世历史（从周朝末年到唐代）时使用了这些作品。但由于这些作品没有涉及上古时期，所以它们对于想要讨论中国上古历史的传教士来说，就没有什么帮助了。大多数传教士并不接受《路史》里面的神异故事，但有一些传教士却深受启发。

1.2 明代的通史类著作

明代关于上古史的著作承袭前述的两类文体传统而来。一方面，出现了新的编年体通鉴。它们在某些程度上代表了规范的编纂方法，因为它们沿袭了那些被明代广泛接受的宋代主流作品的体例。另一方面，新的纪传体文本也出现了，并且广为流传。[47]这些就是被称为"纲鉴"的文本类型，它们在规范的史书编纂体系之外开创了一个新的路径。传教士大量使用了这两类文本，尤其是后一种。

1.2.1 明代的编年体通鉴

陈桱

在明代，编年体通鉴的编纂持续发展。纪年方法主要有两个方面的发展。一个是努力将历史时期扩展到更近的当代。因此，元末明初的陈桱（14世纪末，活跃时期约为1350年）撰写了《（资治）通鉴续编》，为《资治通鉴》补全了宋代的内容（元代版本里面有写作时间分别为1350年和1362年的序言）。[48]它很快被商辂（1414—1486）的《宋元通鉴纲目》里面相关的章节取代。《宋元通鉴纲目》，又名《续资治通鉴纲目》，作为1476年出版的御定《纲目》的补编。其中关于整个宋代和元代的篇章将叙述延续到1367年。[49]它们也成为传教士们为该时期撰写历史的参考资料。

第二个方面的成果与本书的案例研究更相关，即努力将历史时期上溯到最久远的时间点。因此，只有到了明代，通鉴才上升为真正的"通"史，涵盖了从盘古一直到元代的时间跨度。是陈桱添加了一章来记述从盘古开始到高辛氏（即帝喾）的这段时期，题为《外纪》或《（资治）通鉴（纲目）前编外纪》。人们通常把这一章作为金履祥《通鉴前编》的"首一卷"，它原本也是陈桱《通鉴续编》的第一章。[50]这部《外纪》是关于上古时期的最重要文本之一，它也为许多提及帝喾的文本打下基础。陈桱采用的是编年体式的《左氏春秋》结构——这也是《资治通鉴》的体例，即正文简短但注解的篇幅很长。除了帝王的名号之外，陈桱的著作里提到帝喾的段落只有三个简短的句子：

帝喾高辛氏 / 都于亳 / 作九招之乐 / 在位七十年，崩。[51]

最后的三句话并非出自《史记》中关于帝喾的段落。例如，迁都和在位七十年的说法来自皇甫谧的《帝王世纪》。帝喾作"九招"之乐是取自《吕氏春秋》的记载。[52] 它与《史记》不同，因为《史记》将这项发明归功于另一位帝王禹。[53] 这就是陈桱的风格，从不同的参考书里面抽取信息，再按照重要发明在某时某刻的诞生（"作"）节点自行编排，形成叙事。陈桱不是第一个使用"作"这一概念的人[54]，但他似乎是最早系统地使用这一概念，并以此作为组织原则来建构上古史的学者之一，而且他的方法受到后世的作者们效仿。此外，跟《资治通鉴》一样，在陈桱的作品中，正文内容是有注解的。在针对帝喾这一段的注释中，陈桱基本上抄录了《史记》和《史记》注疏的内容，但没有注明参考来源。这些具有文本互现特质的注解包括了帝喾四位帝妃的名单。排名次序与《史记》注疏里的相同，但人名的写法稍有不同（用"契"而不是"禼"，"尧"而不是"放勋"）。陈桱还提到了帝喾的其他儿子（没有提到他们的母亲），即八个有才能的"八元"[55] 和两个不配位的（"不才"）[56]，这是出自《左传》里的两句话。它也提到帝喾的两个儿子分别传下来（或者说是开创）商朝和周朝的史实，但没有提过神奇生子的情节：

34　　　　　帝元妃有邰氏女，曰姜嫄，生弃，为舜后稷，其后为
周；次妃有娀氏女，曰简狄，生契，为舜司徒，其后为商；
三妃陈丰氏女，曰庆都，生尧，是为陶唐氏；四妃娵訾氏
女，曰常仪，生挚。庶子曰：伯奋、仲堪、叔献、季仲、
伯虎、仲雄、叔豹、季狸，忠肃恭懿，宣慈惠和，天下之
人谓之八元；其不才子曰：窫沈、阏伯。[57]

在陈桱所写的这一章里，最早的上古史似乎已被明确纳入
通鉴当中；但在明代，这些编年体写成的史书仍然在形式和内
容上发生了一些变化，这表明上古历史在不断经历重写。在这
一点上，有三部著作的出版具有重要意义。第一部是陈桱的修
订本，他整合了宋代和明代的注解；第二部是李东阳（1447—
1516）的作品，他帮助通史作品进入官修体系；第三部是由南
轩撰写的史书，他对陈桱的作品提出异议，并与其争夺权威地
位。这些史著都有一个共同的特点，就是文本互现：它们以或
明或暗的方式将先前的文本交织到新的叙事中。

陈桱的修订本

经修订和扩展，陈桱为上古史所写的《外纪》成为一部典
35　范式的作品，直到康熙（1662—1722 年在位）年间。[58]可
以查阅的现存最早版本是 1506 年的版本（有修订，《举要》的
写作时间为 1560 年）。[59]这里所说的陈桱修订本与上述的早
期版本不同。比如，关于帝喾的部分就存在一处不同[60]，原
文中加入了各种各样的注释。大多数被编排在"音释"标题下
的文本间注释都抄自《史记》的注解，但陈桱的早期版本里面
没有这些内容。这个修订版里的注释还包括新的宋代或明代的

资料。奇怪的是，它将一处《史记》的注解归到吕祖谦（东莱，1137—1181）的名下。在解释和描述帝喾的都城亳时，它引用了李贤的《明一统志》[61]和皇甫谧。陈桱的《外纪》修订本最有趣的地方是，结尾处设置了一个总论和一个史论。这些段落引用了上述的宋代学者胡宏（五峰），以及明代学者周礼（静轩，1457?—1525?）。这个修订版并不是第一部加入评论的著作。这类评论也出现在江贽的《少微通鉴节要》明代修订版（1428年）当中。[62]虽然不清楚陈桱的修订本是否受到了《少微通鉴节要》修订版的启发才添加了这类评论，但看得出来，编年体的类型也加入了各种宋代和明代的评论，这种趋势在纪传体史书中已经得到了充分发展——本章会进一步说明这一点。就陈桱的这个修订本而言，将正文和评论并列穿插是很特别的设计，因为评论中讨论了神奇生子的情节。但正文（及其行间注释）并没有提到那些桥段。这种主要叙述与附加评论的结合将是本书后续部分关注的重点。

李东阳

　　第二部十六世纪的重要著作是李东阳的《历代通鉴纂要》（92卷）。[63]之前提到的大多数史书都是个别学者私著的。然而，《历代通鉴纂要》是官修御制的首批通鉴著作之一，为的是使通鉴更易阅读——不仅供学者和官员阅读，也要让帝王学习。这部著作的目的是呈现一部统一的历史，从伏羲开始，因此包括周威烈王之前的时期，向下也包括宋代和元代。[64]这项编纂工程开始于弘治皇帝的最后几年（1503），在正德年间（1507）完成。[65]李东阳和他的同僚们按照《资治通鉴》的传统将书写上古史的文本进行编排，在一段简短的正文后面跟上评论和注释。然而，正文内容与陈桱所写的不同[66]：

帝喾高辛氏／都亳／色尚黑／作六英乐／帝崩。[67]

这部著作在讨论上古时期的帝王时主要关注他们的发明创造。在写到帝喾的部分，注解的内容主要基于《吕氏春秋》（关于声歌和乐器）和《史记》，但行文段落按一种不同的方法重新编排。就像陈桱的版本一样，《历代通鉴纂要》记录了众妃的名字但没有提到神奇生子的情节。这是刻意为之。[68]1507 年此书出版的时候被卷入宫廷里宦官的权力斗争。尽管如此，《历代通鉴纂要》在整个十六世纪仍然是一部重要的史书。[69]

南轩

第三部作品可以追溯到十六世纪末，它试图以一种更连贯的方式填补上古史记述中的空白，这就是南轩（约 1553 年）的《资治通鉴纲目前编》（25 卷，1596 年；1630 年版）。[70]这部著作追溯了从伏羲到周威烈王（《资治通鉴》就是从这位君主开始）的历史，也就是记录了金履祥《（资治）通鉴（纲目）前编》和陈桱《外纪》所涵盖的同时期的历史。南轩的《资治通鉴纲目前编》由简短的正文和较长的注释组成，这符合《资治通鉴》的传统；但这部著作与陈桱的原作在许多地方有明显的不同，而且有时候它更接近李东阳编纂的《历代通鉴纂要》。与他同时代的大多数人一样，南轩也做了很多摘抄，他将以前的经典和更多的当代书籍交织在一起。例如，他似乎抄录了金㻞（1495 年贡生）的《诸史会编大全》（112 卷，1525 年）前面的几章，而金㻞则可能参考过陈桱的修订本。[71]南轩对陈桱持批评态度，他认为陈桱的作品包括了太多的"不经之谈"，因此不能作为可靠的史料。他的做法接近李东阳，但又与金㻞不同的是，

南轩从伏羲才开始他自己的论说，因为他认为有关更早时期的
说法大多是靠不住的。[72]他从帝尧开始增加了用天干地支表
示的纪年。这表明，明代出现了更系统的方法来确定最早的上
古时期的确切年代——毕竟对于这个历史时期存在分歧较大的
说法。有关纪年方法最重要的著作是薛应旂（1500—1575）[73]
的《甲子会纪》（嘉靖三十七年，1558）。[74]这本书是完全按照
干支循环的周期进行编排的。它将这个周期的第一年（即甲子）
定为黄帝的第八年，一直记录到嘉靖四十二年（1563年），即第
七十一个周期的结束——共计 4260 年。[75]

南轩的正文（出自金嬠的著作）包括五个短句：

> 帝喾高辛氏 / 以木德王色尚黑 / 都于亳 / 作六英之乐 /
> 帝崩葬于顿丘 / 子挚践位。[76]

这些句子伴随着源自其他著作的注释，同样的注释也出现
在金嬠的著作中：它们都来自《史记》，并明确标注了出处，尽
管这些引文中有一部分实际上根本不是《史记》的内容，而是
从《史记》的注疏借鉴而来的；也有一部分来自陈桱的《外
纪》。[77]在注解《史记》的早期作品中，南轩提到了张晏（活
跃时期约 264 年）（裴骃的《集解》和皇甫谧的《帝王（世）
纪》也提到他）。此外，关于都城亳的位置问题，南轩和金嬠
还引用了一位名叫刘弘毅的明代学者。刘弘毅可能是刘洪[78]，
他作为出版人之一印制了金履祥的《资治通鉴纲目前编》，并为
陈桱的《外纪》作注（音释）。[79]这表明，金嬠和南轩等作者
并不局限于使用经典的注疏作品，他们还开创了引用明代注解
者的先河。刘弘毅所作的注解实际上是对《明一统志》的长篇

引用，也是前面提到的陈桱修订本的一种缩略版。[80] 金燧和南轩本来可以直接使用第一手资料，但他们更倾向于明确表示自己使用了二手资料。与《吕氏春秋》里面的用词一脉相承，他们也采纳了帝喾创作音乐和声歌的说法，称之为"六英"，这与李东阳相似，但与陈桱不同——陈桱说的是"九招"。在南轩的作品中，关于帝喾众妃的信息来自陈桱（只是剔除了八位能干的儿子那部分）。这里也没有提到神奇生子的情节。这些例子可以说明各种前期的注解文本如何与当下的文本发生交织：

> 帝元妃有邰氏女，曰姜嫄，生弃，为舜后稷，其后为周；次妃有娀氏女，曰简狄，生契，为舜司徒，其后为商；三妃陈丰氏女，曰庆都，生尧，是为陶唐氏；四妃娵訾氏女，曰常仪，生挚。其不才子曰：寔沈、阏伯。[81]

40　　　南轩的《资治通鉴纲目前编》在史书编纂的领域取得了重要地位，毕竟他的版本后来被收入《资治通鉴》全集当中。例如，南轩的著作得到陈仁锡（1579—1634）的进一步编辑加工。陈仁锡（1579—1634）编纂了多部经史著作，出自他手的作品有政治百科全书《皇明世法录》。[82] 陈仁锡将南轩的作品收入了一个更大部头的集成著作，用三本书涵盖了直到元代的整个历史，出版于 1630 年（崇祯三年）。他选入的是朱熹的《资治通鉴纲目》（59 卷）、商辂的《续资治通鉴纲目》（29 卷），有关最早的上古史部分，他选择了南轩的《资治通鉴纲目前编》（25 卷）[83]，而不是金履祥的《（资治）通鉴（纲目）前编》或陈桱的《（资治）通鉴前编外纪》。在陈仁锡眼里，现有的"完整"历史是以陈桱和金履祥的文本为准讲述上古史的开端，它需要一个替代方案，就是他编辑的"完整的"历史。可以从表1中看到，截至明末，规范的史书编纂体系里主要有两个分支代表完整的中国历史——无论是否有"通鉴纲目全书"这几个字作为书名，它们作为同时存在的权威性文本，讲述中国上古史。这些著作当中，有一些采用了陈桱《外纪》的修订本（和金履祥的《（资治）通鉴（纲目）前编》），参见表1的左栏；而另外一些版本所依据的则是南轩的《资治通鉴纲目前编》，见表1的右栏。[84] 其实，这些都是文本之间互相引用的体现，它们说明了书写中国历史会涉及各种彼此穿插交错的文本，这种交织不只发生在一条引文或一个段落的层面，而是在整部著作的层面。这两个系列的文本，传教士们都会用到。

表1　规范的史书编纂体系里有关中国历史的两个分支同时存在，
均为明末的权威文本

	通鉴纲目全书	通鉴纲目全书
盘古 / 伏羲—帝喾	陈桱：《（资治）通鉴前编外纪》（修订版）	
	盘古—帝喾	南轩：《资治通鉴纲目前编》伏羲—公元前403年
尧—公元前403年	金履祥：《（资治）通鉴（纲目）前编》尧—公元前403年	
公元前403年—公元906年	朱熹：《资治通鉴纲目》	朱熹：《资治通鉴纲目》
宋—元	商辂：《续资治通鉴纲目》1560年，1593年 + 未注明日期的万历年版本[85]	商辂：《续资治通鉴纲目》1600年 + 未注明日期的万历年版本[86]；1630年 + 未注明日期的崇祯年版本（陈仁锡编）[87]

42 　　编纂通史著作的正规传统在明代经历了新的发展：它以宋
代的编年体史书为范本，将历史延伸到更近的时代（宋、元）
和最遥远的上古时期，其中，分别出自陈桱和南轩的两部权威
性著作相互竞争。中国历史的书写因此变得越来越全面。此外，
通过增加更多宋代和明代作者的注解评论，这些文本也开始呈
现出更丰富的评注内容。

1.2.2　明代的纲鉴体

　　上述编年体著作都试图以某种形式成为那部《资治通鉴
（纲目）》的学术传统的一分子，它们的最终写作目的是成为
治国方案的辅助工具。然而，这种历史学的旨趣在十六世纪发
生了转向。随着一种新的史书编纂方法出现，历史学开始向第
二个方向发展——虽然乍看之下它仍然建立在《资治通鉴（纲
目）》的传统之上，但这种编纂方法有自己的特点，而且在许
多方面代表了非常不同的风格和内容。这些作品可以称作"纲
鉴"类的文本。

基本特征

　　"纲鉴"类文本的名称既为"纲"又为"鉴"，是因为正如
袁黄（1533—1606；1586年进士）所解释的，它们旨在将纲目
和通鉴的传统结合起来。袁黄本人的作品也是这类体裁最受欢
迎的版本之一。乍一看，它们似乎属于先前讨论的编年体式的
著作。它们的确表现出与编年体类似的某些体裁特征，而且在
传统书目中它们通常被归入史类之下的"编年"部分。[88] 此
外，这类作品往往是"通"史性质的，从上古时期的盘古写到
元代末年。然而，纲鉴体文本与编年体之间至少有四个重要的
区别。首先，就其格式而言，纲鉴体史书一般只有较短的篇幅

（20 至 40 卷），虽然并不是每一部都如此，但这使得它们在篇
幅方面的门槛较低，相对容易阅读。第二个主要的风格特点是，
它们遵循了标准的纪传体史书的写法，并以《史记》为主要的
范本，这就与编年体著作不同。袁黄自己的说法是，他遵循了
前人的足迹，在各种史书的基础上编纂了自己的作品，其中，
"纲"以阐明事件的基本意义或君主的生平事迹，"目"和"鉴"
是详细描述历史事件的发生次序。他选择了用类似粗体字的样
式来突显这两个部分的标题，以明确表示二者在写法和意义上
的区别。以上古史为例——司马光和朱熹的文本里都没有包括
上古史的那段时间，袁黄交替使用"纪"（这显然让人想起《史
记》的"本纪"或"纪传"）和"编"二字，并将两者用加粗的
方式刊刻，显得更加突出。[89]

　　尽管袁黄声称他的作品与编年体著作相似，但他本人的，
以及其他纲鉴体的文本显然具有纪传体的某些特质。纲鉴体著
作的这一独特性在关于帝喾的章节里有明显的体现。与陈桱的
《（资治）通鉴前编外纪》和南轩的《资治通鉴纲目前编》不同，
袁黄的正文内容不是由五六个主要的句子和行间注释组成的，
而是较长篇幅的叙述（与《史记》的写法相同），并且分为两个
部分的"纪"。[90]虽未明确注明参考出处，但袁黄这篇正文的
叙述无疑穿插进了《史记》、皇甫谧的《帝王（世）纪》和《吕
氏春秋》当中的段落——这些内容也出现在陈桱的《外纪》里
面。不过，袁黄笔下的众妃顺序与陈桱的版本不同。此外，正
文中还有简短的行间注释，就像《史记》的明代版本一样，为
读者提供实用的信息，如字的发音或地名的方位。这些注释
的内容来自其他著作，比如《史记》的注解（如裴骃的《集
解》和司马贞的《索隐》）——其中一些没有出现在陈桱的著作

里〔91〕，但也使用了一些新的资料，如《白虎通》[据说是班固（32—92）所作]〔92〕或明代学者丁奉（1480—1542）的注解。

44 这里另加入了一份"附纪"，上面记载了帝喾的儿子们是谁（内容与《左传》的版本相似）。于是，袁黄的这篇就形成了一个全面的帝喾传记，提供了一个简明且完整的帝喾形象。这里的叙述包括了四位帝妃以及神奇生子的情节。

袁黄的书里面有关帝喾的一段话如下。

> 帝喾高辛氏。喾，音谷。按白虎通曰：谓之帝喾者，何？喾者极也。言其能施行穷极道德也。
>
> 纪：名夋。夋，音乙。史记作夋，山高貌。姓：姬。祖曰：少昊，父曰：蟜极。蟜，音兆。生而祥灵。帝王纪云："帝喾高辛，其母生见其神异，自言其名曰夋。蚩尤有德。"年十五佐颛，帝受封于辛。年三十以木德，代高阳氏为天子。以其肇基于辛，故号高辛氏。少昊之前，天下之号象其德。颛顼以来，天下之号因其名。高阳、高辛皆所兴之地名。颛顼、帝喾皆以字为号，上古质朴故也。都于亳。亳，地名。今河南偃师县是也。
>
> 纪：元年，命咸黑典乐为声歌命曰：九招音韶之乐。普施利物，不私于其身。聪以知远，明以察微。顺天之义，知民之急。仁而威，惠而信，修身而天下服。取地之财而节用之，抚教万民而利诲之，历日月而迎送之。正义："言作历弦、望、晦、朔，日月未至而迎之，过而送之，即'迎日推策'是也。"明鬼神而敬事之。其色郁郁，其德巍巍。郁郁犹穆穆也。巍巍，德高也。巍，鄂力反。其动也时，其服也士。索隐曰："举动应天时，衣服如士服，言其公且廉也。"帝既执中而遍天下。既：尚书"允执厥中"是也。史记：既作溉。日月所照，风雨所至，莫不从服。帝

四妃。帝王纪云："帝喾有四妃，卜其子皆有天下。"元妃有邰氏女，
曰姜嫄，与帝禋祀上帝而生稷。精意以享为禋祀。陈锋氏女，
曰庆都，有赤龙之祥，孕十四月而生尧于 丹陵 。有娀氏
女，曰简狄，祈于 高禖 ，有飞燕之祥而生契。娵訾氏女，
曰常仪，生子挚。帝在位七十年，崩年一百五岁葬 顿丘 。
顿丘，山名，在大名府清丰县。子挚嗣立，荒淫无度，不修善政，
居九年，诸侯废之而尊尧为天子。丁奉曰：此人君废立之始也。
诸侯群会而行之则大公至正矣。知此义者其惟伊尹乎。〔93〕

第三个显著的区别是，袁黄在正文的叙述之后紧跟着各位　　46
明代、宋代学者的评论。以帝喾的段落为例，他总共引用了五
位学者：前述提及的胡宏（号五峰；1105—1161）、周礼（号静
轩，1457?—1525?）、苏洵（号老泉；1009—1066）、丁奉（号
南湖；1480—1542）和李京（晚明，无具体年份）。〔94〕就像胡
宏在《皇王大纪》里面对引自其他著作的评论所做的处理一样，
这里的评论格式也模仿了胡宏，即开头缩进不顶格，以区别于　　47
正文内容。尽管各种纲鉴体文本在参考其他书籍时会引用相同
的段落，但不同版本所包括的评论数量却又不同。〔95〕它们将
是本书第二部分的研究对象。

明代编年体著作与纲鉴体著作的第四个区别在于副文本，
即文人墨客为书籍出版添加的附属文字，如序言、评语、注解
等。这两种类型的史书都有序言、目录和导读类的文本（即各
种形式的基本编辑原则或凡例），包括专业的史学术语的写作惯
例（有时称为书法）。〔96〕这些通常都是沿袭《资治通鉴》体系
的文本或其变体而来。然而，纲鉴体的作品里还出现了某些这
个类型特有的副文本或额外添加的东西。它们包括：

1. 先儒名公姓氏：按时间顺序排列了 150 多位历史学家的名单，从司马迁开始，直到明代末年。这是一份重要的参考名录，因为它囊括了这本纲鉴体著作所引用的作者的姓名（或字号）。这份名单不仅表明纲鉴体著作的编纂者将自己置于这些史家的行列，以继承史书撰著的悠久传统，而且还说明他们将各种各样的前人著作整合在一起，并且不局限于规范的史书编纂传统内的作品。

48
2. 历代帝王国统相承之图：图示各个朝代和帝王的承续更迭。它们提供了一种视觉化的表现手法来讲述历史。

3. 历代国号歌：一首（有时是几首）非常简短的歌谣，作者无名，串联起历史上的朝代名称（国号）。这种歌谣的特征是朗朗上口，可以作为一种帮助记忆的手段，让人们熟记各朝代（和古代君主）的顺序。各种纲鉴体的作品里都包括了这种歌谣的某个改编版本。

4. 纲鉴总论：由元初的学者潘荣（阳节）撰文。[97] 潘荣在今天并不有名，但在明末似乎很受欢迎。他的总论是针对古代史的批判性概述，为史学批评的传播做出了贡献。

5. 历代建都总纪：简短概述了历史上各个都城的位置。它提供了一种从空间的维度看待历史的方法。

6. 明代末年刊印的一些版本通常还包括历史地图（有时以双色绘刻）。[98]

7. 除了常在开头添加的一些额外的篇章或短文以外，还应该注意的是"标题"部分，它们是出现在书眉处的摘要或引语，遍布整部纲鉴体著作。它们可以帮助读者浏览整本书。

这些形式和风格方面的元素其实是在提示我们，纲鉴体的文本有哪些可能的用途：编纂者的工作使得纲鉴体的作品语言清晰，易于阅读，并具有指导性。他们增加了（副）文本，将历史置于时间和空间背景中。所有这些元素不仅在竞争激烈的书市上成为卖点[99]，而且还展示了新的史书编纂方法。纲鉴类文本的目的是辅助治国（即"资治"），或用于教育辅导，如帮助参加科考的学生备考，但最重要的是它们本身也满足了大众对历史知识的需求。此外，如乔治忠评论的，正是由于纲鉴体的文本属于个别作者私著历史的传统，并且在评论中加入了来自不同朝代的作者以及明代作者的多种观点，它们在促进史学批评的方面做出了贡献，堪称杰作。[100]

三个亚型及其起源

根据纲鉴体文本独特的内部成书结构和所使用的资料来源，准确地说，可以将它们分为三个亚型。既然纲鉴体的文本经常相互抄录，因此可以通过某个特定段落在不同作品中出现的次数来验证亚型的存在——例如，有关帝喾的描述在各种纲鉴体作品中连措辞几乎都是一样的。不过，仍有一些细微的差别，而这些细微的差别则是对于最初版本的变形。

第一个，也是总体来说最主要的亚型，它们追求纪传体的风格，以《史记》为主要范本，前文对此已有描述。因此，这种编排方式与编年体传统中的通鉴的正文风格明显不同。[101]纲鉴体文本的序言经常提到主要的编年体史书，如司马光的《资治通鉴》、朱熹的《资治通鉴纲目》、刘恕的《资治通鉴外纪》、金履祥的《（资治）通鉴（纲目）前编》、陈桱的《（资治）通鉴（纲目）前编外纪》和《（资治）通鉴续编》，以及商辂的《宋元通鉴纲目》。这些书单看起来似乎是纲鉴体文本第一个亚型的起源，但实际上，这些著作并不是其来源。[102]事

49

实上，纲鉴体文本的主要亚型是按照为前述宋代通鉴类史书做摘要的模式建立起来的。其中最重要的是江贽的《少微通鉴节要》——它采用的是叙述的形式，只从《史记》的注解中选取了一些行间注释。虽然以"纲鉴"为书名的出版物是从十六世纪中期起才开始流行起来的，但纲鉴类文本第一个亚型的写作模式在明代初年就已经扎下了根，其形式就是对宋代的通鉴类史书做总结摘要。在元代已经开始重印的《少微通鉴节要》到了明代仍然是一部重要的著作。[103]与本书主题相关的最重要文献其实是《少微通鉴节要》的修订版（写作时间为 1428 年），其中的"外纪"部分有一个专门的标题是《新编纂注资治通鉴外纪增义》（5 卷），由王逢、刘剡编纂并增订。[104]这部著作的内容和结构都与一百五十年之后的纲鉴体文本完全相似：以关于帝喾的段落为例，《新编纂注资治通鉴外纪增义》将源自《史记》的内容进行了彻底修改和重新编排，并附有行文注释，它在叙述部分包括了神奇生子的故事以及胡宏的评论，置于这一节的结尾处，而且在书眉处印有简短的摘要（"标题"）。[105]虽然《少微通鉴节要》显然是纲鉴体文本的起源，但晚明的资料却没有提到它。实际上，袁黄等学者认为，是唐顺之（1507—1560）将纲目和通鉴传统结合起来并衍生出了新的写作模式，不过他们在这里没有提到任何唐顺之的作品名称。[106]唐顺之是一名受欢迎的作者，尽管他可能只是在《新刊古本大字合并纲鉴大成》（46 卷，1570 年）上面署名而已，但这一部是最早在标题中带有"纲鉴"二字的作品之一。[107]而且，在许多新版的江贽的《少微通鉴节要》里，也有一些加入了唐顺之的名字作为合作者。[108]因此也有一种可能是，袁黄在提到让自己受启发的文献来源时，指的是经过唐顺之修订的某个版本的《少微通鉴节要》。

　　第二种是相对次要的亚型，这一类也是纲鉴体的作品，但它们实际上遵循了编年体通鉴的编排方法，与承袭了《左氏春秋》的宋明编年体通鉴一脉相承。它们的编纂模式是：一段简短的正文（几句话）开篇，其后跟着简短的注释。这种结构在一定程度上与上文提到的纲鉴体文本的发展基础是纪传体这种说法相矛盾。这个亚型的主要代表作品是顾锡畴（1619 年进士）的《纲鉴正史约》（36 卷，约 1630 年）。顾锡畴这本书对中国历史作了一个非常简洁的概述。其中关于帝喾的部分与李东阳和南轩书里所写的一致，只是以一种更加简略的方式来呈现。[109]另一部类似的作品是《纲鉴要编》（24 卷，1617 年），又名《纲鉴世史》，归在陈臣忠、张睿卿，陈仁锡等人的名下。[110]从这两部作品的写作体例来看，一些作者认为有必要将某些纲鉴体的原则应用于编年体史书的写作。属于第一种亚型的有些作品的版本也试图将书的内容按照不同的标题重新作编排，使其看起来更像《左氏春秋》的结构——尽管它们的注解依然采用的是《史记》模式，也包含注释。黄洪宪（1541—1600）的《资治历朝纪政纲目》（74 卷，1597 年）就是如此。[111]在这部作品中，纪传体的风格被部分地转化为编年体的模式。这些著作都非常易于理解，易于阅读。

　　第三种亚型实际上并不适合被称作一种亚型：它包括各种在书名里带有"纲鉴"字样的作品。这些书籍的目的是像其他纲鉴类著作一样成为某种简史，但它们的写作风格与前两种亚型明显不同，而且不可能在它们之间重建一个准确的谱系。[112]这些作品当中，有一些明显受到前述两种亚型的启发。例如，在刊刻精美、卷帙浩繁的《新镌献芟乔先生纲鉴汇

52

编》（92卷，1624年）一书中，乔承诏（1610年进士）以新的体例重新编纂了第一种亚型的著作里讲述的基本史实，增加了"注解"和"音释"——就像陈梿的修订本一样，并将（无出处的）评论安排在"附入"之下。它还包括一个非常详细的目录，总共长达9卷。[113]另一批可以归入这第三种亚型的文本是纲鉴体史书的摘要（或者叫作"标题"）。最典型的例子是"捷录"类的书，其中一些甚至被做成口袋书的样子：比如，黄道周（1585—1646）的《精刻补注评解纲鉴历朝捷录》（约21卷，晚明）。[114]似乎对这种摘要式文本的需求很大，这一点也体现在被缩短简化的通史著作当中。这些简缩版的通史比正常的纲鉴体史书短得多，它们同样是中国历史的概述。[115]值得注意的是，汤宾尹（1567—？）编辑了《纲鉴标题一览》（1卷，晚明）。[116]这是一份综述，全盘介绍了出现在纲鉴体史书书眉处的"标题"。换句话说，这本小册子里面一一列出了刊刻在纲鉴体书页边的提示文字，并对其进行了简单的解释。比如有关帝喾的部分是这样的：

> 修身而天下服：[引自《史记》关于帝喾的段落]
> 执中而遍天下：[引自《史记》关于帝喾的段落]
> 赤龙飞燕之祥：[指帝喾的两位帝妃神奇受孕的故事]
> 儒者莫要于穷理：[参考了胡宏的评论]
> 气化形化：[参考了胡宏的评论][117]

此处的标题提到了神奇生子的情节，但仍然坚持用胡宏的评论所表达出来的批判性观点来处理这部分内容。

虽然绝大多数的纲鉴体史书属于第一种亚型，但其他样式的作品也在书名里添加"纲鉴"二字，这说明纲鉴体这个标签本身就具有足够的吸引力，可以被用于不同写作风格的文本——同时，它们仍然具有纲鉴体史书的大部分共同特征。一方面，编年体的书籍需要商业化，于是采用纲鉴体的原则对它们加以改编。另一方面，纲鉴体史书本身也通过短句标题这种易于阅读和理解的形式出版。传教士们广泛使用了第一种亚型，但不能排除他们也可能接触了其他亚型的纲鉴体著作，不过目前还没有什么直接的证据来证明这一点。

编纂者

成书于明代、并且与明代历史有关的绝大部分史书都是文人官员撰写的——他们或在朝，或在野，即退休后返乡归田。退休后的官员可能觉得可以更自由地表达个人观点，甚至批评官府。[118]"野"这个字在史书编纂领域常用于"野史"，旨在强调表达了私人意见。[119]然而，纲鉴类的作品不能被归类为野史，它们在传统书目分类系统中也没有被归入"别史"或"杂史"。虽然纲鉴体的史书通常由在职或退休的官员撰写，但它们并不是为了表达（编纂者的）个人意见，而是集合多种意见（通常是多位其他学者的观点，而不是编纂者本人的）。而且，纲鉴体的史书不包括当代历史：他们通常止于明代初年（如果是清代版本，则止于明代末年）。

跟许多其他的晚明著作一样，纲鉴体史书的写作者或编纂者的身份是一个复杂的问题。正如薛凤（Dagmar Schäfer）所说，出于知识的、政治的或商业的原因，当时的社会利好刊印私人撰著、传播个人思想，这些出版书籍的机会也使得晚明的社会对知识合作产生了一种新的态度。[120]智识方面的合作有一种主要形式就是为文人提供支持，这种支持可以是经济上的，也可以是学识上的。总的目标就是在官方设定的话语体系之外提供一种补充或不同意见。知名人士要么提供资金，要么同意他人借用自己名字做背书，以保证新作刊出。他们为一本书做推荐的方法可以有很多，比如添加封面说明或为之作序。这在纲鉴体著作中随处可见。但更常见的是，直接把赞助人或背书人的名字加到书名里。这使得我们很难确定谁是真正的作者（尽管通常书里会提到修订者的名字）。毫无疑问，这种支持方式既帮助提高了背书者的学术声誉，也抬高了纲鉴类作品的地位。除此之外，出于商业目的，出版商还往往聘请知名或不知名的作者来编辑纲鉴体的书籍。

当时的批评家们不认同这种潮流。例如，在徐奋鹏（活跃时期 1638 年）看来，这些纲鉴类的书大多都是失败的，它们没能把朱熹的"纲目"和司马光的"通鉴"结合起来：它们要么太详细，要么太肤浅，有些学者需要一个总的大纲，它们又太不完整。徐奋鹏认为，这些纲鉴类的作品在重复"纲目"的作用，却又与之对立。他觉得，这些作品是由寂寂无名的、归隐山林的作者写的，但它们随后又托名于知名学者，而后者其实不是真正的作者。[121]因此，许多作品可能假借了著名学者的名头而已。我们接下来提到的许多编纂者或撰著者的名字可能就是这样出现的，比如，王世贞（1526—1590）、叶向高（1562—1627）、焦竑（1541—1620）、何乔远（1558—1632）、袁黄（1533—1606）、钟惺（1574—1625）、冯琦（1559—1603）、冯梦龙（1574—1646），等等。[122]这种托名现象证实了当时复杂的成书过程，纲鉴类的著作也不是特例。

根据各种珍稀古籍的书目，我们可以确定至少有 50 位不同的编纂者名下出版过至少一本纲鉴类的作品。如果把同一部

作品再版和重印的各个版本都算上，这个数字要大得多（超过
120 个）。[123] 刊刻活动本身留下的一些证据可以帮我们重建 56
这些书籍之间的关系，并把它们划分为几个集群：这种文本群
通常与一部作品有关，而这部作品出自一位主要的编纂者，以
及一位或多位修订者之手，其中，编纂者的名字通常出现在作
品的标题中。当同一部作品重印时——通常一部作品会重印多
次，编纂者的头衔会在一些学者的名字之间轮换，但重印的内
容仍然非常相似，不过总是有一些小小的变化出现在比如标题
的位置。

回头来看，第一批可以算作纲鉴类史书的作品还没有在书
名里标明"纲鉴"二字，其实纲鉴体史书的原型——江贽的修
订版《少微通鉴节要》（1428 年的版本）就是如此。

另一部早期的纲鉴体作品也是类似的标题，即诸燮（1535
年进士）编纂的《新编通鉴集要》（1549 年初版）。[124] 这部著
作的缩略版（10 卷）在明末重印多次，它是纲鉴体史书第一个
亚型的某种摘要。[125] 1581 年，诸燮的名字继续作为编纂者出
现在另一部著作《增补论策全题苏板通鉴集要》（28 卷）上面，
但有观点认为，该书是一位寂寂无名的学者苏濬（1541—1599）
的著作的一个翻版，也是最早的纲鉴体文本之一。[126] 从 1581
至 1628 年期间，苏濬这个名字至少关联了九种标题里带有"纲
鉴"二字的作品及其多个版本，其中第一个可能就是《纲鉴集
要》这个书名的变体或《纲鉴纪要》。[127] 这些作品中有一些
被认为是郭子章（1543—1618）所作。郭子章是一位多产的作 57
者，也是官员，他曾为利玛窦（Matteo Ricci，1552—1610）的
《山海舆地全图》（1600）写过一篇序言。[128] 他还以"订"的
身份与人合编了《（新刊补遗标题论策）纲鉴全备精要》（20

卷，1592年）和《（新锲郭苏二文参订）纲鉴汇约大成》（20卷，1593年）。[129] 其他作品则是归入焦竑（1541—1620）名下。焦竑是学者和藏书家，他编纂了《新锲国朝三元品节标题纲鉴大观纂要》（20卷，1598年）。[130] 苏濬的几个版本（1598年、1612年、1615年）也经过李廷机（1542—1616；1583年进士）的修订。[131] 李廷机于1607年官至大学士。也有一些纲鉴类著作的编修者是李廷机一人（1600年版，1604年的仅限于宋史，1619年版）。[132] 直到明代末年还有与苏濬有关的纲鉴类文本出现，如《重订苏紫溪先生会纂标题历朝纲鉴纪要》（16卷，首1卷，重印于崇祯年间1628—1644）。[133]

另一组纲鉴体史书归于叶向高（1562—1627）的名下。1607年，叶向高被任命为礼部尚书兼大学士；同时，王锡爵（1534—1611）、于慎行（1545—1608，学者，曾任大学士）和李廷机也得到类似的任命。叶向高并不是第一位被纲鉴体著作托名的高层官员。以"纲鉴"为书名的最早的著作之一《新刊史学备要纲鉴会编》（48卷，1578年）就是由王锡爵所辑，而王锡爵是当时的詹事府詹事，同时也是翰林院侍读。这还是在他于1585到1594年间担任大学士之前的时候。[134] 王锡爵还曾为利玛窦的《两仪玄览图》（1603年）作序。[135] 1599年出现了《（新刻补遗标题论策指南）纲鉴纂要》（20卷）[136]，作者是余有丁（1527—1584）和申时行（1535—1614），二人都曾在万历初年担任过礼部尚书，并兼任大学士。1608年叶向高初上任时，于慎行刚刚去世，王锡爵断然拒绝接受这一任命，而李廷机则刚刚到任了几个月而已，不过他名义上仍然是大学士。[137] 在担任这些职务之前，叶向高曾担任过太傅，当时的太子是后来的明光宗。1602年，他的著作《鼎锲叶太史汇纂玉堂鉴纲》（72 卷）出版。〔138〕这部著作还有其他一些万历年间和崇祯年间、甚至是清代初期的版本，通常都由李京（生平未知）修订（原书写作"订义"）。〔139〕叶向高的名字也作为编辑者出现在苏濬的一个版本（1612 年）和李廷机的一个版本（崇祯版）里面。〔140〕事实上，叶向高和李廷机的名字经常在建阳印本中绑定出现，如 1612 年由熊成冶（字冲宇）印制的《历朝纪要（旨南）纲鉴》。〔141〕叶向高的例子很好地说明了高级文官的声名如何促进了纲鉴体文本的普及。我们应该注意到，叶向高在其晚年时候开始与耶稣会士接触。1624 年叶向高卸任大学士之后，与身在福建的艾儒略（Giulio Aleni, 1582—1649）在 1627 年间展开了许多对话，谈经论道。这些都载于《三山论学纪》（1629）当中。叶向高为艾儒略的《职方外纪》（1623 年；约 1626 年在福建重印）写过一篇序言。另外，叶向高还为杨廷筠（1562—1627）的《西学十诫初解》（约 1624 年）作序，而杨廷筠已在此十年之前受洗成为天主教徒。〔142〕

一些纲鉴体著作的序言或编纂者姓名可以帮助我们了解明代出版历史作品的惯例。比如，李纯卿的《新刻世史类编》（45 卷，首 1 卷，1604 年、1606 年）的合作者当中有几位是知名人士。〔143〕据说还有四位学者参与了该书的编写工作。书中提到，谢迁（1450—1531）写了"补遗"，虽然《新刻世史类编》是在他身后才出版的。谢迁本人一开始主持编纂了《资治通鉴纂要》（92 卷）——该书汇编了一系列有关《资治通鉴》的著作。《新刻世史类编》还提到王守仁（1472—1529）作了"覆详"、王世贞（1526—1590）作了"会纂"、李槃（1580 年进士）作了"增修"。这个例子说明编辑们为了使自己的作品得以出版，是怎样努力让有声望的学者挂名的。另一部书名非常相似的作品是《重刻详订世史类编》(61 卷 +1 卷，或为崇祯年间版本，1628—1644 年)，它的情况是——同一部作品被重新编辑，同时在内容上也发生些许变化。[144] 这是纲鉴体著作典型的成书过程：每个版本都是同一主题的变体，于是产生一些差异，就像织锦的时候在类似的图案中加入某些变化。这也意味着，让某位著名学者挂名仅仅是出于商业目的。但即便如此，一定有一些影子写手或影子编辑真的完成了书籍编纂的工作。很可能就是在商业化的印书坊里面工作的（无名）编辑们参与了这些作品。在一些序言里，如曹于汴（1558—1634，也曾与利玛窦进行过对话，并为耶稣会士的书作序）就在自己的序言里将《重刻详订世史类编》直接归于李槃的名下，而李槃是十三部杂剧的作者。[145] 合作者名单中包括他的几个弟子，其中就有建阳刻书坊的余应虬和余昌祚[146]——这表明刻书坊与李槃等著名作者之间存在联系，而且刻书坊可能就是热衷于以知名作者的名义印制各种书籍。[147]

　　与此相关的另一个方面是，历史小说即"演义"这种明代出现的新的虚构叙事体裁或许与纲鉴类作品之间存在联系。明代历史小说的一个明显特征是它自称源自真实的史书。各种用词就是在明显表达这一点，比如"按鉴演义"这类短语经常添加在书名的主标题中。[148] 上田望（Ueda Nozomu）说过，许多历史小说实际上是从纲鉴类的文本中获取信息的。[149] 此外，张谢莉（Shelley Chang）研究过，如建阳书坊这样繁荣的印书中心出版了一些纲鉴体史书，同时也修订和出版了许多历史小说。可能是为了提高这些小说的商业价值，书名里加入了各种表达"按鉴"的词语。[150] 纲鉴类文本的出版很符合刻书坊的商业企图，与之一同流行的还有其他一些子类型，如各种

61

款式的类书，它们是建阳书商产量最大的图书品种。〔151〕在建阳的纲鉴类作品中，有一些是余家刊刻的。余家的刻工当中最著名的是余象斗。他在自己刊行的许多作品中称自己为作者、注释者或编辑，同时也是出版商。根据贾晋珠（Lucille Chia）的研究，这在明代中后期是很普遍的做法。像余象斗这样的出版商还在践行另一种流行的做法，即为了吸引更多的读者，对于一些既成的作品，经常称自己为该书的作者，或者把它归于另一个人名下，而非原作者本人。这种现象在余象斗或其他出版商制作的纲鉴类作品当中经常出现。〔152〕

62

一些署名为某位作者的纲鉴体著作特别有名，值得单独介绍。第一个亚型中最著名且最受欢迎的纲鉴体史书可能是托名于袁黄的作品。袁黄（1533—1606，1586 年进士）是家族中第一位参加科举考试的。1586 年，他考取进士功名。担任了地方县令几年后，1593 年，他被擢升为兵部职方主事。一年之内，适日本侵入朝鲜，袁黄率军远征但失利，便被解除职务、致仕回乡。之后，返乡的袁黄在家中写作并看管家族田产，直到 74 岁去世。〔153〕他尤其以出版《功过格》而闻名。〔154〕袁黄的纲鉴体著作名为《历史纲鉴补》（万历三十八年，1610 年），又名《鼎镌赵田了凡袁先生编纂古本历史大方纲鉴补》（39 卷）。〔155〕虽然不知道袁黄到底在多大程度上真正参与了这部著作的编纂（就像当时刊印的其他作品一样，这本书也可能出于商业原因而托名于袁黄），但为了便于我们的讨论，本书将继续把它称为“袁黄”版本。书中有袁黄写的一篇序言，写作时间为 1606 年，即他去世的那一年。另有一篇序言是韩敬（1580—?）所作，时间为 1610 年，更接近此书刊出的时间。韩敬在这篇序言中解释说，袁黄在去世之前就为这部著作的编纂辛苦了三年。

63　　该书的刊刻者便是前面提到的余象斗。根据王重民（1903—1975）的观点，这部著作在 1600 至 1610 年间重印过三次，每次假借不同的编纂者之名。[156] 其中的一个版本里加入了熊明遇（1579—1649）的序言。熊明遇是阳玛诺（Manuel Dias，1574—1659）撰写《天问略》（1615）的合作者，他还为熊三拔（Sabatino De Ursis）的《表度说》（1614 年），以及庞迪我（Diego de Pantoja，1571—1618）撰写、杨廷筠（1652—1627）作序的《七克》（1610 年代初）这些书都写过序言。[157]

　　另一位多产的作者是钟惺（1574—1624，1610 年进士），他主要以诗文作品闻名。[158] 托名于钟惺的是一部《鼎锓钟伯敬订正资治纲鉴正史大全》（74 卷，首 1 卷，明崇祯本，1628—1644），该书的合作编纂者是建阳书商余家的另一位刊书人余应虬（他写了一篇序言，写作时间为 1628 年）。[159] 这部作品号称"正史大全"，从这个意义上来说它延续了宋代通鉴的追求，这个理念在书中大量的序言中也清晰可见，这些序言的时间跨度从宋代开始，到明代初年，一直到出版之时［还包括此书编

64　　者之一陈仁锡作的序（1625，1626）］。[160] 在内容上，它与归在袁黄名下的那部著作有许多相似之处，书中记录的历史从最早的上古时期一直到元代末年。在有关上古史的部分，它参考了刘恕的《资治通鉴外纪》、金履祥的《通鉴前编》，还有王世贞所作的增补，并且明确注明了这些资料来源。钟惺这部作品的特点是，从伏羲开始加入了干支纪年的方法。[161] 这样一来，钟惺也改变了袁黄的纪年（改变了上古帝王的在位时间）。袁黄依据的是邵雍《皇极经世书》的纪年方式，而后者似乎与胡宏的《皇王大纪》所采用的纪年更为接近。[162]

　　另一位著名的纲鉴体文本托名作者是王世贞（1526—

1590)。王世贞以其与明史有关（主要与他自身所处的年代相
关）的各种主题论著而闻名，即《弇山堂别集》(100 卷，1590
年) 和《弇州史料》(30+70 卷，1614 年)，这些论著主要基于
他能直接接触到的《实录》。[163] 署名王世贞的纲鉴体著作显
示出纲鉴体文本的丰富性和复杂性。托名于王世贞的最早的纲
鉴体史书之一是《镌王凤洲先生会纂纲鉴历朝正史全编》(23
卷，1590 年)。[164] 似乎这部作品还有另外的各种书名，诸
如《凤洲纲鉴（会纂）》（明万历本，1573 至 1619 年间) 等类
似的书名。这部《凤洲纲鉴（会纂）》在清代也曾刊刻，不同
版本篇幅不一（ 39 卷或 46+23 卷 ）。[165] 还有其他的证据证明
王世贞的影响力，毕竟他的名字出现于各种各样的著作中，比
如《王凤洲先生纲鉴正史全编》(24 卷，附记 1 卷，纲鉴图略 1
卷，明崇祯本，1628—1644)。[166] 这是一部纲鉴体著作，不
属于第一种亚型，而是以顾锡畴的原型为基础的第二种亚型。
王世贞本人不太可能同时编撰如此不同的两个亚型的纲鉴体文
本。据推测，其他知名学者也参与编纂了托名于王世贞的纲鉴
体著作，比如，《重订王凤洲先生纲鉴会纂》(46 卷 + 续宋元纪
23 卷，明代末年) 就是由上文提到的陈仁锡编辑、吕一经注释
的。[167] 再如，《刻王凤洲先生家藏通考纲鉴旁训》(20 卷，明
代末年)[168] 是由何乔远编纂的。何乔远（ 1558—1632 ）既是
官员也是史家，还编辑了福建地方志《闽书》(1630 年)。此外，
何乔远为艾儒略的《西学凡》(1623 年，1626 年福建重刊) 写
过一篇序言。[169] 另有《纲鉴通纪论策题旨》(20 卷，明代末
年)[170] 和《合镌纲鉴通纪今古合录注断论策题旨大全》(20+1
卷，明崇祯本，1628—1644)[171] 两部著作，都是由剧作家、
《牡丹亭》的作者汤显祖（ 1550—1616 ）作注。《合镌纲鉴通

纪今古合录注断论策题旨大全》与钟惺的作品合编在一起成为《王凤洲钟伯敬两先生家藏纲鉴通纪》或《鉴纪合录》。这种"合"集或"合"卷很可能收录了几位知名学者的著作,这样的操作也见于王世贞的其他著作,比如其中的一个合卷就有袁黄的参与,且至今仍然重版。[172] 从清代到现在,最著名的合订本之一就是袁黄和王世贞的《纲鉴合编》。[173]

如上所述的这些作品在某种程度上集中于某一位编纂者的名下,不过它们在明代已有许多其他的版本在流通。到目前为止,我们已经对这类纲鉴体史书当中的重要作品作了概述。如果要了解有多少明代学者参与了纲鉴类文本的制作,可以参考明代的最后一部纲鉴体著作《纲鉴统一》(39 卷,附论题 2 卷,历朝捷录 2 卷,1644 年),它由集诗人、戏剧家、志怪小说家和编辑多重身份于一身的冯梦龙(1574—1646)所写。这本书内容丰富,并内含许多副文本(如许多历史地图)。[174] 其中包括一份名单,上面有 140 多位《纲鉴统一》的编辑者和修订者。这份名单与常见的夹在纲鉴体著作中的副文本(如前面提到的《先儒名公姓氏》)不同,它列举的主要是晚明的作者,既有知名学者,也有不那么知名的。从某种意义上说,这个名单本身就展示了该书作为纲鉴体之"统一"的一个方面。冯梦龙似乎能接触到大量的纲鉴体著作,因为所有能在今天可见的传统书目里找到的(以及本章中提到的)编纂者姓名,也都出现在冯梦龙的名单上。

除了上文已经介绍过的,还有很多纲鉴类作品的撰著编纂者们,他们的作品至少有一个版本保留至今。他们的名字及著作等信息如下:

1. 冯琦(1559—1603 年,文官,1601 年升任礼部尚书;与

利玛窦有过交谈，记载于《畸人十篇》(1608 年）第二
章)[175]；《鼎锲纂补标题论表策纲鉴正要精抄》(20 卷，
1606 年）。[176]

2. 潘光祖（1625 年进士）：《(鼎锓潘义绳先生纂辑) 纲鉴
金丹》(32 卷，1631 年）。[177]

3. 刘孔敬（1625 年进士）：《梦松轩订正纲鉴玉衡》(72
卷，1637 年）。[178]

4. 金之光（未考取进士）：《纲鉴汇览》(12 卷，明代）。[179]

5. 翁正春（1553—1626，曾作为礼部左侍郎推荐聘请耶稣
会士于 1610 年帮助修订历法）：《编辑名家评林史学指
南纲鉴新钞》(20+1 卷，明代）。[180]

6. 汪旦（1535 年进士）：《新刊翰林考正纲目通鉴玉台青
史》(17 卷，1606 年）。[181]

7. 汤宾尹（1595 年进士，南京国子监祭酒）：《汤睡庵先生
历朝纲鉴全史》(70+1 卷，万历本，1573—1619)[182]；
《纲鉴大成》(14 卷，万历年间，1573—1619）。[183]

8. 张鼐（1604 年进士；他也是熊三拔和徐光启（1562—
1633；1604 年进士) 的《泰西水法》(1612) 的合作
者)[184]：《新镌张太史注释标题纲鉴白眉》(21+1 卷，
万历年间，1621 年版，以及未刊日期版）。[185]

9. 孙鑛（1542—1613，官员）：《历朝纲鉴辑要》(20 卷，
明代）。[186]

10. 王昌会（生卒年不详）：《全史详要》(30 卷，1630
年）。[187]

看得出来，这类作品的编纂者中有几位与耶稣会士有一定
的交往：曹于汴、冯琦、郭子章、何乔远、王锡爵、翁正春、

熊明遇、叶向高，以及张鼐。虽然这些例子并不能直接证明这些学者在撰写和编纂史书方面对传教士产生了什么样的（或对彼此相互的）影响，但它们确实勾勒出传教士身处的环境——学人风气如此，他们一旦相识或交往，就可能为彼此作序，或托名出书。同时也可以注意到，耶稣会士的中文作品第一次提及"纲鉴"一词是在艾儒略（Giulio Aleni，1582—1649）的《万物真原》（1628年）中。它引用了一句话——"不信传而信经，其论始定"，而这句话的出处是胡宏，它出现的位置通常是大多数纲鉴体史书的开篇段落所使用的胡宏评论。[188]

受众

编年体史书符合规范的编纂传统但没有得到广泛传播，与之相比，纲鉴体著作似乎是一种更流行的体裁——尽管它们很少受到现代学者的关注，甚至常常被忽视。这些年围绕着纲鉴类史书展开的研究表明，纲鉴体是晚明的一个重要体裁。最近，一些学者甚至开始将这些文本在晚明的涌现称为"纲鉴热"或"纲鉴风"。王重民曾指出，本章前面的概述也已经证实，编纂纲鉴的趋势流行于嘉靖年间（1521—1566），在万历年间（1573—1619）达到顶峰，到天启（1620—1627）和崇祯年间（1628—1644）衰落下去。[189]此外，在清代，特别是康熙年间（1662—1722），纲鉴体的史书持续刊印，并一度于十九世纪末二十世纪初复兴。考虑到这一切，纲鉴传统其实从未真正中断过。

晚明的时候，人们需要一种在内容和刊刻方面都更容易阅读和理解的历史书。这些作品注定拥有广大的读者群体，而且对准备参加科举考试的考生尤其有用。科考题目的形式有几类，除了针对四书写作八股文之外，历史也是考题之一，通常属于

"策问"的一部分。策问部分的问题通常是根据经和史当中的议题来拟定的，需要阐发"经史时务策"。[190]当时的考生在备考过程中需要专门花费大量时间用来学习历史。此外，即使有些策问的题目不以历史科目作为重点考核内容，它们中的大多数仍然预设考生对于任何一个话题的历史背景都有所了解——无论关于制度、经典、防洪、地方治理，还是其他诸如此类的问题——并且能够作阐发。[191]晚明出版业的繁荣具备一个特点，即商业刻书坊刊印的考试辅助材料能够帮助考生备考，它们不仅帮助考生在考前温习知识，而且教他们获得答题技巧。这些辅导材料包括有关四书和五经的文论、八股文的写作范文、已经在图书市场上广泛流传的百科全书即类书。由于纲鉴体的史书以及如前述提到的《捷录》等史书纂要为获取历史知识提供了快捷又全面的途径，它们也可以被视为备考的辅助工具。[192]这一点在部分纲鉴体著作的序言中得到了证实。[193]不仅如此，一些纲鉴类作品[194]的书名当中已经使用了"论"（就与官方的正统学说相关的问题撰写文论）、"策"（为公共政策方面的问题提出建议）、"表"（以奏章的形式组织书写行政方面的文章）这种措辞——它们是省城举行的乡试（第二等级）和京城举行的会试（第三等级）当中要求的写作体例，而且这些题目往往涉及历史话题。[195]这些书名已经宣称，撰写这类文论所需的主要题旨就是书内印在书眉的标题，它们以简洁的方式包含了所有必要的信息。[196]

71

　　作为一种备考资料，纲鉴体文本在教学课纲中占有一席之地。可以确定的是，纲鉴类的著作曾被用于初等教育。"性理纲鉴"——《性理大全》（1415 年）和纲鉴类著作的合体——作为一种表达出现在各种跨越不同年龄层的读物里，受过早期启蒙

72　的青少年或即使年长但仍有背诵阅读能力的耄耋老人都认识纲鉴这种文本。[197] 不过，仅从教育和备考功能两个方面并不能解释纲鉴体作品的成功。其他因素诸如财富增加、商业化程度提升、识字水平提高，以及参加科举考试的考生数量膨胀，还有刊刻印书这个产业的繁荣和书肆的扩张——所有这些原因的共同作用极大地促进了它们的传播。[198] 这些情况也助长了对史书的需求，因为人们想要在科举考试这样的特殊目的之外阅读历史。然而，商业化也有副作用。刊印的质量良莠不齐，大量内容在不同作者之间传抄，甚至有些书的内容几乎完全相同但却归于不同编纂者的名下。

很难评估纲鉴体史书的普及程度到底如何。下文将进一步说明，因为乾隆时期（1735—1796 年）编修《四库全书》时纲鉴类的文本被查禁，所以有一定数量的作品可能已经被销毁。不过我们必须对这一观点作些补充，毕竟许多书籍毁于天灾（如火灾），或在明末的兵乱中遗失。此外，有关书籍文化的新的研究表明，中国的许多古书实际上是珍稀物品。虽然得益于刻印技术，很多书籍汇编得以流通，但它们最初都是小批量制作的（50 印本左右），如有需要，才继续重印。[199] 这或许可以解释为什么保存下来的图书数量比较有限，其中一些还仅存于日本或韩国。不过，由于刊印的版本数量巨大，很多书至少有一个刊本现存于世（如上文提到的，超过 120 个不同的版本）——这在一定程度上反映出纲鉴类文本在当时令人惊艳的产量，也反映了当时社会对它们的巨大需求。

读者和刊印版本的数量都说明纲鉴类史书是一种在当时广泛流传的体裁。因此，当传教士们向中国学者或书商问及囊括一切的历史著作时，他们会自然地得知纲鉴体史书，这些作品又会成为传教士们为欧洲读者介绍中国历史的最重要资料来源，这一切顺理成章。清初的作者和那时的传教士都在阅读主流史书的同时继续使用纲鉴类著作，这就进一步证实了纲鉴体史书的重要性。

73

1.3　清中前期的通史类著作

通史的编纂并没有随着明代覆亡而结束。清代中前期，传教士所使用的史书资料可以分为三种类型：首先，新的满洲贵族编撰了以满文书写的中国通史，他们既采用了编年体，也采用了纪传体；其次，纪传体的纲鉴类文本继续发展，出现了新的版本和重印本，有些刊印发生在当时的朝鲜和日本；最后，朝廷也展开官修史书的工作，钦定了一些版本，但在某种程度上也因为伴随编修《四库全书》而来的书籍审查，鲜有新的作品诞生。

1.3.1　满文译本

清初在史书编纂方面的一个重大发展是，新的满人统治者制作了满文版本的中国历史。这一翻译过程为我们了解晚明的权威性著作带来新的启示。当时有两种类型的译本，第一种属于纪传体，第二种属于编年体。〔200〕二者都代表了文化间的转移，这种情况可以描述为：汉语文本之间彼此引用指涉的现象迁移到满语文本的语境下。这两种体裁都为传教士所用。

达海译本（Hafu buleku bithe）

第一部被翻译为满文的中国历史就属于纲鉴体史书的传统。翻译工作开始得很早。在前期的翻译过程中，达海（逝于 1632

年）扮演了关键的角色。

达海是一位满文译者，他受清太祖努尔哈赤的委托将《大明会典》的部分内容翻译成满文。继努尔哈赤之后的掌权人清太祖大妃乌拉那拉氏阿巴亥于 1629 年设立文馆，授命达海继续翻译汉文书籍。在这个职位上，达海将满语的书面语言系统化，规范了转写方法，使变音符更有助于表达汉语的发音。有了这些工具，文馆开始翻译《孟子》和《通鉴》。但是，这项翻译工作还未完成，达海就于 1632 年去世，年仅 38 岁。[201] 尚不清楚这项翻译工作是否在顺治年间继续进行。直到康熙三年，1665 年 2 月 16 日，据记载，一部满文版的通鉴已经完成刊印。[202] 保存至今的一个满文版《通鉴》（*Hafu buleku bithe*）共 80 册，并且公认为是达海的译本。但对于其翻译底本的问题，观点不一，有人认为是王世贞的作品（因此有时被冠以"纲鉴会纂"的汉文书名），也有人认为是袁黄的作品。[203] 由于它不是逐字直译的，而是摘要总述式的，很难认定确切的底本来源，但它显然是一部纪传体的纲鉴类史书。[204] 就像早期的纲鉴体作品一样，满文译本也提到了帝喾的众妃神奇生子的故事。出版一部满文的中国通史是一个漫长的过程，但编者和译者们从一开始就选择了看起来最易于阅读和理解的体裁，即纲鉴体的史书。

《御定通鉴纲目》（*Han-i araha tunggiyan g'angmu bithe*）

达海译本的《通鉴》并不是最后一部满文的中国通史。三年后，即 1668 年，新继位的康熙皇帝下令修订这一类著作，要让它们更易于理解，方便教化官员和民众。[205] 康熙皇帝本人对《通鉴》越来越感兴趣，《实录》也经常提到这种兴趣。[206] 康熙皇帝为《纲鉴大全》和他在 1685 年 4 月至 1687 年 1 月间

（康熙二十四年三月到二十五年十二月）阅读的《纲目全编》作了批注。早在1687年，翰林院编修励杜讷（1628—1703）就曾上书，希望这些御批可以送到史馆。[207] 四年后即1690年的记载显示，康熙皇帝于1685和1686两年间阅读《通鉴》，并写下107段批注。当时身为太子太傅的励杜讷奉命把这些批注送去起居注馆，供史官做记录和解释。[208] 后来到了1691年，据记载，《通鉴纲目》的满文译本已经刊刻出版。[209] 这部御制《通鉴纲目》（*Han-i araha tunggiyan g'angmu bithe*）共计111卷，康熙三十年（1691年）由武英殿刊刻。[210] 显然，该版的翻译工作是奉康熙皇帝之命进行的，康熙皇帝声称他亲自视察了翻译过程。[211] 著名的满人官员和翻译家和素（1652—1718）负责翻译。[212] 这部著作实际上是三部史书的翻译：

1. *Dzjy tunggiyan g'angmu ciyan biyan*，南轩《前编》（25卷，8册），即《资治通鉴纲目前编》；

2. *Dzjy tunggiyan g'angmu bithe*，朱熹《正编》（59卷，56册），即《资治通鉴纲目》；

3. *Sioi dzjy tunggiyan g'angmu bithe*，商辂《续编》（27卷，27册），即《续资治通鉴纲目》。

这个译本的基础是符合明代编年体传统的两部"完整的"通史之一（可能是陈仁锡版本）——如前所述，明代的编年体传统一直持续到明末。因此，在这个满文译本中，编纂者们更倾向于南轩的作品，而不是陈桱或金履祥的，这也可以从有关帝喾的文段里得到证明。[213] 就像南轩的文论一样，正文在注释部分提到了帝喾的众妃，但没有提到神奇受孕的情节。对于这些满文著作的传播情况，我们知之甚少。然而，清代早期的传教士对它们有清楚的认知，他们还使用这些作品来完成自己的翻译。

这两部满文译本可以证实，明代的中国通史具有权威性的地位。一方面，满清贵族选择了袁黄亦或王世贞版本的纪传体纲鉴类史书作为关键资料；另一方面，他们又参考了明末的编年体通鉴著作，如使用南轩的作品作为上古史部分的主要参考来源。这两种倾向可以在纲鉴体文本的进一步发展和朝廷出版官方通史的举措当中得到证实。

1.3.2　纲鉴体裁的延续与发展

77　　除了满文版以外，清中前期还出现了汉文版本的通史著作。清初，属于纲鉴体传统的作品继续涌现——不仅有前人著作的重印本，也有新的纲鉴体著作，包括出现在日本的版本。此外，还有其他各种各样有关纪年的文本。

重印本和新版本

首先，一些汉文版本的纲鉴体史书上面增加了新的编纂者。这些著作主要属于第一个亚型，比如一个较早的文本（可能刊刻于康熙四年，即 1665 年）是蒋先庚的《龙门纲鉴正编》（20+1 卷）。[214]

接下来又出现了新的纲鉴类史书。至今仍在重印的《纲鉴易知录》（92 卷，1711 年）就是其中之一。这部著作由吴乘权（1655—1719）和周之炯、周之灿（生卒年未知）等人编纂，涵盖了从盘古到明代末年的历史。[215] 吴乘权更为人熟知的另一个身份是颇负盛名的古文选集《古文观止》的编者。《纲鉴易知录》试图让早期的宋代作品变得更容易理解。编纂者们显然已经很熟悉晚明的纲鉴体史书，并视之为范本。在有关上古史的部分，他们把内容分为"纲"和"纪"两部分（与袁黄和其他

人的做法一样），但在"纲"的部分，他们采用的是编年体风格
的史书当中的句式，即诸如南轩的那种，这也认可了南轩的权
威地位。但又与南轩不同，《纲鉴易知录》的叙述开始于盘古，
而非伏羲。

　　从早期文本的重印情况来看，康熙年间对纲鉴体史书的需
求似乎仍在继续。第一个亚型的著作出现了若干重印本，比如，
虞二球重订了《鼎锲叶太史汇纂玉堂鉴纲》（清初），[216] 还有
《重刻详订世史类编》（1712 年）。[217] 第二个亚型的著作也有
重印本，如顾锡畴的《纲鉴正史约》（1737 年）以及在它的基础
上编纂的《王凤洲先生纲鉴正史全编》（24 卷，清初）。[218] 清
代全盛期以后，特别是在《四库全书》的编修（详见下文）之
后，纲鉴体作品的刊印数量急剧下降，但它们从未完全消失。

　　除了在中国刊印的纲鉴类史书，还可以简单说明一下，当
时的朝鲜和日本也刊印或重印了中国的纲鉴体著作。最早的域
外文本出现在明末，朝鲜的儒家学者姜沆（1567—1618）编纂
了《纲鉴大成》（*Kanggam taesŏng*，36 卷，约 1600 年）。[219]
清初的日本出现了几个袁黄的《鼎锲赵田了凡袁先生编纂古本
历史大方纲鉴补》（39+1 卷，宽文三年即 1663 年）重印本，其
中包括了鹈饲石斋（Ugai Sekisai，1615—1664）作的评论和标
注。[220] 这表明，纲鉴体史书在域外获得了权威性的地位。正
如下一章即将讨论的，纲鉴体作为权威文本的重要意义还体现
在另一个方面，即它们也是传教士们用欧洲语言撰写有关中国
历史的著作时所使用的最重要资料来源之一。

有关纪年的文本

　　事实上，在清初，人们对纪年学产生了新的兴趣。比如，
顾锡畴的《纲鉴正史约》（1737 年）清代重刊本就是由著名学者

陈宏谋（1696—1771）增订和编辑的。[221]他加入了一些副文本，其中包括《甲子纪元》——这是一份以干支循环的周期作为纪年方法的年表，起始时间是黄帝八年。[222]这张年表也被收入其他的重印本当中，比如乾隆年间重刊的纲鉴体史书（属于第一种亚型）、托名于王世贞的《（历朝）纲鉴会纂》（39+1卷，1746年版，约1774年版）。[223]这说明，纪年方法继续吸引着当时的文人学者。

纲鉴体的著作中随处可见当时的编纂者对纪年方法的持续关注。甚至这种兴趣还体现在另一种文本里——它们的书名里带有"纲鉴"字样，它们与纲鉴体著作有渊源但自身并不是纲鉴体史书。例如，年希尧（？—1738）的《纲鉴甲子图》不是一本书，而是一个根据《通鉴纲目》、以甲子纪年的方式所绘制的年代图表，始于公元前424年（即周威烈王即位之初），终于1705年。时人对纪年方法的兴趣还在其他类型的作品中延续。一个例子是徐发的《天元历理全书》（12卷，作序时间是1682年），该书是以《竹书纪年》为基础编写的。[224]书中的年表采用了十九年一个周期的模式，从帝尧的第一年（第一个周期中的第13年）开始，到康熙元年（1662年）结束。

看得出来，明末的两大编纂体裁对于清初的史书编纂具有奠基性的意义。一方面，清初的汉文和满文著作延续了纲鉴体的风格，另一方面，它们又一次确认了以陈桱或南轩的著作为主流的编纂传统。正如下一章即将显示的，传教士方面的资料表明，几乎所有的传教士都在使用纲鉴体史书——他们往往同时使用官方编修的史书，这种习惯一直持续到十八世纪。

纲鉴体在清代中前期的延续和发展从多个角度为明末纲鉴类史书的重要意义和权威地位提供了历史性的证明：这个过程

中产生了一个满文的译本、出版了新的纲鉴体著作、重新修订了汉文版的纲鉴类文本，有些甚至在朝鲜和日本刊印，有些成为欧洲人翻译和描述中国历史的参考资料。这些纲鉴类的著作流传很广，读者众多，清代学者的日记、传记和小说也经常提到它们。[225] 在明代的图书市场不断扩大化和商业化的过程中，人们对阅读材料产生很大的需求，而这些清代的历史证据表明，纲鉴体史书不仅是对明末这种需求的回应，而且到了清代，它们已经获得了自己的权威地位，是宝贵的书籍资料，可以让读者获取有关中国通史的知识。因此，十八世纪初期，它们已然成为研究中国历史的传教士所使用的参考资料之一。

1.3.3　朝廷的官修史书和审查

传统上，编纂史书往往是官员和学者的个人活动。他们当中的一些人最终会将自己的工作成品上呈朝廷，希望获得官方认可。然而有些时候，是朝廷主动提出修史。例如在明代，朝廷展开通史的编纂工作，是为了给皇帝提供一份内廷使用的教辅读物。上面提到的由李东阳主持编纂的《历代通鉴纂要》（1507 年）就是这种情况，它的刊行伴随着宫廷内的争斗与冲突。在清代，官修史书的传统仍然继续。除了御制的满文版通史以外，朝廷同样开启了汉文版本的史书汇编和刊印。第一部是编年风格的通鉴，由康熙皇帝下令编纂；第二部是纪传体与编年体结合的史书，由乾隆皇帝拨款支持；最后则是编修《四库全书》的工程，由朝廷发起，同时也带来书籍审查，这导致文人私撰的传统和编纂体例的演化走向终结。

《御批资治通鉴纲目全书》

众所周知，康熙皇帝推动了一些刊印典籍的重大项目，如 81

收录了约 49000 首唐诗的《全唐诗》(1703 年)、韵文字典《佩文韵府》(1711 年)、《朱子大全》(1713 年),还有《(钦定) 古今图籍集成》(1725 年)。其中,《佩文韵府》和《古今图籍集成》都在注释部分使用了纲鉴类文本作为参考资料。〔226〕同样在康熙皇帝治下,朝廷开始刊印钦定版本的史书。满文版通史出版十六年后,出现了一部由朝廷钦定、汉文书写的新版通史著作:《御批资治通鉴纲目全书》(做序时间是 1707 年)。〔227〕这个版本与满文版有一个重大的区别是关于上古史的基本架构:《御批资治通鉴纲目》采用了金履祥的《通鉴 (纲目) 前编》(连同金履祥的《举要》) 和陈桱的《外纪》修订本当中的方案,而非南轩的《资治通鉴纲目前编》。因此从某种意义上可以说,在康熙年间,流行于明末的两种不同版本的编年体通史著作仍在重版:其中,满文版本延续了南轩对上古史的描述,而汉文版本则采用了陈桱的写法。正如前面提到的,晚明再版的《通鉴纲目全书》中陈桱的《外纪》,不是陈桱的原作品,而是一个修订版本,里面不仅包括了诸如"音释"等注释,而且还在各部分的末尾添加了"总论"及"史论"。在关于帝喾的部分,其正文和注释都没有提到神奇生子的情节——就像陈桱的修订本一样,但它引用了宋代学者胡宏和明代学者周礼的评论,是这些评论部分讨论了奇异生子的故事。〔228〕陈桱这个版本的上古史也被《御批资治通鉴纲目全书》采用,这说明它获得了朝廷的认可。此外,既然《御批资治通鉴纲目全书》当中包含了各种评论注疏——包括皇帝的御批,这一事实表明,皇帝本人也只是各种评论的声音之一,而不是唯一。添加这些评论也许是这部合集没有被《四库全书》归类为"编年"史书的原因。在《四库全书》当中,《御批资治通鉴纲目全书》被归为"史评"一类。

清代另一部由朝廷出面刊印的著作是关于纪年的:《(御定)历代纪事年表》(100卷),王之枢(1685年进士)主编,奉康熙皇帝之命于1715年出版。这本书共涵盖了72轮干支纪年的周期,开始于帝尧六十一年,结束于康熙二十二年(即1683年),所有的事件都按年份排列,以表的形式呈现。[229]这本大事年表的刊印说明,人们持续关注建立一个准确的纪年体系受到了官方的认可。

《御批历代通鉴辑览》

就像在其他科学和艺术领域一样,乾隆皇帝的举措既代表了古代传统的高峰,也是一种暂时性的终结。他推动了一部新的钦定通史的诞生,这部著作兼具编年体和纪传体的特点。另一方面,伴随着编修《四库全书》项目的文字审查,查禁并销毁了许多纪传体的史书。内廷保留着一部《历代通鉴纂要》的旧本,是明代中期由李东阳等人编撰的,原是供皇帝本人学习用的读本。乾隆皇帝曾在闲暇时读过此书,从中找了一些有关赏罚褒贬的前人旧事。[230]虽然一般认为《通鉴纂要》比儿童蒙学读物高级,不像顾锡畴、王世贞、陈仁锡他们编纂的所谓"兔园册子",但它仍然被评价为记录混乱、内容缺欠,达不到作为皇帝的读物的标准。[231]因此,朝廷下令编纂一部新的史书,并且每一卷都要上呈朝廷,以获得批准。众多官员参与了修订工作,其中也收录了皇帝的御批。这项工程历时数年,于1768年2月完成,刊行时的书名为《御批历代通鉴辑览》。[232]但是,又耗时了十余年才最终定稿。[233]从1776到1777年间,这项通史编修工作完成了近120卷。[234]这部著作的时间线开始于伏羲(而非盘古;干支纪年的循环周期从帝尧开始),截止于南明诸王(唐王和桂王)时期。尽管明确地说是以《通鉴纂要》为基础做的编修，但它绝对不是后者的简单复制。在某种程度上可以说，这部著作是编年体和纪传体的融合。《通鉴纂要》本身已经是对编年体史书的一种摘要，并且是纲鉴类文本的第二个亚型常用的参考资料——顾锡畴编纂的《纲鉴正史约》就是它的代表。其他的纲鉴类文本（如前面提到托名于王世贞的那部）被批评过于粗疏，这可能也说明它们真的被视为参考资料，被翻阅过，而且很有可能是为了给李东阳主编的《通鉴纂要》做校勘用的。

84 例如，有关帝喾的章节采用了《通鉴纂要》的编排结构和正文部分，但叙事的文字本身却遵循了纲鉴体史书的标准模式（并非编年体的风格）。再如，引自《史记》的句子与它们出现在纲鉴体文本当中的文字编排一致。而且，李东阳及其他编年体史书当中没有提到奇异生子的情节，但这个故事出现在纲鉴体史书当中，也出现在这部著作的注释里。此外，注释里还提供了关于地名的注解，如亳、顿丘等地，并且根据当时最新的行政资料更新了相关信息。[235] 这种细微层面的文本交织，似乎也标志着纪传体传统与编年体传统的融合达到了顶峰。

编修《四库全书》和书籍审查

就在刊行《御批历代通鉴辑览》的前后，乾隆皇帝正在进行另一大工程，就是主持编修《四库全书》——与之同时，朝廷对之前的历史著作展开了一系列评估、筛选以及否决的工作。《钦定四库全书总目提要》（1789 年）是一个带有解释说明的书目，它为正在接受评审的、有可能收进《四库全书》中的近一万种著作（最终有大约 3460 种作品被纳入）分门别类。在"总目提要"里面，如前提及的大部分重要著作都被归在"编年"类，最后被选中收入《四库全书》的有：《竹书纪年》、司马光的《资治通鉴》、刘恕的《通鉴外纪》、胡宏的《皇王大纪》、金履祥的《通鉴前编》、陈桱的《通鉴续编》。[236]《御批历代通鉴辑览》在某种程度上被认为是集大成者。"总目提要"中引用乾隆皇帝的话说："诚圣训所谓此非一时之书，而万世之书也。"[237] 如前所述，《御批资治通鉴纲目全书》是康熙皇帝下令编纂的，也收录于《四库全书》中，但出现在"史评"一类。[238] 不过，南轩的《（资治）通鉴纲目前编》虽然出现在总目提要里面，但并没有收入《四库全书》，四库馆的编辑们批评南轩没有仔细核查他所使用的资料来源。[239] 这种负面评价与南轩版本在明末清初的权威地位形成了鲜明对比（它还曾被用来作为满文版通史的参考）。薛应旂的《甲子会纪》也出现在书目提要里但没被选入《四库全书》，属于审而不录的类型。[240] 四库馆的编辑们对于纲鉴类史书的消极态度还体现在他们为顾锡畴的《纲鉴正史约》所作的简要评语当中。评论称："至'纲鉴'之名，于《纲目》《通鉴》各摘一字称之，又颠倒二书之世次，尤沿坊刻陋习也。"[241] 实际上，顾锡畴的《纲鉴正史约》已经是"存目"部分唯一一部受到品评的纲鉴类著作。李东阳的《历代通鉴纂要》则属于"未收"作品。

　　然而，编修《四库全书》的工程引发了一场查禁煽动性书籍的运动，以致有时候这些书籍会被彻底销毁（尤其是在 1774 到 1788 年间）。[242] 这些不被收入《四库全书》且要被销毁的作品对于本书的主题很重要，因为它们当中包括许多纲鉴体传统的书，其中比较有名的是袁黄和钟惺的著作。[243] 在某些情况下，四库馆臣会说明它们被拒绝收录的原因。钟惺（伯敬）的《资治纲鉴大全》[244] 和苏濬的《纲鉴纪要》都被指书中出现"有违碍语／字句"。[245]《纲鉴正史大全》是托名于王世贞和钟惺的作品，它们被销毁的原因是"盖亦坊间所刻课蒙之本，托名于二人者".〔246〕评论意见继续解释道,这部《纲鉴正史大全》摘抄了朱熹的著作和商辂的著作,并没有与这些经典相悖,但在有关元代的部分,它引用了丘濬的"谬说",于是"甚乖正理"。所以,评论者给出的建议是,书中的错误说法应该纠正过来,但该书本身不应被销毁。〔247〕值得注意的是,清代的编纂者们有选择性地采用了明末对商业动机的批评之语。袁黄的《了凡纲鉴补》受到同样的指摘,被说成是"实系坊间陋刻,托名于黄"。而且,书中的大部分内容都被视为抄袭。评语说:"且中多触悖语句,应请销毁。"〔248〕王世贞的《凤洲纲鉴会纂》汇编了多部作品,其中包括《明纪》。但根据禁书名录,《明纪》应被"铲除",而其他作品可以继续流通。〔249〕看来,一本书不被纳入《四库全书》的一个强有力的原因似乎是四库馆编者们的反明态度。

《四库全书》的编修过程涉及很多对原作的删改,这表明,发生在同一种文化内部的文本间对话或许会促使文本的交织持续进行,但也可能客观上导致某些内容被排除在这种对话之外。《四库全书》编修人员的意见对当代学者对明末清初的史书所做的评价影响之大,令人吃惊。一些正统的史书编纂体系当中比较重要的著作(如南轩的论著)已经湮没无闻,而纲鉴的传统则几乎被人遗忘。直到最近几年,随着这些著作开始出现在《四库禁毁书丛刊》(1998 年,其中收入了当时要销毁的禁书)里,得到重印,它们才再次引起学者们的关注。

结　论

在明代,尤其是明末,史书编纂发生了一些重大变化。这里的一个重要因素是书籍刊印的发展，它与财富的增长、读者的增加、更发达的商业化模式和扩大的图书市场相辅相成。这样的时代背景也影响了历史编纂学。需求端要求越来越多的历史著作，供给端的回应则体现为更加多样化的历史作品：供需之间存在着一种微妙的互动。这种相互作用的影响之一是，史书变得更容易理解，更容易获得，更容易使用——这些正是纲鉴类的作品所具备的特点。这种相互作用反过来或许造就了新的历史观。首先，对于上古史的关注日益增长。正如许多明代著作显示出来的，随着时间的推移，编纂者们在历史作品中囊括的上古史年代越来越久远，而且通过连续不断的时间线呈现出从远古到当下的贯通的历史。另外，这些发展也对史书编纂本身产生了影响。

新的批评态度

据傅吾康（Wolfgang Franke）所言，"明代史书编纂最突出的进步体现为对史料采取的严谨态度"[250]。他在综述式文章《明代的历史著述》里讨论过，以朱子新儒家学派为代表的一种规范化的体系在明代上半叶主导了知识界。这个学派影响了史书编纂的方法，而且这种影响的体现是，它教导读者接受朱熹编纂的《通鉴纲目》里面所倡导的传统和价值观，并且它"不鼓励质疑历史记载的有效性和可靠性"[251]。陈桱和南轩的著作正是采用了这种理念，并且试图把这种方法扩展到更久远的上古时期。不过，南轩的作品倒不是毫无批判意味。南轩批评金履祥和陈桱，他认为尧舜之前的许多事情都无法在正典里得到映证。傅吾康继续评论说，在十六世纪中叶之前，历史学家们通常并不在意明确区分出不同种类的史料文献、故事叙述，甚至来源不明的传言。他注意到，十六世纪初的时候，历史学家逐渐开始采用新的方法来看待他们手中的文本，更加意识到文献材料和道听途说的故事之间存在根本的区别。[252]这些观点主要是针对明代本身的史书编纂，但也有一些内容适用于有关上古时期的史书编纂。

然而，傅吾康在讨论明代的史书编纂时，并没有关注纲鉴体的传统。其实，这种对纲鉴类作品的漠视广泛存在于大多数关于明代史书编纂的讨论中——当代学者要么很少关注纲鉴类的史书，要么对它们持有相当消极的看法。纲鉴体史书通常被贴上通俗、肤浅、刊刻粗糙、满篇剽窃的标签，它们仅仅被视为参加科举的考生备考所用的简易手册，因此一般不值得多加探讨。[253]但是，若对这些文本做更仔细的研究，会发现它们可能比我们之前想象的更重要。纲鉴类著作的确很流行，因为它们得到广泛的传播，但这并不仅仅是因为它们可以作为备考的工具。这类文本的成功表明，它们使历史知识变得更容易获取：多次重印这一事实本身就说明，随着刊书文化的发展，人们对历史的兴趣也在日益增加。[254]事实上有史料记载，一直到十九世纪末二十世纪初，仍然有学者阅读纲鉴体的史书是出于个人兴趣，并不只是为了应付考试。[255]毋庸置疑，许多纲鉴类的图书为了达到商业目的会托名于知名学者，或者相互抄袭。但当我们对各种作品进行比较时会发现，这些书在"拿来"的同时也增加了更多的注释，有不同的版面设计，还提供了新的信息。商业化也可能鼓励了书商们刊行更加准确的史书作品。而且，他们试图在这些书中加入更加精确的纪年，这或许说明，纪年的重要性日益得到认可，即使遥远的上古时期也需要准确的年表。另外，纲鉴类史书的书名里经常带有某一位作者的名字，这种现象可能反映了另一个演变：史书写作不只是官方的、需要获得朝廷最终批准的事情，它也可以越来越成为一种个人活动，使得私著历史在史书编纂这项事业中发挥了积极的、创造性的作用。

这让我们看到纲鉴类文本最具创新性的特点：它们提供了多种多样的注释内容。在史书当中加入直接的个人评论并不是一种明显的创新。胡宏的《皇王大纪》便是众多的早期例证之一。[256]因此，纲鉴体的史书遵循了更早的惯例，但同时也强化了一种新的史评传统——尤其在将它们与陈柽、李东阳和南轩等人代表的规范性编纂传统进行比较时，这种"新"就体现得更为明显。其次，史学方面的各种批评意见是并列呈现的，并没有试图形成某种统一的意见。于是，这种编排方式会鼓励读者对这些史评进行比较，然后在此过程中形成自己的见解。[257]通过这样的方式，这些私人编纂者为讲述上古史提供了不同的视角：他们避免了纲目传统里过度说教的诠释，甚至开创了一种追根溯源的考证方法。[258]于是，纲鉴类史书提供了官方版本之外的另一种选择，这不仅是因为它们容易阅读和理解，而且是因为它们对历史事件提出了新的解释。虽然在今天的明史研究中，纲鉴类的文本经常被忽视，但在它们诞生和流通的那个时代，纲鉴体史书无疑具有权威性的地位。

新的权威形态

与其他史书类型相比，纲鉴体著作为我们理解当时在中国文化内部发生的文本间对话提供了不同的视角。谈到明末清初具有权威地位的史书时，大多数现代学者的讨论集中于按照官方规范性的编纂方式写成的著作。这些著作在明代获得了一种权威性——这种权威性不仅来自它们对历史所做的道德说教式的解读或从权威作者（如司马光和朱熹）身上借来的光芒，而且来自它们所采用的写作体裁（《左氏春秋》的写法）。那些将历史的时间线追溯到最遥远过去的史学作品都展示了这一点——这一点尤其体现在那些最有名的作品上，如陈桱的《（资治）通鉴前编外纪》，还有朝廷钦定、李东阳主编的《历代通鉴纂要》，以及南轩的《资治通鉴纲目前编》。在某种程度上，这些作品已经被淹没在《资治通鉴纲目全书》的传统里，以至于作者本身的名字（就像南轩的名字）几乎被遗忘，因为它们被汇编进了一个连续的、集大成的、以"通鉴纲目全书"为名的系统里。通过康熙皇帝的御批，这些作品被重新编辑，它们的权威地位甚至再次得到提升。

　　纲鉴体著作的传统中也发生着确认权威性的过程，只是方式不同。通过整合各种文本之间的评论注疏、明确提及作者的名字，这些作品引入了新的态度来看待权威性。在只保留一种声音的权威文本里，读者的空间被削弱了，因为文本和作者的力量已经建立了一种看似客观的意义；但在保留了多重声音的文本里——如收录了各种评论的纲鉴类作品，读者的角色受到鼓励，他们可以参与与文本之间的对话，同时形成自己的意见。此外，评论本身更容易将权威性从文本和作者身上转移到实证资料方面。毫无疑问，纲鉴类的史书里也出现了道德说教式的解释——这些解释后来也被朝廷的钦定版本所采用，但多元的声音似乎意味着新式的权威正在出现。

文本间的相互引用或指涉

　　这一番对史书所做的概述也为我们理解文本间的互现和交

织带来一些启发。纲鉴类的文本和许多其他体裁的史书一样，往往看起来是用"剪切—粘贴"的方法拼接而成的，因为它们主要由或明或暗地摘自其他文本的内容组成。在本章中，我们已经注意到各种各样的文本互现：最主要的方式就是引用《史记》但又不明确地说明出处，同时也用类似的方式借用《吕氏春秋》《国语》等典籍——这些被直接拿来的文句在编年体和纪传体的叙述中都出现过。有时也会明确给出引文出处，最常见的就是在注释部分。这些不同注疏之间的文本互现发生在不同的层面：最明显的地方是行间注释和评论部分，在编年体史书当中就是较长注释的部分，纪传体当中则是较短注释的部分。值得注意的是由胡宏首创的、在叙述部分的后面添加评注这种编排方式的演变。这种文本间的特征在两种类型的史书中均得到延续，并且发扬光大：纲鉴体的史书连续增加了若干评论，而编年体的史书则将它们放在注释里面——如陈桱版上古史的修订本，这个版本也被康熙皇帝的《御批资治通鉴纲目全书》所采用。从《御批资治通鉴纲目全书》收录陈桱的修订本这一点来看，文本的交织也出现在整本书的层面。几乎整本书都被复制到另一本书当中，换上不同的书名和作者，这是一种常见的做法。大量的纲鉴类著作彼此之间显示出很强的相似性，说明了这种操作是多么普遍。然而正如前面指出的，每个版本都是同一主题的某个变体，总是存在某些差异，就像织锦的时候常常织出相似的图案但又呈现出某种变化。另一种在整本书的层面发生文本间交织的做法就是将整本书汇编入一个合集：《通鉴纲目全书》的两个不同版本就说明了这一点，因为有些版本采用了陈桱（和金履祥）的修订版作为编修上古史的基础，但其他版本则援引南轩的著作来讲述上古史的部分。无论采取哪

91

种操作方法来编纂上古史，它们都以朱熹的《资治通鉴纲目》和商辂的《续资治通鉴纲目》为依据来编纂上古之后的历史。即使在这些作品内部，也有其他文本间交织的方法：如，一些后来的纲鉴类文本声称自己是两种纲鉴体著作的结合（最著名的例子就是袁黄的和王世贞的著作被一起编入《纲鉴合编》）。此外，还出现了一种编纂体裁的彼此交错，如《御批历代通鉴辑览》，它结合了编年体和纪传体的风格，既是合并也是终结。最后，还出现过一些文化间的文本互现的案例，因为有几本书被翻译成满文，或在日本或朝鲜编辑刊印。

关于不断复制早期文本的现象，布莱恩（Brian Moloughney）准确地指出："权威性不是通过原创和论证来建立的，而是通过衍生和文本互现建立的。"[259] 在他眼里，这种关于创造力的特殊定义是基于传播功能和模板功能的，它意味着"中国的文本，无论是关于历史的还是关于文学的，都具有一种独特的文本间引用或指涉的特点。新的文本吸收更早的文本的养分，并在此基础上继续发展。它们的大部分内容都是衍生来的，是在前人文本已经建立的基础之上，通过与前人文本产生对话才形成新的文本。"[260] 此外，布莱恩根据其他学者的分析描述了一个事实——即使是中国通史，也是由一连串的"分段叙述"构成的；对中国的过去进行统一、连贯的描述，这是不合适的。[261] 我们在帝喾的例子中看到，他的生平可能是个比较好的叙述，但那也只是整个文本当中的一小部分，与之前或之后的内容没有什么关联。因此，中国的史书所采用的这种编纂方法提倡文本互现和继承传统，而不是论证和原创。关于这方面，梅约翰（John Makeham）评论说："……无论在个人评论还是集合编纂当中，持续地回避创造性这件事本身就是一种具有创造性的评论方法。"[262]不过，虽然纲鉴体文本符合这种史书编纂的传统，但它们和其他的通史著作所获得的权威地位不仅来自跟早期文本发生的交织，而且来自解释和论证。在对历史事件做一番叙述之后加入解释性的讨论，这种操作本身就在证明论证观点变得越来越重要。

　　文本交织和权威地位的问题也可以与神奇生子记这一主题联系起来，这将是本书后续章节持续关注的点。本章所回答的一个问题是，这些史书是否提到了帝喾众妃神奇生子的情节。综上所述，我们发现了一种明显的区别：编年体史书没有提及神奇生子的情节，而大多数的纪传体史书则提到了。编年体这一组的史书包括司马光的《稽古录》、陈桱的《资治通鉴前编外纪》(原版和修订版)、李东阳的《历代通鉴纂要》、南轩的《资治通鉴纲目前编》、南轩著作的满文版本（*Han-i araha tunggiyan g'angmu bithe*）、康熙皇帝的《御批资治通鉴纲目全书》，以及按照年表编排的《竹书纪年》和薛应旂的《甲子会纪》。唯一的例外是乾隆皇帝的《御批历代通鉴辑览》，它结合了编年体和纪传体，而且在注释部分提到了神奇生子的故事。关于纪传体这一组，应该注意到的是，在经常被当作纪传体典范的《史记》中，帝喾的传记本身并没有涉及奇异生子的故事（其中有两个儿子的出生情节出现在书中其他有关儿子们的部分）。在较早的宋代纪传体史书里面，比如江贽的《少微通鉴节要》这部很好地继承了《史记》风格的作品，也没有包括这部分内容。然而，《少微通鉴节要》的修订版——也就是纲鉴类文本的源头，却加入了神奇生子的故事，而且所有后来的纲鉴体史书都遵循这种路子。所有其他纪传体风格的文本，如胡宏的《皇王大纪》、罗泌的《路史》，以及满文版的纲鉴体著作（*Hafu*

93　　*buleku bithe*）都提到了神奇生子的故事。这意味着中国学者手中有各种各样的前人著作可供选择，他们也对各种说法持有不同的观点。

　　总之，纲鉴体史书以自己的方式代表了晚明时期的文化活力和知识多样性，在史书编纂的领域也是如此。[263] 历史知识对普通的读书人来说变得非常容易获得和理解，这些著作也为传教士和他们的中国合作者开辟了一个可以交流的空间。这种发生在汉语文化内部的对话还可以发生转移，可以与其他文化（包括满语文化和欧洲文化）发生对话，并且前者已经为后者铺平了道路。

注释

〔 1 〕刘知幾，《史通》，《四库全书》，第 685 册，第 9 页及其后（卷 1，第 1 页与之类似但不同）。也可参考浦起龙（1679—1762）的注释，见《史通通释》，《四库全书》，第 685 册，第 163 页及其后（卷 1，第 1 页与之类似但不同）。

〔 2 〕参见 Franke (1988), p. 727。Elman (2000), p. 489 将该术语翻译为"topical account"专题记述。

〔 3 〕事实上，《史通》将《春秋》与"记事"风格联系在一起。晚明时候，《春秋》和《左传》经常被编辑在一起［例如，《春秋左传》，配有孙鑛（1542—1613）的注解，万历丙辰（1616 年）：HYL：T 710 1988］，这些版本符合"编年体"的描述。

〔 4 〕《史记》，第 1 册，第 13—14 页（卷 1）。

〔 5 〕Rolston (1997), p. 158.

〔 6 〕《史记》，第 1 册，第 91 页（卷 3）。

〔 7 〕《史记》，第 1 册，第 111 页（卷 4）。

〔 8 〕关于这些段落的翻译，见本书第三章。

〔 9 〕这些注释也出现在今天的中华书局版本中。

〔 10 〕《史记》，第 1 册，第 14 页（卷 1）。

〔11〕《史记》，第 1 册，第 13 页（卷 1）。参见《帝王世纪》的再辑版：皇甫谧，《帝王世纪》，《续修四库全书》，第 301 册，第 6—7 页（《世纪》卷 2，叶 2b—3a）；该再辑版［由宋翔凤（1777—1860）再辑这本书］主要是在后来诸如《艺文类聚》（欧阳询等编，100 册，成书于 624 年）以及《太平御览》〔《四库全书》，第 893 册，第 759 页（卷 80，叶 1b—2a）〕等类书的基础上完成的。这些类书还补充了其他信息，如帝喾"是五行之官，分职而治诸侯"，或者他发明了六茎音乐。关于帝妃和生子的情节，见下文。

〔12〕《史记》，第 1 册，第 14 页（卷 1）。

〔13〕开篇讲的就是庖牺氏即伏羲，但也提到了女娲、燧人和神农（炎帝）。在宋代和明代的史书中，对谁是"三皇"有不同的解释。

〔14〕例如，见 HYL：T 2511 1273b。关于哈佛燕京图书馆中文善本特藏的介绍，见《美国哈佛大学哈佛燕京图书馆藏中文善本书志》：明嘉靖庚戌本［二十九年，1550］；T 2455 21：收在《二十一史》当中的版本，北京：国子监，明万历本［二十三到三十四年，1595—1606］。在《四库全书》版本中，《补史记》被放在《史记》的后面，见《四库全书》，第 244 册，第 964—966 页（末尾单独一卷）。

〔15〕《竹书纪年》，《四库全书》，第 303 册，第 21—41 页。《四库全书》中还包括清初学者徐文靖的《竹书统笺》（12 卷），其中包含了大量注释，见《四库全书》，第 303 册，第 43—202 页。

〔16〕《竹书纪年》，《四库全书》，第 303 册，第 5 页（卷上，叶 3b—4a）。

〔17〕司马光，《资治通鉴》，《四库全书》，第 304—310 册。*Sung Bibliography*, pp. 69-70.

〔18〕朱熹，《资治通鉴纲目》，《四库全书》，第 689—691 册。这是御批版本。*Sung Bibliography*, pp. 75-76；另见 Franke (1930), p. 132。

〔19〕关于这两部作品的关系，见 Franke (1930); 仓修良（2007）；Tsonghan Lee (2008), ch. 2: Lee (2009); and Hartman (2011), pp. 277-279. 蔡涵墨（Harman）进一步区分了"文献功能"与"教育功能"，以此指出司马光著作和朱熹著作之间的区别。

〔20〕有关朱熹自己的解释，见《中华大典》，第 3 册，第 82—83 页；Franke (1930), pp. 124-126.

〔21〕Franke (1930), p. 136, 142；福兰阁（Franke）坚持认为这不是一部"史书"。

〔22〕李宗翰（Lee）使用的表达方式，见 Lee (2008), ch. 2；亦见 Lee (2009), p. 44。

〔23〕*Sung bibliography*, p. 69, 75.

〔24〕*Sung bibliography*, pp. 71-72.

〔25〕司马光，《稽古录》，《四库全书》，第 312 册，第 399 页（卷 1，页 4b）。唯一的新信息是用注解说明亳是谷熟（在河南），也叫南亳。

〔26〕刘恕，《资治通鉴外纪》，《四库全书》，第 312 册，第 527—838 页。*Sung bibliography*, p. 72; Franke (1930), pp. 114-115.

〔27〕刘恕，《资治通鉴外纪》，《四库全书》，第 312 册，第 528 页（目录，卷 1，叶 2a），第 667 页（卷 1，叶 13a—b）。

〔28〕金履祥，《资治通鉴（纲目）前编》，《四库全书》，第 332 册，第 1—375 页〔亦见：《御批三编》，《四库全书》，第 692 册，第 1—576 页：包括陈桱：第 3—34 页〕。*Sung bibliography*, p. 72, 75, 77. Franke (1930), pp. 117-118; Lee (2008), ch. 5.

〔29〕邵雍，《皇极经世书》，《四库全书》，第 803 册，第 291—1088 页；*Sung bibliography*, p. 75, 262.

〔30〕邵雍，《皇极经世书》，《四库全书》，第 803 册，第 361 页（卷 1 下，叶 68a—b）。

〔31〕Franke (1930), p. 117, 引文来源是《元史》，第 14 册，第 4317 页（卷 189）。

〔32〕金履祥，《（资治）通鉴（纲目）前编举要》，《四库全书》，第 332 册，第 376—433 页〔亦见：《御批三编》，《四库全书》，第 692 册，第 577—634 页〕；关于作者，见《钦定四库全书总目》，第 1 册，第 1170 页。

〔33〕乔治忠（2002），第 439—440 页。

〔34〕江贽，《少微通鉴节要》，《四库全书存目丛书》史部，第 2 册，第 145—824 页〔这是 1514 年（正德九年）版〕。另见《钦定四库全书总目》，第 666 页。关于不同的版本：《四库存目标注》，第 2 册，第 501—505 页；《中国古籍善本书目》，第 2 册，第 111—114 页，第 1146—1166 号；《中国古籍综目》，第 1 册，第 112—113 页，第 10301081—10301096 号；王重民（1983），第 100—102 页。关于保存在韩国图书馆的各种抄本复本，包括朝鲜语版本，见《韩国所藏中国汉籍总目》，第 118—146 页。收录在《四库全书存目丛书》

（《四库全书存目丛书》史部，第 2 册，第 145—824 页）里的版本
是 1514 年钦定由司礼监重修的版本（没有胡宏的注释）。其中的外
纪部分包括一段关于帝喾的文字（第 788—789 页；卷 1，叶 9a—
10a），据说是根据刘恕的《〈资治通鉴〉外纪》编写的。见《内阁
文库汉籍分类目录》284-23 提到的版本（见《内阁文库汉籍分类目
录》，第 69 页；本书中给出的参考信息是目录编号；这些版本亦见
于印刷版的《内阁文库汉籍分类目录》）；北京图书馆 9764（关于
这个图书馆的参考资料，见《北京图书馆古籍善本书目》）；法国国
家图书馆所藏（BnF, Chinois 323）似乎也是 1548 年的重印本；剑
桥大学图书馆：FC.118.121-124。另外，1428 年的版本有很大不
同：HYL: T 2512 1279.314（关于不同之处，详见注释 104）。

〔35〕江贽，《少微通鉴节要》，《四库全书存目丛书》史部，第 2 册，第
788—789 页（卷 1，叶 9a—10a）。

〔36〕胡宏，《皇王大纪》，《四库全书》，第 313 页，第 1—777 页（万历
1611 年版：HYL: T 2512 4233）。《钦定四库全书总目》，第 653—
654 页；《中国古籍善本书目》，第 2 册，第 124 页，第 1254—1257
号（两个 1611 年的版本）；《中国古籍综目》，第 1 册，第 121 页，
第 10301176 号。

〔37〕关于胡宏，比如参见 Schirokauer(1986) 和 (2004)；Van Ess(2003)，
特别是第 260—262 页。

〔38〕胡宏，《皇王大纪》，《四库全书》，第 313 册，第 29—30 页（卷 2，
叶 19a—21a）。

〔39〕《吕氏春秋》，第 25 页（5.5《古乐》）："帝喾命咸黑作为声歌——
九招、六列、六英。有倕作为鼙鼓、钟磬、吹苓、管埙、篪鼗、椎
锺。帝喾乃令人抃或鼓鼙，击钟磬，吹苓展管篪。因令凤鸟、天翟
舞之。帝喾大喜，乃以康帝德。"

〔40〕《国语逐字索引》，第 97 页（5.1《郑语》）；《史记》，第 5 册，第
1689 页（卷 40）。在《史记》中，这段话是这样写的："重黎为帝
喾高辛居火正。甚有功，能光融天下。帝喾命曰祝融。共工氏作
乱，帝喾使重黎诛之而不尽。帝乃以庚寅日诛重黎，而以其弟吴回
为重黎后，复居火正，为祝融。吴回生陆终。陆终生子六人，坼剖
而产焉。其长一曰昆吾；二曰参胡；三曰彭祖；四曰会人；五曰曹
姓；六曰季连，芈姓。楚其后也。"

〔41〕参阅 Schirokauer (2004), p. 129。在其他地方——Schirokauer(1986), pp. 481-482，谢康伦说，通过比较父与子，朱熹认为胡安国对基本谱系的讨论是正确的，而胡宏在细微之处更细腻有心，但他的基本结构有不足之处。朱熹在另一则简短评论中说，虽然胡安国的讨论有些粗枝大叶但却很好，反而胡宏则很细致但却有错误。

〔42〕胡宏，《皇王大纪》，《四库全书》，第 313 册，第 29—30 页（卷 2，叶 20b—21a）。这类评论也出现在司马光的《资治通鉴》（"臣光曰"）中，与《左传》（"君子曰"）〔参阅 Franke(1930), p. 112〕类似。朱熹的《资治通鉴纲目》也包括评论的话语，同在"目"的排版之下〔见 Lee(2009), p. 67〕。然而，胡宏的编排才是将被明代作者采用的那个（见下文）。

〔43〕Schirokauer (2004), p. 139.

〔44〕罗泌，《路史》，《四库全书》，第 383 册，第 1—654 页；*Sung Bibliography*, pp. 87-88。

〔45〕罗泌，《路史》，《四库全书》，第 383 册，第 156—175 页（卷 18、19）。

〔46〕例如，关于第一位帝妃的说法就出现在《路史》当中，《四库全书》，第 383 册，第 159 页（卷 18，叶 7b），第二位见第 170 页（卷 19，叶 16a），第三位和第四位见第 172 页（卷 19，叶 21a）。

〔47〕应该说明的是，明初也出现了一部佛教通史，即《释氏稽古略》（4 卷），是觉岸（1286—？）于 1354 年编撰的。它追溯了从伏羲直到元代开始这段时间的历史。它将佛教的发展与发生在中国历史上的事件并列在一起。见《大正新修大藏经》第 49 册，第 737—902 页 (T2037)。关于帝喾的简短段落（第 741 页）主要是取自《史记》的内容，并没有提到帝妃和神奇生子的情节。

〔48〕陈桱，《（资治）通鉴续编》，《四库全书》，第 332 册，第 435—976 页；哈佛燕京图书馆缩微胶片 FC424（元代版本）。

〔49〕Franke (1930), pp. 132-133;*Dictionary of Ming Biography 1368-1644*, p. 1162.

〔50〕陈桱，《资治通鉴前编外纪》，即《（资治）通鉴续编》卷 1，《四库全书》，第 332 册，第 439—469 页（亦见：《御批三编》，《四库全书》，第 692 册，第 3—34 页）。Franke(1930), p. 118.《中国古籍善本书目》，第 2 册，第 110—111 页，第 1131—1137、1139—1141 号；《中国古籍综目》，第 1 册，第 111 页，第 10301071—

10301077 号。

〔51〕陈桱，《资治通鉴前编外纪》,《四库全书》，第 332 册，第 445 页（卷 1，叶 13a-b）。

〔52〕见本章注释 43。

〔53〕《史记》，第 1 册，第 43 页（卷 1）。

〔54〕关于战国和汉代初年的 "作" 这个概念，见 Michael J. Puett(2001)。

〔55〕《春秋左传逐字索引》，第 153—154 页（B6.18.7：文公十八年 ）。"八元" 也出现在《史记》，第 1 册，第 35 页（卷 1），但没有写出众儿子的名字。另一个出现的位置是皇甫谧，《帝王世纪》,《续修四库全书》，第 301 册，第 1—32 页之第 6—7 页（《史记》卷 2，叶 2b—3a ），见于《太平御览》,《四库全书》，第 893 册，第 759 页（卷 80，叶 1b—2a ）。

〔56〕《春秋左传逐字索引》，第 318 页（B10.1.12：昭公元年）："昔高辛氏有二子，伯曰阏伯，季曰实沈，居于旷林，不相能也。日寻干戈，以相征讨。后帝不臧，迁阏伯于商丘，主辰。商人是因，故辰为商星。迁实沈于大夏，主参，唐人是因，以服事夏商。"

〔57〕陈桱，《资治通鉴前编外纪》,《四库全书》，第 332 册，第 445 页（卷 1，叶 13b）。

〔58〕1707 年左右，它被收录在一部题名为《御批资治通鉴纲目全书》的著作中。该书的第一部分题为《御批资治通鉴纲目前编》，是关于上古历史的，并结合了金履祥的《通鉴（纲）前编》(与他的《举要》一起），以及陈桱《外纪》的修订版。参见本章注释 227。

〔59〕因此，确切的出版日期不详。见内阁文库中的副本：284-27（亦见《内阁文库汉籍分类目录》，第 70 页 ）。

〔60〕金履祥，《（资治）通鉴（纲目）前编》，内阁文库：284-27，《外纪》，叶 40b—41b。

〔61〕关于亳的位置：《明一统志》,《四库全书》，第 472 册，第 675 页（卷 27，叶 52a-b)，亦见第 472 册，第 674 页（卷 27，叶 51a）；以及顿丘的位置：《明一统志》,《四库全书》，第 472 册，第 123 页（卷 4，叶 42a），亦见第 472 册，第 122 页（卷 4，叶 40a）。

〔62〕详细分析参见本章第二节的 "三个亚型及其起源"。

〔63〕李东阳，《历代通鉴纂要》,《四库未收书辑刊》，第 4—12 册，第 1—833 页；关于帝喾的段落，见第 19—20 页（卷 1，叶 12b—

13a）。这是光绪二十三年（1897 年）的重印本［这个版本与 1507 年的版本相似，与之比较的是北京大学图书馆 910.9/4057（关于这个图书馆的目录编号，见《北京大学图书馆藏古籍善本目目》）。《中国古籍善本书目》，第 2 册，第 128 页，第 1304—1308 号（1517 年和 1567 年重刊）］；《中国古籍综目》，第 1 册，第 123—124 页，第 10301200 号；王重民（1983），第 97—98 页。

〔64〕见李东阳的序言（写于正德二年，即 1507 年），《历代通鉴纂要》，《四库未收书辑刊》，第 4—12 册，第 2 页（序，叶 1a-b）。

〔65〕《明实录》，弘治十六年（1503），第 59 册，第 3695、3755、3792 页；弘治十七年（1504），第 60 册，第 4029、4056 页；弘治十八年（1505），第 61 册，第 4205 页；正德元年（1506），第 62 册，第 505、591 页；正德二年（1507），第 62 册，第 710、713、732 页。另见《中华大典》，第 2 册，第 73 页。

〔66〕凡例（载于《历代通鉴纂要》）提到，在周威烈王之前的时期，他使用了各种《前编大纪》。李东阳，《历代通鉴纂要》，《四库未收书辑刊》，第 4—12 册，第 4 页（凡例，叶 1a）。

〔67〕李东阳，《历代通鉴纂要》，《四库未收书辑刊》，第 4—12 册，第 19—20 页（卷 1，叶 12b—13a）。

〔68〕见凡例部分的评论，李东阳，《历代通鉴纂要》，《四库未收书辑刊》，第 4—12 册，第 4 页（凡例，叶 1a），他在这里所说的"怪诞"一词可以理解为字面意思。

〔69〕乔治忠（2002），第 446 页。还存在着 1517 年和 1567 年的重印本。

〔70〕南轩，《资治通鉴纲目前编》，1596 年（序于 1595 年：万历乙未年）；1630 年（崇祯三年）刊本，《四库全书存目丛书》史部，第 9 册，第 1—411 页；即陈仁锡评阅的 1630 年版本（湖北省图书馆影印本）。《中国古籍善本书目》，第 2 册，第 121 页，第 1228—1229 号（第一版是 1596 年）；《中国古籍综目》，第 1 册，第 118 页，第 10301142—10301143 号；内阁文库：284-37、39（康熙四年，即 1665 年版本）、41；北京大学图书馆 910.9157/7528（1630 年版本）；剑桥大学图书馆：FC.118.34-59（1630 年版）。另见《钦定四库全书总目》，第 669 页；《四库存目标注》，第 2 册，第 514—515 页。Franke(1930), p. 132. 关于帝喾，见《四库全书存目丛书》史部，第 9 册，第 25—26 页（卷 1，叶 26b—28a）。

〔71〕《中国古籍善本书目》，第 2 册，第 131 页，第 1343—1344 号；《中国古籍综目》，第 1 册，第 126 册，号 10301227. HYL: T 2512 8193；内阁文库：史 26-1。

〔72〕关于他所解释的南轩著作所使用的说法来源，见《资治通鉴纲目前编》，《四库全书存目丛书》史部，第 9 册，第 6 页（原始，叶 1b）；左桂秋（2009），第 143—146 页。

〔73〕薛应旂撰写了多部著作，比如《宋元通鉴》（《中国古籍善本书目》，第 2 册，第 127 页，第 1286—1288 号；《中国古籍综目》，第 1 册，第 122—123 页，第 10301190—10301192 号），《四书人物考》（《钦定四库全书总目》，第 669—670 页；《四库存目标注》，第 2 册，第 516—519 页）和《宪章录》[Franke(1968)，第 1.3.1 号、Franke(1988)，第 730 页]。

〔74〕薛应旂，《甲子会纪》，《四库全书存目丛书》史部，第 11 册，第 241—374 页；《中国古籍善本书目》，第 2 册，第 136 页，第 1416 号（1558 年版），第 137 页，第 1417 号。陈仁锡的重印版；这也是保存在哈佛燕京图书馆里的刊本：HYL T 2512 4400；法国国家图书馆藏的是同一版本：BnF Chinois 625；梵蒂冈图书馆也有，BAV Borgia Cinese 414 [这个本子来自意大利汉学家蒙图奇（Antonio Montucci，1762—1829），1829 年，他的私人藏书卖给了传信部]。另见《中国古籍综目》，第 1 册，第 403 页，第 10604569 号；《钦定四库全书总目》，第 670 页；《四库存目标注》，第 2 册，第 517 页。亦见乔治忠（2002），第 447 页。

〔75〕薛应旂，《甲子会纪》，《四库全书存目丛书》史部，第 11 册，第 243—244 页（卷 1，叶 5b—7a）。在这个版本的记述中，帝喾在位的第一年被定为己丑；随后的大多数作品都将乙酉作为帝喾元年；据称帝喾的在位时间持续了 70 年，后于 105 岁时去世。

〔76〕南轩，《资治通鉴纲目前编》，《四库全书存目丛书》史部，第 9 册，第 25—26 页（卷 1，叶 26b—28a）。

〔77〕在这本书前面的一些部分，南轩引用的是陈桱的《外纪》。因此，这可能是一个误印。

〔78〕王重民（1983），第 95 页。

〔79〕王重民（1983），第 95 页；《中国古籍善本书目》，第 2 册，第 110 页，第 1137 号 [正德元年（1506 年）版]；《中国古籍综目》，第 1

册，第 111 页，第 10301075 号。

〔80〕见《明一统志》，《四库全书》，第 472 册，第 675 页（另见第 674、817 页）。引自皇甫谧的内容也出现在《明一统志》里面。

〔81〕南轩，《资治通鉴纲目前编》，《四库全书存目丛书》史部，第 9 册，第 26 页（卷 1，叶 28a）。

〔82〕Franke (1969), no. 6.6.7.

〔83〕《中国古籍善本书目》，第 2 册，第 210 页，第 1223 号；《中国古籍综目》，第 1 册，第 115 页，第 10301108 号；王重民（1983），第 96 页。陈仁锡版本的《资治通鉴》刊刻于 1625 年，并进献给皇帝。《中国古籍善本书目》，第 2 册，第 106 页，第 1084—1085 号；《中国古籍综目》，第 1 册，第 107 页；*Dictionary of Ming Biography*，p. 162；王重民（1983），第 91 页。

〔84〕《中国古籍善本书目》，第 2 册，第 122—123 页，第 1244—1248 号；《中国古籍综目》，第 1 册，第 100—101 页，第 10300983—10300987 号。

〔85〕《通鉴纲目全书》(108 卷)。它由以下的著作集合组成：陈桱，《资治通鉴前编外纪》(1 卷)；金履祥，《资治通鉴纲目前编》(18 卷) +《举要》(3 卷)；朱熹，《资治通鉴纲目》(59 卷)；商辂，《续资治通鉴纲目》(27 卷)；周礼（《发明》），张时泰（《广义》）[关于这两部，见 Franke(1930), p. 135]；嘉靖三十九年（1560)(《中国古籍善本书目》，第 122 页，第 1244 号；《中国古籍综目》，第 1 册，第 100 页，第 10300983 号)，万历二十一年（1593)(《中国古籍善本书目》，第 122 页，第 1245 号；《中国古籍综目》，第 1 册，第 101 页，第 10300983 号)，明版（《中国古籍善本书目》，第 123 页，第 1246 号；《中国古籍综目》，第 1 册，第 101 页，第 10300983 号)，另见清代版本：康熙四十六年（1707)(《中国古籍善本书目》，第 124 页，第 1249 号；《中国古籍综目》，第 1 册，第 101 页，第 10300985 号：内府版本：109 卷)(见下文)。BAV, Raccolta Generale III 269，收录了《资治纲鉴大全》第一册，上有陈仁锡写于天启五年（1625）的序言。

〔86〕《通鉴纲目全书》(113 卷)；南轩，《资治通鉴纲目前编》(25 卷)；朱熹，《资治通鉴纲目》（正编）(59 卷 +1 首卷)；商辂，《续资治通鉴纲目》(27 卷)；陈桱，《资治通鉴纲目续编拾遗》(1 卷)；万历

二十八年（1600）(《中国古籍善本书目》，第 123 页，第 1247 号；《中国古籍综目》，第 1 册，第 1041 页，第 10300984 号）；万历刊本（《中国古籍善本书目》，第 123 页，第 1248 号；《中国古籍综目》，第 1 册，第 1041 页，第 10300984 号）。

〔87〕［无汇编后的书名］(113 卷)；南轩，《资治通鉴纲目前编》(25 卷)；朱熹，《资治通鉴纲目》(正编)(59 卷)；商辂，《续资治通鉴纲目》(27 卷)，崇祯三年（1630）；陈仁锡刻本（《中国古籍善本书目》，第 120 页，第 1223 号；《中国古籍综目》，第 1 册，第 115 页，第 10301108 号），崇祯刊本［王重民（1983），第 96 页］。BnF, Chinois 394-415（陈仁锡，1630）；416-439（陈仁锡，1630）；440-458（陈仁锡，1630）；459-482（1701 版）。BAV,Borgia Cinese, 268-276, 278-286, 287 包含几个版本（陈仁锡 1696 年、1701 年和不完整的 1706 年刊本，不确定 1706 年本是否南轩的）。

〔88〕《中国古籍善本书目》(电子版) http://202.96.31.45/shanBenDir.do?method = goToIndex；《中国古籍善本书目》，第 2 册，特别是第 130 页（第 1339 号）—第 136 页（第 1402 号）；《中国古籍综目》，第 1 册，第 126—133 页，第 10301226—10301304 号。钱茂伟（2003），第 407—408 页。钱茂伟的早期著作很少但提到了纲鉴体文本［钱茂伟（2000）］；另见乔治忠（2002），第 447 页。

〔89〕见袁黄为《历史纲鉴补》所写的序言，《四库禁毁书丛刊》史部，第 67 册，第 101 页（引，4b）。他说，他遵循的是唐顺之的路线（见下文）；见王重民（1983），第 98 页；钱茂伟（2003），第 405 页。

〔90〕"纪"和"编"并不总是有明显区别：在与帝营有关的文本里面，"纪"出现过两次；但与其他的叙述相比，第二个似乎应该是"编"。另见仓修良（2007），第 23 页。也可与吴乘权的《纲鉴易知录》(1711)，卷 1，叶 16a—18b 作比较。吴乘权，《纲鉴易知录》(1711)，卷 1，叶 6a—18b。另见张萧，《新镌张太史注释标题纲鉴白眉》(21 卷，首 1 卷)，《四库禁毁书丛刊》史部，第 52 册，第 32 页（卷 1，叶 18），第一节没有标题，第二节被称为"鉴"。

〔91〕例如，可以参考出自张晏的一段话（没有提到他的名字），见于《集解》(《史记》，第 1 册，第 13 页)；也可参考南轩（有南轩的姓名），《资治通鉴纲目前编》，《四库全书存目丛书》史部，第 9 册，第 26 页（卷 1，叶 27a）。

〔92〕《白虎通逐字索引》第6页（2号）："谓之帝喾者何也？喾者，极也。言其能施行窮极道德也。"

〔93〕袁黄，《历史纲鉴补》，《四库禁毁书丛刊》史部，第67册，第130—131页（卷1，叶16b—17b）。

〔94〕各个纲鉴类文本的评论数量不尽相同。例如，张鼐，《新镌张太史注释标题纲鉴白眉》，《四库禁毁书丛刊》史部，第52册，第33页（卷1，叶19a-b），还有苏濬，《重订苏紫溪先生会纂标题历朝纲鉴纪要》，《四库禁毁书丛刊》史部，第52册，第638页（卷1，叶9a），只引用了胡宏的话；钟惺，《鼎镌钟伯敬订正资治纲鉴正史大全》，《四库禁毁书丛刊》史部，第65册，第122页（卷1，叶21a），还有李纯卿，《四库禁毁书丛刊》史部，第54册，第56页（卷2，叶14a-b）引用了胡宏、周礼、丁奉（后者还包括附纪）。除了胡宏和周礼的评论外，还有李京的评论出现在叶向高的《鼎镌叶太史汇纂玉堂鉴纲》（72卷），万历刊本（1573到1619年间），《尊经阁文库汉籍分类目录》，第151页。（本书提及尊经阁文库时，使用的是汉籍分类目录中的页码。）

〔95〕如上所述，修订后的陈栈版本已经包括了胡宏和周礼的评论。评论与胡宏的原版完全一样，与陈栈原版不同的地方也依然如是。不过，在大多数的纲鉴体文本中，引用周礼的不如引用陈栈的那么多。

〔96〕比如，可以参阅两本书里面副文本的标题——钟惺，《鼎镌钟伯敬订正资治纲鉴正史大全》，《四库禁毁书丛刊》史部，第65册，第104页（卷首，叶14a-b）（书法）和袁黄，《历史纲鉴补》，《四库禁毁书丛刊》史部，第67册，第111页（卷首，叶16a-b）（凡例）。其他纲鉴体文本包括"读纲目要法"这个部分。

〔97〕潘荣（字伯诚；号节斋先生），原籍婺源。他被称为"阳节潘"。另见乔治忠（2002），第450页。

〔98〕例如：冯梦龙，《纲鉴统一》（1644）或王世贞，《镌王凤洲先生纲鉴正史全编》[明崇祯年间（1628—1644）]，详见下文。

〔99〕Chia(2002), p. 49.

〔100〕乔治忠（2002），第450页。

〔101〕上田望（1996），第111—113页。上田望区分了以通鉴为基础的纲鉴和以节要为基础的纲鉴，见上田望（1996），第197—180页。

〔102〕例如，袁黄，《历史纲鉴补》，《四库禁毁书丛刊》史部，第67册，第123页：在第一卷第一页的标题之后，正文提到了刘恕的《资治通鉴外纪》和金履祥的《通鉴前编》。如前所述，这两部作品几乎没有提到上古史。另见王世贞为《纲鉴会纂》（约1774年版）作的序（未注明日期）。

〔103〕关于不同版本，见本章注释34。

〔104〕见哈佛燕京图书中的副本，HYL: T 2512 1279.314。上海图书馆保存的元本（线善774125-44）还没有这种结构。万历十四年（1586年）的版本结构略有不同，因为注释放在最后，并且没有总结（上海图书馆：线善824048-59）。

〔105〕《新编纂注资治通鉴外纪增义》，见 HYL: T 2512 1279.314，卷1，叶16a—17a；乔治忠（2002），第444页。有几个版本的修订版：BnF, Chinois 323 似乎是1548年的重印本；其他重印本有1569年，万历刊本，1630年（详见唐顺之名下的刊本）；《北京大学图书馆藏古籍善本书目》，第68页（1553年和1559年的版本）；王重民（1983），第100—102页（包括1591年的重版）。

〔106〕见袁黄为他的书所作的序言：《历史纲鉴补》，《四库禁毁书丛刊》史部，第67册，第101页（引，叶4a-b）。钱茂伟（2003），第405页，仓修良（2007），第23页和左桂秋（2012）都是基于这同一篇序言。仓修良认为，虽然他们被称为纲鉴体，但他们仍然是以纲目的体例作为模板。

〔107〕乔治忠（2002），第447—448页；《中国古籍善本书目》，第2册，第131页，第1345号；《中国古籍综目》，第1册，第126页，第10301228号；钱茂伟（2003），第406页；仓修良（2007），第23页。归于唐顺之名下的作品还包括《重刻翰林校正资治通鉴大全》，《四库禁毁书丛刊》史部，第67册，第39—438页。这本书涉及宋元时期（《中国古籍善本书目》，第2册，第126页，第1283、1284号；《中国古籍综目》，第1册，第122页，第10301187号）。

〔108〕例如，江贽，《重刻翰林校正少微通鉴大全》（20+3卷），唐顺之删订，1569年（HYL: T 2512 1279.314c），1569年的其他版本（剑桥大学图书馆：FB.118.121-124），1630年（HYL: T 2512 1279.314b）；1588年版，《日藏汉籍善本书录》，第405页；万历年刊本和刊刻年代不详的版本（内阁文库：284-32和33）；万历年刊

本和刊刻年代不详的版本（上海图书馆：线善 751195-202，线善 816630-65）；涂秀虹（2011），第 70 页。

〔109〕顾锡畴，《纲鉴正史约》（明崇祯刊本）；1737 年重印本，《四库全书存目丛书》史部，第 17 册，第 532—855 页；第 18 册，第 1—527 页。关于帝喾的部分，见《四库全书存目丛书》史部，第 17 册，第 550 页（卷 1，叶 9b）。文中提到了作为音乐的六音，但也提到了李东阳和南轩都没有提到的神奇生子的情节；帝妃的顺序与李东阳的相同，但与南轩不同。《中国古籍善本书目》，第 2 册，第 134 页，第 1384 号；《中国古籍综目》，第 1 册，第 132 页，第 10301293—10301294 号。另见《钦定四库全书总目》，第 672 页；《四库存目标注》，第 2 册，第 525 页。《尊经阁文库汉籍分类目录》，第 152 页（序于 1632 年）；BnF, Chinois 524-528。关于清代的重印本，见本章的更详细的注释218。上田望（1），第 112 页把姜宝（1514—1593）的《资治上编大政纲目》（40 卷，下编 32 卷）万历年间刊本（1573—1619）归入这一体裁，但由于这部作品（内阁文库：284-99）只从汉代开始，所以无法比较上古时期。上古时期的部分可能包括在姜宝的《稽古编大政记纲目》（8 卷）（万历十五年，即 1587 年）里面：《中国古籍善本书目》，第 2 册，第 132 页，第 1355—1356 号；《中国古籍综目》，第 1 册，第 129 页，第 10301255—10301256 号。

〔110〕《中国古籍善本书目》，第 2 册，第 134 页，第 1379—1380 号；《中国古籍综目》，第 1 册，第 131 页，第 10301287—10301288 号（明崇祯重印本），内阁文库 284-96。

〔111〕前编，8 卷；正编，40 卷；续编，26 卷。（万历丁酉年，即 1597 年）；许顺义作注。《中国古籍善本书目》，第 2 册，第 132 页，第 1360 号；《中国古籍综目》，第 1 册，第 129 页，第 10301260 号；内阁文库：284-73。关于黄洪宪，亦见 Chan(2002), pp. 398-399。

〔112〕除了纲鉴体文本之外，还有其他类型的历史概要，这些概要类著作的来源都是类似的。一个同时代的例子是大学士张居正（1525—1582）的《通鉴直解》。《中国古籍善本书目》，第 2 册，第 129 页，第 1320—1324 号；《中国古籍综目》，第 1 册，第 125 页，第 10301208—10301211 号；HYL: T 2512 1279.13。

〔113〕《中国古籍善本书目》，第 2 册，第 134 页，第 1383 号；《中国古

籍综目》，第 1 册，第 132 页，第 10301291 号；内阁文库：史
24-2；北京大学图书馆 910.9/2010。该书中包含翁正春的序言（天
启甲子年，即 1624 年）（关于他自己的纲鉴体文本，见本章更详细
的注释 180）。

〔114〕10 卷＋元朝 5 卷＋国朝 4 卷＋首 2 卷。内阁文库：290-113。另一
个例子（不是袖珍版的）是周昌年，《新锲增订历国朝捷录全编》
（4 卷），（明末刊本），内阁文库：290-137。关于作为考试用教辅工
具的捷录，另见沈俊平（2009），第 153—154 页。

〔115〕例如，早期的著作有朱权（1378—1448），《通鉴博论》（3 卷）（明
刊本），《四库全书存目丛书》史部，第 281 册，第 59—189 页；也
可参见归于钟惺名下的作品，《通鉴纂》（20 卷），（明刊本），《四库
禁毁书丛刊》史部，第 68 册，第 385—719 页。

〔116〕《中国古籍善本书目》，第 2 册，第 133 页，第 1376—1377 号；《中
国古籍综目》，第 1 册，第 131 页，第 10301284 号；《尊经阁文库
汉籍分类目录》，第 152 页。

〔117〕汤宾尹，《纲鉴标题一览》，叶 8b。

〔118〕Franke (1988), p. 756.

〔119〕Schäfer (2011), p. 250.

〔120〕Schäfer (2011), pp. 243-244.

〔121〕徐奋鹏，《古今治统》，《四库禁毁书丛刊》子部，第 29 册，第 648
页（论史，叶 5b—6a）；引自钱茂伟（2003），第 406 页；仓修良
（2007），第 23 页；关于这些托名的作品，亦见乔治忠（2002），第
448 页。

〔122〕乔治忠（2002），第 448 页；钱茂伟（2003），第 405 页；仓修良
（2007），第 23 页。

〔123〕左桂秋（2012），第 43 页。左桂秋指出，方志中记载了更多关于
纲鉴的内容：例如，张淮的《纲鉴集要》、王升的《纲鉴读要》、
冯光璧的《纲鉴贯珠录》、林天爵的《纲鉴补注》。其他的例子可
以在《中国方志库》中找到，比如，赵时齐（1556 年进士）的
《纲鉴统宗》[载于《兰谿县志》（万历），卷 5，叶 8a]；陈姓作者
（无具体名号）的《纲鉴标题》[见《续修严州府志》（万历），卷
14，叶 38b]；蔡应渐（晚明）的《纲鉴传记》（见《仙游县志》，
卷 36，叶 9b）。

〔124〕《中国古籍善本书目》，第 2 册，第 128—129 页，第 1309—1313 号［1549 年、1564 年、1575 年、未注明日期的版本和 1622 年 的版本，后者由陈继儒（1558—1639 年）参与编纂］；《中国古 籍综目》，第 1 册，第 124—125 页，第 10301203—10301204、 10301206 号。

〔125〕《中国古籍善本书目》，第 2 册，第 129 页，第 1314—1317 号；《中 国古籍综目》，第 1 册，第 124—125 页，第 10301205、10301207 号。除其他以外，还有朱熹的明末重印本《新镌通鉴集要》（10 卷），其编辑工作是董其昌（1555—1636）和陈继儒（1558—1639） 所做；HYL: T 2512 0698 和 BAV, Borgia Cinese 277。关于日本的重 印本，见本章注释 241。

〔126〕ARSI, Jap. Sin. III, 10(1581 年版). Chan(2002), pp. 485-486. 这个版 本第一页上的标题是《新刊通鉴集要》，由唐龙泉刊 1575 年刊刻 过该著作的一个早期版本（见《中国古籍善本书目》，第 2 册，第 128 页，第 1311 号；《中国古籍综目》，第 1 册，第 124 页，第 10301204 号）。

〔127〕关于这一解释，见王重民（1983），第 99 页，引用的是《历朝纪要 纲鉴》（20 卷，万历年刊本）的序言，即苏濬的《镌紫溪苏先生会 纂历朝纪要旨南纲鉴》。

〔128〕见 CCT-database。

〔129〕《日藏汉籍善本书录》，第 434—435 页；《尊经阁文库汉籍分类目 录》，第 151 页。关于郭子章的其他纲鉴类作品，见王世贞编的 《纲鉴标题要选》（12+1 卷）(《中国古籍善本书目》，第 2 册，第 131 页，第 1353 号；《中国古籍综目》，第 1 册，第 128 页，第 10301251 号）和《纲鉴要选》（10 卷）(《中国古籍善本书目》，第 2 册，第 132 页，第 1354 号；《中国古籍综目》，第 1 册，第 128 页， 第 10301252 号）。

〔130〕《中国古籍善本书目》，第 2 册，第 133 页，第 1373 号；《中国古 籍综目》，第 1 册，第 131 页，第 10301278 号；北京大学图书馆 910.919/2004。

〔131〕焦竑，《新锲国朝三元品节标题纲鉴大观纂要》（20 卷），1598 年 （见本章前文注释）。苏濬，《镌紫溪苏先生会纂历朝纪要旨南纲 鉴》（20+1 卷），1612 年，李廷机编纂、叶向高校：HYL: T 2512

4936；苏濬，《新刻紫溪苏先生删补纲鉴论策题旨纪要》（20卷），1615年本：内阁文库：284-66。

〔132〕《中国古籍善本书目》，第2册，第132—133页，第1364—1366号；《中国古籍综目》，第1册，第129页，第10301265—10301266号；《新刻九我李太史编纂古本历史大方纲鉴》（39+1卷），1600（剑桥大学图书馆：FB.118.125-129）；《新刻九我李太史校正古本历史大方通鉴》（41+1卷），1604：HYL：T 2662.2 7540；《新刻九我李太史编纂古本历史大方纲鉴》（39+1卷），万历年间刊本（1573—1619）；《新刻校正古本历史大方通鉴》（41+1卷），明本。北京师范大学：921.29/719.02善。

〔133〕苏濬，《重订苏紫溪先生会纂标题历朝纲鉴纪要》，《四库禁毁书丛刊》史部，第52册，第623—685页；第53册，第1—343页。1612年版本的标题是《镌紫溪苏先生会纂历朝纪要旨南纲鉴》（20+1卷）（见HYL：T 2512 4836）。关于帝喾，见《四库禁毁书丛刊》史部，第52册，第637页（卷1，叶8a-b）。

〔134〕《中国古籍善本书目》，第2册，第132页，第1358号；《中国古籍综目》，第1册，第129页，第10301258号；王锡爵也是《新刊通鉴标题采要》（28+1卷）的编纂者。（《中国古籍善本书目》，第2册，第130页，第1327号；《中国古籍综目》，第1册，第125页，第10301214号）。

〔135〕见CCT-database。

〔136〕《日藏汉籍善本书录》，第434页。

〔137〕*Dictionary of Ming Biography 1368-1644*, vol. 2, p. 1567.

〔138〕《中国古籍善本书目》，第2册，第133页，第1369号；《中国古籍综目》，第1册，第130页，第10301268号；北京大学图书馆 NC 2465 4920。

〔139〕《中国古籍善本书目》，第2册，第133页，第1368、1370号；《中国古籍综目》，第1册，第130页，第10301268号；《日藏汉籍善本书录》，第432页；HYL: T 2512 4920；《尊经阁文库汉籍分类目录》，第151页。延世大学，首尔：고서（III）1692；清代的版本见下文注释242。

〔140〕见本章注释125。另见Chia(2002), p. 227。贾晋珠（Chia）指出，叶向高告诉了其他人，有些书强加给他虚假的作者或编辑的身份，

他的名字经常与李廷机的搭在一起，出现在建阳的印本中。二位都是晋江人。

〔141〕Chia (2002), p. 227; 亦见 Chia (2007), p. 150：这是苏濬的《镌紫溪苏先生会纂历朝纪要旨南纲鉴》，见本章注释 127。

〔142〕见 CCT-database。

〔143〕李纯卿，《新刻世史类编》，《四库禁毁书丛刊》史部，第 54 册，第 1—722 页；第 55 册，第 1—379 页。关于帝喾，见《四库禁毁书丛刊》史部，第 54 册，第 56 页（卷 2，叶 13a—14b）。《日藏汉籍善本书录》，第 434 页；内阁文库：284-74。

〔144〕HYL:T 2512 1142。关于帝喾的这段话出现在卷 1，叶 13a-b；胡宏等人的评论被省略了。这个版本的时间是清初；最后一篇序言是文安之（1622 年进士）1628 年所写，这说明它可能有一个崇祯刊本。关于清代的重印本（1712 年），见本章注释 217。

〔145〕曹玉汴的序言标题是"李师五经世史便蒙引"；另一篇序言是叶从文所写（序于 1627 年），题名为"李大兰先生便蒙世史序"；还有另外两位学生周之锦和朱京，以及冯梦祯（1546—1605）写的序言。曹玉汴是熊三拔（Sabatino De Ursis，1575—1620）和徐光启（1562—1633 年，1604 年进士）的《泰西水法》（1612）一书序言的作者，也曾为庞迪我（Diego de Pantoja，1571—1618）和杨廷筠的《七克》（1610 年代初）一书作序。见 CCT-Database。

〔146〕关于余氏刻书坊，见 Chia(2002), p. 155ff 以及书中多处零散提到的地方。

〔147〕一篇题为《纲鉴世史类编》的文本，是合作者名单，上面包括与 1606 年刊本相同的合作者——文安之（写了 1628 年的序言）是新加的合作者姓名；之后是 14 名学生的姓名〔其中还有彭好古（1586 年进士）、彭遵古（1586 年进士）、景明（1592 年进士）、李懋考（1613 年进士）〕。

〔148〕Chang(1990), pp. 3-4. 刘晓军（2006）对按鉴类的文本作过概述性介绍。另见纪德君（2003），第 62—66 页。

〔149〕上田望 (1996)-(1999)-(1999)-(2000)。

〔150〕Chang(1990), p. 200. Rolston(1997) 当中有一个非常有趣的章节"Liberating Fiction from History"（pp. 131-165，"从历史中解放小说"），但这部作品似乎没有意识到纲鉴类文本与历史类著作的紧密

联系（只有一个间接参考的注释，p. 141, n. 18）。

〔151〕Chia (2002), p. 234ff. 我们也可以在类书的编辑群体和纲鉴体书籍的编辑群体之间建立一种联系，比如陈仁锡。他除了是几部纲鉴体作品的编辑外，还编辑了政治类的类书《八编经世类纂》(285卷)，(1626年)，《续修四库全书》，第1240—1246册。

〔152〕Chia (2002), pp. 156-157；pp. 226-227. 贾晋珠（Chia）指出，明代最好的建阳刻印本正是在历史类作品中发现的。刻书坊制作的还包括金履祥、陈桱、江贽等人的作品。

〔153〕*Dictionary of Ming Biography 1368-1644*, vol. 2, p. 1632-1635; Brokaw (1991), p. 64, 91.

〔154〕参见包筠雅的大量研究，Brokaw (1991)。

〔155〕袁黄，《历史纲鉴补》，《四库禁毁书丛刊》史部，第67册，第99—741页；第68册，第1—384。关于帝喾，见《四库禁毁书丛刊》史部，第67册，第130—131页（卷1，叶16b—18a）。同样的版本也存于HYL: T 2512 4348；ARSI, Jap. Sin. III,15-18〔亦见Chan(2002), p. 491〕〔标题是《历史纲鉴补》，有熊明遇（1579—1649）写的序言。(《四库禁毁书丛刊》)〕；BnF, Chinois 539-542(=*SKJH*)。古恒（Courant）将这个重印本归于熊明遇，1690年，但根据Chan(2002), p. 491，这是一个错误（可能是1609年）；BAV, Borgia Cinese 288-289。北京大学图书馆，1606年和1610年的序〔见王重民（1983），第98页〕。内阁文库：284-28和31（两个不同版本）。《中国古籍善本书目》，第2册，第133页，第1371号；《中国古籍综目》，第1册，第130页，第10301269号。关于日本重印本，详见本章注释220。

〔156〕王重民（1983），第98页。第一版是在李廷机（1542—1616）名下，第二版在吉澄（无确切年份）名下，第三版在袁黄名下。关于李廷机的版本，见本章注释131及本章以下内容；亦见上田望（1），第112页。关于袁黄的版本：《中国古籍善本书目》，第2册，第133页，第1371号；《中国古籍综目》，第1册，第130页，第10301268号。另见仓修良（2007），第23页。

〔157〕见本章注释155。见CCT-Database。

〔158〕*Dictionary of Ming Biography 1368-1644*, vol. 1, pp. 408-409；另见罗南熙的博士论文，Nancy Tomasko (1995)。同被归于他名下作品的，

还有《通纪会纂》[ranke (1968), no. 1.3.8; Franke (1988), p. 758]。还有一个简史概述：《通鉴纂》(20 卷)，《四库禁毁书丛刊》史部，第 68 册，第 385—719 页：关于帝喾的段落，见《四库禁毁书丛刊》史部，第 68 册，第 387 页 (卷 1，叶 4a)，它比纲鉴类的文本短得多，而且没有包括评论。

〔159〕钟惺，《鼎锓钟伯敬订正资治纲鉴正史大全》，《四库禁毁书丛刊》史部，第 65 册，第 1—727 页；第 66 册，第 1—723 页；第 67 册，第 1—98 页。关于帝喾，见《四库禁毁书丛刊》史部，第 65 册，第 121—122 页 (卷 1，叶 20a—21a)。《中国古籍善本书目》，第 2 册，第 134 页，第 1382 号；《中国古籍综目》，第 1 册，第 131—132 页，第 10301290 号。SNU: M/F95-16-137-1, 2, 3. (关于奎章阁图书馆以及其他韩国图书馆的参考资料，见《韩国所藏中国汉籍总目》)。

〔160〕《四库禁毁书丛刊》的版本包含 16 篇序言；首尔大学奎章阁图书馆的本子包含超过 25 篇序言和介绍性的文本。

〔161〕这些甲子周期的时间标志也可以在其他一些著作中找到，如李纯卿的《新刻世史类编》(1604 年、1606 年和崇祯刊本)(内阁文库：284-74；HYL: T 2512 1142) 或者潘光祖的《(鼎锓潘义绳先生纂辑) 纲鉴金丹》(1631)，(东国大学，首尔：D 952.317 v.0-17)。虽然钟惺和袁黄有许多相似，但也存在许多不同之处。在关于帝喾的文本中，钟惺对一些人物或内容的编排顺序与袁黄不同：四位帝妃被安排在关于帝喾去世的内容之后的注释中，而苏洵的评论则不见了。在其他段落中，钟惺的文本比袁黄的更全面。例如，可以参阅钟惺，《鼎锓钟伯敬订正资治纲鉴正史大全》，《四库禁毁书丛刊》史部，第 65 册，第 131—133 页 (卷 2，叶 5a—8a) 与袁黄，《历史纲鉴补》，《四库禁毁书丛刊》史部，第 67 册，第 136—137 页 (卷 1，叶 27a—30a)。

〔162〕比较这些君王的在位时间：在袁黄《历史纲鉴补》[《四库禁毁书丛刊》史部，第 67 册，第 132、134、135 页 (卷 1，叶 20a、23b、25a)] 中，尧是 72 年，舜是 61 年，而禹是 72 年；与之类似的是邵雍，《皇极经世书》，《四库全书》，第 803 册，第 445—451 页 (卷 3 上，页 22b—25b)；钟惺的书里面说尧是 100 年，舜是 48 年，禹是 8 年 [钟惺，《鼎锓钟伯敬订正资治纲鉴正史大全》，《四库禁毁

书丛刊》史部，第 65 册，第 87 页（目录，叶 1b—2a），与之类似的是胡宏，《皇王大纪》，《四库全书》，第 313 册，第 40 页（卷 3，叶 20a），第 46 页（卷 4，页 12），第 51 页（卷 5，叶 5b）〕。

〔163〕见 Franke(1968), no. 2.2.6., 2.2.8 和 Franke(1988), p. 731。

〔164〕王世贞，《镌王凤洲先生会纂纲鉴历朝正史全编》，《四库禁毁书丛刊》史部，第 53 册，第 345—682 页；它涉及宋、元、明的历史；可能最前面还有一卷，但收录在《四库禁毁书丛刊》当中的版本已经缺失了那一卷。

〔165〕《中国古籍善本书目》，第 2 册，第 131 页，第 1348 号；《中国古籍综目》，第 1 册，第 128 页，第 10301245 号。

〔166〕《尊经阁文库汉籍分类目录》，第 152 页（参与编辑的有：陈仁锡、于慎行、陈臣忠、张睿卿）。还有一个 1639 年的版本，见《中国古籍善本书目》，第 2 册，第 131 页，第 1350 号；《中国古籍综目》，第 1 册，第 128 页，第 10301247 号。（上海图书馆：线善 430375-98）。另见乔治忠（2002），第 448 页。关于清代的版本，见本章的详细注释 218。

〔167〕《中国古籍善本书目》，第 2 册，第 131 页，第 1352 号（明末刊本）；《中国古籍综目》，第 1 册，第 128 页，第 10301250 号；重印本（1739 年后）藏于奎章阁图书馆 SNU: M/F95-16-140-1; M/F95-16-140-2。又名《历朝纲鉴会纂》，见首尔梨花女子大学的另一个版本：952.05.819（在一些书目列表中，编辑的姓名是陈志襄）。亦见 BnF, Chinois 361-371。

〔168〕《中国古籍善本书目》，第 2 册，第 133 页，第 1372 号；《中国古籍综目》，第 1 册，第 131 页，第 10301277 号。浙江图书馆：善 1061。这个文本属于第一种亚型，但注释是印在一个额外的、较小号的栏中。胡宏的注释被托名为天台陶氏所写，此人可能是明代初年的礼部尚书陶凯（约 1370）。

〔169〕见 CCT-Database。

〔170〕《日藏汉籍善本书录》，第 435 页。也是与颜茂猷合作的（论题）。

〔171〕《中国古籍善本书目》，第 2 册，第 136 页，第 1393 号（张溥编）；《中国古籍综目》，第 1 册，第 133 页，第 10301304 号；《日藏汉籍善本书录》，第 428 页；内阁文库：290-114；《尊经阁文库汉籍分类目录》，第 151 页。

〔172〕《中国古籍善本书目》(电子版):《袁了凡先生重订凤洲纲鉴世史类
编》(安徽大学图书馆藏本)。

〔173〕另见 *Dictionary of Ming Biography*, vol. 2, p. 1634。自晚清以来,有
很多重刊的版本,比如至少有以下年份的:1904、1905、1912、
1913、1914、1923、1936、1937、1941、1955、1956、1963、
1967、1977、1985。

〔174〕《冯梦龙全集》(上海:上海古籍出版社,1993年),第8—12册,
是根据北京大学出版社和安徽大学出版社的藏本制作的影印版。现
代标点本(副文本就不够完整),见《冯梦龙全集》,魏同贤编,
(南京:凤凰出版社,2007年),第13—14册。《尊经阁文库汉籍
分类目录》,第151页。

〔175〕见 CCT-Database。

〔176〕《中国古籍善本书目》,第2册,第132页,第1362号;《中国古
籍综目》,第1册,第129页,第10301263号。北京大学图书馆
8775。冯琦撰。

〔177〕东国大学,首尔:D 952.317 v.0-17。根据1628年被任命为工部尚
书的李长庚(1595年进士)所写的序言,这部作品以"金丹"为
名,是因为之前众多作者的整个历史解释,不亚于炼制金丹必须经
历的九次转化,这使得学者们在打开这卷书时能够深入了解过去和
现在的正确与错误、正统与异端(叶7a-b)。

〔178〕《中国古籍善本书目》,第2册,第134页,第1389号;《中国古籍
综目》,第1册,第132页,第10301300号。

〔179〕《日藏汉籍善本书录》,第435页。

〔180〕《中国古籍善本书目》,第2册,第133页,第1374号;《中国古
籍综目》,第1册,第131页,第10301279号。中山大学,广州:
W22921,史继偕(1560—1635)参阅。

〔181〕《中国古籍善本书目》,第2册,第134页,第1386号;《中国古
籍综目》,第1册,第132页,第10301296号。北京师范大学:
921.26/710善。

〔182〕《中国古籍善本书目》,第2册,第133页,第1375号;《中国古籍
综目》,第1册,第131页,第10301283号;内阁文库:284-88;
北京大学图书馆4752。汤宾尹撰,陈继儒(1558—1639)注。

〔183〕《中国古籍综目》,第1册,第127页,第10301237号;上海图书

馆：线普 505333-36。

〔184〕见 CCT-Database。

〔185〕张鼐撰，《新镌张太史注释标题纲鉴白眉》，《四库禁毁书丛刊》史部，第 52 册，第 1—622 页。关于帝喾的内容，见《四库禁毁书丛刊》史部，第 52 册，第 32—33 页（卷 1，叶 18b—19b）。《中国古籍善本书目》，第 2 册，第 133 页，第 1378 号；《中国古籍综目》，第 1 册，第 131 页，第 10301289 号。《尊经阁文库汉籍分类目录》，第 152 页。

〔186〕《中国古籍善本书目》，第 2 册，第 132 页，第 1361 号；《中国古籍综目》，第 1 册，第 129 页，第 10301261 号。北京大学图书馆 910.9/1280。

〔187〕ARSI, Jap. Sin. III, 11; Chan (2002), pp. 487-489. 这是很罕见的例子，明明是典型纲鉴类的文本，但在标题中没有提及"纲鉴"字样。在这部作品中，关于帝喾的全部内容都被放在一篇纪之下。

〔188〕艾儒略（Aleni），《万物真原》，叶 3a；《徐家汇藏书楼明清天主教文献》，第 1 册，第 169 页［参考信息是杜鼎克提供的，见 Dudink(2012), p. 127, n. 142。例如，见钟惺，《四库禁毁书丛刊》史部，第 65 册，第 112 页（卷 1，叶 1a）；袁黄，《四库禁毁书丛刊》史部，第 67 册，第 123（卷 1，叶 1a）。利类思也引用过，见利类思（Lodovico Buglio, 1606—1682），《不得已辩》，叶 16a（《天主教东传文献》，第 259 页）］。也可参见 Witek(1983), pp. 235-237。

〔189〕王重民（1983），第 103 页；另引自钱茂伟（2003），第 408 页。

〔190〕Elman(2000), pp. 443-444.

〔191〕Elman(2000), p. 487；关于历史知识的角色所发生的变化，见 p. 485 及之后的内容。

〔192〕沈俊平（2009），特别是第 153—154 页。

〔193〕例如，见周之锦作的序，见李槃等人，《重刻详订世史类编》，叶 2a-b；另见韩敬给《鼎锲赵田了凡袁先生编纂古本历史大方纲鉴补》写的序，《四库禁毁书丛刊》史部，第 67 册，第 102 页（叶 1b）；亦见给苏濬写的"告白"，《历代纪要纲鉴》（万历年刊本），第 67 册，第 102 页（叶 1b）。（万历版），其他现代研究者也使用了这一引文，见纪德君（2004），第 113 页和左桂秋（2012），第 45 页。

〔194〕关于上述作品，参见：诸燮，《增补论策全题苏板通鉴集要》；苏濬，《新刻紫溪苏先生删补论策题旨纪要》；郭子章，《(新刊补遗标题论策）纲鉴全备精要》；余有丁和申时行（王锡爵），《(新刻补遗标题论策指南）纲鉴纂要》；王世贞，《纲鉴通纪论策题旨》和《合锲纲鉴通纪今古合录注断论策题旨大全》；冯琦，《鼎锲纂补标题论表策纲鉴正要精抄》。

〔195〕Elman (2000), p. 41，以及书中各处零星出现的地方。

〔196〕左桂秋（2012），第43—44页。

〔197〕见左桂秋（2012），第44页。见《明实录》，其中记载着孟化鲤（1545—1597）"新安孟化鲤者端，四岁知孝友，五岁讲图书，十六岁尽通《五经四书》、《纲鉴》、《性理》、古今诸子等"：《明实录》，第63册，第9798页［万历四十二年五月甲寅，即1614年6月9日，在董定策（1604年进士）写给皇帝的一封奏本中］。另见《古今图书集成》数据库中的各种例子：方舆汇编—职方典—南昌府部—艺文：引自《梦游龙丘记》；方舆汇编—职方典—澄江府部—汇考：引自《澄江府学校考》：1670年，冯知府重新制定教学大纲的内容是四书、五经、性理、纲鉴。其他例子见Standaert (2016), p. 271。

〔198〕Franke (1988), p. 727. 乔治忠（2002），第443页及以下。

〔199〕Schäfer (2011), p. 259.

〔200〕关于这些早期的翻译，见Fuchs (1936), p. 40及以后内容，特别是pp. 44-46。

〔201〕*Eminent Chinese of the Ch'ing Period*, p. 213;《清实录》，第2册，第167页（天聪六年七月庚戌，即1632年8月29日）。

〔202〕《清实录》，第4册，第168页（康熙三年一月癸未，即1664年2月16日）。

〔203〕中国的几个图书馆都有：见《全国满文图书资料联合目录》(第157页，第0646号：中文标题为《纲鉴会纂》)；另见至今未找到的*Manju gisun i g'ang giyan*《满文纲鉴》(手稿，24卷，第0648号）；《北京地区满文图书总目》(第107页，第0537—0538号：中文标题《通鉴》)；《国立北平图书馆故宫博物院图书馆满文书籍联合目录》[第36页，第912.2号：中文标题为《纲鉴会纂》(王世贞）]。另见：巴黎，法兰西公学院的前图书馆（File E VV, no. 2不完整）

[Pang (1998), p. xiv]；剑桥大学［Giles(1898), p. 136, no. G 1-21］，亦见 Möllendorff(1890), p. 31, no. 145：《纲鉴辑览》M. *hafu buleku bithe*, 1665. 这是一部用满文写的中国简明史，写到1368年。由达海翻译（1633），未全部完成，1665年由康熙皇帝下令完成并编辑成书。这部著作的中文原版是袁黄在十六世纪后期写的；Laufer (1908), p. 30 也认为这是袁黄的作品。Klaproth (1839), part 2, pp. 22-23, no. 84 也说这部是袁黄著作的满文版本。Fuchs (1936), p. 46（王世贞，《纲鉴会纂》）。俄罗斯科学院东方学研究所圣彼得堡分所藏有几个印本。Pang (2001), pp. 1-3, nos. 3-8.

〔204〕比较剑桥藏本和袁黄版本就可以发现，大段的正文和注释都被删除。评论也没有包括在内。

〔205〕《清实录》，第4册，第346页（康熙七年一月庚戌，即1668年2月26日）。

〔206〕例如，《清实录》，第4册，第818—819页（康熙十五年十月癸酉，即1676年11月29日，乙亥，即12月2日）；第4册，第857页（康熙十六年五月癸卯，即1677年6月3日）；第4册，第1129页（康熙十九年四月癸巳，即1680年5月8日）；第5册，第278页（康熙二十四年六月癸酉，即1685年7月21日）；第5册，第279页（康熙二十四年六月癸酉，即1685年7月21日）。

〔207〕《清实录》，第5册，第375页（康熙二十五年十二月丙寅，即1687年1月29日）。另见《中华大典》，第3册，第106页。关于励杜讷，见 *Eminent Chinese of the Ch'ing Period*, vol. 1, p. 491。

〔208〕《清实录》，第5册，第598页（康熙二十九年三月庚申，即1690年5月7日）。康熙皇帝的这些笔记被收录在根据台北所藏档案史料最新编辑的《起居注》里面，见《清代起居注册》：康熙朝，第1册，第163—241页。

〔209〕《清实录》，第5册，第665页（康熙三十年三月戊子，即1691年3月31日）。根据 Langlès (pp. 70-71)，康熙时期有两个满文译本。这可能是指1665年出版的第一个和1691年出版的第二个。

〔210〕中国的几个图书馆都有：见《全国满文图书资料联合目录》（第159页，第0657号）；《北京地区满文图书总目》（第107—108页，第0539号）；《国立北平图书馆故宫博物院图书馆满文书籍联合目录》（第36页，第912.1号）。另见：巴黎，法兰西公学院的前图书馆

（File E VV, no. 2 不完整）。[Pang(1998), p. xiv]；BnF: Puyraimond (1979), pp. 72-73, nos. 136-138；剑桥大学 [Giles(1898)，p.136, no. G1-21]；London, SOAS (II.1. Man. 31) [Simon & Nelson (1977), p. 92, no. II.90.A]；东京，东洋文库 [Poppe (1964), pp. 228-229, nos. 334-336]。亦见 Möllendorff (1890), p. 31, no. 147; Laufer (1907), p. 30; Klaproth (1839), part 2, p. 22, no. 79; Fuchs (1966), p. 136, no. 40; Jachontov (2001), p. 67, no. 172; Pang (2011), pp. 5-10, nos. 12-26. 本章所使用的是哈佛燕京图书馆的版本。TMA 2512 2543。

〔211〕见皇帝为这部著作写的序言，题为 "Han-i araha Tung-giyan g'ang-mu bithe-i sioi"（序《御制通鉴纲目》），有一个转译成德文的版本，见 Erich Haenisch (1956), pp. 44-45；汉语版本见《清实录》，第 5 册，第 665—666 页（康熙三十年三月戊子，即 1691 年 3 月 31 日）。

〔212〕*Eminent Chinese of the Ch'ing Period*, p. 281.

〔213〕关于帝喾，见卷 1，叶 25b—27a。《辽宁省图书馆满文古籍图书总录》（第 225 页，第 50014 号）很可能误将《前编》归到陈樫 / 金履祥名下，因为它的卷册数量与南轩的版本相符，而不是陈樫 / 金履祥的合订本。

〔214〕乔治忠（2002），第 451 页。关于早期的例子，可能作于康熙四年，即 1665 年，见蒋先庚，《龙门纲鉴正编》(20+1 卷)，《四库禁毁书丛刊》史部，第 44 册，第 1—591 页：关于帝喾的段落，见第 20—21 页（卷 1，叶 10a—11b）。

〔215〕HYL：2512 2324; BnF, Chinois 556-568. 关于帝喾的情况，见卷 1，叶 16a—18b。一些（晚清）清代重印本的标题是《尺木堂纲鉴易知录》。自晚清以来，至少有 37 个重印本（其中晚清 1878 年以来有 15 个，1996 年以来有 9 个）。最近的重印本通常不完整的（评论以及介绍性文字都没被刊印出来）。有两个现代译本：管学成等人的版本（北京：红旗出版社，1998 年）和刘韶军等人的版本（北京：中华书局，2012 年）。关于这部著作，另见：（不知名作者）的 "Chinese history: Its value and character, as viewed and exhibited by native historians: with a notice of the work entitled *History Made Easy*," *Chinese Repository* 10:1 (January 1841): pp. 1-9（附介绍性文字和序言的部分翻译）。见 Wilkinson(2013), 45.1.2。另见 Franke (1930), p. 103。

〔216〕BAV, Borgia Cinese 16-17.

〔217〕李槃等人，《重刻详订世史类编》：HYL: T 2512 1142。《韩国所藏中国汉籍总目》，第 191 页（藏于成均馆大学）。

〔218〕《中国古籍善本书目》，第 2 册，第 131 页，第 1351 号；《中国古籍综目》，第 1 册，第 128 页，第 10301248 号。另见王世贞，《王凤洲先生纲鉴正约会纂》（36 卷）（康熙年间刊本）。《尊经阁文库汉籍分类目录》，第 152 页（包括归于陈继儒名下的注疏）。

〔219〕SNU: M/F84-16-131（没有序言或目录）；不完整版本。M/F98-35-43-E（卷 19—22），M/F82-16-94-D（1 卷，不完整）。

〔220〕内阁文库：284-34 和 36；《尊经阁文库汉籍分类目录》，152。需要注意的是，袁黄的影印版的序言实际上是日本的点校版。见《四库禁毁书丛刊》史部，第 67 册，第 100—103 页（据说是万历三十八年，即 1610 年的版本）。

〔221〕《中国古籍善本书目》，第 2 册，第 134 页，第 1385 号；《中国古籍综目》，第 1 册，第 132 页，第 10301295 号。SNU: M/F00-16-12. 另有 1869 年和 1902 年的现代重印本。最近的重印本（Pak, Chae-yŏn 编辑，Seoul: Hakkobang，2009）是根据陈宏谋的版本。

〔222〕这个表上的最后日期是 1744 年（乾隆甲子）。这个年表的标题也表明，它是对《历代建都考》一节的补充。

〔223〕东国大学，首尔：952.631（1746），HYL: 2512 1142 17b（约 1774年）；SNU: M/F95-16-140-1, 2（1739 年后，具体日期不详）。现代重印本：《凤洲纲鉴会纂》（光绪十三年，即 1887 年）；SNU: M/F95-16-132-C。

〔224〕徐发，《天元历理全书》（12 卷），《续修四库全书》，第 1032 册，第 331—615 页。其他版本见《四库禁毁书丛刊：补编》子部，第 33 册，第 183—484 页〔其中一些页面缺失（如页 189，应该是序言的最后一页），并且包含《续修四库全书》版本中没有的首卷（第 195—198 页）〕。

〔225〕更多细节内容见 Standaert (2016), p. 279 及其后。

〔226〕左桂秋（2012），第 45 页（没有具体提到《佩文韵府》）。对于《古今图书集成》，左桂秋只提到了《方舆汇编》的《山川典》部分。《古今图书集成》数据库给出了大约 10 种其他的参考资料，主要涉及地名识别和一些历史信息，包括关于古代帝王（其中包括帝喾）

的一个段落。

〔227〕《御批三编》（1708），《四库全书》，第 689—694 册：包含《通鉴纲目》（59 卷）、《通鉴（纲目）前编》（18 卷）、《外纪》（1 卷）、《举要》（3 卷）和《通鉴纲目续编》（27 卷）。《中国古籍善本书目》，第 2 册，第 124 页，第 1249 号；《中国古籍综目》，第 1 册，第 101 页，第 10301285 号；《钦定四库全书总目》，第 1170—1171 页。BnF, Chinois 543-555. Franke(1930), pp. 135. 关于帝喾，见《四库全书》，第 692 册，第 29—30 页（卷首，叶 52b—55a）。康熙皇帝的序言题为《御批资治通鉴纲目全书序》，写作时间为康熙四十六年正月十七日，即 1707 年 2 月 19 日。

〔228〕《御批资治通鉴纲目前编》，《四库全书》，第 692 册，第 29—30 页（卷首，叶 52b—55a）。

〔229〕《（御定）历代纪事年表》，《四库全书》，第 387—391 册。所以在此处，编者更倾向于使用金履祥的《前编》的开头部分，而不是南轩《纲目前编》，于是帝喾主要被提到的角色是作为尧的父亲。见《四库全书》，第 387 册，第 3 页（《三元甲子编年》）。亦见 BnF, Chinois 644-653 的藏本。

〔230〕另见两份宫里的手稿，《中国古籍善本书目》，第 2 册，第 128 页，第 1307—1308 号；《中国古籍综目》，第 1 册，第 123—124 页，第 10301200 号。

〔231〕《清实录》，第 16 册，第 795—796 页（乾隆二十五年一月乙亥，即 1760 年 3 月 16 日）；另见第 17 册，第 666—667 页（乾隆二十八年四月戊申，即 1763 年 6 月 2 日）；第 18 册，第 367 页（乾隆三十一年五月辛巳，即 1766 年 6 月 19 日），第 373 页（乾隆三十一年五月甲午，即 1766 年 7 月 2 日）。

〔232〕《清实录》，第 18 册，第 820 页（乾隆三十三年一月乙亥，即 1768 年 2 月 27 日）；另见第 980 页（乾隆三十三年六月甲戌，即 1768 年 7 月 31 日）。《中国古籍综目》，第 1 册，第 124 页，第 10301201 号（1768 年内务府版本）。现代点校重印本，见《乾隆御批纲鉴》（合肥：黄山书社，1996 年）。还有一份满文翻译的手稿：*Han i Pilehe tonggime araha jalan jalan i hafu bulek'u bithe*《御批历代通鉴辑览》（55 卷），手稿，年代不详（《全国满文图书资料联合目录》，第 157 页，第 0647 号）。

〔233〕例如，金、辽、元三代的人名和地名都有错误。《清实录》，第 19 册，第 1099 页（乾隆三十六年十二月戊寅，即 1772 年 1 月 16 日）；第 20 册，第 100 页（乾隆三十七年三月甲子，即 1772 年 5 月 1 日）；第 20 册，第 320 页（乾隆三十七年十月癸未，即 1772 年 11 月 16 日）；满文名字的汉语译文：第 20 册，第 847 页（乾隆三十八年十月癸巳，即 1773 年 11 月 21 日）。

〔234〕《御批历代通鉴辑览》（116+3 卷），（序于 1767 年），《四库全书》，第 335—339 册。该书于 1874 年由商业印书坊出版。［Struve (1998), p. 80, n. 69］。关于帝喾，见《御批历代通鉴辑览》，《四库全书》，第 335 册，第 38—39 页（卷 1，叶 17a—18b）。

〔235〕《御批历代通鉴辑览》，《四库全书》，第 335 册，第 38—39 页（卷 1，叶 17a—18b）。可以与另外两部著作作比较：李东阳，《历代通鉴纂要》，《四库未收书辑刊》，第 4—12 册，第 19—20 页（卷 1，叶 12b—13a）和袁黄，《历史纲鉴补》，《四库禁毁书丛刊》史部，第 67 册，第 130—131 页（卷 1，叶 16b—18a）。帝妃的顺序（李东阳的版本是唯一与纲鉴类文本顺序相同的编年体著作）被改为沿用其他编年体文本常见的顺序。

〔236〕《钦定四库全书总目》（1997），第 1 册，第 646—647、649—650、635、660—661 页。

〔237〕《钦定四库全书总目》（1997），第 1 册，第 663 页。

〔238〕《钦定四库全书总目》（1997），第 1 册，第 1170—1171。类似的评价，见《四库全书初次进呈存目》（2012），第 3 册（史部），第 65 页。

〔239〕《钦定四库全书总目》（1997），第 1 册，第 669 页（也是编年类的）：没有检查引用来源的情况还包括根据类书来间接引用词典《尔雅》或《左传》中的段落，但实际上这些典籍中没有出现这些所谓被引用的段落。"故杂采类书，以讹传讹，至于如此。"亦见于左桂秋（2009），第 146 页，注释 1。

〔240〕《钦定四库全书总目》（1997），第 1 册，第 670 页。

〔241〕《钦定四库全书总目》（1997），第 1 册，第 672 页。其他几本只是受到评论的书被批评为（过于）依赖纲鉴体的文本：见吴绥（清），《廿二史纪事提要》（8 卷）；王建衡（清），《读史辨惑》；黄名瓯（清），《数马堂答问》（20 卷）；钱应充（明），《史学璧珠》（18

卷);《钦定四库全书总目》，第 1 册，第 708、1187 页，第 2 册，第 1724、1821 页。

〔242〕Struve (1998), pp. 61-63.

〔243〕《清代禁毁书目（补遗）》："军机处奏准全毁书目"（约 1788 年），第 64、89 页，"应缴违碍书籍各种名目"，第 168、169、171 页；"补遗"（1），第 247 页；"补遗"（2），第 309、320、321 页。也可以参阅《清代各省禁书汇考》，第 10—11、13、32、38、48—52、119—122、177、194—196、257—259 页。另见乔治忠（2002），第 451—452 页。

〔244〕《中国古籍善本书目》，第 2 册，第 134 页，第 1382 号；《中国古籍综目》，第 1 册，第 131—132 页，第 10301290 号。

〔245〕《清代禁毁书目（补遗）》，第 309 页：有违碍语/字句。

〔246〕《清代禁毁书目（补遗）》，第 89 页：盖亦坊间所刻课蒙之本，托名于二人者。在编修《四库全书》的过程中，馆臣已经对《凤洲纲鉴》（24 卷）有相当负面的评价，见《四库全书初次进呈存目》，第 3 册（史部），第 49。这些记述过于简单，不能视为珍贵的作品；评论者还认为，《纲目》和《通鉴》的风格、行文均截然不同，因此将二者合而为一是不恰当的；最后，他们怀疑"王世贞"这个名字不过是被图书市场虚假冠名的。

〔247〕《清代禁毁书目（补遗）》，第 89 页。

〔248〕《清代禁毁书目（补遗）》，第 247 页：实系坊间陋刻，托名于黄。（……）且中多触悖语句，应请销毁。Klaproth, *Catalogue des livres imprimés*, part 2, pp. 22-23, no. 84 提到袁黄著作的一个版本，1696 年出版，该书中所写历史一直延续到 1650 年。

〔249〕《清代禁毁书目（补遗）》，第 321 页。

〔250〕Franke (1988), p. 729.

〔251〕Franke (1988), p. 729.

〔252〕Franke (1988), pp. 729-730；Franke (1968)，p. 6.

〔253〕关于今天的学者对纲鉴体文本的各种评价，见乔治忠（2002），第 448—452 页；钱茂伟（2003），第 404—409 页；仓修良（2007），第 22—24 页；左桂秋（2009），第 186 页；左桂秋（2012），第 45 页。

〔254〕见乔治忠（2002），第 442、451 页。（他坚持认为这个特征是"普及"，而不是"通俗"）；亦见钱茂伟（2003），第 409 页：他承认通

过纲鉴体文本，历史知识得到了更广泛的流通。

〔255〕另见 Standaert(2016)，p. 279 及其后内容。

〔256〕正如前面所指出的，它们也包括在朱熹的《资治通鉴纲目》的
"目"的部分。[见 Lee(2009), p. 67]。

〔257〕乔治忠（2002），第 450 页。

〔258〕吴振清（1997），第 57—60 页。

〔259〕Moloughney (2002), p. 135.

〔260〕Moloughney (2002), p. 139.

〔261〕Moloughney (2002), p. 133.

〔262〕Makeham (2003), p. 49.

〔263〕Franke (1988), pp. 735-736.

第二章　耶稣会士撰写的中国历史、　　　　纪年，及其参考的中国资料

　　　我承认，当我们想深入了解中国历史时，如果可以这么说的话，中国历史是不容易解开的。即使对中国人来说，这也是一项终生的研究。对于那些只会结结巴巴地说汉语的外国人来说，他们无法破解汉字，只能摸索着理解，对其中的寓言、典故或各种不同的表达方式、习俗和礼仪、文学和偏见，他们都只能是一知半解，有时甚至一无所知。那该怎么办呢？

钱德明，《中国古史实证》("L'Antiquité des Chinois prouvée
par les monuments")，*MCC* (1777), vol. 2, pp. 139-140

导　论

　　耶稣会士向欧洲寄去了哪些关于中国历史和纪年的书籍资料？传教士们又是利用哪些汉文或满文的资料来编撰这些著作的？本章按时间顺序概述耶稣会士描述中国上古史和纪年方法的主要作品，并为每部作品找到他们所使用的资料来源。然后

根据不同的作者进一步讨论这些作品。

传教士们编写的中国历史可以按照作者分为两组，他们采取了不同的方法来开展文化间的历史编纂。[1]第一组可以追溯到十七世纪末，代表作者是卫匡国（Martino Martini）和柏应理（Philippe Couplet）。[2]他们的著作在作者本人回到欧洲后相对较短的时间里就出版了，很少提及所使用的资料来源。这些著述促使从未到过中国的其他欧洲学者——如门采尔（Christian Mentzel）和德维诺（Melchisédec Thévenot）——也纷纷发表相关主题的文章书刊，它们甚至激起了欧洲人对这一问题的首次辩论，而且这场辩论一直持续到十八世纪二十年代。[3]

第二组著作产生于十八世纪。这些是法国耶稣会士的作品，他们最初被派往中国时就承担着科学院的使命，其中包括对中国历史的研究。这些报告从十八世纪二十年代起开始出版。通常情况是，在手稿到达法国很久之后，也就是在十八世纪末甚至十九世纪初，通过中间人——比如杜赫德（Jean-Baptiste Du Halde）这样在巴黎的耶稣会士，或德金（Joseph de Guignes，1721—1800）这样的东方学家——才最终出版。它们包含了更多的参考信息来说明其资料来源；并且，这些文稿是身在中国的耶稣会士和法国的学者之间多年通信的部分内容，它们一经出版就引发了很多辩论，最终成为了启蒙运动的一部分。

本章即将说明的是，这些文稿的作者们非常熟悉各种各样汉文和满文的史书资料，并将纲鉴类的文本作为他们的主要参考之一。这些以欧洲语言撰写的文稿也是通过文本间的交织形成的，因为它们不仅用欧洲语言讲述中国历史，而且其中的一些文本彼此之间也发生交织——特别是那些纯粹产生于欧洲的书刊文章，它们还与各种来自中国的、但用欧洲语言书写的报

95

告之间存在文本交织的现象。同样在这一章中，帝喾这个主题将引导我们翻阅各种书籍。为方便起见，在引用法文文献时，我们会将古代法语对一些名称所做的音译写出来。

2.1 十七世纪晚期

虽然在十七世纪中叶之前，欧洲就已经存在一些关于中国上古史的资料，但直到十七世纪下半叶，这些资料才得以广泛流通。部分原因就是卫匡国和柏应理回到了欧洲。他们在逗留欧洲期间出版了很多作品，其中就包含了纪年方法，于是，这对基于《圣经》的欧洲纪年方法提出了挑战。他们的著作在欧洲引发了一场辩论，辩论的问题是：是该采信武加大版《圣经》（希伯来文版本的拉丁文译本，将创世纪的时间定于公元前 4004 年左右，将大洪水定于公元前 2348 年左右）还是使用七十士版本的（希腊文译本，其中创世纪的时间为公元前 5622 年，大洪水的时间为公元前 3366 年）。

2.1.1 卫匡国（Martino Martini，1614—1661）

Sinicae historiae decas prima: Res à gentis origine ad Christum natum in extremâ Asiâ, sive Magno Sinarum Imperio gestas complexa, Monachii: Lucæ Straubii, 1658 (362 pp.), Amsterdam: Joanem Blaev, 1659 (413 pp.) (《中国历史的第一世代：远东地区，即大中华帝国的历史事件，自人类初创，直至基督诞生》，也译为《中国上古史》，1658、1659 年)[4]

Histoire de la Chine, trans. Claude Le Pelletier, Paris: Claude Barbin, 1692 (527 pp.) (《中国历史》，1692 年)

Opera Omnia, vol. IV, *Sinicae Historiae Decas Prima*, 2 vols., eds. Federico Masini & Luisa M. Paternicò, Trento: Universitò degli Studi di Trento, 2010.（拉丁文版的重印本，附有现代意大利文翻译的《中国历史的第一世代》）

谈及用欧洲语言讲述中国历史并出版重要著作这件事，卫匡国是第一人。他于 1640 年前往中国，逗留了大约七八年之后，1650 年，他被要求作为中国传教团的代表返回欧洲。他于 1653 年抵达卑尔根（Bergen），在前往罗马的途中，他在低地国家停留了一段时间，还在那里完成并出版了一些主要作品。他最著名的是 1655 年在阿姆斯特丹刊印的《中国新地图志》（*Novus Atlas Sinensis*）。另一部重要作品是《中国历史的第一世代：远东地区，即大中华帝国的历史事件，自人类初创，直至基督诞生》。[5] 这部著作涵盖了从公元前 2952 年（即伏羲时期）到公元元年（即耶稣诞生，汉平帝在位）的时间跨度，[6] 从第三位帝王即黄帝（公元前 2697 年）开始使用干支纪年的方法。这本书总共涉及 136 位帝王，包含 44 轮完整的甲子，以及第 45 轮甲子中前面 57 年的历史。[7]

关于卫匡国使用的资料来源已经有很多研究，但他本人的态度非常谨慎。他在导言中解释说，他编写这段历史的原则是尽可能地清楚简明：

> （我）从大量的、经过精心编纂的中国史书中获取资料。这些著作的作者们带着信念坚持不懈地努力，他们描述历史进程的方式是这样：虽然一部史书是完整且连续的，但里面有许多的作者，其中一些作者身处的年代比另一些

97

更早，这些作者们将一部史书有序地呈现出来。当然，后来的作者不能纠正或怀疑先前已经写成的历史，但他们有责任将自己所处的时代仔细地补充到过去的历史编年当中，并且根据皇帝的命令，他们要将编写史书的工作继续下去，形成连续的历史。[8]

陆商隐（Luisa Paternicò）研究了卫匡国所使用的资料，她认为，上述引文或许可以反驳龙伯格（Knud Lundbæk）的一些观点——很遗憾，龙伯格并没有为自己的看法提供参考文献。陆商隐说：

卫匡国在多处提到，他的信息取自简短的历史概要，而那些概要主要是为普通人写的，他们不想用太多的细节来加重记忆的负担。[9]

陆商隐本人认为，卫匡国使用的参考著作可能数量有限，原因很简单，他得把这些书带去欧洲。卫匡国在书里简单提到了他参考的文献有《尚书》(《书经》)、《大学》和《孟子》等。[10] 他也可能有机会接触到其他的一手资料，如司马迁的《史记》。[11] 然而，卫匡国的著作无论在纪年还是内容上都比《史记》详细得多，因此，《史记》不可能是他的主要资料。吴莉苇研究过卫匡国在编纂从盘古到禹这一段上古史的时候所使用的参考资料。她将卫匡国所使用的年号和干支循环的周期与各种史书进行了比较。基于此，她得出的结论是，卫匡国可能使用了陈桱的《(资治)通鉴续编》，尽管她并不排除卫匡国可能同时参考了《史记》等其他文献。[12] 在这一研究的基础上，陆商隐考察了禹之后的历史时期，寻找卫匡国使用的资料来源。她的结论是，卫匡国使用了陈樫的《（资治）通鉴续编》来编撰从盘古到帝喾的时期，参考金履祥的《（资治）通鉴（纲目）前编》来写从帝尧到周考王（卫匡国著作的卷四结尾处）的一段，之后一直到汉哀帝（卫匡国著作从卷五到卷十的结尾）的时期，都用的是朱熹的《资治通鉴纲目》。同时，他始终使用《史记》《书经》、和司马光的《资治通鉴》作为参考文献。[13] 从陆商隐提供的结构和例证来看，的确会得出这样的结论。然而，这个结论并不是完全确定的。如前所述，《通鉴纲目全书》在明末有两个版本。其中一个版本包括陈樫的《（资治）通鉴纲目前编外纪》（1卷）、金履祥的《（资治）通鉴（纲目）前编》（18卷）和为上古时期编列的年表《举要》（3卷）；另一个版本则以南轩的《资治通鉴纲目前编》作为编写上古史的基础。对于上古史之后的历史时期，这两个版本的编纂都采用了朱熹的《资治通鉴纲目》（59卷）和商辂的《续资治通鉴纲目》（27卷）。[14] 如果卫匡国的确使用了其中某一个版本，仍然没法完全确定他使用的究竟是哪一个。

　　卫匡国的《中国历史的第一世代》与上述这些史书的记载之间也存在许多显著差异，这意味着他一定还使用了其他的资料。最有可能的答案就是属于纲鉴传统的作品，比如袁黄和钟惺的著作。表2列出了卫匡国以及上文提及的各种史书对于帝喾及其之前的帝王所作 的描述，通过对比一些可辨认的细节就能看出，卫匡国的版本更接近纲鉴类的文本，而不是陈樫或南轩的著作。比如，将帝喾的名字解释为"极（summum）"、认定他的都城为河南偃师、记载帝妃在见到红龙之后神奇受孕并怀胎十四个月后产子等这些细节，都出现在纲鉴类史书当中，

99

100

表 2　部分节选段落的比较，出自卫国国、陈樱、南轩、袁黄、钟惺的著作

	帝喾的在位时间和寿命	干支纪年的起点	对帝喾名字的解释	迁都	音乐	帝妃的顺序	红龙和怀孕十四个月	伏羲出自陕西蓝田	颛顼迁都从保定到濮阳	少昊遭到九黎的反对，使用巫术	在位时间年数	开始于
卫国国	70/—	第 23 年是第 5 个甲子；丙戌，第 22 年是乙酉	Quod summum significat	至 "Yensu"（在 "Honan"）	—	1. [n.] Cieum 2. [n.] Kium 3. [n.] Yaum 4. [n.] Cheum	Decimo quarto mense Rubro dracone	Lanthien, Xensi	Paoting Poyang	Kieulius	伏羲:115 神农:140 黄帝:100 少昊:84 颛顼:78 帝喾:70 尧:90 舜:33 禹:10	盘古
续编＝前编 陈樱 SK 332	70	—（《举要》只从尧开始）	—	—[原版中没有，在更新的版本里，出现在注释部分：郑玄:河南偃师]	九招	1. [姜嫄] 弃 2. [简狄] 契 3. [庆都] 尧 4. [常仪] 挚	—	—[原版中没有，在更新的版本里，出现在注释部分：西安府蓝田]	—[原版中说迁都的时候，没有提到濮阳，只在其埋葬地点在更新的版本中，只有胡宏的版本中，只有皇甫谧提到了濮阳]	[原版中，只在颛顼的下面提到，在更新的版本中，只出现在胡宏的评论部分]	伏羲:115 神农:140 黄帝:100 少昊:84 颛顼:78 帝喾:70 尧:[90]100 舜:48[50] 禹:8	盘古

续表

	帝謩的在位时间和寿命	干支纪年的起点	对帝謩名字的解释	迁都	音乐	帝妃的顺序	红龙和怀孕十四个月	伏羲出自陕西蓝田	顓頊迁都从保定到濮阳	少昊遭到九黎的反对，使用巫术	在位时间年数	开始于
南轩 CM史9	70/99	—	—	[皇甫谧]偃师为西亳	六英	1.[姜嫄]弃 2.[简狄]契 3.[庆都]尧 4.[常仪]挚	—	西安府 蓝田	— [皇甫谧]濮阳	九黎[没有出现在正文中；出现在引用的注发的注释里][胡发的解读]	伏羲:115 神农:140 黄帝:100 少昊:84 顓頊:78 帝喾:70 尧:[90]100 舜:[48][50][98] 有不同的解读 禹:8	伏羲
袁黄 黄纂史67	70/105	—	Baihutong = 极	河南偃师县	九招	1.[姜嫄]稷 2.[庆都]尧 3.[简狄]契 4.[常仪]挚	赤龙之祥 孕十四月	陕西蓝田	保定 濮阳	九黎[在正文中]	伏羲:115 神农:140 黄帝:100 少昊:84 顓頊:78 帝喾:70 尧:72 舜:61 禹:27①	盘古

续表

帝喾的在位时间和寿命	干支纪年的起点	对帝喾名字的解释	迁都	音乐	帝喾的妃的顺序	红龙和怀孕十四个月	伏羲出自陕西蓝田	颛顼迁都从保定到濮阳	少昊遭到九黎的反对，使用巫术	在位时间年数	开始于
钟惺 禁史 65 70/105	乙酉	Baihutong =极	河南偃师县	九招	1. [姜嫄]稷 2. [庆都]尧 3. [简狄]契 4. [常仪]挚	赤龙之祥 孕十四月	西安府 蓝田	保定 濮阳	九黎 [在正文中 +]	伏羲：115 神农：140 黄帝：100 少昊：84 颛顼：78 帝喾：70 尧：100 舜：48 禹：8	盘古

① 袁黄沿用的是邵雍的纪年，见《皇极经世书》、《四库全书》，第 803 册，第 361 页（卷 1 下，叶 68b）。

但并不见于陈桱或南轩的著作。[15] 类似的细节也可以在有关其他帝王的段落中找到，比如，认为蓝田是伏羲的发源地、少昊时期九黎乱德、颛顼时期从保定迁都到濮阳等。陈桱、南轩的著作与纲鉴传统中的著作之间有很多重合之处，既因为它们都引用了同样的更早的文献，也因为纲鉴类的史书本身就是部分地衍生自陈桱、南轩、商辂等人的著作。所以，很难证明卫匡国没有使用陈桱的著作。此外，也有一些情况不能用纲鉴体文本来解释，比如关于四位帝妃的顺序，卫匡国遵循的顺序与《史记》和陈桱、南轩的著作相一致。而且，纪年方法也不同。但是，这番概述表明，为了使欧洲公众能够理解他的作品，卫匡国积极地使用了比《资治通鉴》体系下的其他著作更加简明易懂的纲鉴类史书。总之，我们可以肯定的是，卫匡国在编撰上古史的时候使用了纲鉴体的史书，但很难确定他到底使用了哪种属于官方传统的史书。

卫匡国的著作不是直译，更像是一种复述，还加入了额外的解释（比如把欧洲的情况拿来作比较），这与他那个时代的普遍做法相似。从帝喾的例子中可以看出这一点。在关于帝喾的段落里，帝妃们与神奇生子的情节占据了重要位置。而且，该部分几乎有一半的篇幅都是关于他的儿子挚的：

第六位帝王

Cous［即喾］

他统治了 70 年

第五个甲子的第二十三年，公元前 2435 年

他是少昊的孙子。他的名字叫喾，意思是"最伟

大的"，因为他的德行最高。的确，据记载，他履行
了一个伟大帝王的所有职责。一开始，他把都城迁移
到非常美丽的河南，也就是现在的偃师，因为它的位
置很合适。他首先树立了一个多妻的榜样，娶了四位
妻子，四位妻子各生了一个孩子。其中一位妻子的祈
祷被至高无上的天帝听到了，之后她就顺利得到了一
个儿子，名叫契。第二位妻子生了稷，据说也是通过
祈祷，由我们先前称之为神的上帝所赐予的，因为稷
的母亲以前是不育的。第三位妻子在怀孕后第十四个
月生下了尧，而她的受孕来自梦中看到的一条红龙，
这对中国人来说象征着巨大的繁荣兴旺。第四位妻
子为他生下了儿子挚。幼子越过帝喾其他更年长的儿
子们，被父亲选中作为执政的继承人。此时，挚表现
出很好的天性。但是好景不长。在父亲去世之后，挚
独自执政，他很快就把谦逊的品德抛到脑后。由于挚
在生活方式的特权方面太过放纵，他还在活着的时候
就被从权力的王座上赶了下来，这是在他的祖先身上
从来没有发生过的。的确，他完全沉迷于酒醉和女人
的诱惑，以至于从不顾及自己的统治。尽管他的臣下
官员曾多次警告他，但均告徒劳。那个时代的人们习
惯了好的统治者，认为挚德不配位，因为他听不进劝
谏。于是，在挚统治的第九年，人们把他从王座上赶
走了。后来，人们选择挚的哥哥尧代替他的位置。尧
把他的宫殿安置在今天的晋州。我在本章中称之为
"官员"的人就是王朝的受益人，帝王将江山社稷委
托给他们，有时候是因为这些人自己的功绩，有时候

是因为血脉关系——几乎跟欧洲的情况相同，就像公爵或将军从皇帝或国王那里取得封地。这些人的任务是保护君主、抵御敌人，并在战争爆发时带领一定数量的军队打辅助。

2.1.2　何大化（António de Gouveia，1592—1677）

"Monarchia da China dividida em seis idades"，Biblioteca Nacional de Madrid, Ms 2949; Archivum Provinciae Toletanae Societatis Iesu, M-96 (227). (《中国王朝的六个时期》)[16]

大约是卫匡国仍在欧洲的时候，葡萄牙耶稣会士何大化（António de Gouveia，1592—1677）将一份手稿寄回欧洲。该手稿划分出六个时段来论述中国的帝王历史。何大化的大部分时间用于在各省传教，他对历史有浓厚的兴趣。他编撰了两部中国传教史：第一部是与金尼阁（Nicolas Trigault，1577—1628）合作的，名为《中国传教史（1610—1625）》(Historia Missionis Sinensis)；[17]另一部是大部头的《远东地区：引入信仰，由耶稣会的神父们传播上帝意旨（1644）》(Asia extrema: Entra nella a Fé, promulga-se a Ley de Deos pelos Padres da Companhia de Jesus)。[18]关于中国历史的作品《中国王朝的六个时期》("Monarchia da China dividida em seis idades")是何大化二十年调查研究的成果。这部作品的成书日期是1654年1月20日（福州［Metropoli de Fò]）。他从未返回欧洲宣传这本书以促其出版，于是，这本书只是以手稿的形式保存下来，也不清楚它在多大程度上真的被阅读或使用。[19]

这部手稿涵盖了从伏羲到清代初年的历史。根据开头的简短描述，《中国王朝的六个时期》是基于汉文和葡萄牙文的参考文献写成的。在某种程度上，它与卫匡国的著作类似，但涵盖了更长的历史时期。何大化的手头可能有不同的资料做参考，但毫无疑问，其中一个来源就是纲鉴类的史书，因为许多证明了卫匡国所用的参考文献的细节信息，同样也出现在何大化的作品当中。[20] 例如，关于帝喾的一段话似乎就是对某本纲鉴类史书——比如袁黄的作品——里的内容所做的摘要。但交代帝妃们神奇生子情节的那段话被省略了。[21] 何大化还增加了有关纪年的信息，比如从帝王即位的年份开始计算的时间跨度，还有帝王的统治年份与大洪水时代的时间间隔。[22]

104

2.1.3 柏应理（Philippe Couplet，1622—1693）

"Prologomena ad Annales Sinicos, necnon Synopsim Chronologicam Monarchiæ Sinicæ"（《中国历朝年表绪论暨中国王朝纪年简介》）[ARSI, Jap. Sin. IV, 6A, fols. 3-26; 广州，1666 年 12 月 24 日；成际理（Feliciano Pacheco）于 1668 年 8 月 20 日核准][23]

"Prologomena ad Annales Sinicos, necnon Synopsim Chronologicam Monarchiæ Sinicæ Auctore Patre Philippo Couplet Societatis Iesu"（《中国历朝年表绪论暨中国王朝纪年简介，耶稣会士柏应理撰》）(ARSI, Jap. Sin. IV, 6D, fols. 100-121)[24]

"Prologomena ad Synopsim Chronologicam Monarchiæ Sinicæ"（《中国王朝纪年简介绪论》），49 fols (BnF, Ms. Lat 17804)[25]

"Ex Prolegomenis ad Annales Sinicos necnon Synopsim Chronologicam Autore P. Philippo Couplet Societ. Iesu anno 1666 in provincia Quàm tūm"（《选自〈中国历朝年表绪论暨中国王朝纪年简介〉，耶稣会士柏应理撰，1666年作于广州》）(BVE, Fondo Gesuitico, n. 1314, fols. 1-16v, 20r-v)〔26〕

"Synopsis Chronologica Monarchiæ Sinicæ, Ab Anno post Diluvium 275 Usque ad Annum Christi 1666"（《中国王朝纪年简介，自大洪水后275年，至公元1666年》）(ARSI, Jap. Sin. IV, 6A, fols. 27-56〔自伏羲至东汉〕; ARSI, Jap. Sin. IV, 6B, fols. 57-80〔自蜀汉至唐代〕)

"Synopsis Chronologica Monarchiæ Sinicæ, Ab Anno post Diluvium 275 Usque ad Annum Christi 1666"（《中国王朝纪年简介，自大洪水后275年，至公元1666年》）(ARSI, Jap. Sin. IV, 6E, fols. fol. 122-141〔自伏羲至东汉〕，〔世表，汉字〕; Imperii Sinarum et rerum in eo notabilium Synopsis,〔105—108页的印本〕ARSI, Jap. Sin. IV, 6E, fols. 142-143)

Tabula chronologica Monarchiae Sinicae juxta cyclos annorum LX, Ab anno ante Christum 2952, ad annum post Christum 1683（《中国王朝七十轮干支纪年表——自公元前2952至公元1683》）, Paris: s.e., 1686〔目录: Præfatio, pp. iii-xx; Tabula Chronologica (2697-1), pp. 1-20; Tabula Genealogica trium familiarum imperialium Monarchiae Sinicae à Hoam Ti primo gentis Imperatore per 86. successores, & annos 2457. ante Christum, e Sinico Latinè exhibita a R.P. Philippo Couplet, pp. 1-8; Tabula Chronologica (1-1683);

Præfatio, pp. 23-36; Tabula Chronologica, pp. 37-106; Imperii Sinarum et rerum in eo notabilium Synopsis, pp. 105 (sic)-108; map of China signed by Couplet.］（亦附于 Confucius Sinarum Philosophus（《中国哲学家孔子》）一书的末尾，Paris: Daniel Horthemels, 1686/87）

Tabula chronologica Monarchiæ Sinicæ（《中国王朝纪年表》）：A R. P. Philippo Couplet Soc. Jesu concinnata, Et Honoribus Illustrissimorum, ac Perillustrium Dominorum In Antiquissima ac Celeberrima Universitate Viennensi, Promotore R. P. Carolo Granelli Societatis Jesu, AA. LL. & Philosophiæ Doctore, ejusdémque Professore Ordinario, primâ AA. LL. & Philosophiæ laureâ Condecoratorum A Neo-Baccalaureis Condiscipulis Inscripta & dicata Anno M. DCCIII, Viennae: Voigt: 1703.（年表被转换成了连续的文本）

下一部对欧洲知识界产生了相当影响的是柏应理编撰的、关于中国纪年的《中国王朝纪年表》(*Tabula chronologica Monarchiæ* Sinicæ)。[27] 1654 年柏应理在鲁汶参加了卫匡国的演讲后，便热切地向往到中国去。他于 1656 年出发前往中国，在中国生活了二十多年之后，像卫匡国一样，1680 年被任命为耶稣会的代表，返回欧洲。1683 年，柏应理抵达荷兰。1686 年，《中国王朝纪年表》首次由加尼耶（G. Garnier）在巴黎出版。但让这部作品更有名的是它被加入《中国哲学家孔子》之后的另一个版本。1687 年，《中国哲学家孔子》由 D. Horthemels 在巴黎出版，也让附在书中的《中国王朝纪年表》更为人所知。[28] 这本《中国王朝纪年表》之所以称之为"表"，是因为它由两个根据干支纪年的方法编制的年表组成：第一个从黄帝（公元前 2697 年）记到耶稣诞生，第二个继续时间线，直到公元 1683 年。两个年表之前都有前言。这本书还于 1703 年在奥地利再版，再版时将年表的记事内容转写成了叙述性文字。

叙述文本的内容其实要追溯到柏应理很久之前的作品，篇名是《中国历朝年表绪论暨中国王朝纪年简介》（ "Prologomena ad Annales Sinicos, necnon Synopsim Chronologicam Monarchiæ Sinicæ" ）。该文写于 1666 年 12 月 24 日的广州（换言之，这本书完成于广州流放期间，此时的柏应理已经在中国七年了），经耶稣会中华副省会长成际理（Feliciano Pacheco）于 1668 年 8 月 20 日核准。1668 年，殷铎泽（Prospero Intorcetta, 1625—1696）将此文稿带回欧洲，一定是在 1670 年之前就已经抵达罗马的，并在随后几年里（1672 年到 1673 年间）提交到耶稣会进行内部审核。[29] 这份手稿现存至少四个抄本。罗马的耶稣会档案馆（ARSI）的本子包含两个不完整的版本，题为《中国王朝纪年简介，自大洪水后 275 年，至公元 1666 年》（ "Synopsis Chronologica Monarchiæ Sinicæ, Ab Anno post Diluvium 275 Usque ad Annum Christi 1666" ）。虽然叫作"简介"（synopsis），这其实是一个专门的年表。其中一个本子（ARSI, IV 6 A-B）涵盖了伏羲至东汉（汉献帝，公元 190—220 年在位）和蜀汉昭烈帝（221—223 年）到唐代（德宗，780—805 年在位）的时间段。另一个本子（ARSI, IV 6 E；表格形式）只包括了从伏羲到东汉（汉献帝，公元 190—220 年在位）的时间段。[30] 相比于手稿版的"简介"，作为"年表"的《中国王朝纪年表》将记述的时间范围从 1666 年延伸至柏应理抵达欧洲的 1683 年，除此之外它还有另一个显著特点，即记述的起始时间较晚——《中国王朝纪年表》里的第一位帝王是黄帝，而手稿中所记的是伏羲。柏应理在序言中区分了伏羲之前和之后的时代，他将前者视为神话传说（fabulosum），[31]将后者视为历史。不过，柏应理解释道，中国的历史学家以伏羲为起点作为信史的开端，但他们讲述伏羲和神农时期发生的事情，就像讲述之前的时代一样。柏应理认为，历史的断点应该放在黄帝而非伏羲。因此，他的刊印本里面，中国帝王的在位时间年表是从黄帝开始的；对于那些无法确定具体年份、只是发生在伏羲和神农时代的事件，他只放在序言中。[32]

　　刊印版和手稿之间的另一个区别是，刊印版中没有出现汉字，而一些手稿则包含汉字（比如罗马耶稣会档案馆藏的《中国王朝纪年简介》里，ARSI, Jap. Sin. IV, 6 E）。这种差异在文化间的文本互现方面十分重要，它体现出不同文化中书籍形态的特征。当然，面向欧洲读者的手稿并不总是包含汉字的；只是就算手稿中的确有汉字，刊印时也往往会放弃，汉字一般不会出现在欧洲的刊印本里。

　　柏应理在《中国王朝纪年表》中所使用的资料来源已经是一些学者研究的对象。[33]这份《中国历朝年表绪论》（"Prologomena ad Annales Sinicos"）的手稿为确定柏应理使用的中国文献提供了额外的线索，因为手稿提到了刊印本（篇幅明显比手稿短）的序言里面没有提到的参考资料。[34]一方面，柏应理显然非常熟悉中国史书的不同体裁，[35]他提到了不少重要的著作，如《性理大全》《书经》《通鉴纲目》《廿一史》《国语》和《春秋》；[36]另一方面，手稿里出现了两段汉字，可以让我们很清楚地辨别它们来自《书经》[37]和《资治通鉴》[38]，这说明，柏应理使用了这两部经典作为参考文献。柏应理也许还直接参考过他提到的其他著作，比如司马迁的《史记》[39]，他可能就是受到《史记》的启发后才将历史事件的叙述文字转写为年表的。[40]

　　至于明代的作者，柏应理引用了南轩（写作 Nan hien）（也见于刊印本）。[41]根据南轩的观点，尧、舜之前的许多故事都是"不经之谈"（pu kim, hoc est, non authentica）。[42]另一则重要的参考信息是，柏应理提到了"175 位史书编纂者"，而且说有一位名叫"yēn fân leào"的史学家在一部作品（36 卷）的初稿中充分介绍了他们。[43]这位名叫"yēn fân leào"的作者身份至今还未有定论，但很可能是"袁了凡"的误写，毕竟，袁黄的《鼎锲赵田了凡袁先生编纂古本历史大方纲鉴补》里面的确包括了一份详尽的名录，上面列举了 160 多位史书编纂者的名字、籍贯、著作等。这一切跟柏应理在著作中提到的相呼应。[44]

　　如果这一点得到证实，那么袁黄之书将成为《中国王朝纪年简介》的手稿所使用的最重要资料之一。例如，书中有关帝喾的内容，很大程度上与属于纲鉴传统的著作（如袁黄的）——而不是官方史书——相吻合：比如，柏应理提到河南的偃师、其服则士、四妃的顺序、《九招》的声歌、年岁 105、为不同的月相命名——所有这些都出现在纲鉴类的作品中，但在官方史书的传统里，这些内容绝大多数都是缺失的（虽然陈桱提到过《九招》，但南轩没有）。关于神奇生子的情节，柏应理提到的内容很少，因为据记载只有第一位帝妃的受孕与向上帝献祭有关。有些信息可以在《史记》的注疏中找到——纲鉴类史书的作者们也利用了部分《史记》注疏的信息，但没有全部采用（如四妃顺序和《九招》声歌）。不过，柏应理仍然有可能参考了《史

表 3　相应理的纪年著作，对比手稿和刊刻版本

Jap. Sin. IV, 6 A, pag. 4.	Tabula chronologica Monarchiæ Sinicæ, pp. 2–3
6. Ti Cô, alias cào sin, ex Auo xàohào, Patre chào kiĕ.. Aula yèn sù in Provincia hònân. Sepulchrum in Provincia Pēkim. Obijt anno ætatis 105. Obediens cœlo : Spirituum venerator : pius et gravis : beneficus et syncerus . formâ Imperio dignâ . medium prudens tenet . Eodem quo Sapientes ætatis illius habitu vestium utitur. Rerum status prosper hoc Rege. omnes gaudent ei se subdere . filios ac nepotes chàm ỳ (fuit hic filius hoâmtì terij Imperatoris) donat ditionibus Regni xò. in Provincia Sù. chuën . Sunt ei quatuor uxores Regina : Prima post sacrificium factum xàm tí parit filium çiĕ : ex secunda natus yào : ex tertia siĕ : ex quarta chí : et hic quidem à morte patris nouem annis imperavit : Sed quia degener à Regulis privatus Imperio. Nouem illius anni adscribuntur Regi yào. Noui lunia et plenilunia suis distinguit nominibus. Item quadrantes Lunaris aspectûs cum sole. Primo Imperij anno musicam instituit kièu chào dictam. Anni Imperij 70. Monachia 58. Ante Christum 2427. À Diluvio 792	6. Ti Co, aliàs Cao sin. ren. 70. Anno 23- succedit Ti Co ejus nepos ex Chao kie. patre. Aula Yen su civitas, prov. Honan. Sepulchrum in Provincia Pēkim. Obijt anno ætatis 105. Princeps obediens cœlo, spirituum quoque venerator, pius et gravis et beneficus, forma Imperio digna. medium prudens tenet. Eodem quo sapientes ætatis illius habitu vestium utitur. Rege. ~~omnes gaudent ei se subdere~~ filios ac nepotes chàm ỳ (fuit hic filius hoâmtì terij Imperatoris) donat ditionibus ~~Regni xò~~ Fratres eorumque filios Dynastas in prov. ~~incia~~ Su chuen. ~~Sunt ei~~ Quatuor uxores Reginas novo exemplo. habuit. Prima post sacrificium votum. Deo factum. impetravit xàm tí parit Cie filium, de re agraria optimè apud posteros meritum. ~~ex~~ Secunda dicta Kim tu, decimo quartò conceptu mense enixa ~~natus~~ est Yao. ex Tertia post oblatum Deo sacrificum suscepit Sie. ex Quarta Chi filium habuit. ~~et hic quidem à morte patris nouem annis imperavit. Sed quia degener à Regulis privatus Imperio.~~ Ti co còstituit publicos preceptores edocèdis populis. Vocalem musicam instituit, ad unionem mutuam & virtutum studia provocantem. Anno Cycli 32. moritur Ti co æt. 105. sepultus in Pekim. Anno 33. Succedit Chi filius. è quarta Regina. sed quia exlex & degener, anno Cycli 40. à regulis privatur. Imperio. Hic à numero Imperatorum excluditur. Nouem illius anni adscribuntur Regi yào. Noui lunia et plenilunia suis distinguit nominibus. Item quadrantes Lunaris aspectûs cum sole. Primo Imperij anno musicam instituit kièu chào dictam. Anni Imperij 70. Monachia 58. Ante Christum 2457. [In margin] Cyclus V. Annus ante Chr. 2457. À Diluvio 792

Ti Cò, alias cáo sin. Xảohảo was his grandfather, cháo kiẽ his father. His palace was in yèn sú in the province of hỏnân, his grave in the province of Pẻkim. He passed away at the age of 105.

He was obedient to heaven, a venerator of spirits, devout and grave. With an appearance worthy of leadership, he prudently occupied a position in the middle. He wore the same garments as the wise men of his age.

The state of affairs was prosperous under his reign. All rejoiced in subjecting themselves to him. chảm ỳ (this was the son of the third emperor hoảmtỉ) gave his sons and grandsons the sovereignty of the kingdom of xỏ in the province of Sú. Chuẽn.

He had four wives as queen. The first gave birth to his son çiẽ after a sacrifice was made to chỉ. The second gave birth to yảo, the third to siẽ, the fourth to chỉ. This last one ruled for nine years after the death of his father. But because he was unworthy, he was deprived of power by the officials. The nine years of his rule are ascribed to king yảo.

He made a distinction between the names for the new moon and the full moon. Likewise for the quadrants of the phases of the moon with the sun. In the first year of his reign he established the music called kiẽu chảo.

70 years of rule, 58 of monarchy, 2427 BC, 792 years after the Deluge.

Ti cò, alias Cao sin, ruled for 70 years.

In the year 23 his grandson Ti Co, with father Chao Kie, succeeded him. His palace was in the city Yen su in the province of Honan. His grave lay in the province of Pekim. He passed away at the age of 105.

He was a leader who was obedient to heaven, also a venerator of spirits, devout and grave and generous and sincere, with an appearance worthy of leadership. He prudently occupied a position in the middle.

He wore the same garments as the wise men of his age.

The state of affairs was prosperous. Under his reign there was a long lasting peace. All rejoiced in subjecting themselves to him. chảm ỳ (this was the son of the third emperor hoámtỉ), gave his sons and grandsons the sovereignty of the kingdom of xỏ in the province of Sú. Chuẽn. His brothers and their sons were rulers in the province of Su chuen.

He set the first example of having four wives as Queens. The first procured a son, Cie, after a prayer was made to God xảm-tỉ, who was the most deserving of praise amongst the descendants as to agriculture. The second, who was called Kim tu, gave birth to Yảo in the fourteenth month after conceiving him. The third had Sie after an oblation was sacrificed to God. The fourth wife gave birth to his son Chi. This last one ruled for nine years after the death of his father. But because he was unworthy he was deprived of power by the officials.

Ti co instituted public schools for the education of the people and he instituted a vocal music, that encouraged mutual union and the study of virtues.

In the year 32 of the cycle, Ti co passed away at the age of 105. He was buried in Pekim. In the year 33 his son Chi from his fourth queen succeeded him. But because he was lawless & unworthy, he was deprived of power by the officials in the year 40 of that cycle. The nine years of his rule are ascribed to king yảo.

He made a distinction between the names for the quadrants of the phases of the moon with the sun. Likewise for the new moon and the full moon. Likewise for the quadrants of the phases of the moon with the sun. In the first year of his reign he established the music called kiẽu chảo. 70 years of rule, 58 of monarchy, 2427 BC, 792 years after the Deluge.

Fifth Cycle, the year 2457 BC.

记》，因为在柏应理的著作中，四川（蜀）的领地归属于昌意的子孙，这一点既没有出现在纲鉴类作品关于帝喾的段落中，也不见于陈桱或南轩的作品，却可以在《史记》第十三卷（"三代世表"）的注疏中找到。[45]

然而，如果将柏应理的手稿与刊印本进行对比就会发现，寻找《中国王朝纪年表》刊印本的资料来源是个更加复杂的问题。两个版本的差异很大，这说明，从 1666 年到 1686 年，柏应理对原稿进行了认真的修改。他的修改不只涉及写作体裁，也不只是为了方便欧洲读者的阅读和理解（例如增加额外的信息去解释后稷以农事著称于世）。柏应理还加入了一些原稿中没有的新信息。其中一个例子就是补充了众妃神奇生子的故事。与卫匡国的《中国历史的第一世代》（*Sinicae historiae decas prima*，或译为《中国上古史》）相比较可以发现，柏应理很可能使用了卫匡国书里的内容。例如，"novo exemplo" "votum (Deo factum) impetravit" "decimo quarto (à) conceptu mense" "filium habuit" 等用词都与卫匡国的作品相同。同时，柏应理也使用了额外的一手资料，比如介绍声歌的部分很可能又是来自纲鉴类的史书。手稿和刊印本还有一个重要区别是，在刊印本当中，柏应理还根据干支纪年的周期添加了年份〔比如，帝喾的时代跨越了干支循环的第 23、32、33、40 年（"anno cycli 23, 32, 33, 40"）[46]，并且这种纪年方式更频繁地见于帝喾之后的帝王时期〕。运用这种方式来记录时间的另一部系统性著作是钟惺的《鼎锓钟敬伯订正资治纲鉴正史大全》。不能排除柏应理可能真的使用了这部纲鉴体的作品。[47]

经上述分析可知，柏应理使用了若干种史书文献作为参考，但最可能的是他很依赖纲鉴体传统的作品。就文本之间的彼此指涉和引用而言，这里发生了三个层面的（隐性的）文本交织：柏应理的《中国王朝纪年表》综合了各种中国的原始文献；该书的完成也建立在他自己早期有关纪年的概述作品之上；而且，柏应理还使用了卫匡国的《中国历史的第一世代》。

2.1.4　德维诺（Melchisédec Thévenot, 1620—1692）

"Synopsis Chronologica Monarchiæ Sinicæ, Ab Anno post Diluvium CC. LXXV Usque ad Annum Christi M. DC. LXVI"（《中国王朝纪年简介：自大洪水之后的 275 年至公元 1666 年》），收入 Melchisédec Thévenot, ed., *Relations de divers voyages curieux: qui n'ont point esté publiées, et qu'on a traduit or tiré des originaux des voyageurs françois, espagnols, allemands, portugais, anglois, hollandois, persans, arabes & autres orientaux*（《几本旅行珍闻记录：还未出版的、翻译自法国、西班牙、德国、葡萄牙、英国、荷兰、波斯、阿拉伯旅行者的原著》），Paris: Thomas Moette Libraire, 1696, vol. 2, part IV, 76 pages.（无页码）

德维诺（1620—1692）是一位通晓多种东方语言的法国学者。他发表的主题广泛（包括物理、医药、游泳技艺等领域）。《中国王朝纪年简介》（"Synopsis Chronologica Monarchiæ Sinicæ"）收录在他的《几本旅行珍闻记录》（*Relations de divers voyages curieux*）一书的 1696 年增订版当中。由一位从未去过中国的学者在欧洲出版一本关于中国纪年方法的著作，在这个方面，这本书是一个较早的例子。关于这本书的资料来源已有多种看法，主要依据的就是德维诺自己的解释。[48]首先，他将这本书视为对卫匡国的《中国历史的第一世代》的某种补充。在德维诺的书中，上古历史在第 19 页结束（第 20 页为空白页）：这个断点正好是卫匡国那里的"第一世代"（Decas prima）结束的地方，即基督诞生的时间。德维诺的书从第 21 页重新开始，并且在书眉处写着"第二世代"（Decas secunda）。[49]接下来，德维诺说原文是用"波斯文"写的。[50]但是，这本书的内容似乎纯粹是把柏应理的《中国王朝纪年简介》全文给刊印出来了。上文讨论过柏应理的《中国王朝纪年简介》这份手稿提到了南轩，而且可能使用了袁黄的纲鉴类文本作为重要的参考资料。如前所述，罗马耶稣会档案馆藏的柏应理两部《中国王朝纪年简介》的手稿都不完整（其中一部只写到东汉，另一部止于唐代），而德维诺的著作在这些地方完全相同，这一点也很清楚地见于有关帝喾的描述。不过，德维诺的著作涵盖了更长的历史时段：它从伏羲一直写到 1425 年（明代的洪熙皇帝卒年）。由此看来，德维诺可能接触过叙述时段更长的手稿。[51]毕诺评论道，与卫匡国相比，德维诺这本著作没有提供新的内容，它只是表明当时有更多的公众对中国纪年越来越感兴趣。这本书唯一的新意是，作者坚定地遵循《圣经》七十士译本。[52]事实上，这可能就是它匿名出版的原因之一，而且还被奇奇怪怪地标注为一部"波斯文"著作的翻译。德维诺的作品表明，从很早开始，关于中国历史的著作一经流通就会在欧洲激起一场对话，对话中会出现各种新的声音。

2.1.5　门采尔（Christian Mentzel，1622—1701）

Kurtze Chinesische Chronologia oder Zeit-Register/
Aller Chinesischen Käyser: Von ihrem also vermeinten Anfang

der Welt bis hieher zu unsern Zeiten/des ... 1696sten Jahres;
In einer richtigen Ordnung von Jahren zu Jahren/... auch
mit zween Chinesischen erklährten Tafeln der vornehmsten
Geschichten von ihrem Anbeginn der Welt/Gezogen aus der
Chineser Kinder-Lehre Siao Ul Hio oder Lun genandt ... （《中
国纪年简表或中国皇帝年表：自世界开始至现在 1696
年；按年编辑；加上两个中国要史年表；取自〈小儿学或
论〉》），Berlin, Salfeld für J. M Rüdiger 1696.

与德维诺文集中的《中国王朝纪年简介》同年问世的还
有另一部关于中国纪年的德文作品，作者是门采尔（1622—
1701）。门采尔是大选侯腓特烈·威廉（Friedrich Wilhelm,
1620—1688）的私人医师。他能读一些中文，并负责选侯的中
文书籍收藏工作。[53]他曾与柏应理通信，但不确定他们是否
在柏应理于 1680 年代到访柏林的时候真正见过面。[54]

门采尔这部《中国纪年简表或中国皇帝年表》（*Kurtze*
Chinesische Chronologia oder Zeit-Register/Aller Chinesischen
Käyser）共有 25 章。他开篇抄录了一段《历代帝王总记》（这本
书的讲述从太古时期开始）开头的内容[55]，还为汉字加上了转
写的注音。这本书的第一章就讨论这段太古史。接下来又抄录了
一段中文，以伏羲为起点。第二章讲述从伏羲到黄帝的历史。最
后一章是关于康熙皇帝（终于 140 页，记述时间止于 1684 年）。

这本书里从黄帝到康熙的纪年基本上是柏应理《中国王
朝纪年表》的缩写版。但门采尔并没有明确这样说，尽管他
的确提到了柏应理，也参考了卫匡国。巴耶尔（Theophilus
［Gottlieb］Siegfried Bayer，1694—1738）曾指出，这本书不过

115

是翻译了柏应理的作品，而且有些译文还是错的，并且列举了
几个例子来说明这种错误。[56]关于帝喾的那一段出现在第三
章第 23 页，文中插入了汉字表示"帝喾"的名字。这本书把帝
喾的时代置于第五个干支周期、公元前 2457 年。它是柏应理著
作的译文，而且缩略了有关帝妃的内容（没有提到神奇生子的
情节）。门采尔一定接触到了柏应理配有汉字的手稿，或者另一
本写有这些汉字的中文书，因为所有帝王的名字都用汉字表示
出来了。我们应该重视这些汉字的存在，因为这是历史文本向
欧洲的文化转移方面最早的案例之一。在这些案例中，关于中
国纪年的欧洲著作里面，系统性地出现了用汉字写成的历代帝
王的名字。

门采尔还在开篇添加了一些新的材料，内容来自一部他
认为叫作"Kinder-Lehre Siao Ul Hio"["小儿学或论"，见其
"Vorrede（序言）"第二页的汉字]的书。这里指的是一部中
国的儿童读物、启蒙教程，这类书在明末清初已经相当普遍了。
这种蒙学书通常包含《小儿论》，即孔子与一个儿童之间的对
话。[57]有些蒙学读物还包括一个简短的《历代帝王总记》，里
面有帝王的名字和简短传记[清初的刊印本会一直写到南明赧
帝（朱由菘，1644—1645 年在位，年号弘光）]。门采尔的书
中写有汉字的两页就是从这样的一本蒙学书中誊抄的。瓦拉文
斯（Walravens）认为，门采尔使用的资料类似于《万宝幼学须
116 知鳌头杂字大全》（约为 1680 年）。[58]但是这本蒙学读物不可
能是一部编年史的资料来源，因为它里面没有包括《历代帝王
总记》。然而，收藏于德国的另一本蒙学读物却有。[59]龙伯格
（Lundbæk）提到两本类似的"杂字"或"杂字大全"蒙学书，
它们符合门采尔的描述，但它们没有完整的书名，也不在巴伐

利亚的书籍之中，而是收藏于格拉斯哥大学图书馆。[60] 哈佛燕京图书馆藏有一部书名稍微不同的《增广幼学须知鳌头杂字大全》(四卷，[福建：]文萃堂，[康熙？]戊午[1678])附有《历代帝王总记》(在首卷，页5a—8b)[61]，门采尔作品中所用汉字的写法与这本书里的完全一样。既然门采尔提到了《小儿论》，而且这本"杂字"与门采尔的作品有对应关系，可以证明，门采尔曾经参考过蒙学书籍。[62] 跟德维诺一样，门采尔从未到过中国，他的著作出版标志着一场关于中国历史的对话开始在欧洲发生。而且，同样是这部《中国纪年简表》也展示出，有关纪年方法的知识从中国到欧洲的文化间转移可以有多种方式。一方面，门采尔与早期的、用欧洲语言写成的著作（如柏应理的手稿）进行了对话；另一方面，他积极使用了新的中国资料（一本儿童蒙学读物），甚至使用了汉字。

2.2　十八世纪

有关中国纪年方法的书籍出版进行到了第二个阶段。这个阶段是由十七世纪末和十八世纪初到达中国的法国耶稣会士发起的。他们可以分为两派，其中一派相信上古时期的中国已经是一个民族（nation)[如巴多明（Dominique Parrenin)、雷孝思（Jean-Baptiste Régis)、冯秉正（Joseph-Anne-Marie de Moyriac de Mailla)、孙璋（Alexandre de La Charme）和宋君荣（Antoine Gaubil)]，另一派则持反对意见[如白晋（Joachim Bouvet)、傅圣泽（Jean-François Foucquet)，马若瑟（Joseph de Prémare）在某种程度上也算其中一员]。这两派耶稣会士对中国古代历史的态度相差甚远。第一组的接受由传统说法建立起来的中国上

117

古史。他们希望将中国历史吸收进为所有文化、民族的人们共享的历史，即由《圣经》确立的历史。另一组耶稣会士则认为，一旦把中国的经典著作视为具有象征性意义的文本，就无法从这个经典系统中找到中国历史本来的面貌，因此，还不如在这些著作中寻找一些线索，看看是否有什么教义讲到了人类的先民或者宣布过弥塞亚会到来。本书的第四章将详细解释，前一组走的是"历史学家"路线，后一组则是象征主义神学家，或称作"索隐派"。[63]

2.2.1 巴多明（Dominique Parrenin, 1665—1741）

"Version litterale du commencement de l'histoire chinoise depuis Fou-hy jusques à Yao"（《中国初史直译，自伏羲至尧》），（北京，1730 年 8 月 12 日）[64]（法国国家图书馆，Ms. fr. 17240, fols. 91-144；译文：fols. 91r-121r）

首先要介绍的第一部文献是巴多明的手稿。他于 1698 年抵达中国，以其出色的汉语和满语知识著称。这份手稿是巴多明写给皇家科学院（Académie Royale des Sciences）院士德·梅朗（Jean Jacques Dortous de Mairan，1678—1771）的，二人保持着频繁的通信往来，探讨上古时期的历史和纪年问题。[65]《中国初史直译，自伏羲至尧》这篇文章目前只有一份写于 1730 年的手稿存世，内容涵盖了从伏羲到帝喾的中国历史（没有包括尧的阶段）。这份手稿在书写形式方面区分了正文与评注，正文用手写的大号字，评注则用小号字，而且手稿中还包括了汉字。

巴多明自己写道，这份手稿是翻译了司马光（拼作 Sse ma kouan）的《资治通鉴纲目前编》（拼作 Tse Tchi Tom kien kam mou Tsien pien）。他还说，这也是康熙皇帝曾下令译为满文的那个版本。[66]事实上，《中国初史直译，自伏羲至尧》翻译的是南轩的《资治通鉴纲目前编》(1595年）开篇的部分。关于巴多明误以为作者是司马光这一点，一种可能的解释是他参考的其实是汇编本。这个汇编本有时被称为《通鉴纲目全书》(由陈仁锡等人合编），并且在上古史部分收录了南轩的版本。然而，宋君荣在一封信（1730年）中提到，巴多明撰写了"一个忠实可信的版本来讲述《通鉴纲目》里面所写的中国历史的开端"，而且他依靠的是"满文版本"。[67]汇编本《通鉴纲目》的满文版刊印于1691年，书名为"Han-i araha tunggiyan g'angmu bithe"(《通鉴纲目》)，其上古史部分的标题是"Dzjy tonggiyan g'angmu ciyan biyan"(即《资治通鉴纲目前编》，但未提及作者），但其实用的是南轩的著作。[68]由于巴多明的手稿对一些人名和重要术语都标明了汉字，而满文版本并没有汉字，所以，他似乎同时使用了汉文和满文两个版本。[69]宋君荣对这个译本的评价非常高，虽然他自己也译了一个法文版本，但他更喜欢巴多明的译本。[70]这是一个最为明显的例子，表示耶稣会士使用了保留到清代的明代主流传统史书。它也是一个精确的、直译的译本（"Version literale"），没有使用总结或比喻去改写原文，甚至在排版上尊重了原著区分正文和评注的编辑体例。

119

　　关于帝喾的这段话就是一个明显的例子。正文由四个句子组成，与南轩原文当中的正文相对应，只做了一处微小的调整：

　　[帝喾高辛氏 / 以木德王色尚黑 / 都于亳 / 作六英之乐 / 帝崩葬于顿丘 / 子挚践位]。[71]

Emperor *Ku Gaoxin*, King with the virtue of wood, he chose black as colour/he established his court in Bo 亳 /he had composed the music called *Liuying* 六英 /when the Emperor died he was buried in *Dunqiu* (he was 99 years old and reigned for 70 years) his son *Zhi* ascended the throne.[72]

每句话后面都跟着小字写成的注解，其中包括引自《史记》和其他文献的内容，就像南轩的作品中一样。这些注释提到了四位帝妃，但没有提及神奇生子的情节（译文见本书的第四章）。有一处是巴多明自己的一段简短评论，说的是解释者们是如何赞美帝喾的。

巴多明的文本是一个值得注意的案例，它显示出文化间的文本互相引用或指涉的特征。首先，在向欧洲做内容传递的过程中，它不仅使用了汉语版本，更重要的是它还使用了满文版本——这个满文版本身已经是从汉语文献转移过去的。这个法文译本将满汉两个版本交织在一起。此外，通过重现正文和评注之间的差异，这个法文译本几乎逐字逐句地还原了原作里面已经存在的文本互现。

2.2.2　杜赫德（Jean-Baptiste Du Halde，1674—1743）

"Fastes de la Monarchie Chinoise, ou l'on voie en abrégé selon l'ordre chronologique de ce qui s'est passé de plus remarquable sous chaque empereur"（《中国王朝大事记，或按编年顺序记载每一位帝王治下所发生的重大事件的简史》）（法国国家图书馆，ms. fr. 19537, fols. 1-72）[73]。

"Fastes de la Monarchie Chinoise, ou Histoire abrégée

selon l'ordre Chronologique de ce qui s'est passé de plus remarquable sous chaque Empereur"（《中国王朝大事记，或按编年顺序记载每一位帝王治下所发生的重大事件的简史》），收入 *Description geographique, historique, chronologique, politique et physique de l'empire de la Chine et de la Tartarie chinoise*（《中华帝国及中国属领鞑靼之地理、历史、纪年、政治与自然界全志》，简称《中华帝国全志》），4 vols. Paris: P.-G. Le Mercier, 1735, vol. 1, pp. 263-556；亦收入 *Description geographique, historique, chronologique, politique et physique de l'empire de la Chine et de la Tartarie chinoise*. 4 vols. La Haye: H. Scheuleer, 1736, Vol. 1, pp. 259-488.

"The Annals of the Chinese Monarchy: or, A Chronological History, of the most remarkable Events that happen'd during the Reign of every Emperor"（《中国历朝年表：或每一位帝王治下所发生的重大事件的编年史》），收入 *The General History of China, Containing a Geographical, Historical, Chronological, Political and Physical Description of the Empire of China, Chinese-Tartary, Corea and Thibet*（《中国通志：关于中华帝国本部、鞑靼地区、西藏地区及朝鲜在地理、历史、纪年、政治及自然方面的描述》），4 vols., London: John Watts, 1736 (repr. 1739, 1741), vol. 1, pp. 269-509.

"Annals of the Chinese Monarchs; or, A compendious History, containing the most remarkable Events under each Reign according to Chronological Order"（《中国帝王纪年表：或按编年顺序记载每一位帝王治下所发生的重大事件的简

史 》），in *A Description of the Empire of China and Chinese-Tartary, Together with the Kingdoms of Korea and Tibet: Containing the Geography and History (Natural as well as Civil) of those Countries* （《中国通志：关于中华帝国本部、鞑靼地区、西藏地区及朝鲜在地理、历史、纪年、政治及自然方面的描述》），2 vols. London: T. Gardner, 1738-1741, vol. 1, pp. 130-236.

杜赫德四卷本的《中华帝国全志》里面有一章是《中国王朝大事记》（"Fastes de la Monarchie Chinoise"），不过这一篇并不是直接参考了任何一部汉文或满文作品。杜赫德虽然是《耶稣会士书简集》（*Lettres édifiantes et curieuses*）1711 年至 1732 年间卷册的编辑者，但他并不懂满语或汉语，也从未到过中国。杜赫德与在华传教士们关系密切，于是出版了许多这些传教士寄回欧洲的书信和手稿。[74]《中华帝国全志》一经发表就很快被译成英文，这个过程中也产生了一个由杜赫德本人修订过的版本，其中包括了《中国通志》。[75] 这里的《中国王朝大事记》（"Fastes de la Monarchie Chinoise"）一章按照历代帝王在位的顺序概括介绍了从伏羲到雍正皇帝（1723—1735 年在位）的中国历史。

维吉尔·毕诺和傅得道（Ted Foss）已经对杜赫德的编年史做过详尽的研究。毕诺证明，关于从伏羲到帝尧的上古史部分，杜赫德依靠的是巴多明的《中国初史直译，自伏羲至尧》。[76] 如前所述，这正是杜赫德在编辑《耶稣会士书简集》的时候没有收录的、巴多明的信（1730 年 8 月 12 日，巴多明写给德·梅朗的信）当中的一部分。毕诺说，杜赫德"对文本进行过清理，去除了其中过于陈旧、过于中国，和对法国人来说过于震撼的内容"。[77]毕诺还对比了信件的手稿和它发表在《中华帝国全志》当中的版本。[78]此外，傅得道也说过[79]，杜赫德还使用了其他材料，比如卫匡国的《中国历史的第一世代》和柏应理的《中国王朝纪年表》，并且在序言中提到了这两位作者的名字。[80]实际上，即使在上古史的部分，杜赫德也对所有这些资料进行了整合，这一点在有关帝喾的章节中可以清楚地看到。这表明，杜赫德的文本是一个明显的案例，展示了欧洲文本当中隐性的文本间相互引用和指涉：

TICO ou KAO SIN. Sixiéme Empereur

Les Ecrivains Chinois font de grands éloges de ce Prince: *il étoit éclairé, disent-ils, il voyoit tout; il examinoit tout par lui-même; il entroit dans les plus grands d'étails*: il étoit populaire, *sans rien perdre de sa Majesté; il aimoit tendrement* ses Sujets; *il répendoit par tout ses bienfaits; il se réformoit lui-même;* il étoit réligieux dans le culte du souverain Seigneur du ~~*fit la distinction des bons et mauvais esprits:*~~ **Ciel**, *qu'il servoit respectueusement*; son air **grand** & auguste attiroit de la vénération, *sa vertu étoit éminente, il n'agissoit qu'à propos & gardoit en tout un juste milieu. Enfin il n'y eut aucune Nation éclairée par le Soleil, & arrosée par les pluyes, qui ne se* fit un plaisir d'obéir à ses ordres.

Il établit des Maîtres pour enseigner la vertu aux Peuples, & il inventa la Musique vocale, ce fut *Hien he*, qui le premier fit par son ordre des chansons: *il donna le soin à* d'autres

122   *de faire* divers instrumens, *des flûtes droites & traversieres, un tambour, une cloche, un King, * il fit jouer cette Musique qu'il nomma Lou ing, c'est-à-dire, la beauté du Ciel, de la Terre, & des quatre Saisons.*

    In margin: * *Plaque platte & mince, qu'on frappe avec un maillet de bois.*

    <u>Ce fut le premier qui donna l'exemple de la polygamie: Il épousa quatre femmes.</u> -*Il eut de la premiere un fils, nommé Ki, dont les Descendans firent la Dynastie des Tcheou: de la seconde, il eut un fils nommé Sie, dont les Descendans firent la Dynastie des Chang. La troisiéme lui donna Yao, & le fils qu'il eut de la quatriéme s'appella Tchi.* <u>Les grandes espérances que donnoit ce dernier Prince,</u> porterent l'Empereur à le choisir pour successeur, préférablement à ses trois freres. [81]

下划线部分：卫匡国；斜体部分：巴多明；粗体部分：柏应理；阴影文字为杜赫德所加入。

    Ti co, *or* Cao sin, *the Sixth Emperor.*

    <u>The *Chinese* Writers highly extol this Prince,</u> *they say he was very knowing, he saw thro' every thing, he examin'd every thing himself, and entered into the most minute Circumstances: He was popular, without losing his Majesty; he lov'd his Subjects tenderly, he distributed his Favours to all Men, he carefully amended what was wrong in himself,* he was religious in the Worship of the Sovereign Lord of **Heaven** he

~~distinguished between the good and bad spirits~~ ⌐, *whom he served respectfully; his* **Majestic** *Air commanded Veneration, his Virtue was eminent, he always acted right, and kept the just Mean in every thing; in short there was no Nation enlightened by the Sun, or water'd by the Rain,* that did not obey his Commands with Pleasure; **he appointed Masters to teach the People Virtue, and invented Vocal Musick,** *Kien he was* the first who by his Orders made Songs, *he appointed* others *to make* different sorts *of Flutes, a Drum, a Bell, a King (which is a thin flat Plate they strike with a Mallet); he made that Piece of Musick,* ⌐ ~~which he called Lou-ing~~ ⌐ *which signifies the Beauty of Heaven, of the Earth, and of the four Seasons.* <u>He gave the first Example of Polygamy, by marrying four Wives;</u> *he had by the First a Son named Ki, whose Descendants made the Dynasty of Tcheou; by the second, a Son named Sie, whose Descendants made the Dynasty of Chang; the third bore him Yao; and the Son by the fourth was called Tchi;* <u>the great hopes the Emperor had of this Prince</u> induced him to make him his Successor. [82]

下划线部分：卫匡国；斜体部分：巴多明；粗体部分：柏应理；阴影文字为杜赫德所加入。

对比巴多明的手稿就可以看到，杜赫德对从参考资料中获取的信息进行了重新编排，他将描述帝喾品德的文字（最初是南轩引自《史记》的）从文末挪到了开头。他还删减了巴多明 123

原文中的一些材料。他删掉的多是一些"专门性"的内容，比如中国专有的名词，包括帝喾先祖的名号、都城所在地的地名，同时在英文版本当中去掉了"六英"这个乐名。但是，他也删去了明显会影响内容的东西，如帝喾"明鬼神"（il fit la distinction des bons et mauvais esprits）这一句。毕诺根据这些以及其他的例证评论道，杜赫德不喜欢那些可能会暗示中国人相信鬼神或魔法的内容。[83] 此外，杜赫德还添加了帝喾"笃信至高无上天主之崇拜"（il étoit réligieux dans le culte du souverain Seigneur du Ciel）这样的句子，他想强调，上古时期的中国人也相信唯一的、存在人格的上帝。[84] 这个补充进去的句子部分地受到了柏应理的启发，因为柏应理也写过帝喾"顺服上天"（obediens coelo）这样的句子。虽然，杜赫德在文中引用柏应理和卫匡国（杜赫德用的是法文译本）的地方比较细碎，但都很明显。他也没有采纳卫匡国提到过的神奇受孕情节，这也证实了毕诺的判断，即杜赫德不喜欢中国上古史里面那些异常或神奇的故事。他只列举事实，无他。

杜赫德的《中国历朝年表》并不是杜赫德在《中国通志》当中唯一一个提到帝喾的地方。在《中国的宗教》一章的开头，他也提到了中国上古帝王遵循、敬拜至高无上的主。[85] 在这里，他将帝喾描绘成一个"在敬拜上帝、遵守宗教仪式方面不亚于他叔父［即颛顼］的人"。[86] 另外，这里与上古史那一章的风格不同，杜赫德在这一章充分展开了后稷神奇诞生的故事，强调了故事里的宗教意味：

　　　　根据这位君王的编年史记载，［以及在经（拼作king）确立的传统中］，帝后姜嫄不能生育，她陪同帝王参加了一次庄重的祭祀，热切地向上帝祈求子嗣，于是她几乎立刻就怀孕了，[祈祷之后的]十月后产下一子，名叫后稷（拼作 Heou tsie）……[87]

杜赫德接着提到在帝喾的各位儿子当中，挚被选为继承人，然后挚的统治终结：

> 据一部题为"纲鉴"[写作 Cang Kien]的书记载，上帝的天意看守着国家的福祉，在其授意下，人民一致同意废黜这个邪恶的王，让贤明的尧取而代之……

这段取自杜赫德讨论上古时代中国人宗教的这一章节，还不清楚这段内容所参考的资料来源是什么，因为没有发现手稿。[88]不知道它是基于某位传教士的观点，还是杜赫德在得到传教士提供的信息之后自己写的。不过，这短短一段话倒是提到了不少文献。所谓"经（King）确立的传统"或许是指《诗经》记载了后稷神奇出生的故事。"Cang kien"或许指《纲鉴》，这是常见的对袁黄著作的简称。[89]但是，袁黄的书里（或任何类似的作品）[90]谈到"挚"的段落没有直接提过"上帝"这种称谓，可能是杜赫德自己添加的。

杜赫德的作品明显体现了多层次的文本互现。其中，各种欧洲语言写成的资料相互交织在一起，而这些欧洲资料本身又源自各种用满文、汉文写成的中国资料。

125

2.2.3 刘应（Claude de Visdelou，1656—1737）

"Tabularum chronologicarum"（《纪年表》）[扎兰图书馆

Bibliothèque Mazarine, Ms. 2006 (1643)⌉

巴黎马扎兰图书馆（Bibliothèque Mazarine）藏有一份《纪年表》，分两部（fols. 1-25, 26-41）。这是一个编年表，标有干支纪年的年份（或帝王的年号），从黄帝八年排到康熙六十一年（1722年）。根据这份年表，帝喾的在位时间是公元前2432—前2363年。这份手稿有一个特别之处，它的第一页还用满文（字母转写）写上了干支纪年的年份。这进一步表明，这些欧洲文本体现出来的文化间的文本互现不仅涉及中文文本，也涉及满文文本，于是，它们展示出多重语言的文本互现。这份年表没有署名作者，但封面上的注释提到了刘应，并画了一个问号。

刘应于1687年来到中国。在内地度过的二十年中，他在北方、中部和南方的不同地方都工作过。他对中文和典籍文献都有深刻的理解，并完全认可当时的中国注疏作者的贡献。1705年，当教宗代表铎罗（Charles-Thomas Maillard de Tournon，1668—1710）来华宣布禁止中国礼仪的决定时，刘应是唯一表示赞成的耶稣会士。铎罗任命他为贵州的宗座代牧，并授予克劳迪奥波利斯主教（Bishop of Claudiopolis）的头衔，后来又祝圣他为主教。1709年，由于礼仪之争尘埃落定，刘应流亡到印度东海岸的本地治里（Pondicherry），直到去世。依赖随身携带的大量中文书籍，刘应仍然继续他的研究多年。由于教宗克莱芒十一世（Clement XI，1700—1721）的命令，最终有8300多页出自刘应之手的译文被送往罗马，后由本笃十四世（Benedictus XIV，1740—1751）于1741年将其纳入梵蒂冈图书馆。

这些手稿证实了刘应对纪年和历史的兴趣。其中包括一份《中国历史年表大全：1. 讫于基督元年；2. 从基督元年直至当代》（"Canon chronologiae sinicae. I, Ad annum primum aerae Christianae. II, Ab anno primo aerae Christianae ad nostram aetatem"）。[91] 这些表格与保存在巴黎的那些年表非常相似。不过，为帝喾（高辛）标注的时间（公元前2432—2358）略有不同。由于这份年表结束于1736年，这表明它是比前一份年表更晚的版本。另一部长篇论著题为《中国历史纪年第一古卷》（"Chronologicae Sinicae codex primum"），它翻译的是《史记》前几卷所载的上古帝王的历史，其中还包括了司马贞在《补史记》里面为上古史补的那一卷。[92] 就本书的议题而言，刘应最令人叹服的著作是他的《拉丁文讲述的中国历史》（"Historia Sinica latine versa"），这实际上是翻译了袁黄的《历史纲鉴补》，并添加了注释和评论。刘应翻译了整个上古史的部分，从远古一直到西汉的汉哀帝时期，相当于直到基督诞生的公元纪元时期。译本共六卷，总计3558页。[93] 这部译作再一次说明了袁黄著作的重要性——它是历史派耶稣会士的资料来源。遗憾的是，除了傅圣泽于1730年代在罗马查阅过刘应的手稿以外，这些译文并未得到使用或出版。

2.2.4　雷孝思（Jean-Baptiste Régis，1663—1738）

"Concordia chronologiæ annalium Sinensis Imperii cum epochis annisque Historiæ nostræ tam sacræ tam prophanæ, paucis exposita et comprobata a mundo condito ad æræ Christianæ initium; adscriptis suo cuique tempori rebus gestus ad posterorum memoriam insignioribus exerptisqu. ex historicis antiquis et vetustis monumentis quorum mentio fit in singulis locis accedunt notæ criticæ"（《比较中华帝国史与我们的神圣历史和世俗历史，简要地揭示和证明由创世到基督时代的纪年》，简称《中华帝国史》）（约 1730 年；对开本 438 页）（法国国家图书馆，编号 NAF8981）。

"Abbregé d'un manuscrit Latin qui a pour titre: Accord de la Chronologie des Annales de la Chine, avec les Époques de l'Histoire ancienne, &c."（《拉丁文稿的摘要：中国编年史的纪年和古代历史的比较》），收入 Vojeu de Brunem (= Joseph Jouve), *Histoire de la conquete de la Chine par les Tartares mancheoux; à laquelle on a joint un accord chronologique des annales de la monarchie chinoise, avec les epoques de l'ancienne histoire sacrée & profane, depuis le déluge jusqu'à Jesus-Christ*,（约瑟夫·优福：《鞑靼征服中国史，附比较中华帝国史与我们的神圣历史和世俗历史，简要地揭示和证明由创世到基督时代的纪年》）Lyon: Frères Duplain, 1754, vol. 2, pp. 207-318.

"Agreement of the Chronology of the Chinese Annals with the Epochs of Ancient History,"（《中国编年史的纪年和古代历史的比较》），见《北华捷报》第 64 期（1851 年 10 月 18 日）；1852 年的《上海杂记》（12 页）和 1853 年的《上海杂记》（12 页）。[94]

雷孝思于 1698 年抵达中国。根据刊印本的导言，原手稿完成于 1730 年，刊印时这份手稿保存在里昂的耶稣会图书馆。[95] 保存在法国国家图书馆的版本据说曾经是傅尔蒙（Étienne Fourmont，1683—1735）的藏品。《中华帝国史》是一份大部头的手稿。如果把全文原标题完整地翻译出来，就可以很好地描述它的内容。完整的原标题是：比较中华帝国史与我们的神圣历史和世俗历史，简要地揭示和证明由创世到基督时代的纪年；在适当的背景时代中呈现政治和战争方面的史实，这些历史会在后世的记忆中充满光辉，这些记载摘自古代的和非常古老的历史文献，文中每段都会参考它们；此外，还包括关键的注释。这份手稿的每一页都分为三栏：神圣历史居右，中国历史居中，世俗历史居左。这些年代表概述了从大洪水（追溯至公元前3638年）到耶稣基督的时代。[96] 这些表格与文艺复兴时期常见的、编列时间线的方法相呼应，这种版式直到十八世纪中叶仍占主导地位——一个页面由一个简单的矩阵组成，各个区域横列在页面顶部，年份则纵列在左侧或右侧的各栏中。[97] 这份手稿的内容相当详细，关于帝喾（写作Ti co，从公元前2435年开始）的部分似乎也是基于纲鉴类的文本[98]，简要提及了帝妃们，但没有具体说明（详见本书第四章）。在刊印的版本中，这种分栏的页面结构被放弃了，三种不同的历史叙事当中的主要人物被混合在一起，并按时间顺序排列。在这个经过大量删节的刊印版中，描述中国帝王的内容非常简短。例如对于帝喾，刊印版只提到他开创了教育民众的先河。[99] 帝喾被融入一个具有普世特征的纪年当中，按基督之前的时间线表示[100]：

127

帝喾，中国第六位帝王　　　　　　　　　　　　　　2435

　　*人们认为他是中国公共学堂的创始人。

Amésis，埃及法老　　　　　　　　　　　　　　　　2434

Parranus，巴比伦国王　　　　　　　　　　　　　　2411

亚巴郎（Abraham）出生　　　　　　　　　　　　　2406

Nabonad，巴比伦国王　　　　　　　　　　　　　　　2371

帝挚，中国第七位帝王　　　　　　　　　　　　　　　2365

　　＊他残暴、荒淫、懦弱

雷孝思的文本是中国纪年方法如何与其他纪年方法交织的一个明显例子。无论是在一张表里用三条平行的时间线来呈现不同纪年方法，还是在同一个列表里将三种纪年方法合并为一个连续的记录，都直观地显示出发生在文化转移过程中的文本互现。

2.2.5　傅圣泽（Jean-François Foucquet，1665—1741）

Tabula Chronologica Historiae Sinicae connexa cum cyclo qui Vulgo Kia Tse Dicitur [《中国历史纪年表，附干支纪年（俗称甲子）》] (Rome, 1729) [101]

"An Explanation of the New Chronological Table of the Chinese History, Translated into Latin from the Original Chinese, by Father Johannes Franciscus Foucquet, Soc. Jes. Bishop of Eleutheropolis, and Published at Rome in the Year 1730. Collected from Two Accounts Thereof, Written in French, One Sent from Rome by Sir Tho. Dereham, Bart. to the Royal Society, the Other Sent from Father Foucquet to Father Eustache Guillemeau, a Barnabite at Paris, and by Him Transmitted to Sir Hans Sloane, Bart. Pr. R. S."（《解读中国历史新纪年表：由埃莱特罗波利斯主教、耶稣会士傅圣泽神甫从中文译为拉丁文，1730 年刊行于罗马。收录法文注解两种，其一取自从男爵托马斯·德勒姆爵士由罗马寄给皇家学会的信函，其二取自傅圣泽神甫寄给

巴黎的巴尔纳伯会士欧斯塔什·纪勒摩神甫，再由后者转寄皇家学会会长、从男爵汉斯·斯隆爵士的信函》)，*Philosophical Transactions (1683-1775)*, vol. 36 (1729-1730), pp. 397-424.[102]

当傅圣泽因发表具有争议性的观点而被召回欧洲的时候，他已经在中国生活了二十多年（1699 年到达中国）。[103] 除其他具有争议性的事项之外，有人认为是他令传教事业陷入险境，因为他否认公元前五世纪之前的中国历史的真实性。返回欧洲时他携带了一些中国书籍，其中包括纲鉴类的著作。[104] 在罗马，傅圣泽脱离了耶稣会，被任命为埃莱特罗波利斯（Eleutheropolis）的领衔主教（1725 年）。他的《中国历史纪年表》(*Tabula Chronologica Historiae Sinicae*) 出版于 1729 年，目的是为了论证他对公元前五世纪以前的中国历史所持的观点。他否认中国上古史的真实性，想通过出版这一本编年表来证明，可考的中国历史是从公元前五世纪才开始的。[105] 在这个案例中，文化的转移包括复制一份经过微调的年代表。事实上，它还称不上一部书，只是一张只有一页的表。这张表的底本是年希尧（1671—1738）[106] 的《纲鉴甲子图》——它是根据《通鉴纲目》和干支纪年体系绘制的甲子年表，从公元前 424 年（周威烈王即位初期）到 1705 年。[107] 傅圣泽将年希尧的年表下限延续到雍正九年（1729 年），并且为它做了简短的说明。[108] 杜赫德在《中华帝国全志》的导言中曾提到过这个文本，但并未采用它。[109] 按照傅得道的说法，杜赫德不采用傅圣泽的年表，不仅是因为年希尧没有历史学家的声望，而且是由于傅圣泽已将自己卷入争论的漩涡，就因为他那些发表在索隐派著作

128

中的、有关纪年的怪异观点。[110]

2.2.6　马若瑟（Joseph de Prémare，1660—1736）

"L'ancienne histoire du monde suivant les Chinois"（《中国人眼中的世界古代史》）（法国国家图书馆，Collection Bréquigny 18, fols. 2-144.［1730 年 11 月 10 日寄］）

129

"Discours preliminaire ou recherches sur les tems antérieurs à ceux dont parle le Chou-king, & sur la Mythologie Chinoise, par le P. de Premare"（《马若瑟神父所作的绪论，或〈书经〉所记年代以前的中国上古时期及中国神话研究》），收入宋君荣《〈书经〉：一部中国圣书，记载了古史的根基、治理和道德的原则；由孔子编订》（ *Le Chou-king, un des livres sacrés des Chinois, Qui renferme les Fondements de leur ancienne Histoire, les Principes de leur Gouvernement et de leur Morale; Ouvrage recueilli par Confucius* ），Paris: N. M. Tilliard, 1770, pp. xliv-cxxix.

马若瑟与雷孝思、傅圣泽同年抵达中国。由于雍正皇帝对传教士的禁令，马若瑟于 1724 年被流放到广东，1733 年又到了澳门。他最广为人知的是对汉语的研究。马若瑟试图证明，基督的启示以一种象征的形式出现在中国的经学文献中，而且，他与一些法国学者——特别是傅尔蒙——都持有这样的观点。在 1728 年 10 月 20 日写给傅尔蒙的一封信里，马若瑟表示他将为巴黎的法兰西文学院写一部"古代史"（ *Histoire des vieux temps* ）。1730 年 11 月 10 日，马若瑟随信给傅尔蒙寄去了"它的前半部分"，题为《中国人眼中的世界古代史》（"L'ancienne histoire du monde selon les Chinois"）。[111]

　　这份手稿讲述的是中国历史最古老的阶段——从宇宙的起源说起，然后是盘古和其他上古时期的帝王。严格地说，这部作品不包含关于帝喾的章节（尽管作者就是这样计划的），因为手稿到第 17 章（写了与神农的后代为敌的蚩尤［拼作 Tchi-Yeou］，就在黄帝之前）就戛然而止，而这章本该写到帝喾了。这份手稿后来经过德金（Joseph de Guignes，1721—1800）的修订，被收入宋君荣（Antoine Gaubil）的《〈书经〉：一部中国圣书》(Le Chou-king, un des livres sacrés des Chinois)，并作为该书的"绪论"（Discours preliminaire）。德金将修改后的文章重新命名为"《书经》所记年代以前的中国上古时期以及中国神话研究"（"Recherches sur les tems antérieurs à ceux dont parle le Chou-king, & sur la Mythologie Chinoise"），于是，这篇文章成了马若瑟众多作品中唯一出现在十八世纪的一部。这部作品（以及手稿）以马若瑟写完的第 16 章作为最后一章，德金加上了一个简短的补充（页 cxxx-cxxxviij：包括从黄帝到帝喾的时期）。德金说，他所依据的资料是《纲目》(拼作 Kang-mo)。[112] 在这里，帝喾作为最后一位帝王出现。这个部分的描述内容非常简短，只提到了第三和第四位帝妃，没有提到神奇生子的故事。[113]

　　马若瑟的文本之所以重要，是因为其中包括了一些史书作者的姓名，并对汉字进行了标注，如罗泌、邵雍等等。正如马若瑟反复提到的，文中对中国神话的详细介绍是基于罗泌的《路史》。索隐派大体上都偏好《路史》。[114] 这篇长文的第二章记述的是太古史的几个主要时期。在第二章的开头部分，马若瑟以更系统的方式概述了他所使用的其他几种文献：

　　　　刘道源（拼作 Lieou tao yuen，即刘恕）的《通鉴外

130

纪》（拼作 *tong kien vai ki*）

陈子樫（拼作 Tchin tſe king，即陈樫）的《通鉴续编》（拼作 *tong kien sou pien*）

袁了凡（拼作 Yuen leao fan，即袁黄）的《通鉴补》（拼作 *tong kien pou*）

司马贞（拼作 ſſe ma tching）的《史记》（拼作 ſſe ki）注解，即《索隐》（拼作 fo yn）

王凤洲（拼作 Vang fong tcheou，即王世贞）的《正史全编》（拼作 *Tching ſſe tſuen pien*）[115]

关于袁黄，马若瑟说："他对上古时期的论述不如罗泌详尽，但对于有分歧的地方，他列出了不同学者的批评意见，这一点令人受益。"对于王世贞的著作，马若瑟认为它的"价值不如袁了凡"。[116] 马若瑟有效地利用了袁黄的著作，这一点也可以用其他的文本证据来证实：马若瑟在文中一处提到了丁南湖（拼作 Ting ngan hou，即丁奉）所引用的方昆山（拼作 Fang koüan chan，即方凤）的话。[117]

131　　马若瑟给予袁黄的高度评价出现在他写给傅尔蒙的另一封信中（1728 年 11 月 16 日）。他在信中评论了巴黎的皇家图书馆将要购买的中国书籍目录，并对不同的体裁展开了详细讨论。[118] 关于历史类的文摘，马若瑟说，他"读过的书里最好的就是袁了凡的书，那本书名叫《历史纲鉴补》。它有一个其他作品所不具备的优点，就是在关键的地方加入了不同学者的意见"。为了举例说明这一点，马若瑟还提到了一段描述成汤（拼作 khing tang）时期七年大旱的文字。[119] 马若瑟引用了袁黄的书页顶部的注释，那些注释里有观点质疑人们是如何在这样的干旱中生存下来的。接下来，他引用了丁南湖的评论，丁南湖不接受这部分的描述并得出结论说，但凡谈论古代时，还有更多类似的"瞎话"（原文是"凡书上古之事诡诞不经盖如此"）。马若瑟还引用了袁黄的结论。袁黄说这件事是"史家之误"（原文是"则传之者妄也"）。马若瑟补充说："尽管如此，当一个欧洲人看到七年饥荒时，他首先想到的是埃及的饥荒，他根本不会怀疑说中国的饥荒可能是另一码事，只是会把它作为同一类事件来理解中国的纪年。"[120]

上述资料中也有一些被引用在《中国古书中的天主教要理遗踪》（"Selecta quædam Vestigia præcipuorum Christianæ relligionis dogmatum ex antiquis Sinarum libris eruta"，完成是在1724年5月21日的广州，但写作开始于1712年）里面。这本著作也有一个现代法语译本（*Vestiges des principaux dogmes chrétiens, Tirés des anciens livres chinois, avec reproduction des textes chinois, par le P. de Prémare, jésuite, ancien missionaire en Chine*, trans. A. Bonnetty & P. Perny, Paris: Bureau des Annales de philosophie chrétienne, 1878）。[121]《中国古书中的天主教要理遗踪》是马若瑟作为索隐派的作品当中的一部，他尝试在中国的古代文献中寻找天主教教义的源头。[122] 本书的第二部分将重现和分析这篇文献。它用明确的引用体现了明显的文本互现的特征：在手稿中，与拉丁文段落相对照的那一页上，所有引文中都添加了汉字作为参考。

马若瑟在其中提到了很多中国文献，还提到了司马贞为《史记》所作的《补史记》一章。[123] 他还以刘恕的《通鉴外纪》为例，介绍了一些历史文摘性质的读本：

（……）另有一些作者编写了编年史书的文摘式读本，

通称为"纲鉴"。为了避免遗漏或省略任何信息，于是，他们把从古代著述中找到的一切都收纳进来，予以讲述，有时做增补，有时做改动。

而关于袁黄，马若瑟在一则评论中写下了与前述信中非常相似的话：

在《纲鉴补》一书中，历史学家袁了凡展示出相较于其他人而言特别的优胜之处。他时常引用学者们的考辨和评判。在许多问题上，这些学者们持各种观点，或为之做解释，或认为它们可疑或没有价值而不予以采信。[124]

所有这些参考资料表明，马若瑟熟悉各种各样的中国资料（主流的编年体史书、纲鉴体文本，以及诸如罗泌的《路史》之类的其他书籍）。同时，他还积极地利用这些文献，把它们逐字引用，且穿插到自己的解释中。

2.2.7 冯秉正（Joseph-Anne-Marie de Moyriac de Mailla, 1669—1748）

133

"Histoire générale de la Chine, tirée des Annales de l'Empire"（《中国通史，出自王朝年表》）（法国国家图书馆 ms. fr. 12210-12214）[125]

"Histoire générale de la Chine"（《中国通史》）（法国国家图书馆，ms.fr.n.a. 2492, fols. 1-143 [Manuscrits de la bibliothèque de Michel-Ange-André Le Roux Deshauterayes (1724-1795)]）

　　Histoire générale de la Chine, ou Annales de cet Empire, traduites du Tong-kien-kang-mou，(《中国通史，或王朝编年史，译自〈通鉴纲目〉》) 13 vols., Paris: Ph.-D. Pierres et Clousier, 1777-1785.

　　意大利文译本：*Storia generale della Cina ovvero grandi Annali Cinesi tradotti dal: Tong-Kien-Kang-Mou*（《中国通史，或中国编年大系，译自〈通鉴纲目〉》), 35 vols., Siena: Francesco Rossi, 1777-1781.

　　冯秉正（1669—1748）于 1703 年抵达中国。早年间，他在中国的主要工作之一是参与康熙皇帝 1713 年到 1714 年间的地图绘制工程。宋君荣早在 1728 年就曾在信中说起过冯秉正翻译了中国历史，但直到 1737 年，完整的著作才到达欧洲。[126]法兰西金石与美文学院的弗雷烈（Nicolas Fréret, 1688—1749）见过部分书稿，并给予了高度评价。本来是希望弗雷烈作为编辑，以促成此书的出版，遗憾的是，冯秉正于 1748 年去世，而费雷烈也于 1749 年去世，关于这本书的工作还没能取得什么进展。之前，冯秉正曾有意不让杜赫德来编辑，因为他容易对手中编辑的书稿做大的改动。正如傅得道所说，冯秉正对这项翻译工作倾注了大量心血，他不希望让杜赫德对这本书进行过分的编辑——许多在华耶稣会学者已然不喜欢杜赫德的编辑风格。[127]1748 年冯秉正去世之后，宋君荣一直坚持要出版这份书稿，但他提醒说，一定要找一位好的编辑，最好是熟悉中国的人。他写道："这对我来说有些困难，在冯秉正神父的译文中，有不少文章需要编辑，还有一些需要考证。这部作品完成得有点仓促，我们在中国的时候本该做更仔细的审校。我

134　们有点太急于把它寄回里昂了。"[128] 结果，这份手稿在里昂耶稣会学院的藏书中苦苦等待，直到耶稣会解散时，被当局没收。[129] 1775 年，冯秉正的手稿辗转来到了格鲁贤（Jean-Baptiste Grosier，1743—1823）的手中。在格鲁贤的指导和认真编辑之下，这份手稿终于在 1777 年至 1785 年间出版，题为《中国通史，或王朝编年史，译自〈通鉴纲目〉》（*Histoire générale de la Chine, ou Annales de cet Empire, traduites du Tong-kien-kang-mou*）。[130] 格鲁贤的工作得到了法兰西皇家学院（Royal College of France）德索特莱耶（Michel-Ange-André Le Roux Deshauterayes，1724—1795）的帮助，他是阿拉伯语系的教授，也懂一些中文，是东方学家傅尔蒙的侄子。[131] 这部出版后的作品总共有 13 卷：

第 1 卷（1777；大约 349 页）：伏羲（公元前 2953 年）—穆王（前 967 年）

第 2 卷（1777；590 页）：穆王（公元前 966 年）—孝景帝（前 141 年）

第 3 卷（1777；588 页）：武帝（公元前 140 年）—献帝（194 年）

第 4 卷（1777；594 页）：献帝（194 年）—晋恭帝（420 年）

第 5 卷（1777；564 页）：高祖（420 年）—恭帝（619 年）

第 6 卷（1778；587 页）：高祖（619 年）—僖宗（888 年）

第 7 卷（1778；484 页）：昭宗（888 年）—恭帝（959 年）

第 8 卷（1778；662 页）：太祖（960 年）— 宁宗（1208 年）

第 9 卷（1779；658 页）：宁宗（1208 年）— 顺帝（1368 年）

第 10 卷（1779；579 页）：明（1368—1649 年）

第 11 卷（1780；610 页）：清（顺治 1649 年 — 乾隆 1780 年）

第 12 卷（1783；348 页）：索引〔132〕

第 13 卷（1785；798 页）：《中国综述》（"Description générale de la Chine"）〔133〕

本书在"绪论"中已经提到，该书副标题中的"通鉴纲目"在某种程度上有些误导性，这是出于多种原因。比如，冯秉正所写历史的时间跨度要比《资治通鉴纲目》里面的更长，而且他使用了很多其他的历史文献，其中包括纲鉴类的著作，并且同时使用了满文版本和汉文版本。这一切都在冯秉正自己的导言中做了清楚的说明。导言还对有关中国历史的各种资料按时间顺序作了长篇的概述。当谈到清代的史书时，冯秉正写道，康熙皇帝"命人将《通鉴纲目》翻译为满文，认为它是最可靠、最有教益，且错误最少的史书"。然后他开始琢磨，"为了将中国的历史介绍给欧洲"，他是否可以仿效"这位伟大的君王"，因为很难有更好的做法。而且，他"更乐意"这样做，因为他"懂满文，而且满文不像汉语那样含糊不清，这会使我更容易成功"。他的结论是，严格地说，他的中国通史仅仅是对《通鉴纲目》的翻译；但在这个译本中，他并不觉得需要"以卑躬屈膝的方式臣服于原作者"。他认为，在这个方面，他也是在效仿康熙皇帝，因为康熙皇帝也删去了一些内容，或者因为有些内容不那么重要，或者因为有些内容是他的族人难以理解的，毕竟满人不太了解汉人礼俗。"因为满文版本已经相当准确，而且没有添加任何原始版本以外的东西，"冯秉正写道，"同样的，在我的法文译本中，我也不会添加任何汉文版本或满文版本所没有的内容。"[134]

136 　　冯秉正的自述清楚地说明，这部著作的主要资料来源是1691 年康熙下令编修的满文版《御定通鉴纲目》即 "Han-i araha tunggiyan g'angmu bithe"——该书包括了南轩的《前编》、朱熹的《正编》和商辂的《续编》。满文版的书名 "tunggiyan g'angmu" 也解释了冯秉正的副标题里的"通鉴纲目"（写作 Tong-kien-kang-mou）为什么不是单指朱熹的著作，而是同时包含上述三本史书这个整体。不过与此同时，冯秉正也明确地说，他还使用了汉文版本，那么最有可能的情况是，他同时使用了两种版本。[135] 有些迹象能证明这一点。首先在他的概述中，冯秉正显示出他非常熟悉中文的文献资料，包括对于更早的史书诸如刘恕、金履祥和陈桱为《资治通鉴》所做的不同的补编，他都了如指掌。[136] 此外，在介绍完康熙的御制版本之后，冯秉正提到由私人编撰的史书，还特别列举了两种。一种是"廿一史"（写作 Nien-y-see）——这是当时大多数耶稣会士著作中对一组文本的统称，表示各朝的断代史。[137] 另一种被称为

137 "纲鉴"（写作 Kang-kien），冯秉正说它是"廿一史"的缩略版。很明显，这指的是袁黄的《历史纲鉴补》（1610 年），也就是袁黄的纲鉴体史书，而袁黄则是被冯秉正称作"第一个"为这种体例"创作模板"的人。冯秉正对袁黄的评价有褒有贬。他感到遗憾的是，袁黄这部著作可以做得更好，因为"他并没有把自己限定在官方史书的范围内，他加入了一些秦汉时期的

古代道士（拼作 Tao-sse）的奇谈怪论，但却没有做批判和审辨"。他接着说，袁黄的书价格不高，便于流传，也的确大卖，以至于后来的学者或是为了出名，或是为了纾解穷困，也跟着出版了一批这样的"文摘"（abrégés）式的作品，全都以"纲鉴"为题。然而，"这非但没给他们增加声望，反而几乎使他们名誉扫地"。[138]

冯秉正对中国史书的了解也体现在他写给弗雷烈的信中（写于 1735 年 5 月 23 日）——他打算将这封信里的文字作为《中国通史》的导言。在信的开头，冯秉正"同中国人一道"，将这些讲述中国历史的著作分为三类。[139]第一类作品被公认为具有无可辩驳的权威性——基本上就是经书（《书经》《春秋》《左传》等）。这些经典具备莫大的权威，"没人胆敢更改一字，或质疑其真实性"。第二类著作关于历史和纪年，其中包括各朝的断代史、《资治通鉴》，以及由它衍生而来的史书，比如朱熹、刘恕、陈桱、金履祥等人的著作。在冯秉正看来，"从周代开始，所有这些作者都在不同的朝代执掌兰台或担任史官，于是他们成功地编修前朝的历史"。第三类属于私人修史，这些作者基本上靠自己的资源来完成编纂，如皇甫谧（215—282，编有《帝王世纪》）、马端临（1254—1325，编有 1308 年的《文献通考》）、《廿一史》，还有明代的袁黄，以及谷应泰（卒于 1689 之后，撰有 1658 年的《明史纪事本末》）、钟惺，大概还有周礼，"以及众多其他作者，不胜枚举"。[140]最后，冯秉正还特意区分出"神话历史，它们是由哲学家老子（拼作 Lao-kiun）一派的学者所作，刚好到了汉代，人们开始重新建立中国的信史"，罗泌的《路史》就是其中之一，冯秉正用了好几页的篇幅进行解释，并在其中着重讨论了书中包含的"道教的荒谬"。[141]

138

这似乎显示出，同广州的耶稣会士相比，北京的耶稣会士对《路史》的批评更严厉。

冯秉正的作品内容本身也显示出他使用的除了满文版本之外，还有一些汉文资料。他经常在文中加入注释，提供参考文献，表明其中涉及的各种汉语的一手资料。[142] 但在关于帝喾的部分，这样的参考资料付之阙如。是手稿中提到了以下几种著作：

Sse ki，即《史记》

Tong kien，即司马光的《（资治）通鉴》

Tong tchi，即郑樵的《通志》

Tsienpien，即陈桱／金履祥，《（资治）通鉴（纲目）前编》

T. K. Kangmu，即朱熹的《资治通鉴纲目》

Nien yi ssu，即《廿一史》

Kang kien，即袁黄的《历史纲鉴补》

Taki，即胡宏的《皇王大纪》

Ouai ki，即刘恕的《（资治通鉴）外纪》

虽然列出这些参考书目突出了资料之间的文本互现，但还不清楚冯秉正这样做的目的，因为当时的中国学者很少这样做。由于这里没有提到具体的段落，所以更像是为被引用的文段内容提供了一个大概的参考方向，而被引用的文段本身可能直接取自其中的某一两部著作。[143] 可以注意到，尽管冯秉正在导言里表达过对袁黄的质疑，但还是在这里列出了袁黄的著作。也有一些文字内容表明，他实际上就是使用了袁黄的或其他的纲鉴体文本（比如钟惺的作品），而且非常依赖它们。如果既比较冯秉正与陈桱和南轩，也比较冯秉正与袁黄，便会发现冯秉正与袁黄的更为相似。其中一个例子是关于帝喾的埋葬地点，冯秉正认为帝营葬在"顿丘"，位于"大名府"的"清丰县"——这个府县名在上面所提到的著作中都没有，只见于袁黄和钟惺的著作。[144] 不仅冯秉正书中四位帝妃的顺序符合纲鉴类作品的说法，与陈桱、南轩的不同，而且，陈桱、南轩的书中没有包括神奇生子的故事，但冯秉正却详细讨论了，还着重提到了《诗经》中相关的诗。此外，宋君荣注意到，冯秉正在第一个部分中加入了大量来自《书经》的段落，而满文版只是简略提及。[145] 将所有这些参考资料放在一起，可以看出，冯秉正非常熟悉各种史书，但在写作具体段落的时候，他使用的文献可能比列举在参考书目中的少。冯秉正的写作方法体现出一个特点：在这部欧洲著作中，他不仅交织了中国史书编纂传统中的纪传体和编年体的史书，而且还将汉文和满文的资料交织在一起。

2.2.8　孙璋（Alexandre de la Charme，1695—1767）

"Abrégé de l'histoire Chinoise"（《中国历史简编》）（647页）[146]（慕尼黑巴伐利亚国立图书馆，Cod. Gall. 679）

孙璋于1728年抵达中国。他关于中国纪年的长篇手稿《中国历史简编》其实是翻译了薛应旂的《甲子会纪》（1558年）。与《甲子会纪》一样，《中国历史简编》的内容开始于黄帝八年，一直延伸到康熙皇帝。孙璋说，《甲子会纪》的作者把黄帝八年算作第一轮甲子的起始年——值得注意的是，他一开始指的作者是那位"中国人"（les Chinois），但后来纠正成多位（plusieurs Chinois）。孙璋在导论中解释道，他利用了其他文献来解释薛应旂的原作讲得不够清楚的地方，这些通常都附

140

加在注释里。[147] 他还希望读者能同时参考冯秉正的作品，因为他认为冯秉正的那部才是完整的史书。1741 年 9 月 11 日，孙璋的翻译受到宋君荣的核准。[148] 宋君荣在写给弗雷烈的信（1741 年 10 月 2 日）中提到了这份翻译，并且确认他帮助过孙璋。[149]

原版的《甲子会纪》主要列举了干支循环的周期，偶尔会掺杂简短的行间注释。孙璋的翻译成品也同样很短，在有些地方甚至比《甲子会纪》还简单，不过他用自己的注释做了补充。关于帝喾，他写道："公元前 2436 年是帝喾的第一年。他的宫廷在亳。他去世的时候已经在位的 70 年，享年 105 岁。"[150] 只有发明九招声歌这一点，是《甲子会纪》当中有记录，但孙璋没有翻译的。接下来，孙璋的译文讨论了帝喾的儿子挚继位统治，后又被废。孙璋解释说，挚这五年在中国的纪年中仍被算作是帝喾的时代。这也与《甲子会纪》相吻合。在他自己添加的注释中，孙璋提到了尧、后稷和契的名字，他们各自的在位时期，以及分别作为商周始祖等信息。但是，孙璋没有提到帝妃们神奇生子的故事。[151]

与巴多明的作品类似，孙璋的翻译是一个案例，它以几乎逐字直译汉语原书的方式将中国文献转移到了欧洲。

2.2.9　宋君荣（Antoine Gaubil, 1689—1759）

"Chronologie chinoise"（《中国纪年》）[1749 年 9 月 27 日；早期版本：1724，1727，1730，1732，1737，1739][152] [法国国家图书馆，Bréquigny 21, fols. 1-137（有签名）[153]；Obs., Paris, B1, 12 portef. 152 no.5, 203 pp.；慕尼黑巴伐利亚国立图书馆，Cod. Gall. 675, no. 1304（1749 年 9 月 27

日签)[154]]。

　　"Traité de la Chronologie chinoise, divisé en trois parties"（《中国纪年论，分三部分》）(ed. Silvestre de Sacy)，收入 *Mémoires concernant l'histoire, les sciences, les arts, les mœurs, les usages, etc. des Chinois, par les missionnaires de Pékin*（《北京传教士所作关于中国人的历史、科学、艺术、风俗习惯的札记丛刊》，简称《中国丛刊》），vol. 16, Paris: Treuttel & Wurtz, 1814, in appendix, 285 pp.

　　宋君荣因其天文学方面的著作而闻名，他也是向欧洲寄去书信最多的作者之一。他是法兰西科学院和法兰西金石与美文学院两家的通信作者，也是皇家学会的中级会员、俄国科学院的普通会员。他与这些机构的秘书均有书信往来。在他的通信名单中，有在俄国科学院工作了 22 年的法国天文学家约瑟夫・尼古拉斯・德利尔（Joseph-Nicolas Delisle, 1688—1768），还有法兰西金石与美文学院的秘书弗雷烈（Nicolas Fréret, 1688—1749），以及俄罗斯科学院的秘书巴耶尔（Theophilus [Gottlieb] Siegfried Baye, 1694—1738）。这些人都对中国做过一些研究。[155] 宋君荣于 1722 年抵达中国，也曾研究过中国的上古史。他首次翻译了《书经》（1739 到 1740 年间寄回欧洲），但正如前文已提及的，直到德金（认真地）编辑修订后，1770 年才得以出版。刊印版的书名是《〈书经〉，一部中国圣书，记载了古史的根基、治理和道德的原则；由孔子编订》（*Le Chou-king, un des livres sacrés des Chinois, Qui renferme les Fondements de leur ancienne Histoire, les Principes de leur Gouvernement et de leur Morale; Ouvrage recueilli par Confucius,*

142

Paris: N. M. Tilliard, 1770)。[156]

宋君荣的主要研究兴趣是中国的纪年，为此，他曾写过题为《中国纪年》("Chronologie Chinoise")的长文。早在1724年，他就写过一份关于这个主题的初步研究报告，后来又写了很多其他的报告，最终形成一篇长文，并于1749年寄回欧洲（1749年9月27日作于北京）。然而，《中国纪年论，分三部分》这篇文章直到1814年才得以出版，收录在著名的16卷本的《北京传教士所作关于中国人的历史、科学、艺术、风俗习惯的札记丛刊》，即《中国丛刊》当中，作为附录（285页）——这部丛刊的第一卷早在1776年就出版了。宋君荣这篇论著分为三个部分。第一部分概述了从伏羲到公元前206年的中国上古史（1—71页）。第二部分呈现了中国的历史学家对这一时期的纪年所持的看法，并介绍这些史家的著作（72—191页）。这一章被宋君荣称为"简短说明"（une courte notice），但事实上它是一篇最系统且详细的综述，里面包括了有关纪年的汉文和满文著作。在第三部分，宋君荣表述了他自己对于中国纪年的观点（192—285页）。

第一部分以一部摘编本（Abrégé）为基础，宋君荣从中采用了以时代和年号作纪年的方式。这部摘编本的题名是"Tse-tchi-kang-kien-ta-tsuen"，作于明末，涵盖了从伏羲到1368年（即元代末年）的历史。[157]于是可以确认，这本书是钟惺的《鼎镌钟伯敬订正资治纲鉴正史大全》（74卷，首1卷，简称《纲鉴大全》）。这表示，直至十八世纪中叶，纲鉴传统的著作仍然是耶稣会士重要的参考文献。这本书对帝喾的描述非常简略，只说帝喾元年（乙酉）对应的年份是公元前2436年。[158]

第二部分是对所有关于纪年的作品做的综述。里面提到了本书第一章介绍过的所有汉文和满文著作，以及几部本书还未涉及的作品。[159] 宋君荣准确地描述了每一部著作，以及它们对于研究上古史纪年的价值。这说明，宋君荣全面掌握了当时有关这个领域的中国文献。关于明代和清代的史书，有几个值得注意的方面。宋君荣非常关注孙璋翻译的那部薛应旂的《甲子会纪》，这本书最大的特色是用干支纪年的周期系统地记录中国历史。[160] 宋君荣也意识到明末存在两种不同风格的通史。其中一种被他称作"前编、正编、续编"（Tsien-pien, Tcheng-pien et Su-pien），包括南轩（拼作 Nian-hien［Ouey-chang］，即渭上先生）的《资治通鉴纲目前编》里面的上古史部分；另一种被他称为"通鉴"（Tong-kien），包括刘恕（Lieou-jou）《外纪》里面的上古史。他认为，这部"通鉴"没有"前编"那样"富有教益"。[161] 在讨论通鉴类史书一节的末尾，宋君荣简单提到了史书的"摘编本（abrégé）"，称之为"纲鉴"（拼作 Kang-kien），认为它们在不同程度上遵从了前面这些作品的纪年。[162]

　　关于清初的文献，宋君荣首先提到了徐发的《天元历理全书》（12 卷，序言作于 1682 年）。徐发的纪年以《竹书纪年》为基础，而且宋君荣误以为，徐发选《竹书纪年》是因为他认为西方的纪年与《竹书纪年》的最吻合。[163] 接下来，宋君荣用更长的篇幅描述了一部卷帙浩繁的著作，"因为它非常有用，而且在欧洲还不为人所知"，这就前面提到的、由康熙于 1715 年下令编纂刊印、王之枢担任主编的《（御定）历代纪事年表》（100 卷）。[164] 在结尾处，宋君荣提到中国史书的满文译本。他区分了两个不同的版本。宋君荣认为，康熙三年（1664）刊印的版本（*Hafu buleku bithe*）是前述的"通鉴"的满文译本，

143

144

另一部是 1691 年的《资治通鉴纲目》的满文译本（*Han-i araha tunggiyan g'ang mu bithe*）。宋君荣说，1691 年的这个满文版本"删去了康熙皇帝认为对满人无用的注释与意见。康熙皇帝亲自参与修订这部著作，而且这个译本享有极高声誉"。[165] 这其实就是冯秉正所翻译的版本。

宋君荣这篇论著的重要性不仅在于它介绍了中国的古代历史，而且，他的概述还展示了当时学者们可用的、有关纪年的所有汉文和满文的资料。

2.2.10　钱德明（Joseph-Marie Amiot，1718—1793）

"Abrégé chronologique de l'histoire universelle de l'empire chinois,"（《中华帝国简史》）收入 *Mémoires concernant l'histoire, les sciences, les arts, les moeurs, les usages, & c. des Chinois, par les missionnaires de Pékin*（《北京传教士所作关于中国人的历史、科学、艺术、风俗习惯的札记丛刊》，简称《中国丛刊》), vol. 13, Paris: Nyon, 1788, pp. 74-308.

"Abrégé chronologique de l'histoire universelle de l'empire chinois,"（《中华帝国简史》）Ms.（约 312 页；手稿，作于 1769 年 12 月 20 日）[sold at Christie's (London) Sale 3587, Lot 70, 30 April 2014][166]

[Amiot], "L'Antiquité des Chinois prouvée par les monuments,"（《中国古史实证》）in *Mémoires concernant l'histoire, les sciences, les arts, les moeurs, les usages, & c. des Chinois, par les missionnaires de Pékin*（《北京传教士所作关于中国人的历史、科学、艺术、风俗习惯的札记丛刊》），

vol. 2, Paris: Nyon, 1777, pp. 1-364. "L'Antiquité des Chinois prouvée par les monuments, par le P. Amiot"（页 148—193：有彩色插图印在中国旧式刻印用的纸页上）（法国国家图书馆，Bréquigny 107, fols. 1-193）

钱德明于 1750 年抵达中国，在中国生活了 43 年之后，于 1793 年在北京去世。他精通汉语和满语，编纂的书籍涵盖多种主题：中国的音乐和舞蹈、满语和礼仪、军事和远征、满汉以外的其他民族、孔子的一生，以及其他。[167] 钱德明与各国科学院的成员都有书信往来——圣彼得堡的、伦敦的，特别是巴黎的科学院成员。其中，他与亨利·贝尔坦（Henri Bertin，1720—1792）保持着密切的通信联系。贝尔坦是法国国王路易十五的重臣，也是财政总管（1759—1763 在任）。他首先发起了上述《北京传教士所作关于中国人的历史、科学、艺术、风俗习惯的札记丛刊》（简称《中国丛刊》）的出版发行（1776 至 1791 年间出版了 15 卷；1814 年又出版了 2 卷）。钱德明有关中国上古史的作品中，有两篇被收录在这部丛刊里。

《中华帝国简史》由三个部分组成，最前面还有一篇关于基本背景的文章，起名"初探"（Discours preliminaire）：

第 74—175 页　初探

第 176—214 页　第一部分：神话或故事的时代，从盘古［拼作 Pan-kou］到伏羲［拼作 Fou-hi］，这个国家的学者、有识之士将它视为神话时代。

第 215—229 页　第二部分：可疑或不确定的时代，从君主制的创始人伏羲到黄帝［拼作 Hoang-ty］，他是君主制的制定者。

第 230—308 页　第三部分：自黄帝六十一年起的历史时期或有证据的时代，即自公元前 2637 年起。[168] 本节包括第 234—308 页的中国历史纪年表；第 308*—308*** 页是图版说明。

钱德明这篇长文中使用了各种汉文和满文的资料。[169] 在写于 1769 年 12 月 20 日的"初探"的开头部分，[170] 钱德明提到新近出版了"所有君王的纪年表"，是乾隆皇帝出资支持的。[171] 这应该指的是《御批历代通鉴辑览》，这本书的武英殿刊本印行于 1768 年。[172] 虽然钱德明也可能参考了这部著作来完成《中华帝国简史》，但这似乎不是他的主要资料来源，因为第三部分的"纪年表"中的信息与《御批历代通鉴辑览》中的差异太大。看来，钱德明开始写作这本书的时间要比 1768 年早得多。

这篇作品中篇幅最长的是第三部分：它包括一个纪年表，涵盖了自黄帝六十一年以来的纪年。开头的标题虽然说这份纪年表止于乾隆三十五年即 1770 年，但事实上，它只包括了直到舜帝去世的历史。在书页的左边一栏中，钱德明根据干支循环的周期标出年份，而记在右边一栏的则是耶稣降生之前的年份。可以确定的是，这部分的内容是基于南轩的《资治通鉴纲目前编》(25 卷，1596 年；1630 年版)(而且在很大程度上可以说是翻译了南轩的书里相应的部分)，而南轩涵盖的是从伏羲到周威烈王的时期。钱德明没有明确地说明南轩的著作是他的资料来源，但《资治通鉴纲目前编》(或简称为《前编》) 这个书名有时候出现在注释部分[173]，而且南轩的名字作为评注人也出现在纪年中。[174] 早些时候，巴多明部分地翻译过南轩的著作，但钱德明与巴多明在措辞和风格上有太多的不同，不能说钱德明使用过巴多明的手稿。鉴于钱德明精通满语，如果说他

146

像巴多明一样同时使用了南轩的满文和汉文版本，这也并非不可能。钱德明的文中提到了四位帝妃和她们的孩子。但他与南轩的文本一致，也没有提到神奇生子的情节。[175]钱德明纪年表的开端是黄帝在位的第六十一年（被认为是公元前2637年），黄帝在该年发明了干支纪年的方法，[176]结束时间是舜在位的第五十年（被认为是公元前2206年），舜于该年去世。[177]南轩的文本没有使用甲子纪年。关于这部分的整合，钱德明依靠的可能是手中的《（御定）历代纪事年表》（100卷）——这本书是康熙皇帝于1715年下令刊行的，书中也是从黄帝六十一年开始的。这本书还包括一个带有甲子周期的简易表。钱德明也可能使用了不太为人熟知的《御纂历代三元甲子编年万年书》，它也是由康熙皇帝下令编撰的，也是从黄帝六十一年开始的。[178]其他的纪年表通常从黄帝八年，也就是第一个甲子周期开始（如陈宏谋编撰的纪年表）。

　　然而，南轩并非钱德明的唯一资料来源，因为他的《中华帝国简史》的第一部分讲述了从盘古到伏羲的历史，而这段时期是南轩的作品没有涉及的。这一部分主要是根据纲鉴类史书编写的，因为其中的许多细节只能在纲鉴类文本中找到。并不清楚钱德明使用的具体是哪一部，但他的文章多次提到"纲鉴"[179]和"纲鉴大全"，可能指的是钟惺的《鼎锲钟伯敬订正资治纲鉴正史大全》——这部作品被称为是《中国古史实证》（"L'Antiquité des Chinois prouvée par les monuments"）的众多参考资料之一。[180]钟惺的著作可能确实是添加进这篇《中国古史实证》的三份史家名单（共172个名字）所依据的资料来源。[181]大多数的纲鉴类史书会在开头印这样一份历史学家的名单，作为该纲鉴作品的一个副文本。[182]不过，钱德明在编写《中华

147

148

帝国简史》的时候似乎也使用了另一部纲鉴类史书。[183]此外，他还使用了其他的文本，如罗泌的《路史》。[184]至于讲述从伏羲到黄帝的第二部分，纲鉴类的作品仍然是钱德明的参考来源[185]，但他也使用了南轩作品中的资料。[186]

钱德明在他关于中国古代史的著作中再一次证实了我们已经在前面几位十八世纪的耶稣会士身上所观察到的情况：他们不仅将原始资料中的编年体和纪传体传统交织在一起，而且把汉文史书和满文史书交织在一起。

149   表 4　耶稣会士撰写中国历史和纪年的主要参考资料概览

	《通鉴纲目全书》		《纲鉴》		其他中国文献	欧洲文献
	陈桱	南轩	袁黄	钟惺		
卫匡国（1658）	√	√	√			
何大化（1654）			√			
柏应理手稿（1666/96）		√	√			
柏应理（1686）		√		√		卫匡国
德维诺（1696）		√	√			
门采尔（1696）					《增广幼学须知鳌头杂字大全》	柏应理
傅圣泽（1729）					《纲鉴甲子图》（年希尧）	
刘应（1720年代）			√			
巴多明（1730）		√				
雷孝思（大约1730/54）			√	√		
杜赫德（1735/36）						巴多明、柏应理、卫匡国（法文本）

续表

	《通鉴纲目全书》		《纲鉴》		其他中国文献	欧洲文献
	陈桱	南轩	袁黄	钟惺		
马若瑟（1730）	（√）	√	√			
冯秉正（1737/1777）	√	√ 满文本	√		《史记》《皇王大纪》《外纪》	
孙璋（1741）					《甲子会纪》（薛应旂）	
宋君荣（1749/1814）	√	√	√	√	《（御定）历代纪事年表》	
钱德明（1769/1788）		√	√	√	《御批历代通鉴辑览》	

结　论

　　本章的目的是找到关于中国历史和纪年的欧洲著作都参考了哪些汉文和满文的中国资料。本章与前一章有密切联系，因为前一章概述了流行于明末清初的汉文和满文写成的中国通史。然而，对于明末清初的史书编纂，我们的看法在很大程度上取决于两个方面的因素：一个方面是宋代的史书被赋予首要地位，另一方面是编修《四库全书》时对史书进行过筛选和评判。因此，一些重要的明代文献已经被遗忘——譬如主流传统中南轩的著作，以及纲鉴体传统中袁黄或钟惺的作品。清代早期的满文和汉文版本证实了这些史书的重要性和作为权威性著作的地位。通过本章的研究，传教士们所写的关于中国历史的著作及其参考资料，进一步证实了这些文本的权威性。虽然还没有完

150

全确定传教士们使用的所有资料来源，特别是很难确定他们使用了纲鉴体文本的哪个确切版本，但很明显，传教士们同时使用了南轩的著作和纲鉴体的史书，甚至纲鉴体文本是他们最重要的参考。这并不排除他们还参考了手头更多传统史书的可能，比如陈桱关于上古史的著作就有多个不同的版本。传教士很少提到原作者的名字，这个现象或许反映出一个事实，那就是涉及权威性文献的时候，文本本身比作者身份更重要。虽然十七世纪的传教士著作几乎很少注明他们所使用的资料来源，但到了十八世纪，我们看到更精确的参考信息，有时还特别详尽，比如在宋君荣的著作里。总的来说，这些参考信息和文本内容本身可以帮我们追溯到大量的原始资料，这一切能够证实，传教士详细掌握了当时可用的各种第一手资料，即使他们并不总是直接引用这些资料。最有可能的情形是，与传教士们展开对话的中国学者自己使用过这些著作，再将它们介绍给传教士。此外，当时欧洲所有收藏了中国书籍的图书馆（比如罗马的耶稣会档案馆、梵蒂冈宗座图书馆、法国国家图书馆）都存有这些纲鉴类史书的原始版本。

文化间的文本互现

这种对历史著作的概述也帮助我们了解文化间的文本互现以及文本的交织。文本内容从汉文原书到满文译本发生了一次转移；跟这个情况类似，将原始资料转移到各个欧洲语言版本的书籍中也有很多方式。有几部欧洲著作仅以一部作品作为参考：出现在门采尔的《中国纪年简表》当中的《历代帝王总记》篇幅较短，它取自如《增广幼学须知鳌头杂字大全》这样的蒙学读物里面的一个部分；巴多明的《中国初史直译，自伏羲至尧》基本上以逐字直译的方式翻译了南轩《资治通鉴纲目前编》的开篇内容；傅圣泽的《中国历史纪年表》是在年希尧《纲鉴甲子图》的基础上编写的；孙璋的《中国历史简编》是薛应旂《甲子会经》的一个译本；宋君荣的《中国纪年论，分三部分》的第一个部分是一个摘编本（Abrégé），源自钟惺的《鼎镌钟伯敬订正资治纲鉴正史大全》。这种将整部作品完成文化间转移的做法并不是向欧洲讲述中国古代史的唯一方式。虽然有些文本的确切资料来源还无法确定，但其他作品——如马若瑟的《中国古书中的天主教要理遗踪》和冯秉正的《中国通史》——都使用了多种参考资料。宋君荣的《中国纪年论，分三部分》当然是对当时各种有关纪年方法的汉文和满文资料的最好概述。前面已经解释过，诸如冯秉正或钱德明等人的著作将汉文和满文的资料汇集在一起，这种做法本身就与中国学者不同。因为传教士们站在一个局外人的立场，他们当中有人确实进入了一场汉文资料和满文资料之间的对话，而且他们的进入是源自多种因素的结合：最初对中国历史的无知和想要去理解的意愿；对历史真相的探索——这种动力有时是受到他们自己知识背景的启发；为某种解释寻求证明，则需要调查许多不同的资料。于是，他们将各种资料交织在一起，而当时的中国学者不一定以同样的方式来对待这些史书。最后的结果往往是，传教士的著作所使用的参考资料囊括了两种传统的史书，编年体和纪传体交错出现（不过在十八世纪的中国也可以找到一些类似的做法）。

　　这种文本之间互相引用或指涉的现象不仅发生在从汉文和满文著作到欧洲语言著作的转移过程中，而且也发生在欧洲语言著作之间。就像本书前一章介绍的中国史书一样，一些关于中国历史的欧洲著作似乎是通过"剪切—粘贴"的方法写成的。有些文本交织在一起，是由于欧洲内部产生了关于中国上古史的讨论。一个明显的例子是柏应理的《中国王朝纪年表》——这部著作结合了柏应理以前的手稿和新的中国文献，并在没有注明出处的情况下引用了卫匡国的《中国历史的第一世代》。德维诺和门采尔都是从未到过中国的学者，他们的作品是基于柏应理带到欧洲的手稿和中国书籍。另一个例子是杜赫德的《中国王朝大事记》——这篇文章是以巴多明的《中国初史直译，自伏羲至尧》为基础，但又交织了卫匡国的《中国历史的第一世代》和柏应理的《中国王朝纪年表》。与中国的情况类似，欧洲著作的创造性不仅体现在它们提供了关于中国古代历史的新信息，而且还体现为它们在很大程度上重现了汉文或满文的原始资料。

152

我们还可以看到，这些文本身上发生的文化间的转移现象也表现在写作形式的方面。这里运用了各种不同的方式来处理引文。除了翻译——直译或意译，有些作品还直接使用引文原文的汉字（也有满文）或音译的转写。不过，从手稿到印本这个过程中，转移会产生不同的形式：由于受众和刊刻技术的原因，汉字或经过音译转写后的汉文或满文词语通常不会出现在欧洲书籍的刊印本里（比如冯秉正的著作就是这样的结果）。值得注意的是行间注释和评论的处理方法，毕竟这也是中国书籍的主要特征之一。这种文本间互现的风格在欧洲的书籍中没有得到保留，只有巴多明的手稿是例外——该手稿是对南轩《资治通鉴纲目前编》的直译。大多数的欧洲著作倾向于直截了当的叙述，最多为其中某个资料来源添加参考信息。另一种主要的转移方式是将中国的原始资料转化为表格，如柏应理的手稿和刊印版的《中国王朝纪年表》就是这样处理的。

新的历史意识及其特点

本书第一章表明，自十六世纪以来，中国人的历史意识有所提高。中国的通史著作吸引了广大的读者，恰好在那个时间点到达中国的传教士也受益于这种演进。传教士们具有源自文艺复兴晚期的教育背景，他们编撰的历史著作和当时产生于中国本土的史书之间存在一些相似之处。在传教士们的时代，最新出版的明末的史书当中包含了更多的信息——既讲述了遥远的上古史，又涵盖了最近的当代史，于是，他们试图写出全面的中国历史的这种愿望才得以成为可能。在文艺复兴晚期的欧洲，这种为一个国家书写综合且连续的历史的做法也是比较新颖的。就文本间互相引用或指涉的形式和程度来说，正如中国书籍中后来的著作会大量抄录早期的文本一样，一旦传教士的手稿从中国抵达欧洲并需要编辑，欧洲书籍也会发生同样的情况，柏应理和杜赫德的刊印本就清楚地证明了这一点。由此产生的著作里则会出现大量文本交织的现象，不同来源的资料汇集在一起，不仅有汉文或满文的，也有来自早期欧洲书籍的内容。

在耶稣会士所写的、关于中国历史的著作中，两种史书编纂的传统融合在一起。这些作品的产生符合史学领域在"文艺复兴衰落"时期的发展趋势。威廉·鲍斯曼（William J. Bouwsma）在其《文艺复兴的衰落》（*Waning of the Renaissance*）一书中极好地概述了从文艺复兴向现代早期过渡的时代，历史学所展现出的特点。[187] 不仅耶稣会士关于中国的著作与这些发展特点相吻合，而且同一时期的中国史书也是如此。事实上，

153

耶稣会士的书写不仅与中国资料之间存在着多重互动，而且也与欧洲的历史编纂学之间存在着互动。从某种程度上说，当时的欧洲和中国在历史编纂学领域都处于全面发展的阶段，而耶稣会士的著作成了双方之间的桥梁。这种互动关乎时间观念、变化的观念，而且发生在各个层面。

鲍斯曼指出，传统的欧洲文化承认两种"时间"：一种是线性的、目标导向的时间概念，以《圣经》为唯一标准；另一种是周期性的、会重复的时间，是古典时期遗留下来的概念。它反映了宇宙天体有规律的运动，它的组成包括无止境的周期，而在这些周期中，所有的事物都会成熟、衰败、灭亡，就像人类自身的生命周期一样。从这个角度看，历史原本只是一种王国和帝国兴衰的记录，它之所以被赋予意义，主要是因为古人的行为体现了可以超越时代的美德或丑恶。鉴于这些观念，几个世纪以来，时间和变化的概念在欧洲似乎没有什么价值。[188] 我们可以看到，非常类似的线性以及周期性的时间观念在中国却是并存的。

鲍斯曼认为，在文艺复兴时期，一种关于"时间"和"变化"的新观点逐渐被接受。人们越来越将"时间"视为一种资源，是开放式的、线性的而不是周期性的，是可以利用的、积攒的和可以受到珍藏的。人们一开始并不太积极地看待"变化"，这个概念本身往往伴随着忧虑和损失感。但与此同时，人们对"新闻"的渴望越来越强烈，这意味着变化并不必然是可怕的，也不需要总是把变化归因于自然界的不完美，也不用把变化视为命运的无意义操作，更无需因此而拒绝它。[189] 事实上，耶稣会士从中国传来的全部知识在文化间的意义上都是一种"新闻"：当卫匡国回到欧洲的时候，他不仅带回了一则

"新闻"说存在着比大洪水还要古老的历史（《中国历史的第一世代》），而且还带回了"新的"中国地图（《中国新地图志》，*Novus Atlas Sinensis*）和关于最近清兵进入中国的"新闻"（《鞑靼战纪》，*De Bello Tartarico*，可能是他最成功的作品）。因此，历史知识从中国到欧洲的转移本身也是这个正在变化中的时代的一个组成部分，但这种变化正在被逐渐接受，显得越来越不那么可怕了。同样，将欧洲的纪年方法迁移到中国也是如此，中国学者如梅文鼎（1633—1721）以及康熙皇帝都清楚地知道，这就是"新闻"。[190] 对变化本身更积极的回应激发了人们的关切，人们更希望历史事件的发生顺序变得容易理解、更友好、对当下也更有用。"后来的文艺复兴记住了、保存了、复苏了，并重新创造了过去；随着这种情况的发生，开始用时间上的继承取代等级制度——使之成为一种方法，可以架构许多不同科目的知识。"[191] 因此，针对不同受众和目的的史书层出不穷。耶稣会士的著作主要基于新的中国史书——如纲鉴类的著作，这些作品也找到了一个新的受众群体，而传教士们自己书写中国历史的著作也有很多读者。鲍斯曼还指出，与此同时，一些历史学家将他们的精力集中在考证工作上，为的是使他们所写的史书更加准确，因为有文化的读者越来越不满足于历史著作里没有根据的断言、血腥或浪漫的故事，以及大量依赖于旧史书的陈词滥调。[192] 对古物的研究，以及这种纪年方法提供了某种替代方案，发展出更科学的方法去研究历史。正如葆拉·芬德伦（Paula Findlen）所展示的，这种趋势之所以成为可能，是因为古物学和纪年方法都偏重对于具体证据的深入研究，而不是对于过去发表某种泛泛的、一刀切的看法。[193]

　　在欧洲，历史知识的发展和历史学作为一门学科的出现是

154

基于这样几个要素：研究方法的理论化、语言学的进步、纪年方法的重要性，以及让真相优先于修辞。所有这些元素都可以在明末清初的通史以及相应的耶稣会士著作中找到。但根据鲍斯曼的说法，对于如何认识变化这个问题，一个主要元素是在有关上古时代的问题上不断增强的历史观。这已经在早期的人文主义中得到了体现——人们认识到古代不仅是遥远的，而且与现在有很大的不同，它对现在的教育意义是有限的，而且无论好坏，一个新的时代已经来临了。因此在描述古代的时候，强调连续性还是强调非连续性，二者之间存在着张力。耶稣会士讲述中国历史的著作正好处于这种紧张关系的中心。明末清初的中国通史自身已经逐渐在近期的历史和远古的历史之间建立了较长的连续性。对耶稣会士来说，乍一看，这种中国古代史与他们自己的欧洲历史之间没有任何联系。作为回应，他们当中的一些人试图去建立一种类似的连续性，他们的做法是将中国历史与大洪水的故事联系起来；而另一些人，如索隐派，他们则坚持强调非连续性，以便能够将这段古老的故事纳入他们自己的神学体系；还有一些人，如卫匡国或宋君荣，他们试图显示中国历史本身的连续性，以便建立一种欧洲历史之外的、与之平行的另一条历史线。

但正如鲍斯曼强调的，尽管史书的写作越来越精确、越来越复杂，但它仍然与修辞学保持联系，尤其是因为历史总被认为有所谓的教育意义。在中国和欧洲都是如此——将历史与修辞联系在一起，可以帮助历史学家笔下的过去展示出它对于当下的相关性。同时，刊刻文化继续发展，人们对时间和变化的认知水平逐渐提高，这使得越来越多的读者接触到各种类型的史书，历史知识和历史观念的普及也反映了民族意识的增强。

这不仅适用于十七世纪中国历史编纂学的发展，而且也适用于耶稣会士关于中国历史的作品在文化间这个层面的发展。通过对中国古代史进行修辞处理，这些作品向更多的欧洲读者介绍了一个新的世界，同时既强化了又细化了欧洲历史的特征。

上古时期的纪年

从内容上看，在当时的中国和欧洲，人们对纪年方法的兴趣越来越浓。在耶稣会士关于中国历史的著作中，这种同时存在于中欧两边的兴趣便有了融合的可能。根据中国史书当中提供的最新的古代纪年，耶稣会士就能够将它们与欧洲的体系交织在一起，并将其纳入新的、普世性的纪年。当时的欧洲和伊斯兰世界已经有了"普世的历史"（universal histories）或"世界编年史"（world chronicles）的传统。根据安德鲁·马什姆（Andrew Marsham）的定义，这类作品的主要特点是按时间顺序书写历史：这样的史书应该从创世开始或至少从远古的某个时间点开始，并把过去的大部分时间都尽量描写出来。第二个特点是尽量将广大的地理范围内的历史材料整合到一个时间结构中来。[194] 这两个特点都体现在耶稣会士讲述中国历史的著作里。正是由于他们自身在地理上的迁移，还有对中国上古史的"发现"，他们得以在地理和纪年两个维度上同时扩大"普世的历史"的范围。这些著作对欧洲纪年方法的影响已被广泛的研究，本书在绪言中也已经提过。[195] 在这里，我只想简要地重提一下这个问题，并且要强调中国的原始资料和欧洲关于这种纪年方法的著作之间的互动。

这个问题可以简单概括如下：1582 年的公历改革（格里高利十三世历法改革）之后，欧洲学者开始重新编制一版世界纪

156

年，重新计算创世的时间点可能是哪一年。由于被广泛接受的历史在很大程度上是神圣历史，《圣经》是主要的参考资料。除了创世记，大洪水——也就是据信发生在诺厄时代的那次大洪水——是计算时间的一个重要参考点。因为洪水是上帝用来毁灭人类的，而诺厄和他的家人是洪水中唯一的幸存者，所以，所有的人类都被认为是诺厄和他的三个儿子及妻子的后代。十七世纪中期存在着大量的编年史，我们介绍其中两种主要的纪年及其代表。[196] 第一种以詹姆斯·乌雪（James Ussher, 1581—1656）的作品为代表，它的编纂基础是武加大本的《圣经》，即希伯来语《圣经》的拉丁文译本（公元 400 年左右译成）。[197] 在这个纪年中，创世的日期是公元前 4004 年 10 月 23 日，而大洪水发生在 1656 年后的公元前 2348 年。这是天主教会最普遍接受的纪年版本，因为教会在 1546 年的天特会议上宣布武加大本的《圣经》是真实可信的。另一种纪年以艾萨克·福修斯（Isaac Vossius, 1618—1689）的作品为代表，它的编纂基础是七十士译本，即希伯来语《圣经》更早的希腊语译本（公元前三世纪和二世纪译成）。[198] 因为远古时候族长的统治年限在计算中出现差别，所以根据这个纪年，世界开始于公元前 5622 年，而大洪水发生在 2256 年后的公元前 3366 年（见表 5）。但是，中国的历史纪年会带来一个问题，这个问题也是卫匡国著作的主要出发点，这个问题是：中国资料里似乎存在大洪水之前的历史记录，但若一切都被大洪水摧毁，这些记录怎么可能被保存下来？根据卫匡国的说法，中国真实可信的历史确实可以追溯到公元前 2952 年（伏羲），而且这个时间点是可以肯定的，因为即使还没有干支循环的周期来记录年份，中国人就已经很谨慎地记录了这一时期的历史事件。这样看来，

表 5　多种不同版本的纪年概览

	乌雪 Ussher 希伯来语圣经 Hebrew/武加大本 Vulgate	福修斯 Vossius 七十士译本 Septuagint	卫匡国 Martini	柏应理 I Couplet I	柏应理 II Couplet II	杜赫德 Du Halde	雷孝思 Régis	冯秉正 I de Mailla I	冯秉正 II de Mailla II	孙璋 de La Charme	宋君荣 Gaubil	钱德明 Amiot
创世	4004	5622		[约 5475]			[约 5894]					
大洪水	（-1656）2348	（-2256）3366		[3219]			3638					
伏羲			2952	2944 大洪水之后 275 年	—		2952	2941	2953		3468	3461
黄帝			2697	2689 大洪水之后 530 年	[2697]	—	—	2686	2698	2697	2698	2698
帝喾			2435	2427 大洪水之后 792 年	[2435]	—	2435 亚巴郎 2406	2424	2436	2432	2436	2435
尧			2357	2357 大洪水之后 862 年	[2357]	2357	2357	2357	2357	2357	2357	2357

中国的纪年比天主教会普遍接受的那个纪年方法所涵盖的时间要长。[199] 而且，中国的记录似乎非常可靠。在卫匡国的书出版了七十五年之后，杜赫德简明扼要地概述了人们应该相信中国纪年的原因。他认为：中国的纪年是连续的、详细的；它不像希腊人和罗马人对于上古历史所做的纪年那样满是神话；中国纪年是基于各种天文观测的，而且最近重新做的历法计算证明了这一点；中国的古代史是由那个历史时期同时代的人所写；孔子认为它是千真万确的；《孟子》中的纪年似乎是正确的；上古时期帝王的年龄与《旧约》中提到的同一时期的人有相似的寿命长度。[200] 于是，中国的纪年方法对欧洲构成了严重的挑战，因为如果中国的上古历史被证明是正确的，它就有可能使《圣经》中的纪年方法显得可疑，甚至将之摧毁。

面对这一挑战，耶稣会士的反应各不相同。卫匡国看到了这个难题，于是他在序言中为自己辩护，因为他不得不指出中国文献里所记录的历史的起源时间似乎与武加大本《圣经》的说法相抵触。对他来说，可以肯定的是在大洪水之前就已经有人居住在中国的土地上了。他把这个难题留给欧洲研究纪年方法的专家来解决，因为他们手中有七十士译本的文本和其他的原始文本。[201] 卫匡国对中国历史和中国的纪年专家们非常钦佩，所以他使用了中国人的纪年方法，并对它的确切程度予以肯定，但没有考虑到它意味着对《圣经》纪年方法的批评以及可能产生的后果。[202] 根据毕诺的说法，卫匡国之后的耶稣会成员们——哪怕他们自己是中国上古史的热情捍卫者，但也从未如此大胆，至少在已公开发表的著作中再也没有发出过类似的声音。[203] 下一个则是由柏应理建立的纪年。解决上述难题的办法是采用七十士译本的纪年。柏应理在他关于纪年的一个手稿中明确地将伏羲元年设定到大洪水之后的 275 年，相当于公元前 2944 年——这是根据七十士译本的计算。[204] 这个版本也是由德维诺出版的那个。[205] 然而，柏应理纪年著作的手稿和刊印本之间存在差异，这个差异本身表明，在卫匡国的著作发表后不久，柏应理或他的编辑就开始采取较谨慎的做法。具体来看，刊印版与手稿的不同之处在于，它在书的开头没有明确提到七十士译本，但就像卫匡国一样，柏应理的纪年与武加大本里面写的并不一致。此外，刊印版的纪年开始得较晚：在刊印版的表格中，纪年从黄帝时期的第一个甲子开始，即公元前 2697 年（还是比武加大本里的大洪水时间早了 300 年）；而在手稿的表格中，纪年是从伏羲在位时期开始的，于是更提早了 300 年（公元前 2944 年）。与卫匡国一样，柏应理认为，伏羲之前的时代不是真实的历史，而是所谓的神话时代；但与卫匡国不同的是，卫匡国将历史事件串联成连续的时间线，没有中断，而柏应理的刊印本在伏羲和黄帝之间预留了一个时间断层，以便有可能将它解释为全世界范围内的大洪水。[206] 1686 年，这种观点成为耶稣会的立场。他们不怕接受中国上古的历史，但准备了一些预防措施。唯一需要做出的让步是按照七十士译本的方法来计算年份，而不是武加大本的——如此一来，甚至伏羲在位的时间也可以安排到大洪水之后。[207] 于是，虽然中国的纪年与欧洲（《圣经》）的纪年相违背，但第一个解决方案是使用另一种纪年方法，但它仍然属于同一个欧洲传统。即使这个替代方案挑战了武加大本的地位，但它仍然保留了《圣经》纪年的权威性。

　　从十八世纪二十年代开始，向欧洲传递有关纪年的信息和知识的这种思潮来到了第二阶段，关于中国历史古老性的问题出现了新的转向。本书第四章会展开这部分内容，简言之，一些耶稣会士，即所谓的索隐派，他们对中国上古史的真实性提出质疑。在他们眼中，中国历史的开始时间甚至晚于柏应理的版本——比如傅圣泽的《中国历史纪年表》就将可靠的纪年起点定在公元前424年。当巴黎的耶稣会士编辑在华耶稣会士所写的著作时，他们更倾向于使用武加大本的纪年，因此他们更愿意"缩短"中国历史的时间长度——比如杜赫德的著作就是从尧的时期开始的，对应着公元前2357年，他认为在此之前的时间点都不可靠。[208] 然而，这实际上比卫匡国作品里写的少算了六个世纪。还有一些耶稣会士，如雷孝思、冯秉正、孙璋和宋君荣——本书的第四章将他们称为"历史派"——他们继续坚持认为，中国纪年的真实性不仅有文献资料的基础，而且还有天文观测和新的历法计算做支持。对于他们来说，重要的不是如何将中国上古史进行压缩，使之符合武加大本的纪年（虽然包括杜赫德在内的一些欧洲人希望他们这样做），而是如何考证中国史书中记录的事实。[209] 雷孝思的著作[210]和冯秉正的著作[211]所认定的中国纪年与早期耶稣会士根据七十士译本对中国纪年所做的计算类似。而在宋君荣以及后来钱德明的著作中，有些计算甚至得出了时间跨度更长的中国纪年，将伏羲追溯到约公元前3468年或公元前3461年。[212] 这些内容体现在从中国寄往欧洲的不计其数的手稿中，它们成了欧洲知识分子讨论的对象。最终是伏尔泰将中国置于世界纪年的开端，因为他认为中国这个国家的史书记载是非常准确的，这一点无可辩驳。[213]

与中国史书的互动

从表5中可以看出，关于中国纪年方法的欧洲著作在根据欧洲历法重新计算中国的上古历史时，得出了各种不同的答案。在此，我们想强调这些著作与中国史书之间的互动，因为这部分差异来自中国史书本身。与纪年有关的中国史书不仅存在，而且具有很强的可读性，并且其中使用了系统的方法（例如，干支循环的周期），这些都极大地促进了欧洲著作的编纂。然而正如本书第一章中提到的，这些中国文献并没有在上古史的年代方面形成统一的观点。有一些属于道家思想的或受道家启发的著作，比如与纪年相关的《路史》，其中就说世界已经存在了至少两百万年。[214] 通史著作中也存在明显的不同观点，比如明代的通史比宋代的史书追溯到了更久远的过去。不同史书各执一词的第一个问题是，谁应该作为中国上古史纪年的开端：陈桱的《外纪》（修订本）和纲鉴类著作认为，是盘古；李东阳的《（历代）通鉴纂要》、南轩的《资治通鉴纲目前编》和《御批历代通鉴辑览》则认为，应该是伏羲。做出这种选择是基于可靠性的考量，事实上，南轩认为伏羲之前的许多故事都是"不经"[215]之谈，这种观点延伸到了欧洲著作中，后者也把此前的时期等同于"神话"时代。第二个问题是，干支循环的周期即第一个甲子应该从什么时候开始：是黄帝八年的时候（干支纪年的方法应该是在那时发明的），还是伏羲时代（干支纪年的另一位发明者），还是尧的时代（更可靠的时间记录从这个时代开始）。[216] 最后一个对（重新）计算有影响的问题是关于上古帝王的在位时间和死亡年龄。例如，在大多数的文本比如纲鉴类著作中，常见的说法是帝喾在位70年，死于105岁，而其他文本则说他在位63或75年，死于92、98、99或100岁。[217] 因此，上古纪年的时间长度和干支循环对应的年份都可以有不同的版本。总之，耶稣会士关于中国纪年的著作

161

显示出来的多样性部分地反映了中国文献本身已有的多样性，也在一定程度上显示出中国作者在历史和纪年的问题上关于什么更可靠、什么不可靠，持有不同的看法。因此，汉文和满文的资料在很大程度上塑造了耶稣会士向欧洲介绍中国纪年的方式。

另一种与什么是可靠的历史、什么是神话这个问题有关的考量是如何讲述神奇生子的故事——这类情节其实在中国传统（如帝喾的帝妃们）和欧洲传统（《圣经》故事中存在，古希腊神话、拉丁故事中也有）中都可以找到。在本章中，我们试图厘清这些耶稣会士在讲述中国历史的时候是否提到了帝喾众妃神奇生子的片段。通篇概述下来，我们发现有少数作品确实提到了神奇生子的情节，而大量的著作却没有，两类著作形成了鲜明的对比。第一类属于较早的作品，如卫匡国的《中国历史的第一世代》和柏应理刊印版的《中国王朝纪年表》，还有冯秉正的《中国通史》和雷孝思的手稿版《中华帝国史》。第二类包括何大化的《中国王朝的六个时期》、柏应理的手稿《中国历朝年表绪论暨中国王朝纪年简介》——也发表在德维诺的《中国王朝纪年简介》中，还有门采尔在柏应理的基础上写成的《中国纪年简表》、巴多明的《中国初史直译，自伏羲至尧》、杜赫德的《中国王朝大事记》、孙璋的《中国历史简编》、宋君荣的《中国纪年论》，以及钱德明的《中华帝国简史》。汉文或满文资料与欧洲著作中是否提到神奇生子情节存在一定的联系。例如，第一类的所有作品都是基于纲鉴类的史书，神奇生子的故事通常出现在纲鉴文本的正文内容当中。与此相反，巴多明的《中国初史直译，自伏羲至尧》和孙璋的《中国历史简编》就没有提到这个情节，因为他们所依据的两部中国史书也没有提过神奇生子的故事，它们分别是南轩的《资治通鉴纲目前编》和薛应旃的《甲子会纪》。这种关系并不总是明确的：何大化的《中国王朝的六个时期》、柏应理的手稿《中国历朝年表绪论暨中国王朝纪年简介》（发表在德维诺著作里的版本也是一样），以及宋君荣的《中国纪年论》，都是以纲鉴类史书为基础，但这些耶稣会的作者们并没有收录那些神奇生子的情节；而在杜赫德的《中国王朝大事记》、雷孝思的《拉丁文稿的摘要：中国编年史的纪年和古代历史的比较》中，是欧洲编辑在出版的过程中剔除了手稿里的神奇生子情节。这意味着，欧洲读者能够见到的帝喾传记其实有很多不同的版本。为什么不收录神奇生子的片段？当时是如何解读这些故事的？接下来的两章将探究这些问题。

163

注释

〔 1 〕关于这种划分，亦见 Pinot (1932), p. 249。

〔 2 〕我们不会讨论金尼阁（Nicolas Trigault，1577—1628）或曾德昭（Álvaro Semedo, 1586—1658）等作者的著作零星提及中国古代历史的内容。见 Pinot (1932), p. 194。

〔 3 〕关于这场辩论，见 Pinot(1932), pp. 214-249。

〔 4 〕关于这部以及其他已出版的欧洲原始资料，见 CCT-Database。关于各种不同版本，亦见 Cordier(1904), vol. 1, col. 580；罗马的传信部历史档案馆（Archivio Storico 'De Propaganda Fide'）保存着一份卫匡国（Martini）的著作手稿（505 页），是属于傅圣泽（J. F. Foucquet）的藏书（APF, SC Indie Orientali e Cina Misc.〔ellanea〕21）。

〔 5 〕书名里采用"第一世代"（decas prima）这种说法意味着卫匡国想遵循古代拉丁史学家的经典方案，即将历史细分为若干部分。见 von Collani (2005), p. 121。他还打算写"第二个世代"：见 Martini, *Novus Atlas Sinensis* (2002), p. 45 and 76〔这条信息由高华士（Noël Golvers）提供〕。关于德维诺（Melchisédec Thévenot）所说的"第二个世代"，见下文［亦见 Foss (1991), pp. 169-170］。

〔 6 〕他放弃了伏羲之前的时代，因为中国人认为这些年代的历史很可疑，因为它们包含了许多"虚假且荒谬"的内容［见 Martini, *Sinicae historiae decas prima* (2010), p. 3, 11］。

〔 7 〕关于卫匡国著作的内容，见 Pinot(1932)，特别是 pp. 200-202; Van Kley (1983); Melis (1983); Mungello (1985), pp. 124-133; Foss (1991), pp. 176-180; von Collani (1996), pp. 241-243。关于他的历史学方法论，尤其参见 Brancaccio (1996), pp. 221-230; Ghisalberti (1983), pp. 195-213（英文版：pp. 214-228）。另见 von Collani (1983)。

〔 8 〕关于他使用的资料来源，见序言的第 3 页［Martini, *Sinicae historiae decas prima* (2010), p. 7］。另见 Martini, *Novus Atlas Sinensis* (2002), p. 147（提到他随行携带了 50 种中文书籍）和 p. 170（提到他随行携带了"中国史书"）［这条信息由高华士提供］。

〔 9 〕见 Paternicò (2010), p. xvii; Lundbæk (1991a), p. 31。

〔 10 〕见 Paternicò (2010), p. xviii，尤其是 notes 10-12。

〔 11 〕例如，von Collani (1996), p. 233；另见 von Collani (2005), pp. 120-121, 123。

〔 12 〕或者还有胡宏的《皇王大纪》，用来参考从盘古到燧人氏之间的部分。可能还有郑樵（1104—1162）的《通志》。吴莉苇（2004），第 137—149 页；吴莉苇（2005），第 95—116 页。

〔 13 〕Paternicò (2010), pp. xv-xxxiii.

〔 14 〕由于南轩的著作（陈仁锡主编的另一个完整的《通鉴纲目》中使用了这一版）以伏羲开篇，而不是盘古，所以卫匡国使用这个版本的可能性较小。

〔 15 〕这里所说的陈桱，指的是他的《外纪》的原始版本，也是 Paternicò 使用的版本。卫匡国的著作与陈桱修订版有更多相似之处，修订版是指 1506/1560 年的版本（见本书第一章注释 59 提到的内阁文库藏本）。与纲鉴类的文本不同的是，这些信息出现在大量的注释中，而且并非所有的信息（所有信息都出现在纲鉴类的文本中）都被包括在内。

〔 16 〕浅见雅一使用的是最后一个版本，见 Asami (1999)，不过他对这两个本子都进行了描述。马德里藏本共有 195 个对开页，托莱多（Toledo）藏本有 476 页以及 11 页索引。

〔17〕ARSI, Jap. Sin. 107.

〔18〕见现代再版的 *Asia Extrema: Entra nella a fé, promulga-se a Ley de Deos pelos Padres de Companhia de Jesus*, ed. Horácio P. Araújo, 3 vols., Macau: Fundaçao Oriente, 1995-2005。

〔19〕参见 Pfister (1932), p. 223，根据费赖之（Pfister）所说，这段文字经常被 Noël Alexandre O. P. (1639-1724) 和利安当（Antonio de Santa María Caballero, O.F.M., 1602-1669，法文写法是 Antoine de Sainte-Marie）引用。

〔20〕这部著作包含许多细节，比如一些地名在当时的位置，这是典型的纲鉴体文本。其他细节信息似乎来自其他资料：例如，见"Monarchia da China", fol. 21v：关于黄帝发明八音的段落，写的是"金石丝竹匏土革木"，这种写法见于李东阳，《历代通鉴纂要》，《四库未收书辑刊》，第4—12册，第17页（卷1，叶7b）。

〔21〕可以参阅"Monarchia da China", fol. 23r 与袁黄，《历史纲鉴补》，《四库禁毁书丛刊》史部，第67册，第130—131页（卷1，叶16b—18a），除非何大化是基于另一个较短的纲鉴体作品。

〔22〕就帝喾来说，是大洪水之后的737年。

〔23〕对于这部著作和下面的罗马耶稣会档案馆的资料（Jap. Sin. IV, 6 A-E），相关描述见 Chan (2002), pp. 538-543。这部作品共有9章，正文没有出现汉字，但出现在干支循环的纪年表中。

〔24〕一些汉字被添加到这部作品中。

〔25〕与 ARSI, Jap. Sin. IV 6 A, fols. 1-16v 的情况是一样的：结尾处提到广州，1666年12月24日（其他人的笔迹；没有汉字；没有段落编号）。

〔26〕这是从柏应理的"Prologomena"当中节选并作了大大缩减的内容，也可能是基于另一个不完整的版本。另见 Golvers (1998), p. 1162, n. 72。

〔27〕Pinot (1932), pp.211-215; Van Kley (1983), pp. 199-200; Mungello (1985)，书中多处；Mungello (1990); Lundbæk (1991a), pp. 32-33; von Collani (2005), pp. 122-123.

〔28〕见 Golvers (1998), pp. 1162-1163; 加尼耶（G. Garnier）是德维诺（Melchisédec Thévenot）的《几本旅行珍闻记录》（*Relations de divers voyages curieux*）早期版本的出版商（见下文）；收在《中国

哲学家孔子》(*Confucius Sinarum Philosophus*)里面的这个版本的纪年表(*Tabula chronologica*)仍然保留了 1686 年的日期。

〔29〕ARSI, Jap. Sin. IV, 6 B, fols. 81：副省会长（Vice-Provincial）成际理于 1668 年 8 月 20 日核准；fols. 83-86: Sinicæ Chronolgiæ Cum vulgatâ Bibliorum Editione Concordia〔Petrus Gesnerius (1618-1705) S.J.〕；fols. 87-88：1672 年 9 月 10 日巴蒂（Ignatius Gaston Pardies, 1636—1673）评审（*iudicia*）；fol. 89: Joannes Gaverius，巴黎，1673 年 6 月 1 日；fols. 90-91: Petrus Possinus (1609-1673)，1672 年 5 月 17 日（负面评价）；阿塔纳修斯·基歇尔（Athanasius Kircher, 1601—1690），罗马，1672 年 4 月 16 日；fols. 92-97：一个身份不明的作者，1670 年 11 月 19 日；fols. 98-99. 亦见 Chan(2002), p. 541。

〔30〕这些表格还包括可以比较的纪年日期，例如，大洪水之后的年份对于帝喾而言就是 792 年。

〔31〕见 "Præfatio ad Tabulam chronologicam Sinicæ monarchiæ", in Couplet, *Tabula chronologica Monarchiæ Sinicæ* (1686/87), p. iv; 以及手稿 "Prologomena ad Annales Sinicos," ARSI, Jap. Sin. IV, 6 A, § 4: *fabulosum, fabulas, fabulæ, fabulosum.*

〔32〕另见 Pinot (1932), pp. 212-214。

〔33〕更早的讨论，见 Mungello (1990), pp. 186-189; von Collani (2005), p. 123。

〔34〕手稿《中国历朝年表绪论》（"Prologomena ad Annales Sinicos"）包括 9 个章节，共 87 个编号段落，其中导言（§1—3）、第 2 章（§10—21：讨论使用七十士译本之必要性）、第 6 章（§35—39：关于中国的历法，其中包括闰月）、第 7 章（§40—50：关于中国史家的可靠性）、第 8 章结尾（§68—71）和第 9 章（§72—87：关于年表）的在刊印本中完全重刊，其他部分有缩减。刊印本里有两篇序言，第二篇序言的内容呼应的是手稿第 8 章的开头。

〔35〕见 "Prologomena ad Annales Sinicos," ARSI, Jap. Sin. IV, 6 A, § 47 chím sù. i.e. *rectam legitimamque Historiam*，即正史；guêi sù. *fabulosæ falsæque sunt*，即外史；yè sù. *syluestres atque à privatis hominibus conscriptæ*，即野史；另见 §43 是关于周朝五史（五种史官）的内容。

〔36〕Sím lì tá çïuên（"Prologomena ad Annales Sinicos," § 5；刊印版，

"Præfatio ad Tabulam chronologicam Sinicæ monarchiæ," in Couplet, *Tabula chronologica Monarchiæ Sinicæ* (1686/87), p. v); xū kīm（§ 13, 36, 56); tüm kién cām mǒ, (150 ferè voluminibus)（§ 41, 50, 79); Niên yě sù.（§ 41); quě yú（§ 43); chūn çieū（§ 56；刊印版，p. 25)。

〔37〕"Prologomena ad Annales Sinicos," § 36 (ARSI, Jap. Sin. IV, 6 D, fol. 110r) = Legge (1991), vol. 3, pp. 21-23（《书经》，卷1，出自《尧典》)。

〔38〕"Prologomena ad Annales Sinicos," § 80 (ARSI, Jap. Sin. IV, 6 D, fol. 118v)，即《御批资治通鉴纲目》，《四库全书》，第689册，第548页（卷9上，叶35a-b)。

〔39〕参见提到司马迁的地方：sù. mà çïēn（"Prologomena ad Annales Sinicos," § 16, 44；另见 Taí sù cūm：§ 4, 56；刊印本，"Præfatio ad Tabulam chronologicam Sinicæ monarchiæ," in Couplet, *Tabula chronologica Monarchiæ Sinicæ* (1686/87), p. iii, 25). 可能提到的左氏是指《左传》的作者：çò xí, eruditus author et antiquus（§ 43). 另有一处尚未确定的是：yâm çiě, gravissimus inter Sinas auctor ... in Prologo suo（§ 59；刊印版，p. 26)。

〔40〕"Synopsis Chronologica Monarchiæ Sinicæ" 的手稿有两个版本（都不完整)：一个是叙述式的，一个是表格式的（见上文)。

〔41〕十七世纪和十八世纪初的大多数耶稣会士著作里，都用 "hien"（对应汉语拼音当中 "xian"）来称呼他的名字；而与 "轩" 的发音相应的拼法一般有 xiān、xiàn、hǎn、jiān。

〔42〕"Prologomena ad Annales Sinicos," § 9 nânhiēn（刊印版，"Præfatio ad Tabulam chronologicam Sinicæ monarchiæ," in Couplet, *Tabula chronologica Monarchiæ Sinicæ* (1686/87), p. xj: "Unde Nan hien auctor meritò dicit, multa ex iis quae referuntur ante tempora Yao & Xun accidisse, esse pu kim, hoc est, non authentica; ...")。这句引文相应的汉语来源是南轩给《资治通鉴纲目前编》写的序言，《四库全书存目丛书》史部，第9册，第6页（原始，叶1b)(南轩具体指的是陈桱和刘恕)。这段话也被引用在艾儒略的《万物真原》里面［叶3a；《徐家汇藏书楼明清天主教文献》，第1册，第169页；参见 Dudink (2012), p. 127, n. 142］，以及利类思（Lodovico Buglio）的《不得已辩》［叶16a；《天主教东传文献》，第259页；亦见 Witek(1983), p. 235］："南轩氏论尧舜以前之事，（亦）曰其中多有

不经，又曰作史者当自伏羲造端无疑也。"（第二句引用南轩的话可以在南轩的序言中找到，第 6 页）。另见前章注释 71 和 72。

〔43〕 "Prologomena ad Annales Sinicos," § 67（没有出现在刊印本中）"Scriptores autem rerum Sinensium (praeter eos, qui Trium Familiarum Principum tempore floruerunt) universim 175 extitere; (quorum nomine), et patriam, et dignitatem quisquis scire voluerit, quid item, quo stylo, qua ratione scripserint, Annalium Maius Opus non autem Synopses et compendia consultat; Prologomena quoque Historiographi yēn fân leào dicti, quae operi suo (quod 36 voluminibus constat) Author iste praemittit, non parum Lucis hîc adferre poterunt."

〔44〕 袁黄，《历史纲鉴补》，《四库禁毁书丛刊》史部，第 67 册，第 112—115 页（首卷，叶 17a—24a：先儒名公姓氏）（共 166 人的姓名）。保存下来的袁黄著作都有 39 卷。见《中国古籍善本书目》，第 2 册，第 133 页；《中国古籍综目》，第 1 册，第 130 页。

〔45〕 参见《史记》，第 2 册，第 507 页（卷 13）；引自《索隐》，原文是"封其支庶……"（"支庶"意为妾的儿子）；在刊刻版本中，这句话被改为帝喾的兄弟和儿子们（他们的确是昌意的子孙）。

〔46〕 例如，Couplet, *Tabula chronologica Monarchiæ Sinicæ* (1686/87), pp. 2-3；袁黄，《历史纲鉴补》，《四库禁毁书丛刊》史部，第 67 册，第 130—131 页（卷 1，叶 16b—18a）没有提到帝喾的干支纪年，只提到尧即位的元年。[甲辰（即干支循环的第 41 年），与柏应理的版本相符。]钟惺，《鼎锲钟伯敬订正资治纲鉴正史大全》，《四库禁毁书丛刊》史部，第 65 册，第 121—122 页（卷 1，叶 20a—21a）提到了帝喾元年的干支纪年是乙酉（即干支循环的第 22 年），挚的第一年是己未（即干支循环的第 32 年），尧的是甲辰（即干支循环的第 41 年）；柏应理在干支纪年的年份数字上经常会错开一个数字；不过，所有查阅过的资料都将乙酉年作为帝喾在位的第一年。

〔47〕 例如：Couplet, *Tabula chronologica Monarchiæ Sinicæ* (1686/87), p. 5（帝杼治下，拼法是 "Ti Xu"）："*An. 41 succedit Ti Xu filius. Anno 44. maris Eoi rebelles domat.*（他平定了东海叛逆）*An. 57 Ti Xu moritur.*"；袁黄，《历史纲鉴补》，《四库禁毁书丛刊》史部，第 67 册，第 137 页（卷 1，叶 9a）只提到了继位的干支纪年年份；没有提到征服叛乱的人（只见

于手写添加的内容）；对于去世的日期，没有干支纪年的年份；钟惺，《鼎锓钟伯敬订正资治纲鉴正史大全》，《四库禁毁书丛刊》史部，第65册，第132页（卷2，叶7b—8a）提到三个干支纪年的年份：甲辰（即干支循环的第41年）、戊申（即甲子第45年）和庚申（即甲子第57年）；柏应理将戊申误认为是第44年，而不是第45年。

〔48〕关于这个文本的内容，见 Van Kley (1983), pp. 198-199。

〔49〕另见 Foss (1991), pp. 170-172。

〔50〕这一解释出现在第二卷第四部分的开头（没有页码的导言内容）："Je me trouve encore une histoire entiere de la Chine, écrite en Persan, continuée jusqu'au commencement du dernier siecle, & qui peut en quelque façon suppléer la seconde decade qui manque à l'Histoire de la Chine, que le mesme Pere Martinius nous a laisse imparfaite ne l'ayant continuée que jusqu'au temps de la naissance de Jesus-Christ." 另见 Foss (1991), p. 171：傅得道（Foss）指出，另一部关于中国历史的波斯语著作在1677年被翻译成拉丁文并由世界主义者 Andreas Muller 编辑。关于这个文本，亦见 Cordier (1904), vol. 1, col. 581。

〔51〕如上所述，罗马耶稣会档案馆保存的那部篇幅最长的手稿一直将历史延续到唐代，但文本的标题是"直到1666年"；至于德维诺书中的1425年和这里的1666年之间存在差异，具体原因并不清楚。

〔52〕Pinot (1932), pp. 210-211。毕诺还指出，它把伏羲的第一年定在公元前2944年，而不是公元前2952年（卫匡国采用的说法）。

〔53〕Lundbæk (1986), p. 81, n. 141; pp. 134-135, n. 45（插图，p. 145）; Walravens (1987), no. 99; Foss (1991), p. 173; von Collani (2005), p. 124.

〔54〕见 Foss (1991), p. 172; Kraft (1976), pp. 111-116。

〔55〕见重印版 Lundbæk (1986), p. 145; Walravens (1987), p. 177。

〔56〕Lundbæk (1986), pp. 81-82。在注释141中，龙伯格（Lundbæk）补充说："门采尔写道，他用选帝侯图书馆中的《中国编年史》（Chinese Annals）来编写的这本简短的历史目录，供未来的图书馆管理员使用。真的是这样，因为门采尔在编年史中找到了各位帝王的名字，并把他们添加到他自己对柏应理的纪年所作的总结中。"

〔57〕关于这个故事的英译本，见 "Illustrations of Men and Things in China: A Chinese Toy-book, the Tung Tuen Tsă-tsze, or Eastern Garden's Miscellany," Chinese Repository 10:11 (November 1841), pp. 613-

618；另见 Michel Soymié, "L'entrevue de Confucius et de Hiang T'o," *Journal asiatique* 242:3-4 (1954), pp. 311-392。

〔 58 〕Walravens (1987), no. 169：瓦拉文斯（Walravens）指的是他提到了奥古斯特公爵图书馆（Herzog-August-Bibliothek）的藏本，编号为 Wolfenbüttel Cod. Guelf. 117 1 Extrav.〔 3 〕〔另见 Fuchs (1966), no. 144 〕。

〔 59 〕无标题，见 Fuchs (1966), no. 142: Thüringische Landesbibliothek Weimar, Q 679 a)；另见一份手稿：Fuchs (1966), no. 177, c: "Genealogia Imp[er]atorū Sinensium, in hoc libello (parentorū filiorum sermones, doctrinaeque dicto) contenta, et ab initio mundi deducta. lie tai ti ram çum ki 历代帝王总记 ."

〔 60 〕Lundbæk (1986), p. 135, n. 45。另见 Mungello (1985), pp. 240-241，其中有一张《小儿论》第一页的插图。

〔 61 〕HYL: T 9308 2728；另一个藏本 T 9308 4448 没有《历代帝王总记》（《增补素翁指掌杂著全集》，李贽、陈眉公〔继儒〕、王百谷〔穉登〕编，书林千赋堂，康熙八年〔 1669 〕）。

〔 62 〕关于蒙学读物，见 Lee (2000), pp. 441-442（《杂字》），pp. 452-453（《百家姓》），p. 466（《幼学须知》）。

〔 63 〕Pinot (1932), pp. 149, 251-252。

〔 64 〕寄给杜赫德的一封信，并指示杜赫德将其转交给巴黎皇家科学院的德·梅朗（Jean Jacques Dortous De Mairan）。这封信被编辑后收入《耶稣会士书简集》(*Lettres édifiantes et curieuses*) 中（有相当大的改动）；见 *LEC* (1811), vol. 21, pp. 364-418〔关于其他版本的参考信息，见 Cordier (1904), col. 933 〕；然而，《耶稣会士书简集》里面的版本并没有包括这部分直译的上古史。杜赫德认为，除了占用过多版面之外，这些内容并不符合大多数读者的口味〔*LEC* (1811), vol. 21, p. 368 〕。〔关于这封信和杜赫德的修订，见 Pinot (1932), pp. 160-161; 165-166; 177-180（Pinot 详细分析了这些差异）；Foss (1991), pp. 161-162。〕

〔 65 〕关于这些通信往来，见 Grover (1980), p. 90 及其后内容。

〔 66 〕"Il est bon encore d'avertir que l'histoire que j'ay traduite est celle qui a pour titre: *Tse Tchi Tom kien kam mou Tsien pien* faite par Sse ma kouan historien public de la dynastie des Som, qui vivait dans le 11me siècle après J. C. C'est celle que l'Empereur Cam hy fit traduire, et dans la preface qu'il y a mis, il fait l'éloge de cet auteur..." 巴多明提到了朱熹、金履祥即《前编》（Tsien pien）的作者，还提到了《续编》（su pien），都出现在同一篇序言里。（BnF, Ms. fr. 12.215, fol. 136r; BnF Ms. fr. 17240, fol. 90; see also Cordier (1904), col. 1086; Grover (1980), p. 91, n. 53）

〔67〕"(...) P. Parrenin (...) a cru devoir faire une traduction fidelle du commencement de l'histoire chinoise du *Toum Kien Kam mou*. Il l'a fait sur la version tartare, rien n'est plus exact et la mienne ne sauroit l'etre a ce point"; Gaubil (1970), p. 262；1730 年 9 月 20 日，写给一位耶稣会传教士的信 [无收信人姓名，但可能是苏熙业（Etienne Souciet）]；亦见 Foss (1991), pp. 165-166。同样的信息也出现在宋君荣（Gaubil）*Traité de la chronologie chinoise*, in *MCC*, vol. 16, p. 182。完整的参考书目见本章 2.2.9 节。

〔68〕感谢魏宁坦（Nathan Vedal）和欧立德（Mark Elliott）帮助完成这一比较。

〔69〕在法国国家图书馆的馆藏手稿 BnF Ms. fr. 17240 中，在第 93 对开页的右边，巴多明同时用汉语和满文翻译了关于伏羲的一段引文。

〔70〕同样的信中提到 "过年"（"l'anpassé"）[Gaubil (1970), p. 261]. Foss (1991), p. 165。

〔71〕南轩，《资治通鉴纲目前编》，《四库全书存目丛书》史 部，第 9 册，第 25—26 页（卷 1，叶 26b—28a）。

〔72〕Parrenin, "Version litterale du commencement de l'histoire chinoise depuis Fou-hy jusques à Yao," BnF, Ms. fr. 17240, fols. 120r-121r.

〔73〕Foss (1991), pp. 176, n. 82. 根据傅得道（Foss）的说法，它是杜赫德用小体字写的。手稿内容与刊印在《中华帝国志》（*Description ... de la Chine*）当中的文本非常相似。关于帝喾的段落可以在手稿中找到（BnF, ms. fr. 19537, fols. 5v-6r）。手稿中提到的最后日期是 1731 年 11 月 30 日。

〔74〕在这方面，吴莉苇（2005），第 154—161 页（关于帝喾）追溯各种原始资料的尝试有些混乱，识别出来许多不同的资料，但事实上杜赫德并没有直接使用这些资料，甚至也没有间接使用过。

〔75〕关于杜赫德的作品，见 Landry-Deron (2002)；亦见 Foss (1983),

p. 67 及之后，还有 Hsia (2009), p. 137 及之后；关于各种不同的版本（包括部分德语和俄语的译本），见 Cordier (1904), vol. 1, cols. 45-52, 61。

〔76〕Pinot (1932), p. 173 及之后。

〔77〕Pinot (1932), p. 174.

〔78〕关于帝喾的部分，见 Pinot (1932), pp. 177-178（但被误认为是他的儿子挚）。

〔79〕Foss (1991), pp. 167-168（这里提到，十八世纪的作者意识到与早期传教士的历史类著作有相似之处），特别是 pp. 176-182。

〔80〕Du Halde, "Fastes de la Monarchie Chinoise," in *Description ... de la Chine* (1735), vol. 1, p. Xii〔被引用到 Foss (1991), p. 182〕；Du Halde(1736), vol. 1, p. xx.

〔81〕Du Halde, "Fastes de la Monarchie Chinoise," in *Description ... de la Chine* (1735), vol. 1, p. 282; Du Halde (1736), vol. 1, p. 276.

〔82〕Du Halde, "The Annals of the Chinese Monarchy," in *The General History of China, ...* (1736), vol. 1, pp. 280-281.

〔83〕Pinot (1932), p. 175。关于杜赫德使用巴多明著作的情况，另见 Landry-Deron (2002), p. 114。

〔84〕Pinot (1932), pp. 177-178。

〔85〕见 Du Halde, *Description ... de la Chine* (1735), vol. 3, pp. 2-15，是 "De la Réligion des Chinois" 一章下面的 "Du Culte des anciens Chinois" 一节；Du Halde (1736), vol. 3, pp. 2-18。关于帝喾和他的儿子挚的部分，见于 (1735), p. 7 and (1736), pp. 8-9；在英文版中，是 (1741), vol. 3, pp. 14-29: pp. 24-25。

〔86〕关于杜赫德对 "天"（Tien）和 "上帝"（Chang ti）的用法，见 Landry-Deron (2002), p. 249。

〔87〕这段引文的翻译是以法文版为基础的："Ti ko, neveu de Tchuen hio, fût de même élevé à l'Empire par les suffrages de tous les Ordres de l'Etat. Il ne s'appliqua pas moins que son oncle〔= Zhuanxu〕au culte du *Chang ti*, & a l'observation réligieuse des cérémonies. On trouve dans les fastes de ce Prince, & dans la tradition autorisée par les King, que l'Impératrice Yuen kiang, qui étoit stérile, accompagnant l'Empereur à un sacrifice solemnel, demanda des enfans au *Chang ti* avec tant de ferveur, qu'elle conçût presqu'au méme tems; & que dix mois après sa priere, elle mit au monde un fils nommé Heou tsie. (...).

〔88〕Landry-Deron (2002)，这部优秀的著作确定了杜赫德所使用的大部分资料来源。但遗憾的是，并没有指明这一节的原始资料。

〔89〕另见 Landry-Deron (2002), pp. 193-194, 278。

〔90〕袁黄，《历史纲鉴补》，《四库禁毁书丛刊》史部，第 67 册，第 130—131 页（卷 1，叶 16b—18a）；钟惺，《鼎镌钟伯敬订正资治纲鉴正史大全》，《四库禁毁书丛刊》史部，第 65 册，第 121—122 页（卷 1，叶 20a—21a）；也见于南轩，《资治通鉴纲目前编》，《四库全书存目丛书》史部，第 25—26 册（卷 1，叶 26b—28a）；陈桱，《（资治）通鉴续编》，《四库全书》，第 332 册，第 445 页（卷 1，叶 13a-b）；刘恕，《资治通鉴外纪》，《四库全书》，第 312 册，第 667 页（卷 1，叶 13a-b）。

〔91〕BAV, Vat.lat.12862, fols. 2r-49v.

〔92〕BAV, Vat.lat.12862, fols. 103r-141r；帝喾出现的位置是 fol. 130r；参见 Biblioteca da Ajuda, Cod. 46-XII-12, fol. 580.

〔93〕BAV, Vat.lat.12855 (720 pp.), Vat.lat.12856 (513 pp.), Vat.lat.12857 (587 pp.), Vat.lat.12858 (798 pp.), Vat.lat.12859 (722 pp.); Vat.lat.12860 (318 pp.). 关于帝喾的部分（写作 "Ti ku kao sin xe"）出现在 Vat.lat.12855, pp. 108-117. See also Biblioteca da Ajuda, Cod. 46-XI-18, 19, 20, 21, 22, 23, 24; Cod. 46-XII-1, 2.

〔94〕Cordier (1904), vol. 1, col. 562.

〔95〕见 *Histoire de la conquete de la Chine par les Tartares mancheoux*, vol. 1（无页码）中的宣传页，手稿中没有提到日期。

〔96〕关于这部著作，另见 von Collani (2005), p. 127; Foss (1991), pp. 175-176。傅得道认为，杜赫德没有使用过这份手稿。Pinot (1932), p. 452（只是简单提到）。将描述帝喾的内容与冯秉正（de Mailla）的版本相比较，见 de Mailla, *Histoire générale de la Chine* (1777-1785), vol. 1, pp. 36-37。

〔97〕Rosenberg & Grafton (2010), p. 16. 它被称为"尤西比乌斯"（Eusebian）模式，即四世纪的学者尤西比乌斯（约 260—约 340）的年代记法。

〔98〕例如，参见 Régis, "Concordia chronologiæ annalium Sinensis Imperii," BnF, NAF 8981, p. 25：提到他的去世地点〔北直隶（Pe-che-li）的大

名府（Tai-ming-fou）下辖的清丰县（tsin-fong）], 这与纲鉴类文本一个注释中的描述相匹配，见袁黄，《历史纲鉴补》，《四库禁毁书丛刊》史部，第67册，第131页（卷1，叶17b）。

〔99〕*Histoire de la conquete de la Chine par les Tartares mancheoux*, p. 2, p. 210.

〔100〕*Histoire de la conquete de la Chine par les Tartares mancheoux*, p. 2, p. 210.

〔101〕另见 Kolmaš (2007) 的拉丁文本和捷克语译文。

〔102〕关于傅圣泽的年表，还有其他解释但无作者姓名，见 "Explication de la nouvelle table chronologique de l'histoire chinoise" (BnF, Fr. 12209, fols. 50-61); "Memoire instructif pour la nouvelle table chronologique des Chinois" (BnF, Fr. 12209, fols. 62-68)。

〔103〕见梵蒂冈图书馆收藏的书籍（BAV, Borgia Cinese），其原始的书目清单保存在 BAV, Borgia Cinese 357。见 Standaert (2015b)。

〔104〕Pinot (1932), pp. 252-253；另见 p. 149。

〔105〕Pinot (1932), p. 252。亦见宋君荣的意见。Gaubil (1970), pp. 262-263：1730 年 9 月 20 日写的信，无收信人姓名（可能是苏熙业）。

〔106〕年希尧也是《视学》(1729) 的作者，这本书翻译的是安德烈亚·波佐（Andrea Pozzo）的透视学著作 *Perspectiva pictorum et architectorum* (Rome, 1673-1700)。见 CCT-Database。

〔107〕法国国家图书馆藏有个本子，编号为 BnF Chinois 641-643，其中一个将纪年延续到 1771 年，有钱德明的注释。另见 BAV, Borgia Cinese 439-F［三个本子在附注里提到 1774 年这个时间和枢机主教 Stefano Borgia (1731—1804) 的名字］，编号 439K(1-3) 和 518-4 的是不完整的本子。

〔108〕Witek (1982), p. 457（有一个清单上注明了现存的藏本）。另见 Witek (1983), p. 241。

〔109〕Du Halde, *Description ... de la Chine* (1735), vol. 1, pp. xiii-xiv. 引文见 Foss (1991), p. 174。

〔110〕Foss (1991), p. 174.

〔111〕Lundbæk (1991b), pp. 161-165。

〔112〕马若瑟（de Prémare）在 "Discours preliminaire" 当中的注释，见 Gaubil, *Le Chou-king, un des livres sacrés des Chinois* (1770), p. cxxix。

〔113〕Emperor Ku: de Prémare "Discours preliminaire," in Gaubil, *Le Chou-king, un des livres sacrés des Chinois* (1770), p. cxxxviii. 德金（De Guignes）似乎使用了陈梓的明代中期版本或《御批资治通鉴纲目全书》，因为其中将帝喾所作的音乐称为 "Kieou-tchao"（九招）；认为都城 "Po"（亳）位于河南归德府附近（Kuei-te-fou dans le Ho-nan）。

〔114〕例如，白晋认为，《路史》中的黄帝就是弥赛亚的代表，见 von Collani (1991), p. 121。另见 de Prémare, "Selecta quædam vestigia," BnF, Chinois 9248, fol. 257; Prémare (1878), p. 391，其中指出，罗泌在《路史》中所写的英雄时代之全面，没有人超过他。另见本书第四章的第 4.1.3 节。

〔115〕这应该是《镌王凤洲先生纲鉴正史全编》（24 卷）的诸多版本之一，例如，《四库禁毁书丛刊》史部，第 53 册，第 345—682 页。

〔116〕BnF, Bréquigny 18, fol. 18v; de Prémare "Discours preliminaire," in Gaubil, *Le Chou-king, un des livres sacrés des Chinois* (1770), pp. liii-liv. 参见注释部分。

〔117〕BnF, Bréquigny 18, fol. 17v; de Prémare "Discours preliminaire," in Gaubil, *Le Chou-king, un des livres sacrés des Chinois* (1770), p. lii. 引文出现的地方是袁黄，《历史纲鉴补》，《四库禁毁书丛刊》史部，第 67 册，第 124 页（卷 1，叶 3b）。

〔118〕BnF, NAF 4754, "Catalogue des livres chinois," pp. 13-14.

〔119〕关于耶稣会士和天主教书籍当中的帝王成汤，见 Malek (2010)。

〔120〕袁黄，《历史纲鉴补》，《四库禁毁书丛刊》史部，第 67 册，第 139 页（卷 1，叶 24a）。这段话也被引用在一个无撰著者姓名的文本中（归于白晋的名下），该著作整理了古代典籍中与"造物主"有关的语录：《造物主真论》，《法国国家图书馆明清天主教文献》，第 26 册，第 404 页；同一文本还引用了其他纲鉴类著作的段落（第 386、405、446 页）。

〔121〕BnF, Chinois 9248。也可参见篇幅较短的拉丁文手稿，中文标题为《经传遗迹》（43 个对开页）（ARSI, Jap. Sin. II, 168）。这是一部无撰著者姓名的作品，但由于其笔迹和结构与《要理遗踪》相同，可以清楚地认定它来自马若瑟。这个文本的开头有一份所使用的中国历史资料的清单，上面有：司马迁的《史记》、司马贞的《三皇纪》、刘恕的《资治通鉴外纪》、金履祥的《通鉴前编》、朱熹的《资治通

鉴纲目》和司马光的《资治通鉴》。另见 Chan (2003), pp. 455-456。
亦参见本书第四章 4.1.3 节。

〔122〕关于这个文本，见 Lackner (1993) 和 Lundbæk (1991), pp. 130-136。

〔123〕"Selecta quædam vestigia," BnF, Chinois 9248, fols. 255-256; Prémare (1878), p. 390.

〔124〕"Selecta quædam vestigia," BnF, Chinois 9248, fols. 256-257; Prémare (1878), p. 391. 马若瑟在 "Lettre sur le prétendu athéisme des Chinois" (BnF, NAF 4756, fol. 41bis) 一文中也提到了袁黄。他说："袁了凡撰写了许多著作，其中之一就是《历史纲鉴补》，这是一部出色的中国历史摘编读本。在每个难解的地方，他都提供了不同学者的观点和批评意见，这是其他摘编读本的作者没有做到的。"见 Landry-Deron (2002), p. 194。

〔125〕见考狄（Cordier）的描述，Cordier (1904), col. 584。另见 Dehergne (1973), p. 164: "Cf. Miss. Étrangères de Paris 436, 327-333"。

〔126〕Gaubil (1970), p. 207：写给苏熙业（Etienne Souciet）的信，收信日期是 1729 年 9 月 25 日。关于 1732、1735、1736 和 1737 年的其他参考资料，见 Foss (1991), pp. 184-185; Pinot (1932), p. 143。

〔127〕关于这次出版的起源，见 Foss (1991), pp. 186-188。

〔128〕Gaubil (1970), pp. 674-675：1752 年 8 月 28 日写给德利尔（J. N. Delisle）的信。宋君荣曾对冯秉正的一些早期的译本提出批评，例如，相比于冯秉正的作品，他更喜欢巴多明翻译的从尧到伏羲的历史。他认为冯秉正需要对自己的译文进行解释并提出其真正的观点。〔Gaubil (1970), p. 262：1730 年 9 月 20 日写给一位耶稣会士的信（无收信人姓名，可能是苏熙业）〕。类似的批评观点也出现在钱德明 1777 年 11 月 19 日从北京写给贝尔坦（Bertin）的信中，见 "L'ouvrage du P. de Mailla n'est pas parfait, il s'en faut bien; mais si l'éditeur aidé des lumières de M. Deshauterayes vérifie le tout sur le *Gangmu* on pourra se flatter d'avoir l'histoire authentique de la nation Chinoise" (BnF, Bréquigny 22, fol. 40r)。

〔129〕见 Foss (1991), p. 188。傅得道指出，一位奥斯定会士 Janin 神父（Père Janin）于 1769 年编写了一个缩简版，但从未刊印。这份手稿（788 页）分两卷，题为 "Annales de la Chine, réduites en abrégé par le Père Janin, augustin, sur la version française de J.M. Moyriac de

Mailla, missionaire apostolique connu en Chine sous le nom de Fong-Ping-tching".

〔130〕各个手稿版本（也是由德索特莱耶修订的）和刊印本之间存在明显的差异。刊印本的篇幅更短，措辞和选词有所改变，许多汉字的转写（比如帝喾帝妃的名字）被省略。

〔131〕参见 BnF, NAF 2492-2494，这些馆藏档案包含德索特莱耶的各种手稿文本（内有汉字），这表明他对这个主题非常熟悉。NAF 2493 包含了关于上古史的各种草稿，它们参考了中国的史书，结合了杜赫德和巴多明的著作（例如，关于帝喾的部分，fols. 39r-v）；他还在 fol. 186r 明确提到了南轩。NAF 2494 也包括一份草稿，题名为 Bibliothèque chinoise, ou dictionnaire universel" (fols. 1-110)，里面提到许多中国的史书。

〔132〕除了 "Table générale des matières"（目录）之外，它还包括 "Des Nien-hao"（年号）、"Nomenclature de tous les anciens et nouveaux Départemens de la Chine & des principales Villes qui en dépendent"（中国古今省份及其主要城市的名称）、"Notice historique sur la Cochinchine"（关于交趾支那史的说明）、"Mémoire historique sur le Tong-king"（东京历史），"Notice historique sur les premières entreprises des Russes contre les Chinois"（关于俄罗斯早年进入中国的历史记录）。

〔133〕一份对中华帝国地貌的描述〔以及 "Provinces"（省份）、"Gouvernement Chinois"（中国的官府）、"Religion des Chinois"（中国人的宗教）、"Mœurs et usages"（人民和习俗）、"Littérature"（文学）、"Sciences et arts"（科学和艺术）〕，前 11 卷共 6465 页，加上第 12 卷有 6813 页，再加上第 13 卷一共是 7611 页。

〔134〕De Mailla, Histoire générale de la Chine (1777-1785), vol. 1, "Préface," pp. xlvii-xlviii. 这份序言有两个手稿版本，其中第二个写在中国的宣纸上，见 BnF, Bréquigny 22, fols. 6r-39r, 42r-59v。另见 Dehergne (1973), p. 164: "Sur la preface: cf. BnF. ms. fr. n. a. 4221 no. 79; Obs. Paris 149, B, 2, fol. 4." 亦见格鲁贤写的 "Preliminaire", Histoire générale de la Chine (1777-1785), vol. 1, pp. xxv-xxvi。

〔135〕雷孝思有一句表示赞成的评论（写于 1729 年 7 月 2 日，北京）也证实了这一点。他指出，这是 "根据汉语写成的史书翻译的，而且与前几任皇帝下令制作的满文版本做了比较……"（BnF, Bréquigny

22, fol. 5r）；它也出现在手抄本第三卷的开头（BnF, ms. fr. 12211）；另见 Cordier (1904), cols. 584-585。

〔136〕见 De Mailla, *Histoire générale de la Chine* (1777-1785), vol. 1, "Preface," pp. xlii-lxvi.

〔137〕不是很清楚他们所指的这部作品到底是什么，因为目前没有看到任何著作用这个标题。最合理的解释是，它只是一种统称，指自十四世纪以来就存在的二十一部断代史［Wilkinson (2002), p. 506; (2012), p. 625 及以后〕，后来到乾隆年间增加到二十四部——增加的是《明史》《旧唐书》（1739 年）和《旧五代史》（1772 年之后）（见 Hummel, *Eminent Chinese of the Ch'ing period*, p. 637, 644：重新编纂二十一史的计划是官方于 1739 年开始启动的，1747 年完成并刊行）。然而，冯秉正却在 "Préface"（序言）中将这部作品归为某个私人撰著（"particularers" 即某位作者）的史书，而且还在序言的前面部分提到了各朝的断代史。见 *Histoire générale de la Chine* (1777-1785), vol. 1, p. xlix，冯秉正是这样描述这部著作的："Le *Nianyisi*, par la multitude de ses volumes, pourrait faire une bibliothèque complète ... Cette collection immense & estimée, fut commencée sous Huaï-tsong, empereur de la dynastie des Ming, vers l'an 1660 de l'Ere-chrétienne." 不过，日期、皇帝的名字和朝代名称对应不上。另见 Gaubil (1970), p. 199，宋君荣在 1728 年 8 月 3 日写给苏熙业的信中给出了另一种解释说：已故的康熙皇帝对所有的史书进行了审查，并从中辑出了一部综合的作品，名为《廿一史》。它是各个朝代历史的缩减版，或者说得更准确些，它删除了关于各种主题的许多内容，但增加了好的注解。脚注中提到了法国国家图书馆藏编号为 BnF, Chinois 1385 的本子，是郑元庆（1660—约 1730）编写的《廿一史约编》（约 1696 年）（8 卷 +2 卷）。这是一部相对较短的历史书（仅有 10 册），但为截至明代（包括明代）的中国历史作了非常简明的概述。它提供的纪年信息很少。关于帝喾，这本书只提到帝喾在位七十年〔见第 2 册（前编），第二对开页前页〕。考虑到这本书的情况，冯秉正提及的不太可能是这个文本。柏应理也提到过《廿一史》，但他不太可能看到《廿一史约编》，因为这本书比柏应理自己的书（1687 年）出现得还晚。

〔138〕De Mailla, *Histoire générale de la Chine* (1777-1785), "Préface," pp. xlix-l.

〔139〕De Mailla, *Histoire générale de la Chine* (1777-1785), "Lettre I,"
pp. lxxvi-lxxviii.

〔140〕De Mailla, *Histoire générale de la Chine* (1777-1785), "Lettre I,"
p. lxxviii: "(...) Yuen-hoang, Ma-toan-lin, Ko-ching-tien〔尚未认定此
人〕, le Nien-y-ſſe, Kou-ing-tai, Tchu-tſing-yen，〔可能是周静轩，即
周礼〕, Tchong-fing."

〔141〕De Mailla, *Histoire générale de la Chine* (1777-1785), "Lettre I,"
pp. lxxix-lxxxii. 随后是讨论《竹书纪年》中的纪年方法。

〔142〕例如，de Mailla, *Histoire générale de la Chine* (1777-1785), vol. 1, p. 35
（有关帝喾的内容开始之前的部分）。

〔143〕德索特莱耶也经常怀疑冯秉正提供的参考资料是否真的来自于他提
到的主要文献：例如，见 BnF, NAF 2492, fols. 2r, 2v, 4r, 5r。

〔144〕其他文献中，唯一一份记载了这个地方的是《御批历代通鉴辑
览》,《四库全书》，第335册，第39页（卷1，叶18）：顿丘故城
在今直隶大名府清丰县西南，帝喾陵在今河南卫辉府滑县东北。

〔145〕Gaubil's *Traité de la chronologie chinoise*, in *MCC*, vol. 16, pp. 181-
182. 宋君荣补充说，冯秉正对第三部分也是这样做的，他从辽、
金、元的各自历史中获取信息。该序言被称为 "fort instructive"
（教益良多）。

〔146〕见 München: *Catalogus codicum manu scriptorum Bibliothecae Regiae
Monacensis* (1858, vol. 7, no. 1302)。

〔147〕"Comme il ne fait gueres qu'indiquer les faits, j'ai cru devoir les eclaircir
par des notes que j'ai ajoutées et que j'ai tirées de la grande histoire
et d'autres ouvrages authentiques et que je cite." ("Avertissement du
traducteur,"〔p. 1〕).

〔148〕"J'ay lu l'abregé de l'histoire Chinoise composé en françois par le R.
P. Alexandre de la Charme. Dans cet abregé l'auteur a mis avec gout
et netteté ce qui est essentiel dans les differentes histoires Chinoises et
cet ouvrage me paroit tres propre a faire connoitre et estimer la nation
Chinoise, à Peking ce 11. 7bre 1741." (手稿开头的注释)

〔149〕Gaubil (1970), p. 534: 1741 年 10 月 2 日宋君荣写给弗雷烈（Fréret）
的信："Le P. Lacharme à ma prière a mis en état un excellent abrégé

d'histoire chinoise avec quelques notes; nous étions convenus de la forme de l'ouvrage et du choix des faits, je crois qu'il a bien exécuté le projet, je l'ay aydé de mon mieux, il est très laborieux et a bien appris le tartare."

〔150〕De La Charme, "Abrégé de l'histoire Chinoise," p. 5；薛应旂,《甲子会纪》,《四库全书存目丛书》史部, 第 11 册, 第 243—244 页（卷 1, 叶 5b—6b）。

〔151〕De La Charme, "Abrégé de l'histoire Chinoise," p. 5.

〔152〕见 Gaubil (1970), pp. 890-891〔附录是由荣振华（J. Dehergne）编的〕。

〔153〕上面的日期标记为 1749 年。这个藏本上留有不同字迹所做的修改。其中没有汉字。Bibliothèque de l'Institut, ms. 3996 是一个包含大量注释的刊印版本。第一页的背面有一则笔记写着 "Collationné sur le manuscrit autographe du P. Gaubil que j'ai déposé à la Bibliothèque du Roi 29 7bre 1814 L〔ouis〕Langies", 指的是藏于法国图书馆的文献 BnF, Bréquigny 21。

〔154〕München: *Catalogus codicum manu scriptorum Bibliothecae Regiae Monacensis* (1858, vol. 7, no. 1304).

〔155〕同时可参考 *HCC*, "Academies," pp. 892-893。关于他与学院学者们的关系, 见 Dehergne (1944), Lundbæk (1986), pp. 154-170, Hsia (2009), p. 117 及之后内容。

〔156〕见 Gaubil (1970), p. 17。这部著作最初是以满文版为底本的, 德金（de Guignes）在他的序言中抱怨说, 书中包含了太多的意译。

〔157〕Gaubil, "Avertissement de l'auteur," in Gaubil, "Traité de la chronologie chinoise, divisé en trois parties," in *MCC*, vol. 16,〔p. iv〕. 这篇 "Avertissement"（本书推介）似乎有不同的版本, 法国国家图书馆藏的那份就没有提到中文著作, 见 BnF, Bréquigny 21。

〔158〕Gaubil, "Traité de la chronologie chinoise, divisé en trois parties," in *MCC*, vol. 16, p. 12.

〔159〕关于宋君荣使用的资料来源概况, 也可参见荣振华书中的附录, Dehergne (1945), p. 204 及其后: "Auteurs cités par Gaubil et principales époques de la chronologie chinoise." 宋君荣也在自己的书信中引用过许多资料: 见 Gaubil(1970) 一书的索引。

〔160〕Gaubil, "Traité de la chronologie chinoise, divisé en trois parties," in

MCC, vol. 16, pp. 168-170. 另见法国国家图书馆的藏本 BnF, Chinois 625-628。

〔161〕Gaubil, "Traité de la chronologie chinoise, divisé en trois parties," in *MCC*, vol. 16, pp. 170-174.

〔162〕Gaubil, "Traité de la chronologie chinoise, divisé en trois parties," in *MCC*, vol. 16, pp. 174-175.

〔163〕Gaubil, "Traité de la chronologie chinoise, divisé en trois parties," in *MCC*, vol. 16, pp. 175-177. 这段话见于徐发的《天元历理全书》，《续修四库全书》，第 1032 册，第 472 页；《四库禁毁书丛刊：补编》子部，第 33 册，第 335 页（考古 1，叶 8a-b）："夫西士纪年，必有西土之史，而其数恰与中国竹书相应，可谓六合同文。"宋君荣将这里的"西土"解释为"欧洲"，但它实际上指的是印度〔见 Dudink (2012), p. 95, n.15〕。

〔164〕Gaubil, "Traité de la chronologie chinoise, divisé en trois parties," in *MCC*, vol. 16, pp. 177-181. 另见 Gaubil (1970), pp. 534-547：1741 年 10 月 2 日写给弗雷烈的信。宋君荣在信中赞扬了这部著作以及它参考《竹书纪年》，并以此反驳冯秉正。1755 年，宋君荣还将这部著作寄给了圣彼得堡皇家科学院的主席罗祖莫夫斯基（Kirill Grigorievich Rozumovsky, 1728—1803）〔见 Gaubil (1970), p. 818〕。另见法国国家图书馆的藏本 BnF, Chinois 644-653。

〔165〕Gaubil, "Traité de la cchronologie chinoise, divisé en trois parties," in *MCC*, vol. 16, p. 181.

〔166〕http://www.christies.com/lotfinder/books-manuscripts/amiot-joseph-marie-abrege-chronologique-de-lhistoire-5786497-details.aspx.

〔167〕关于钱德明，见 Lenoir & Standaert (2005)。

〔168〕在刊印的版本中，见 "Abrégé chronologique de l'histoire universelle de l'empire chinois," in *MCC*. vol. 13, p. 74，标题是这样写的："Tems historiques, ou certains, depuis la 62e année du regne de Hoang-ty〔黄帝〕, jusqu'à la 35 année de Kien-long〔乾隆〕, c'est-a-dire, depuis l'an 2637 avant J. C. jusqu'à l'an 1770 de notre ere vulgaire." 事实上，它只写到公元前 2206 年舜去世为止。

〔169〕关于这篇文献，可以参见 Nii Yōko (2015)，关于确认参考资料方面，本书的研究结论在有些地方与新居洋子（Nii Yōko）不同。

〔170〕手稿上写的是："Discours préliminaire à Monsieur Bignon, Conseiller d'Etat, bibliothécaire du Roi, Prevôt des Marchands & c. À Péking, le 20e Xere 1769"（见佳士得的网站）。

〔171〕Amiot, "Abrégé chronologique de l'histoire universelle de l'empire chinois," in *MCC*. vol. 13, p. 74；亦见 Amiot, "L'antiquité des Chinois prouvée par les monumens," in *MCC*, vol. 2, pp. 8, 108。

〔172〕Amiot, "Abrégé chronologique de l'histoire universelle de l'empire chinois," in *MCC*, vol. 13, p. 75 提到说皇帝在宫里刊印了这部著作。

〔173〕*Tſée-tché Toung-kien Kang-mou Tſien-pien*: Amiot, "Abrégé chronologique de l'histoire universelle de l'empire chinois," in *MCC*, vol. 13, p. 90, 96, 114, 142, 235, 278, 286；亦见 Amiot, "L'antiquité des Chinois prouvée par les monumens," in vol. 2, p. 149（提到了《纲目三编》)。

〔174〕*Nan-ſiuen*: Amiot, "Abrégé chronologique de l'histoire universelle de l'empire chinois," in *MCC*, vol. 13, p. 219, 259, 276, 302, 304, 305.

〔175〕除了关于后稷的非常笼统的陈述，他说，"La naissance & l'éducation de ce fils ne furent pas dans l'ordre ordinaire, ..."（他儿子们的出生和成长不按常规进行，……)；见 *MCC*, vol. 13, p. 257。

〔176〕Amiot, "Abrégé chronologique de l'histoire universelle de l'empire chinois," in *MCC*, vol. 13, p. 234，即南轩，《资治通鉴纲目前编》，《四库全书存目丛书》史部，第 9 册，第 17 页（卷 1，叶 17a）（见 p. 235: "Voyez *Tſien-pien* sous *Hoang-ty*"）。

〔177〕Amiot, "Abrégé chronologique de l'histoire universelle de l'empire chinois," in *MCC*, vol. 13, p. 307，即南轩，《资治通鉴纲目前编》，《四库全书存目丛书》史部，第 9 册，第 54 页（卷 3，叶 16b）。

〔178〕见 Amiot, "L'antiquité des Chinois prouvée par les monumens," in *MCC*, vol. 2, p. 149，钱德明写作这篇文章时用到的参考书目当中提到了 "*San-yuen-kia-tſee*"。关于这部作品，见《中国古籍综目》，第 1 册，第 138 页，第 10301379 号；《国朝宫史》，《四库全书》，第 657 册，第 543 页（卷 29，叶 4a-b）。

〔179〕Amiot, "Abrégé chronologique de l'histoire universelle de l'empire chinois," in *MCC*, vol. 13, pp. 91, 142; vol. 2, p. 44.

〔180〕Kang-kien-ta-*tſuen*: Amiot, "L'antiquité des Chinois prouvée par les monumens," in *MCC*, vol. 2, p. 149.

〔181〕见 Amiot, "L'antiquité des Chinois prouvée par les monumens," in *MCC*, vol. 2，插图：31. Table chronologique des Historiens depuis les Han［汉］occidentaux jusqu'aux Tang［唐］(p. 292 及以后); 32. Table chronologique des Historiens Chinois depuis les Héou-ou-tay［后五代］jusqu'aux Soung［宋］(p. 308 及 以 后) 33. Table chronologique des Historiens depuis les Yuen［元］jusqu'aux Tay-tfing［大清］(p. 330 及以后)。

〔182〕先儒名公姓氏。钱德明在关于明代的表中并没有提到袁黄。在最后，它囊括了一些清代的史家。可以与其他资料作比较，例如：钟惺，《鼎镌钟伯敬订正资治纲鉴正史大全》,《四库禁毁书丛刊》史部，第 65 册，第 98—101 页（卷之首，叶 1a—8a)。

〔183〕例如，Amiot, "Abrégé chronologique de l'histoire universelle de l'empire chinois," in *MCC*, vol. 13, p. 108：关于胡宏的段落［ "Ou-fong-hou-ché"（五峰胡氏 ）］不在钟惺相应的段落里，见钟惺，《鼎镌钟伯敬订正资治纲鉴正史大全》,《四库禁毁书丛刊》史部，第 65 册，第 112 页（卷 1，叶 1b),但却在袁黄的著作中，见袁黄，《历史纲鉴补》,《四库禁毁书丛刊》史部，第 67 册，第 123 页（卷 1，叶 1b),［这尚不能证明他以袁黄的作品为参考资料]。

〔184〕例 如， 见 Amiot, "Abrégé chronologique de l'histoire universelle de l'empire chinois," in *MCC*, vol. 13, p. 190，有一个关于 "Tíiao-ming-ché-chan"（谯明之山 ）和 "Tchouo-koang-ché-chan"（涿光之山 ）的段落，其中提到了 "Pé-king"（北经)。这段话也并不在纲鉴类的文本中，但出现在《路史》当中，见罗泌，《路史》,《四库全书》,第 383 册，第 11 页（卷 3，叶 3b)。

〔185〕例如，见 Amiot, "Abrégé chronologique de l'histoire universelle de l'empire chinois," in *MCC*, vol. 13, p. 215，关于伏羲的段落在开头就说他的都城在 "Ouan-kieou"（宛丘)［参见钟惺，《鼎镌钟伯敬订正资治纲鉴正史大全》,《四库禁毁书丛刊》史部，第 65 册，第 115 页（卷 1，叶 7a)；袁黄，《历史纲鉴补》,《四库禁毁书丛刊》史部，第 67 册，第 126 页（卷 1，叶 7a)]。这显然与袁黄的版本不同，在袁黄的版本中，都城是 "陈"［见南轩，《资治通鉴纲目前编》,《四库全书存目丛书》史部，第 9 册，第 13 页（卷 1，叶 1b)]。

〔186〕Amiot, "Abrégé chronologique de l'histoire universelle de l'empire chinois," in *MCC*, vol. 13, pp. 219-220：关于伏羲的十五位继承人的评论，见南轩，《资治通鉴纲目前编》，《四库全书存目丛书》史部，第 9 册，第 14—15 页（卷 1，叶 4b—5a）。

〔187〕下面的概述所依据的是 Bouwsma (2002), pp. 52-66，第四章"The Liberation of Time"。

〔188〕Bouwsma (2002), pp. 52-53.

〔189〕Bouwsma (2002), pp. 53-54.

〔190〕Dudink (2012), pp. 92-96.

〔191〕Bouwsma (2002), p. 55.

〔192〕Bouwsma (2002), p. 56.

〔193〕Findlen (2002), pp. 114-115.

〔194〕关于这些特点，参见 Andrew Marsham (2012), p. 433。

〔195〕Pinot (1935), pp. 189-279（"L'Antiquité de l'histoire chinoise et la chronologie"）; Van Kley (1971); Witek (1983); Demel (1986); Mungello (1990); Foss (1991), Collani (1991), (1995), (1998) and (2005); Rule (1995); Min (2004); Grafton (2004); Rosenberg & Grafton (2010). 关于更多的资料，见 CCT-Database。关于十六和十七世纪的纪年方法及其变化，见 Klempt (1960), Gliozzi (1977), Ramsay (2001)。

〔196〕参见 Witek (1983), p. 226，这里提到关于创世到基督诞生的公元元年之间的时间段，有七十种不同的计算方法。如果考虑其中最主要的十种意见，它们的差距从 3740 年到 6984 年不等。基于武加大版的进一步细分方法，会有从 3740 年到 4184 年不等的差距，而根据七十士译本，会有 5200 年到 6984 年的差距。另见 von Collani (2005), p. 118：武加大版的创世记约为公元前 3483 年至 4000 年，而在七十士译本中，这个时间点约为公元前 5000 年到 6986 年。

〔197〕James Ussher, *Annales Veteris Testamenti, a prima mundi origine deducti: una cum rerum asiaticarum et ægyptiacarum chronico, a temporis historici principio usque ad Maccabaicorum initia*, London: J. Flesher, 1650. Van Kley (1971), p. 361.

〔198〕Isaac Vossius, *Dissertatio de vera ætate mundi, quâ ostenditur natale mundi tempus annis minimum 1440 vulgarem æram anticipare*, The Hague: Adriani Vlacq, 1659. Van Kley (1971), pp. 363-364.

〔199〕参见 Martini, *Sinicae historiae decas prima* (2010), p. 3, 11; Pinot (1935), pp. 200-201。

〔200〕Du Halde, "Fastes de la Monarchie Chinoise," in *Description ... de la Chine* (1735), vol. 1, pp. 264-265; (1736), vol. 1, pp. 260-261. 这些观点是 "Aversissement" 里面的内容，其译文没有被包括在英文版本中。前四个论点也被德金引用在他写给宋君荣的序言里面，见 Gaubil, *Le Chou-king, un des livres sacrés des Chinois* (1770), pp. xxvi-xxvii；另见 Collani (1996), p. 232。

〔201〕卫匡国在罗马师从阿塔纳修斯·基歇尔（Athanasius Kircher, 1602—1680）学习，而基歇尔默认加尔文主义者施迦莱格（Joseph Scaliger, 1540—1609）的观点，认为埃及在大洪水之前就已经存在。当卫匡国抵达中国并阅读中国史书时，他毫不惊讶地发现中国历史也可以上溯到很早，早得不符合创世记的纪年。见 Rosenberg & Grafton (2010), p. 69。

〔202〕Martini, *Sinicae historiae decas prima* (2010), p. 3, 10.

〔203〕Pinot (1932), pp. 200-202. See also Van Kley (1971), p. 363; Witek (1983), pp. 229-231; Grafton (2004), pp. 184-185. （将卫匡国的立场与他的老师基歇尔联系起来。）

〔204〕Couplet, "Prologomena ad Annales Sinicos, necnon Synopsim Chronologicam Monarchiæ Sinicæ" (ARSI, Jap. Sin. IV, 6 A, fols. 3v, 7a) "Synopsis Chronologica Monarchiæ Sinicæ, Ab Anno post Diluvium 275 Usque ad Annum Christi 1666" (ARSI, Jap. Sin. IV, 6 E, fol. 127a).

〔205〕Melchisédec Thévenot, "Synopsis Chronologica Monarchiæ Sinicæ, Ab Anno post Diluvium CC. LXXV Usque ad Annum Christi M. DC. LXVI" in Melchisédec Thévenot, ed., *Relations de divers voyages curieux* (1696), vol. 2, part IV, p. 1.

〔206〕Pinot (1932), pp. 212-215. 亦见 Van Kley (1971), p. 367. Philippe Couplet, *Tabula chronologica Monarchiæ Sinicæ* (1686/87), pp. iv-x. 关于卫匡国和柏应理，亦见 Collani (2005), p. 121 及以下、p. 139 及以下。关于武加大版和七十士译本的纪年传到中国情况，见 Dudink (2012), p. 92 及以下。

〔207〕Pinot (1932), p. 215.

〔208〕Jean-Baptiste Du Halde, "Fastes de la Monarchie Chinoise," in

Description ... de la Chine, (1735), vol. 1, p. 270, 284; (1736), vol. 1, p. 266, 277. Pinot (1932), pp. 268-269：尽管杜赫德手头就有宋君荣或雷孝思撰写的纪年，但他并没有使用这些资料。

〔209〕 Witek (1983), pp. 246-247. 关于杜赫德与宋君荣等耶稣会士之间的冲突，见 Pinot (1932), pp. 268-269; Foss (1983), pp. 75-76。

〔210〕 例如，公元前 2952 年的伏羲，见 Jean-Baptiste Régis, "Concordia chronologiæ annalium Sinensis Imperii," BnF, NAF 8981, fol. 15r; "Abbregé d'un manuscrit Latin qui a pour titre: Accord de la Chronologie des Annales de la Chine," in Vojeu de Brunem (= Joseph Jouve), *Histoire de la conquete de la Chine par les Tartares mancheoux* (1754), vol. 2, p. 207.

〔211〕 冯秉正的手稿和刊印版本之间有细微的差别，例如，在手稿中，伏羲的时间是公元前 2941 年（de Mailla, "Histoire générale de la Chine, tirée des Annales de l'Empire," BnF ms. fr. 12210, fol. 1v; "Histoire générale de la Chine," BnF, NAF 2492, fol. 2r.）；但在刊印版中，这个时间变成了公元前 2953 年〔*Histoire générale de la Chine* (1777-1785), vol. 1, p. 5〕。

〔212〕 Antoine Gaubil, "Traité de la chronologie chinoise, divisé en trois parties," in *MCC*, vol. 16, p. 6; Joseph-Marie Amiot, "Abrégé chronologique de l'histoire universelle de l'empire chinois," in *MCC*, vol. 13, p. 229.

〔213〕 Pinot (1935), p. 250 及以后。Van Kley (1971), p. 383. 另见本书第四章的结论。

〔214〕 例如，参见 de Prémare, "Selecta quædam vestigia," BnF, Chinois 9248, fol. 257; Prémare (1878), pp. 391-392。

〔215〕 参见本书第一章的注释 72。南轩，《资治通鉴纲目前编》，《四库全书存目丛书》史部，第 9 册，第 6 页（原始，叶 1b）。

〔216〕 例如，薛应旂，《甲子会纪》，《四库全书存目丛书》史部，第 11 册，第 241 页（卷 1，叶 1b）（黄帝八年）；南轩，《资治通鉴纲目前编》〔《四库全书存目丛书》史部，第 9 册，第 14、27 页（卷 1，叶 3a，卷 2，叶 1a）〕将甲子归于伏羲，但却以尧开始。袁黄，《历史纲鉴补》〔《四库禁毁书丛刊》史部，第 67 册，第 131 页（卷 1，叶 18b）〕从尧开始，而钟惺，《鼎镌钟伯敬订正资治纲鉴正史

大全》[《四库禁毁书丛刊》史部，第65册，第115页（卷1，叶7a）]是从伏羲开始。

〔217〕例如，纲鉴类文本说是在位70年，105岁时去世：比如，袁黄，《历史纲鉴补》，《四库禁毁书丛刊》史部，第67册，第131页（卷1，叶17b）；同上，薛应旂，《甲子会纪》，《四库禁毁书丛刊》史部，第67册，第244页（卷1，叶6b）。刘恕，《资治通鉴外纪》，《四库全书》，第312册，第667页（卷1，叶13a-b）给出的是一个概括，列出了不同的说法：关于在位时间的说法还有63年（如《竹书纪年》）或75年；关于年龄的说法是：92、98、100或105。南轩，《资治通鉴纲目前编》，《四库全书存目丛书》史部，第9册，第26页（卷1，叶27a）：这个版本中是在位时间70年，年龄是99岁。

第二部分

主体文本与传注疏义之间：
十七、十八世纪的欧洲人
解读中国历史

　　欧洲传教士是如何解释中国上古史的？本书第二部分将通过文化间的解释学视角重点讨论这个问题。

　　在中国的文本传统中，形成解释的主要力量之一就是各种注疏。自汉代（公元前206—公元220年）以来，中国的经典一直是通过具有权威性的注疏来解释的，这些注疏本身在几个世纪以来一直保持极其重要的地位。中国经典的行间注释与正文文本之间的关系也可以比作"纹理"文文本与注疏内容交织在一起，正是由于几个世纪以来这种文本内部的对话，就像织锦一样，"纹理"变得更加清晰。[1]

　　当人们试图理解像中国这样具有强大注疏传统的文化所创造出来的文献时，解释本身需要在两条思路中做选择：其中一条思路是寻找原作者或最初的读者赋予文本的意义，也可以称之为"历史意义"（historical meaning），这种探索要求人们主要关注原始的文本。另一条思路是寻求该文本在后来的历史轨迹中彰显出来的意义，也称为"经文意义"（scriptural meaning），[2]这意味着阅读的时候应该特别关注对原文做出的注疏评论。中国的解释传统常常在这两种选择之间徘徊。

　　欧洲传教士的到来引发了一种新的解释立场。在此之前，中国解释者的立场是由同一文化传统中的问题决定的：解释者能否将自己投射到历史上的他者的视野中？随着传教士对中国文本的解读，中国传统内部的对话发生了转移，变成了与欧洲传统的对话，解释学的问题变成了单个文化传统之外的问题：（欧洲的）解释者能否将自己投射到中国文化中的他者的视野中？即使如此，接下来的问题是：传教士是否被允许对中国的古代典籍做出新的解释，还是应该仅仅遵循中国人的解释？如果遵循中国人的解释，应该采取哪种策略？他们应该回到文本的"最初"意义（"历史意义"），还是应该采用并坚持中国的注疏传统（"经文意义"）？这些都是本书这个部分要讨论的问题，我们聚焦的重点是对于上古历史的解释。

上古史特别适合作为解释的对象，原因之一是文字中存在模糊性或空白。可能的歧义出现在关于"神奇生子"情节的叙述中——这些儿子们的诞生主要不是人类结合的结果，而是通过神奇的干预，如神灵的干预、龙的出现或鸟蛋的馈赠，这些记录发生在帝喾的三位帝妃身上。使用西方语言处理这类故事的时候，不可避免会遇到术语的问题，把它们称作"惊奇的"（marvellous）、"奇迹般的"（miraculous）或"祥瑞的"（auspicious）[3]似乎都不完全合适，我选择了比较具有普遍意义的"marvellous"，译为神奇的、惊奇的、奇妙的、不可思议的，不过也可以使用其他的词语。

这一部分要讨论的神奇生子情节涉及帝喾四妃中的三位。第一位帝妃叫姜嫄，她生下了后稷，这发生在她与帝喾一起向上帝献祭之后。第二位帝妃叫庆都，她生下的是上古时期的模范君王尧，这一切也是在得到红龙的预兆之后，并且尧是在庆都怀胎十四个月之后才出生的。第三位帝妃是简狄，她生下了契，这个过程发生在她向生育之神高禖祈求之后，得到了飞燕的预兆，并且吃下一个燕子掉下的蛋。最后一位叫常仪，她生下的挚是帝喾的（短暂的）继位者。据说挚是长子，但他的出生在中国的传统叙述中并没有伴随任何神奇的故事。不同的文本提到帝妃们的顺序不同，有时候取决于她们成为帝妃的时间点，有时候按照她们儿子的诞生时间。这三个神奇生子的故事将贯穿我们接下来的文本解读。

这些叙述向解释者提出了一些尖锐的问题：应该按字面意思去理解神奇的干预，还是把它们解释为一个历史事件？或者将讲述神奇事件视为一种伪造行为？还是说，这种干预象征着什么别的东西？因此在本书的这一部分，帝喾帝妃们神奇生子的故事将作为一个解释的案例或缩影，我们希望从中窥见欧洲人理解中国上古历史的各种方式。为此，必须首先调查中国人对这些故事的解释。正如我们将看到的，欧洲人的理解在很大程度上是由中国人的解释塑造而成的。不过，神奇生子情节的案例研究也仅仅是一个文化间解释学的缩影。与文化间的历史编纂学这个主题相关的还有数量和种类都非常庞大的欧洲原始资料，以至于单一的研究不足以深入探讨这个话题。尽管如此，有关神奇生子情节的大量中国文献和欧洲文献使这个故事成为一个值得关注的案例。

这部分由两章组成。第一章将介绍历史上的中国学者对帝喾及其众妃的故事主要有哪些解释的观点。它将展示三种主要的解释类型。就像本书的第一部分一样，第一章将作为第二章的背景，而第二章会重点介绍耶稣会士们对于同一个帝喾故事又是怎样理解的。

注释

〔 1 〕关于文本间交织的意象，亦见 Cheng (1997), p. 27: "Ce qu'on a voulu montrer ici est le tissage au cours du temps d'une tapisserie de 'dialogues internes' qui finissent par laisser apparaître des motifs en relief." p. 30: "Le plus souvent, le texte constitue au sens propre un tissue qui suppose chez le lecteur une familiarité avec les motifs récurrents."

〔 2 〕关于"历史"和"经文"的含义，见 Makeham (2003), p. 9 及以下。

〔 3 〕在这方面，许理和（Erik Zürcher）指出："在西方犹太教和基督教的语境中，这些迹象总是被解释为神对'正常'自然过程的干预，是上帝无所不能的表现。从这个意义上说，它们确实是超自然的。上帝推翻了他强加给自己所造之物的自然法则，'命令'太阳静止不动。从中国人的角度来看，预兆（portenta）绝不是超自然的现象。显示出来的征兆和事件可能是惊人的、超常的，并且具有深刻的意义，但它们在很大程度上又是事物的自然秩序的一部分。"见 Erik Zürcher, "Foreword," in Lippiello (2001), p. 11。

第三章 中国文献对神奇生子记的解释

如果一个欧洲人自信满满地说"中国所有的文人都肯定这个或那个",这说明他几乎不怎么了解这些文人,他读过的就更少。

马若瑟(Joseph de Prémare),《中国古书中的天主教要理遗踪》("Selecta quædam Vestigia præcipuorum Christianæ relligionis dogmatum ex antiquis Sinarum libris eruta"),(1724): BnF, Chinois 9248, fol. 277r; Prémare (1878), p. 437

导 论

本章和下一章将讨论的是帝喾四妃中的三位神奇生子的情节。在研究欧洲人的解读之前,应该先看看中国人对神奇生子记的解释,因为欧洲传教士是在中国文献的基础上才产生了他们自己的解释。在这一章里,我们将介绍中国历史上对帝喾众妃神奇生子的故事都有哪些主要的解释。之所以选择这些解释类型,是因为它们与后世的解释之间存在相关性,毕竟传教士的解读经常参考它们。我们的分析将指向三种主要的解释类型，这将有助于展开下一章：不涉及父亲角色的、完全的神奇受孕；将父亲角色的介入和神奇事件结合在一起；完全由人的结合生子，不涉及任何神奇元素的干预。

有两种类型的注疏与帝喾众妃神奇生子的故事有关。第一种是直接对《诗经》中的诗句所做的注释，其中提到了神奇生子的情节。这些是针对某些具体段落的行文注释——那些段落是可以从神奇的角度进行解读的，它们被收录在《诗经》的各个版本中。有的《诗经》版本，比如一些唐代的本子就积累了不同作者撰写的行间注释，甚至往往包括那些原文都已佚失的注释。还有一些其他的行间注释被添加到《史记》关于帝喾的章节里面，甚至有一些出现在后来的纲鉴类著作里，它们直接对神奇生子的故事展开解释。

第二种是间接评论。这些单独的文本，不是针对《诗经》或《史记》中某一章节或段落所做的直接注释，但它们提到《诗经》《史记》或其他著作里面存在神奇生子的故事，并对这个故事进行了解释。这类的文本包括《史记》中其他篇章的段落、杜撰的文本，还有王充（27—约100）的《论衡》。[1]

本书第三章由两部分组成：第一部分将通过分析宋代以前对神奇生子记所做的解释来解读帝喾的三位帝妃神奇受孕的故事；这些故事和它们的主要解释观点很重要，因为传教士在后来的解读中经常提到它们。第二部分将分析宋代和明代的著作对这个情节做出了什么样的解释；这些解释出自正统的史书和纲鉴体的著作，而这些资料又是传教士最重要的参考来源。

170

3.1 宋代以前对神奇生子记的解释

到目前为止，我们已经研究了有关帝喾的史书及其内容。为了讨论神奇生子记和对其所做的各种文本解读，我们必须将前面提到的史书与《诗经》联系起来。与帝喾众妃有关的三个神奇生子的故事中，有两个重要文本来源是《诗经》的三篇诗歌。两篇诗歌——"生民"（245篇）和"閟宫"（300篇）提到了商朝先祖后稷的出生情节；另一篇诗歌"玄鸟"（303篇）提到了周朝的先祖契的诞生情节。这些诗歌开启了这几个故事的解释史。在进入这些具体的诗歌及其相应的解释之前，需要先介绍各种注释的文本。

3.1.1 《诗经》的注释

直接为《诗经》做注的传统由来已久。方泽林（Steven Van Zoeren）等人曾经明确提出，最早的注疏出现在西汉和东汉时期。自清末以来，汉代的文本和注释通常被按照今古文之争定下的分界线划分为不同类别。那些属于今文经一派的文人在讨论经典的时候，依赖官方认可的"今文"版本作为发展论点的基础；而古文经一派持反对观点，他们倾向于相信新发现的、古卷里用先秦文字书写的版本。关于《诗经》的研究，今文经学派的代表是《三家诗》，它是公元前二世纪中叶汉代官学研究的成果。三家即齐、鲁、韩，他们都有自己的《诗经》版本和自己的训诂传统。这些学统到唐代已经基本失传。〔2〕以古文经的文本解读《诗经》的代表是毛氏的版本，这也是汉代学统中唯一完整流传到后世，乃至今天的流派。与之相关的文本则是《毛诗》，另一部主要的文本是训诂作品《毛诗传》或

《毛传》，一般认为是毛亨（约公元前150年）所作，常称他为"毛公"。[3] 如方泽林介绍的，这本传注的特点是在语言学方面有很多讨论，但不做过多解释，只倾向于关注文本的历史背景，而不是做推测性的阐述。在关于神奇受孕段落的注释部分，可以清楚看到，古文经学派似乎体现出一种有意识的自我否定——这是一种刻意的朴素和谦逊的解释，解释者在克制自己的观点，以臣服的姿态呈现文本本身所表达的东西。[4] 东汉时候，郑玄（127—200）以《毛诗》为基础，写成一个集合了先前经学成果的新版本，这个版本又为后来广为流传的《诗经》文本奠定了基础。郑玄也加入了自己的注释（称为"笺"），由此形成了长期以来儒家对《诗》所做的正统解释。[5] 他采取了一种综合各家的方法来编纂《毛诗传笺》，并不完全偏向于争论中的某一方。[6] 东汉时期仍有其他为《诗经》做注的学者，如马融（79—166）和王肃（195—256）。王肃与郑玄有分歧，他认为郑玄曲解了毛氏训诂的一些观点。[7] 另一个已失传的注疏文本是许慎（约58—147）的《五经异义》，但书中有许多残片存世。这些文本片断是研究汉代经学论争和各种不同解读观点的重要资料。[8]

172

汉代之后，训诂学在唐代得到了重大发展。唐代初期，官府采取措施，希望为经典文本建立起受到认可的版本和普遍接受的解释，然后以此作为经学正统。唐太宗于630年开始这项计划，最终编纂出一部重要的汇编，名为《五经正义》，这是一部对后来的经学产生决定性影响的著作。这是一个众学者共同编纂的项目，其中孔颖达（574—648）发挥了重要作用。《五经正义》里的五篇注疏大量引用了早期的注释，其中有一些已不复存在。为《诗经》所做的一卷是《毛诗正义》，分为三个部分："传"为毛亨的解释；"笺"是郑玄的注释；"疏"是孔颖达的释义。[9]这部作品本身就是一个文本之间明确地互相引用或指涉的案例——除了编纂者自己的注释之外，前人的注释也被整合到一起，甚至彼此矛盾的注释观点也被纳入其中。孔颖达不仅对原文进行评论，而且还经常对前人的注释进行评论。《毛诗正义》被收录在《十三经注疏》当中，这部合集首次出版于明末（1584 年），是当时最著名的经学大成。这也是传教士们可以阅读的作品。本章接下来会以《毛诗正义》的文本为基础，也会引用这些早期注释的各种版本。

除了直接的注释，还有间接的评注，即专门对神奇生子记做解释。这类间接评注的对象是《诗经》中提到的那几段情节，但它们不是直接为《诗经》做注的。这方面的一个早期例子是《史记》中的一段长文。这段话是一位不知名的张夫子（无生卒年）和褚少孙褚先生（生活于西汉后期，公元前 32—7 年）之间的讨论。

173　　另一种在中国的经学注疏中发挥重要作用的文本流派被称为谶纬，在研究汉代思想史的英文著作中通常把它们称为"杜撰的经书"（apocryphal scriptures）。[10]其中与注疏传统密切相关的文本大多已经佚失，但后来的著作里出现了引自这类文本的段落，在这些引文的基础上，这类文本又得到部分地复原。

北宋早年的一部类书中就包含了许多引自谶纬之书的内容，它就是李昉（925—996）编纂的《太平御览》（977—983）。[11]由于这部类书汇集了直到唐末的各种知识，它很好地反映了宋代以前都有哪些关于帝喾的历史知识。帝喾本人是一个词条[12]，除此之外，"帝喾四妃"也是一个单独的词条。该词条相应的解释段落基本上就是综合编辑了引自其他资料来源的内容（提供了明确的参考出处），并且将它们排列在一起。其中引用的有本书提到过的《史记》《帝王（世）纪》《诗经》，以及谶纬之书诸如《春秋元命苞》《春秋合诚图》《河图》，或其他的著作如《世本》。

这里要讨论的另一个汉代文本是王充的《论衡》，它是一部关于历史事件、信仰问题、政治议题和自然现象等各种话题的书。比较特别的是，它以论战的方式组织行文：首先给出一个有争议性的观点，然后作者对此做出批判性的反驳，通常用出自早期文献的引文来支持自己的观点。这里选择《论衡》这本书是因为其中有一篇题为"奇怪"的长文，该文首次深入讨论了帝喾的三位帝妃神奇生子的内容。[13]

3.1.2 《诗经》的正文

在分析关于《诗经》中神奇生子记的各种解释之前，我们先介绍其中的关键段落。众所周知，翻译《诗经》中的文字有时非常困难，因为语言晦涩难懂，而且很难确定某个特定的字要表示什么意思。正如康达维（David Knechtges）所说，例如"生民"（《诗》245篇）的文字就充满了各种解读，对于其中大多数的问题，从《毛诗传》和郑玄的时代到二十世纪的学者们都已经争论和探讨过了。[14]

174

姜嫄和祭祀上帝

诗·生民（第245篇）

厥初生民，时维姜嫄。

生民如何，克禋克祀、以弗无子。

履帝武敏歆，攸介攸止，载震载夙，载生载育，时维后稷。

诞弥厥月，先生如达，不坼不副，无菑无害。

以赫厥灵，上帝不宁，不康禋祀，居然生子。

175

诞寘之隘巷，牛羊腓字之。

诞寘之平林，会伐平林。

诞寘之寒冰，鸟覆翼之。

鸟乃去矣，后稷呱矣，实覃实訏，厥声载路。[15]

这是一首八节诗的前三节。根据它的"开场"句子，这首诗是继承了周朝一脉的君王们为纪念后稷作为周朝的始祖而写的赞歌。[16]在解释方面引起最多歧义的句子是"履帝武敏歆"。理雅各（James Legge）在此处写道，这句话"已经引起了，而且仍然在持续引起中国学者无尽的困惑。人们对于'帝''敏''歆'的含义展开了激烈的争论"[17]。

有两条主要的解释思路。理雅各自己的翻译遵循了主流的解释之一：这种观点是郑玄首先提出的，它认定这件事是神奇的，"帝"指上帝，"敏"即"拇"，指大脚趾，因此，姜嫄怀

176

孕，是通过一个神奇的事件，即踩到了上帝的脚拇趾印上面这种方式。另一种解释出自《毛诗传》的观点。它认为这个故事里的神奇元素是非常有限，甚至是不存在的。根据这种解释，"帝"指帝王，也就是姜嫄的丈夫帝喾。于是这样的理解就是，姜嫄跟随帝王的足迹（"武"被解释为"迹"）来到祭坛前，非常机敏地（"敏"指疾，快速的、灵活的）协助帝王献祭，献祭也被接受了（"歆"即飨）。在此之后，姜嫄才怀孕。[18]单个汉字可以有各种可能的含义，如果没有注疏的解释，很难读懂《诗经》的某些部分。

诗·閟宫（第 300 篇）

閟宫有侐，实实枚枚。

赫赫姜嫄，其德不回。

上帝是依，无灾无害。

弥月不迟，是生后稷，降之百福。

黍稷重穋，稙穉菽麦。

奄有下国，俾民稼穑，有稷有黍，有稻有秬。

奄有下土缵禹之绪。[19]

这是一首只有两节的短诗当中的第一节。这段文本在解释 177
上没有太大的分歧。这首诗与前一首诗有联系，因为这里提到
的是姜嫄生下了后稷。此处没有直接提到神奇生子的情节，不
过"上帝是依"这一句被各种传注家和翻译家们拿来玩味，而
他们做解释的依据还是前一首诗歌中的那两行。理雅各还是遵
循了郑玄提出的第一种解释，从而认为这是一个神奇事件。另
一种可能的解释则将"上帝是依"与后代子民联系起来，即毛
亨提出的角度，从而淡化了神奇感。[20]

简狄和飞燕的预兆

诗·玄鸟（第 303 篇）

天命玄鸟，降而生商，宅殷土芒芒。

古帝命武汤，正域彼四方。[21]

这是一首相当短的诗的开头两句，它追溯了殷商王族的
起源，也就是契——简狄的儿子，但这首诗当中没有明确提到

二人的名字。玄鸟（字面意思为黑色的或深色的鸟），通常指"鳦"或"燕"。大多数的汉代传注作者将这两句诗与《礼记》中的一段话联系起来。《礼记·月令》章中提到，春分时节，当燕子来时，帝王和他的众妃会去祭祀，并向专司做媒的神灵祈祷（"禖"、"郊禖"或"高禖"），为的是祈求一个儿子：

> 玄鸟至之日，以大牢祠于高禖。天子亲往，后妃帅九嫔御。乃礼天子所御，带以弓韣，授以弓矢，于高禖之前。[22]

那些注疏作者们（如郑玄）坚持认为，这样的事件具有神异的性质，他们通常解释说，当时是上天派来一只燕子掉下一个蛋，被简狄吞下，随后生下了契，从而将这件事与《史记》中讲述的一个故事联系起来（见下文）。[23]根据另一种解释（《毛诗传》的观点），当燕子到来的时候，简狄陪同帝王去祭祀，并向高禖祈祷；由于她是被帝王接近（临幸）的帝妃之一，于是生下儿子就是契，他便是上天注定的商朝始祖。

到这里，我们的目的只是介绍《诗经》中的主要段落，并指出可能会产生多种解释的句子——这些句子将是本章和下一章重点讨论的对象。此处暂不深入复杂的讨论，不分析这些解释中的细微差别。不过，它们已经说明了各种常见的解释策略。第一种策略是，作者将这首诗本身没有提到的、来自外部的各种元素汇集在一起。例如，前两首诗并没有提到姜嫄是帝喾的帝妃，而第三首没有提到简狄或契的名字。但是，文本间的指涉使这种解释方法成为可能。另一个例子是历史学的元解释，即后稷和契分别是周和商的先祖，这强烈地影响了对个别诗篇的解释，这对本书讨论的主题很重要。第二种策略是，作者对某一单独的文字片段中的特定人物给予特定的解释。依赖个别字的含义会导致相互冲突的解释，比如，对于"生民"中的段落：姜嫄踩到了上帝的脚趾印后立即怀孕，还是她跟随丈夫的脚步献上祭品之后生下了孩子。这些语言学上的解释通常不是基于这首诗本身的（许多）其他元素。即使依靠现代语言学的重建理论（如康达维提出的），对于解决这些冲突也没有多大帮助，而且这些诗句的含义往往仍是模糊的。[24]不过，我们在这里感兴趣的不是这些诗的真正含义，而是注疏作者们如何处理这些难题，以及他们如何解释这些诗。第三种解释一段话的方法是，将它与同一经典文本中的另一段话联系起来，例如在"閟宫"和"生民"之间建立起联系，其中如何解读"閟宫"在很大程度上取决于对"生民"的解释。最后，第四种策略是，将被解释的这段话与同一经典文本之外的其他文本联系起来，例如在"玄鸟"和《礼记·月令》篇之间建立联系。在随后的解释中会经常注意到这种文本间参引的策略。在应用这种方法时，注释者可能会遇到不同文本之间的差别或矛盾。这就可能导致解释上的冲突。

3.1.3 《史记》中的解释彼此冲突

《史记》是最早将帝喾这几个儿子的出生讲述为神奇生子记的史书之一，其中的相关段落经常被后来的史书引用。正如本书第一章所言，《史记》第一卷中为帝喾做的传记实际上并没有提到神奇生子的情节。它只提到了帝喾的两位帝妃（即帝喾的直接继位者挚的母亲，以及尧的母亲）。但为《史记》所做的注解经常会引用皇甫谧的《帝王（世）纪》，而这本书里提到了四妃，不过也没有提到神奇受孕的故事。然而，《史记》中讲述了神奇生子记的地方（至少讲述了两个最著名的生子情节）在第三章的开头（《殷本纪》）和第四章的开头（《周本纪》）。这两章以契和后稷（二位都是帝喾的儿子）的出生情节作为开篇，因为他们被视为殷商和周朝的先祖：

180

> 殷契，母曰简狄，有娀氏之女，为帝喾次妃。三人行浴，见玄鸟堕其卵，简狄取吞之，因孕生契。[25]（《殷本纪》）

> 周后稷，名弃。其母有邰氏女，曰姜原。姜原为帝喾元妃。姜原出野，见巨人迹，心忻然说，欲践之，践之而身动如孕者。居期而生子，以为不祥，弃之隘巷，马牛过者皆辟不践；徙置之林中，适会山林多人，迁之；而弃渠中冰上，飞鸟以其翼覆荐之。姜原以为神，遂收养长之。初欲弃之，因名曰弃。[26]（《周本纪》）

181

　　可以注意到，《史记》在解释这几个出生故事的时候，用的一些元素来自《诗经》的诗或对这些诗做的注解。《史记》和《诗经》以各种方式交织在一起，但《史记》并没有摘抄《诗经》。我们在下面的解释中将看到，《史记》的段落在某种程度上可以看作是对《诗经》这三首诗阐发的评论。我们在这里最感兴趣的是，《史记》对帝妃怀孕这件事的解释是具有神奇色彩的，并且由于文中没有出现"上帝"或"天"这种字眼，反而使得故事本身的神奇色彩经过这种解释后更加浓烈。在《史记》的叙述中，没有明确用"上帝"或"天"可能扮演的角色来解释这一神奇事件，她们的怀孕完全归结于简狄吞下了玄鸟蛋、姜嫄踩到巨人迹。

因此，按照《史记》这样的叙述，是否契和后稷根本就不是出自帝喾？至少有一种对于《诗经》中诗歌的解释方案就是这样暗示的。关于这个问题，就在《史记》这一本书里面，各种生子情节的叙述之间也存在差别或矛盾。本书第一章的《三代世表》罗列了不同（早期）君主之间的亲缘关系之后，这个问题立即暴露出来。这张表中说，高辛（即帝喾）生了放勋（即尧）和后稷，因此，这就与神奇生子记的说法相矛盾。紧随此表之后的讨论更明确了这种解释上的断裂。这段讨论的重点是《三代世表》与《诗经》之间在关于出生情节的本质是什么上可能存在矛盾。它提到一段不知名的张夫子（无生卒年）和褚少孙的对话。褚少孙生活在西汉宣帝（公元前74—前49年在位）或成帝（公元前32—前7年在位）年间。[27] 这段对话正是关于这些出生故事的奇异性方面。他们的讨论从一个分类开始——将有父而生和无父而生区别开来——这个分类的思路将引导我们进入下面的解释：

> 张夫子问褚先生曰："诗言契、后稷皆无父而生。今案诸传记咸言有父，父皆黄帝子也，得无与诗谬秋？"
>
> 褚先生曰："不然。诗言契生于卵，后稷人迹者，欲见其有天命精诚之意耳。鬼神不能自成，须人而生，奈何无父而生乎！一言有父，一言无父，信以传信，疑以传疑，故两言之。尧知契、稷皆贤人，天之所生，故封之契七十里，后十余世至汤，王天下。尧知后稷子孙之后王也，故益封之百里，其后世且千岁，至文王而有天下。"

182

这种解读的言下之意是司马迁讲述出来的神奇生子记是"可疑的"。[28]接下来，褚少孙引用《诗经》的注疏来解释契和后稷的神奇出生。因此，他不仅对诗歌做了解释，而且对诗歌的传注也做了解释，从而成为解释的解释。无论哪种情况，他的结论是，"诗人美而颂之"：

> 诗传曰："汤之先为契，无父而生。契母与姊妹浴于玄丘水，有燕衔卵堕之，契母得，故含之，误吞之，即生契。契生而贤，尧立为司徒，姓之曰子氏。子者兹；兹，益大也。诗人美而颂之曰'殷社芒芒，天命玄鸟，降而生商'。商者质，殷号也。文王之先为后稷，后稷亦无父而生。后稷母为姜嫄，出见大人迹而履践之，知于身，则生后稷。姜嫄以为无父，贱而弃之道中，牛羊避不践也。抱之山中，山者养之。又捐之大泽，鸟覆席食之。姜嫄怪之，于是知其天子，乃取长之。尧知其贤才，立以为大农，姓之曰姬氏。姬者，本也。诗人美而颂之曰'厥初生民'，深修益成，而道后稷之始也。"

最后，褚少孙评论道，普通人很难认识到天命在早期的帝王和朝代的代际关系中发挥了什么样的作用。他说：

> 孔子曰："昔者尧命契为子氏，为有汤也。命后稷为姬氏，为有文王也。大王命季历，明天瑞也。太伯之吴，遂生源也。"天命难言，非圣人莫能见。舜、禹、契、后稷皆黄帝子孙也。黄帝策天命而治天下，德泽深后世，故其子孙皆复立为天子，是天之报有德也。人不知，以为氾从

183

184

布衣匹夫起耳。夫布衣匹夫安能无故而起王天下乎？其有天命然。[29]

在写作结构方面，这段文字表现出明显的文本互现特征：它引用了古代的注疏内容，而那些注疏当中引用了《诗经》。因此，《史记》中的解释是与其他文本交织在一起之后形成的。这段内容还提到了"诗人"的作用，说"诗人"在诗歌中美化了这些神奇生子的事情，并且歌颂它们。

可以把褚先生的回答看作他对《诗经》的解释。这段长篇的解释在三个方面具有根本意义。首先，它将《诗经》中没有明确说明的内容在解释上的冲突暴露出来：即引自《诗经》的文字讲述了帝妃们可能以神奇的方式怀上孩子，但没有明确提到父亲是谁这个问题。这段话揭露了两种主要的解释方式，并且将它们明确联系起来："无父而生"或"有父"。我们在对这三首诗做初步解读的时候揭示过两条主要的解释思路，这两种生子方式已经隐含在其中。第二，褚先生的讨论不仅讲述了那些事件，而且还解释它们。例如，他给出了这些事件可能发生的原因：神奇生子的情节证实了天命所在。因此，褚少孙重新引入了上天的作用，而《史记》在《殷本纪》和《周本纪》讲述契和后稷的出生情节时并没有明确提出这一点。褚少孙还给出了他自己的理由，他将这些人物与黄帝之间建立直接的代际联系，并认为其后代子孙所出是天命所为。第三，契和后稷的姓氏与他们被认定为商和周的先祖这个事实之间存在着一种联系。因此关于神奇生子的情节，总共有三种解释——它们之间往往相互联系：它们是天命的表现，也可以是代际关系的体现，还可以是王朝的合法性所在。

185

3.1.4　解释的类型

褚少孙将"无父"和"有父"做出区分的方法早在汉代就出现了，这是一种对各种相关的解释做出系统分类的方法。

孔颖达在为《诗经》（245篇）做的注疏中引用了许慎在《五经异义》（已佚）里的一句话。这句话很好地总结了早期解释中存在的各种相矛盾的观点：

> 《诗》齐、鲁、韩，《春秋公羊》[30] 说：圣人皆无父，感天而生。《左氏》[31] 说：圣人皆有父。[32]

正如一些学者指出的，持有前一种立场的文本通常与今文经的体系绑在一起（大多数西汉的经学家都属于这个体系），持有第二种（《左传》）立场的文本则与古文经的系统是一道的（据说他们在东汉占主导地位）。[33] 上面这句引文中使用的"感"字在其他几句话中也出现了。它的意思是（被）"影响、移动、接触"，经常出现在"感生"这个搭配组合中，也常被用作神奇生子的现代表达方式。

孔颖达指出，这种分类可能导致两种排他性的立场。对此，他提出异议：

> 诸言感生得无父，有父则不感生，此皆偏见之说也。[34]

事实上，在"无父"和"有父"之间做切割并不能完全等同于受孕之时是否有神奇要素的介入，毕竟帝妃可以先遇到神异的事件（如：祭祀后得到神灵的祝福，吞鸟蛋，看到红龙），而后以人的方式怀上孩子（即有人道，通过与人的结合）。因此，"神奇生子"和"有父"并不一定相互排斥。由此，可以组合出三种可能的解释：

1. 无父感生——无人道：不涉及父亲角色的、完全的神奇受孕

2. 有父感生——有人道：将父亲角色的介入和神奇事件结合在一起

3. 有父不感生——有人道：完全由人的结合生子、不掺杂神奇元素的干预

可以根据这种解释类型的划分来重新整理早期以及后来的注释内容。下文对直接注疏和间接评论的讨论都会按这种分类进行。

无父感生——无人道

第一种解释类型是完全的奇异生子，不涉及父亲的角色，即没有与人的结合。如上所述，这种解释被许慎归结为齐、鲁、韩三家诗的教义，他们代表了公元前二世纪中叶汉代官学的博士观点。郑玄一般遵循他们的解释[35]，如他在"生民"一篇的笺注：

187

> 笺云：帝，上帝也。敏，拇也。介，左右也。夙之言肃也。祀郊禖之时，时则有大神之迹。姜嫄履之，足不能满。履其拇指之处，心体歆歆然。其左右所止住，如有人道感己者也。于是遂有身，而肃戒不复御。[36]

在郑玄看来，受孕是通过上天（之主）的气实现的：

> 笺云：康、宁皆安也。姜嫄以赫然显著之征，其有神
> 灵审矣。此乃天帝之气也，心犹不安之。又不安徒以禋祀
> 而无人道，居默然自生子，惧时人不信也。[37]

188　　　郑玄甚至说，姜嫄是尧时代的人，她是高辛氏的一位世
妃。[38] 根据孔颖达的解释，这意味着姜嫄不是帝喾的帝妃，
而是后世隔代之人的妃：

> 尧非喾子，稷年又小于尧，则姜嫄不得为帝喾之妃，
> 故云："当尧之时，为高辛氏之世妃"，谓为其后世子孙之
> 妃也。[39]

　　　郑玄认为神奇生子记是完全的奇异事件、没有父亲角色的
人为干预，这种观点也出现在他对"玄鸟"做的注疏中。郑玄
没有将这件事与祭祀高禖联系起来。[40] 他倒是把这个故事与
《史记》联系起来，甚至增加了简狄吞下燕子掉下的蛋这个情节
元素（虽然《诗经》的这首诗当中并没有提到这一点）。郑玄称
之为"故本其天意"。[41]

　　　还有另一类文本大多都支持没有父亲的人为介入、完全是
神奇事件的这种解释——这类文本就是谶纬之书。[42] 郑玄同
意这类书里的观点，但毛亨不以为然。[43] 再如，北宋早年的
大型类书《太平御览》（977—983）里面有关于帝喾四妃的记
189　载，那里就引用了谶纬之书。这些引文中，有几条以简短但不
失真的方式讲到了没有人类介入的神奇受孕。[44] 前两段引文
非常清楚地说明了这一点：

《河图》曰：庆都与赤龙合，生帝尧于伊祁。[45]

《春秋元命苞》曰：周本，姜嫄游閟宫，其地扶桑，履大迹，生后稷。[46]

谶纬之书的故事也出现在官版的史书中。沈约（441—513）的《宋书》记载了一些明确的神奇生子的情节，其中有一整章的主题都是"符瑞"。《宋书》里面简狄（契之母）和姜嫄（后稷之母）的故事[47]与《史记》在《殷本纪》和《周本纪》开头的讲述非常相似，尽管如此，《宋书》对于尧的神奇诞生（在他母亲与赤龙交合之后）这一段的描写仍是我们所见版本里最全面、最详细的。在《太平御览》中也有类似的记载，但略有不同。根据《太平御览》的标注，这段记载的出处是《春秋合诚图》：

母曰庆都，生于斗维之野，常有黄云覆其上。及长，观于三河，常有龙随之。一旦，龙负图而至，其文要曰："亦受天祐。"眉八采，须发长七尺二寸，面锐上丰下，足履翼宿。既而阴风四合，赤龙感之。孕十四月而生尧于丹陵，其状如图。[48]

另一个把神奇生子记解释为完全没有父亲身份在场的是王逸（约89—约158），他在为屈原（约公元前340—约公元前278）《楚辞》中的《天问》篇所做的注疏里面表达了这样的解释。针对《天问》中的问题："简狄在台，喾何宜？玄鸟致贻，女何喜？"[49]王逸的回答如下："言简狄侍帝喾于台上，有飞

190

燕堕遗其卵，喜而吞之，因生契也。"而且，类似的解释也见于
另一个问题："稷维元子，帝何竺之？"[50] 相应的解释是："出
见大人之迹，怪而履之，遂有娠而生后稷。"[51] 这种解释方法
也是一个很好的例子，可以说明两个截然不同的文本之间以隐
性的方式发生了交织。此处是一位汉代的注疏者用已经受到认
可的解释《诗经》的方法来解释《楚辞》。

采用这种解释思路的文本大多都比较简短，它们仅仅把事
件作为既定事实来陈述，它们的解释倾向于没有父亲角色介入
的、彻底的奇异生子的故事。通常，这些文本不会为这种解释
方案给出任何理由。如果有什么理由来解释这个神奇生子的情
节，一般都是强调贤人的地位：强调这是一个因天命而来的奇
异的诞生故事，而且这样出生的贤人注定要成为一个王朝的先
祖（如商朝和周朝的先祖）。

有父感生——有人道

第二种解释是将神奇元素和父亲角色的介入（即与人的交
合）结合起来。可以说，《史记》首先结合了这两方面的元素。
乍一看不容易发现这一点，而且它也不是在《史记》某个特定
的章节或段落中明确提出的，而是在更大的、全文本的层面上。
如前所述，《五帝本纪》里面的帝喾传记部分并没有提到神奇生
子的情节，而且尧的传记（紧随帝喾之后）中也没有提到他母
亲与红龙的相遇，但在《殷本纪》里关于契的部分和《周本纪》
里关于后稷的部分，很明显，二人的出生与神奇受孕的经历联
系在一起。同一部《史记》在一个章节"省略"神奇生子记但
在另外的部分明确指出神奇诞生的故事，这种鲜明的对比为后
人留下了一些解读的空间。[52] 这个冲突的升级出现在《三代
世表》中。表中提到高辛（即帝喾）"生"了放勋（即尧）和后

稷，可以看作是明确提出了父亲角色的介入。[53]《史记》中这些不同的叙述催生了司马迁所说的"疑则传疑"。[54]

前面提到过，"无父而生"和"有父"之间的矛盾在褚少孙随后与张夫子的讨论中表现得非常明显。在交谈中的某处，褚少孙表达了一个立场，指出了这两种观点：

> 以诗言之……周起后稷，后稷无父而生。以三代世传　　192
> 言之，后稷有父名高辛；高辛，黄帝曾孙。[55]

从前面引用的讨论中可以看出，褚少孙似乎将两者结合了起来。一方面，他说，"鬼神不能自成，须人而生，奈何无父而生乎！"另一方面，他认为神奇生子的故事情节"欲见其有天命精诚之意耳"。此外，他们还追溯了这几位的血缘关系："舜、禹、契、后稷皆黄帝子孙也。"[56]因此，褚少孙一边承认贤人自有天命，并且会成为一个王朝的先驱，一边又利用父亲的身份来追溯（父系）血统以至于回到黄帝身上。

把奇异属性和父亲角色的介入结合起来的这种解释方式，似乎也是孔颖达的首选。这一点表现在好几个地方——他不仅提出了这种独特的角度来解释神奇生子记，而且在面对一段按照纯父系生育的思路所做的解释时，他一边转述一边引入了天神的角色。[57]孔颖达非常关注马融（79—166）和王肃（195—256）对《诗经》的解释。同样的，他们的解释也是同时讲到了神奇事件的属性外加与人类的生理结合。马融认为，即使了神奇力量的介入，比如踩在巨人脚印上或吞下燕子掉的蛋，帝妃们仍然与她们的丈夫交合，即"仍御于夫"。王肃也认为这种解释是正确的。他在《奏》一文中写道："稷、契之兴，自以积德累功于民事，不以大迹与燕卵也。且不夫而育，乃载籍之所以为妖，宗周之所丧灭。"既然这种情况没有发生，就说明这个孩子不是没有父亲，反而，他的出生就是来自母亲和她的丈夫。根据孔颖达的说法：

193　　　　其意不信履大迹之事，而又不能申弃之意，故以为遗腹子，姜嫄避嫌而弃之。[58]

因此，王肃仍然认为，这个儿子是出自他的父亲。

将神奇事件和父亲角色的介入结合起来，在某种程度上是一种妥协的立场。通过文本互现的方式来做解释，既保留了天命所托的意义，也尊重了人类生子在生理上的现实。它很好地展示了如何将各种解释思路相互交织起来的方案。

有父不感生——有人道

第三种解释类型是完全由人的结合生子，不掺杂神奇元素的干预。这个类型最明显的例子是毛亨的注释，即古文经学派中最重要且具有代表性的解释。毛亨的传注通常注重技术性的、语言学的和基于事实的解释，这种注疏方式下的出生记是不应该涉及奇迹元素的。例如，对于"生民"，毛亨的解释是，姜嫄不是踩着了上帝脚趾的印迹，而是在跟随她丈夫的脚步。在194 "閟宫"当中，"上帝是依"一句被毛亨解释为"依其子孙也"，不是依着姜嫄。孔颖达非常明确地说明了做出这种解释的原因：

正义曰：毛氏不信履迹之事，不得言天依姜嫄，故为依其子孙，正谓依助后稷，使其母无灾害也。此直依其子耳；兼言孙者，以后稷后世克昌，皆为天所依祐，并孙言之，以协句也。[59]

最后在"玄鸟"的例子中，对于毛亨来说，黑色的鸟意味着祭祀的时刻到了：春分时节，也就是燕子出现的时候，简狄陪同帝王去祭祀，并向高禖（禖指求子的祭祀）祈祷，结果就是生下了契。"故本其为天所命，以玄鸟至而生焉。"[60]诚然，这些引文并没有明确否认这是一个神奇事件，也没有明确指出与人的交合，但把它们与郑玄的注疏放在一起时，对比就很明显了，因为在郑玄处，神奇干预的元素被体现得淋漓尽致。在《毛诗正义》当中，郑玄的观点和毛亨的观点在这个地方分道扬镳。[61]这个例子说明，文本的交织如何为不同的解释赋予不同的意义。正是由于两种解读方法并列在一起，二者之间的对比才显得更加清晰，并影响了后来的解释者所采用的解释策略。他们往往不得不在这些已经给出的选项当中做出选择。

3.1.5 反对神奇生子的观点

另有一位注疏作者以非常明确的方式表达自己的立场，他就是王充。他认为，这些人物的出生完全是人为结果，没有任何奇异元素的干预。王充（27—约100）的《论衡》通常以论战的形式行文，书中涉及大量的问题，包括自然现象的意义和原因。王充用了整整一章的篇幅来讨论神奇生子记的问题。这明显是一个间接评论的案例，它就另外一本书里面的内容作评论，并且以论证的方式表明立场。因为类似的论点会出现在晚期作者的著作中，所以这里可以更多地讨论一下王充的观点。

王充这一章题为"奇怪"，它首次深入讨论了帝喾的三位帝妃离奇生子的情节。[62]除了这些故事之外，王充还讨论了禹

的神奇出生——据说，禹的母亲吞下薏苡才怀孕。而且，王充
还在他的论证过程中引用了其他几个例子。他所反对的对象是
"世儒学者"，他们"莫谓不然"。可是王充认为，"如实论之，
虚妄言也"。[63]

王充关于帝喾众妃们这个案例的观点可以分为两部分。首
先，他论证了为什么她们不可能以奇异的方式受孕。其次，他
试图找到这些不可思议的生子情节仍然广为传颂的原因。

关于为什么这些帝妃不可能以奇迹的方式受孕这个问题，
王充提出的理由包括两种角度：第一种是基于生物和人类学的
原因（有时还有与之相关的宇宙方面的原因），这些说理涵盖了
《奇怪》篇的大部分内容；第二种是伦理方面的原因，落在这一
篇内容的末尾。

生物和人类学方面的主要内容来自"气"和"精"这两个
关键概念——这些概念常见于一些早期的中国典籍，特别是在
《管子》（汉代之前或初年）中。"精"的原意是指精细、纯的
米。推而广之，它指的是事物不掺杂任何杂质的精华部分，或
集中于单一目标的某种精神状态。它也被用来指代人类生命的
种子。在《管子·内业》中，它主要指精髓或命脉，即所有生
命体的源头要素。"气"的含义很广泛，从我们呼吸的普通空气
到为宇宙提供物质基础的原初气息。在《管子》中，它通常指
自然界的生命力，如阴和阳，但它也可以指身体的物理呼吸或
代表生命精华得以获得动能的那种活力。[64]这些词语在王充
著作中的含义似乎与《管子》中的用法比较接近。

《奇怪》一章的开篇先复述了儒者的观点，即"儒者称
圣人之生，不因人气，更精禀于天"。[65]王充对这种观点
提出质疑，他认为"人转相生，精微为圣，皆因父气，不更

禀取"。〔66〕

为了论证这个观点，他提出了几个分论点。首先，王充采纳了其反对者的意见，他也表示，人——更不用说贤人了——如果从更低等级的事物诸如植物、鸟类或地面的脚印中诞生，就不可能有上天之气的精华和微妙：

> 且夫薏苡、草也，燕卵、鸟也，大人迹、土也。三者皆形，非气也，安能生人？说圣者，以为禀天精微之气，故其为有殊绝之知。今三家之生，以草，以鸟，以土，可谓精微乎？天地之性，唯人为贵，则物贱矣。今贵人之气，更禀贱物之精，安能精微乎？〔67〕

接下来，王充表明，在同一个生物学角度的框架内，有些情况是不可能发生的。形体的大小不可能随便转换：体型小的生命体不能在大型生命体中产生，体型大的生物不能在小型的生命体中产生："夫令鸠雀施气于雁鹄，终不成子者，何也？鸠雀之身小，雁鹄之形大也。"〔68〕同理，吞下一个约五寸大小的燕子蛋，不可能让一个女人生出七尺的人身！反之，也是不可能的："使大人施气于姜原，姜原之身小，安能尽得其精？不能尽得其精，则后稷不能成人。"〔69〕

紧接着的仍然是生物学方面的观点，王充的论点是子与父的相似性："尧、高祖审龙之子，子性类父，龙能乘云，尧与高祖亦宜能焉。"〔70〕

另一个生物特征方面的论点是物种的相似性：有血的生物与自己的同类交配，而不是与异类交配：

197

> 且夫含血之类，相与为牝牡，牝牡之会，皆见同类之物，精感欲动，乃能授施。若夫牡马见雌牛，雀见雄牝鸡，不相与合者，异类故也。今龙与人异类，何能感于人而施气？[71]

根据同样的推理逻辑，王充还评论道，人类与龙类交合的说法有很多矛盾的地方。为此，他讲述了也在《史记》中提到过的一个奇异故事。[72] 夏朝快要灭亡的时候，两条龙在宫廷里打斗，把口水吐在地上。当龙消失之后，它们的唾液即龙涎被珍藏起来，存放在一个盒子里，直到周幽王（约公元前795—前771）打开了它。然后，龙的唾液变幻成一只黑色的鼋。它溜进皇宫，并在那里与一女交合，由此生下了褒姒，即那个令西周覆灭的女子。王充质疑道："玄鼋与人异类，何以感于仍是处子之身的女人而施气乎？"于是他指出这样的结果是，"以非类妄交，则有非道妄乱之子"——这个方向似乎与他之前的陈述相矛盾。但同时，他也在问，为什么尧的母亲据说只遇到了一条红龙，除此之外没有与人结合，她却生下了一位英明神武的帝王，这与褒姒有什么不同？[73]

王充将这些生物学方面的推论与更广泛的宇宙联系起来，总结道：

> 天地之间，异类之物相与交接，未之有也。天人同道，好恶均心。人不好异类，则天亦不与通。人虽生于天，犹虮虱生于人也。人不好虮虱，天无故欲生于人，何则？异类殊性，情欲不相得也。天地、夫妇也，天施气于地以生物。人转相生，精微为圣，皆因父气，不更禀取。如更

198

禀者为圣，离、后稷不圣。如圣人皆当更禀，十二圣不皆
然也。黄帝、帝喾、帝颛顼、帝舜之母，何所受气？文王、
武王、周公、孔子之母，何所感吞？[74]

除了生物学方面的观点，王充还有一种论证角度来证明　　199
（某些）神奇生子记根本不是真的，这可以称为伦理方面的观
点：奇迹般的怀孕不会是真实的，因为据说母亲们在田间行走
和在河里洗澡的行为会违反礼仪规范：

帝王之妃，何为适草野？古时虽质，礼已设制，帝王
之妃，何为浴于水？夫如是，言圣人更禀气于天，母有感
吞者，虚妄之言也。[75]

王充也试图追问为什么要将这些出生的故事归因于某种神
奇的属性。这些理由主要在《奇怪》篇的第二部分展开。第一
个原因涉及汉字的微妙，由此带来了一个语言学上的观点：也
许是三代王朝家族的姓氏——即姒（禹和夏朝）、子（契和殷
商）、姬（后稷和周朝），推动了这些故事的发端，因为这类事　　200
件的神奇性和所选姓氏之间存在着直接的联系，这是本章前面
简单提及但还没有解释的一个角度。[76]我们在《史记》中褚
少孙的解释里看到这种联系已经被建立起来，如后稷得到的姓
氏是姬，意为本或根、基础或起源。但在王充看来，这些解释
并不合适。他举姜嫄践巨人履这个例子说：

迹者、基也，姓当为"其"下"土"，乃为"女"旁
"巨"，非基迹之字。不合本事，疑非实也。[77]

王充自己的假设是，这些女性只是"适欲怀妊"的时候，偶然吞下一粒薏米或燕子的蛋，或者踩到了巨人的脚印上。在王充的眼里，只是不同的听者对奇异事件产生了不同的反应：

> 世好奇怪，古今同情，不见奇怪，谓德不异，故因以为姓。世间诚信，因以为然；圣人重疑，因不复定；世士浅论，因不复辨；儒生是古，因生其说。[78]

因此，这些事件被赋予了我们今天所说的"象征"意义。在王充看来，"圣人之生，奇鸟吉物之为瑞应"。它们是"圣子之象"或"受命之证"。但他争辩说："以奇吉之物见而子生，谓之物之子。"[79]

作为结论，王充提出了这些儿子们的出生与黄帝的代际联系：

> 五帝、三王皆祖黄帝；黄帝圣人，本禀贵命，故其子孙皆为帝王。帝王之生，必有怪奇，不见于物，则效于梦矣。[80]

王充的观点很重要，因为他明确反驳了那种认为没有父亲介入就完成了生子过程的说法。不过，他也接受了神奇故事本身，因为它们是天命的标志，而且，他还为此建立了与祖先（如黄帝）之间的代际关系。总的来说，王充在早期的各种观点中属于少数派立场，主要是因为他站在儒者的对立面。然而正如我们将进一步看到的，他的思想往往直接或间接地被宋代和明代的作者采纳。

3.2　宋代和明代对神奇生子记的解释

3.2.1　宋代的解释：朱熹及其同时代的注疏

《诗经》注疏传统的下一个大发展是在十二世纪，这是经学历史上的一个转折点。宋代的注疏作者们经常用自己对早期经学成果所持有的立场来定义自己。一方面，对公认的注疏传统进行批评是一种路线，这是欧阳修（1007—1072）开创的。另一方面，正如在儒家思想的许多其他领域一样，朱熹（1130—1200）对于《诗经》本质的看法和他在解释学方面的教导已经成为新的正统。于是，这里要介绍的宋代对于《诗经》中讲述了神奇生子记的那几篇所做的最重要的解释，就是朱熹的汇编文集，即《诗（经）集传》或《诗（经）集注》。[81] 这部著作不仅包括了朱熹自己的注释，也综合了其他宋代注疏作者的评论。[82] 鉴于朱熹的地位，这部注疏成了讲授道统的参考用书，例如，胡广（1370—1418）的《诗经大全》（20 卷，又名《诗传大全》）基本上就是朱熹这部注疏的一个注解版。朱熹的注疏在明末清初被广泛使用，也是传教士使用的作品。

　　在许多方面，朱熹遵循了郑玄的解释，即神奇生子记当中没有丈夫角色的介入。例如，关于"生民"当中"履帝武敏歆"这个关键句，"帝"被解释为上帝，"武"被解释为足"迹"，"敏"为大拇指的"拇"，"歆"被解释为"动"的意思。但是，他也补充说："犹惊异也。"[83]（朱熹的原文是："帝，上帝也。武，迹。敏，拇。歆，动也。犹惊异也。"）在朱熹的解释中，

202

上帝在这些出生的故事里扮演了重要的角色。他在"閟宫"一篇中同样讲到了上帝的作用,他把"上帝是依"的"依"解释为"眷顾"。[84] 也跟早期的注疏作者一样,朱熹把后稷的神奇出生与周朝的起源联系起来:

> 姜嫄出祀郊禖见大人迹,而履其拇。遂歆歆然如有人道之感。于是即其所大所止之处,而震动有娠。乃周人所由以生之始也。周公制礼,尊后稷以配天。故作此诗,以推本其始生之祥,明其受命于天,固有以异于常人也。然巨迹之说,先儒或颇疑之。

203　　在这一段中,朱熹将毛亨和《史记》结合起来了。他将这一事件的发生放在向郊禖献祭的那个时刻,这是毛亨的做法;同时,他提到巨人脚印即"大人迹"的时候,采用的是《史记》的版本。不过,朱熹也补充道:"巨迹之说,先儒或颇疑之。"从他对文字含义的解释中可以看出,朱熹对"迹"这部分还是不怎么确定。

但朱熹仍然相信这样的一个神奇生子记——它符合新儒家解释人类和宇宙的理论。为了实现这种解读,朱熹引用了另外两位宋代作者的文字,并且把它们交织在一起,融合进自己的注疏中。这两位作者,一位是以关于气的理论而闻名的张载(1020—1077),另一位是著名诗人苏轼(1037—1101)的弟弟苏辙(1039—1112):

> 张子曰:天地之始,固未尝先有人也,则人固有化而生者矣。盖天地之气生之也。苏氏亦曰:凡物之异于常物

者，其取天地之气常多。故其生也或异。麒麟之生，异于
犬羊，蛟龙之生，异于鱼鳖。物固有然者矣。神人之生，
而有以异于人。何足怪哉。斯言得之矣。[85]

引自张载的这句话来源不详，但一定与他关于宇宙和人
类的观点相吻合，它强调气的重要性，认为气是一种动态的能
量物质，通过整合和巩固来形成万物。[86] 天地万物——包括
人类在内，都是由气凝聚而成的。引自苏辙的这句话证实了苏
辙在他的《诗集传》中对"生民"的解释。[87] 苏辙在《诗集
传》中明确地选择了一种解释，认为姜嫄是因踩到巨人足迹
而怀孕的，并且拒绝了毛亨的解释（毛亨认为，她踩到的是帝
喾的脚印）。"盖此诗言后稷之生甚明，无可疑者然，毛氏独不
信。"[88] 在他对"玄鸟"的解释中，苏辙也认为，简狄吃了燕
子掉下的蛋。[89]

同样地，朱熹将契出生的情节也解释为一个奇异出生的故
事。那只"玄鸟"被指定为"鳦"，即燕子。朱熹结合了毛亨的
和郑玄的解释：春分时节，燕子来时，简狄去祭祀，并且向高
禖祈祷（这是毛亨按照《礼记》所做的解释）。一只燕子掉下
一个蛋，被简狄吞下（这是郑玄按《史记》所做的解释）。简狄
后来生下了契，由此商朝以降。朱熹在他的注疏中明确提到了
《史记》。而且，"古帝命武汤"一句的"帝"又被明确解释为
上帝。[90]

朱熹对神奇生子记的解释当中没有考虑父亲角色的介入，
这样的观点也出现在《朱子语类》的好几个地方。这部作品里
面文本互现的特征很明显，因为他与弟子的对话掺杂交织着经
典著作的内容，还有同时代宋人的解读。举例来说，这部作品

中包含了对《诗经》的评注，其写作形式是弟子们对某个具体的诗句提问，然后由朱熹回答。在下面第一段引文中，朱熹明确质疑欧阳修对"生民"的解释——欧阳修的立场是从根本上驳斥吉兆的说法，他认为所有的吉兆都是假的：

205 　　问"履帝武敏"。曰："此亦不知其何如。但诗中有此语，自欧公不信祥瑞，故后人才见说祥瑞，皆辟之。若如后世所谓祥瑞，固多伪妄。然岂可因后世之伪，而并真实者皆以为无乎？'凤鸟不至，河不出图'[91]，不成亦以为非！"[92]

同一段中还有针对后面一个问题的回答，朱熹在此将"生民"篇与"玄鸟"篇结合起来，并明确地表达了他的观点是没有与人类的交合：

　　盖以为　稷契皆天生之耳，非有人道之感，非可以常理论也。汉高祖之生亦类此，此等不可以言尽，当意会之可也。[93]

简而言之，朱熹对文本采取了一种积极的先验态度：如果我们今天无法证实这些事件，最好按照过去的记载来理解它们：

206 　　问："玄鸟诗吞卵事，亦有此否？"曰："当时恁地说，必是有此。今不可以闻见不及，定其为必无。"[94]

与欧阳修的解释一比较，朱熹的观点就更加鲜明了，毕竟他拒斥了欧阳修的观点。大多数传统和现代的叙述都经常强调欧阳修的解释是一种破除盲信的角度。方泽林（Steven Van Zoeren）就曾指出，欧阳修思想中的这种怀疑主义倾向表现出一种冲动，想要将传统作为批判对象，并且希望完全超越它。[95]在《诗本义》一书中，欧阳修旗帜鲜明地选择了毛亨的解释——认为这些出生的故事中没有神奇力量的干预，他还拒绝了郑玄的解释——因为郑玄将神奇受孕解读为"奇"的、"怪妄"的：

> 古今虽相去远矣，其为天地人物与今无以异也。毛氏之说，以今人情物理推之，事不为怪，宜其有之。而郑谓吞鳦卵而生契者，怪妄之说也。秦汉之间学者喜为异说，谓高辛氏之妃陈锋氏女感赤龙精而生尧，简狄吞鳦卵而生契，姜嫄履大人迹而生后稷；高辛四妃，其三皆以神异而生子。盖尧有盛德，契稷后世皆王天下数百年，学者喜为之称述，欲神其事。故务为奇说也。至帝挚无所称，故独无说。郑学博而不知统，又特喜谶纬诸书，故于怪说尤笃信。由是言之义，当从毛。[96]

正如朱熹明确指出的，欧阳修对于视鼋、龙、麒麟、凤凰等为君主祥瑞之兆的做法持批评态度。欧阳修在另一篇文章中说："呜呼，自秦、汉以来，学者多言祥瑞，虽有善辨之士，不能祛其惑也！"在举出历史上许多例子之后，他建议"因其可疑者而攻之"。[97]朱熹则从他的角度出发批评欧阳修的激进立场。朱熹说："欧公只见五代有伪作祥瑞，故并与古而不信。"[98]

朱熹与欧阳修的不同观点显示了宋代的《诗经》注疏呈现出多样性。他们的注疏证实了自早期以来一直不断出现的文本间引用或指涉的现象：解释的产生，不仅来自注疏作者与经典文本的持续对话，也来自他们与前人注疏的对话。然而众所周知，朱熹的解释获得了最权威的地位，成为正统教义。但这并不意味着明代只是盲目地遵循正统解释。纲鉴类的著作进一步展示了宋代和明代的各种观点，因为它们引用了各种不同流派的注疏。

3.2.2 明代的解释：纲鉴类著作

了解宋代和明代注疏观点的主要资料来源就是纲鉴类的文本。纲鉴体传统的创新之一是，它们讲述完一段历史就在结尾处列出一系列的评论。本书前面提到的增加评论的做法本身倒不能被称作一种创新。例如，宋代学者胡宏（1106—1162）在他的《皇王大纪》（1141年）的每段记录中都加入了他个人的观点（称之为"论"）。

纲鉴体著作带来的创新是把不止一种的评论叠加在一起，而且清楚地标出了每条评论的作者——这些作者既有宋代的也包括明代的。因此，纲鉴体文本为读者提供了多种解释。本书第一章就介绍过，这种新的形式开始于江贽（活跃期为1111年）的《少微通鉴节要》明代修订本（1428年），被陈桱（十四世纪晚期，活跃期约为1350年）的《（资治）通鉴（纲目）前编外纪》（1506年原版，1560年修订版）采用。在陈桱的著作中，评论内容出现在"总论"和"史论"两个部分，这种格式继而又被复制到史书编纂的方法中，用以编辑康熙皇帝主持的《御批资治通鉴纲目前编》。后来，这些评论的编辑方

式又延续到《御批资治通鉴纲目全书》（1707 年）中的上古史
部分。

　　这些关于帝喾故事的评论很好地概括了神奇生子记的多种
解释。在此，我们将介绍四篇关于神奇生子记的评论，它们都
出现在纲鉴体史书中：两篇写于宋代，作者是胡宏（号五峰；
1105—1161）和苏洵（号老泉；1009—1066）；另两篇写于明
代，作者是周礼（号静轩；1457？—1525？）和李京（无生卒
年代，晚明）。在不同版本的纲鉴体著作中，这些评论通常最多
是一条到三条之间。[99] 下面引用的段落大多数来自托名袁黄
的纲鉴文本，这也是传教士经常使用的版本。引自胡宏和周礼
的内容则是基于《御批资治通鉴纲目前编》（因为这套汇编里的
引文更详实）。这些评论文字紧跟在帝喾的个人生平之后——
帝喾的故事里提到的是三个神奇生子的情节：后稷，出生在向
上帝献祭之后；尧的出生，发生在红龙的预兆出现且他母亲怀
胎十四个月之后；契的出生，发生在向高禖祈祷和飞燕的预兆
之后。[100]

胡宏

　　胡宏主要以其对心性、人性和自我修养的哲学思考而著称，
这些方面的随笔札记收录在《知言》和《五峰集》当中。[101]
他的篇幅最长且里程碑式的著作是《皇王大纪》（共 80 卷，完
成于 1141 年），以纪传体史书的体例写成。作为一部宋代作
品，《皇王大纪》里面提供了自《史记》以来对帝喾最全面、
最系统的描述，其中包括了帝喾帝妃们的神奇生子记。胡宏作
品的特点是，他在叙事的末尾加入评论内容，称为“论”。下
面这段文字经常被引用在纲鉴体著作中，它们是摘自胡宏本人
在帝喾故事的最后添加的评论。这段文字首先讨论了姜嫄的

209

事，然后从新儒家思想的角度出发，论证了有父亲角色干预的生子情节[102]：

> 天地之间有气化有形化。人之生虽以形相禅，固天地之精也。姜嫄克禋克祀以弗无子。志之所至，气亦至焉，[103]气之所至，精亦至焉。故若履天帝之武而敏歆其祀，于是有子，不可谓怪。而诸儒不悟，惑可知也。[104]

210　　　胡宏对这些故事的评价主要是基于他那个时代在宇宙方面和人类或生物学方面的观念。在胡宏的眼里，祭祀之后怀孕并不稀奇，因为人的诞生不仅来自身体的变化，而且来自需要通过气才能发生的转变，仰赖天地精华——在天地这一点上与孟子的人学相呼应，才可以达到心之所至。谢康伦（Conrad Schirokauer）曾指出，胡宏的宇宙观和生物观部分地传承自邵雍（1011—1077）。对胡宏来说（跟邵雍的观点一样），人类在万物的秩序中占据重要而崇高的地位。虽然等级观念将人类置于动物之上，认为万物都是为人类所用，但是认为人类和天地万物一样都是持续创造过程的产物这种观点并不否认自然的等级秩序。[105]人类是天地"精"华。那么，生子就是意、气、精相继的结果。可以注意到，在这段引文中，仍然有一个天帝的位置，即"履天帝之武而敏歆其祀"。其实是纲鉴类文本的编辑们选择了这一改动，因为在原版中，胡宏清楚地遵循了毛亨对"生民"一篇中这个关键句的解释——胡宏的原书写的是"履帝喾之武而敏歆"。[106]胡宏对神奇元素的否定充分体现在红龙和玄鸟的故事中：

> 至于谶纬之书谓：庆都感赤龙之精而生尧，简狄吞玄鸟之卵而生契，则诬矣。何者？人也，乃与繁气交而生人，则无是理矣。是以载其事而削其词焉。西汉薄太后有苍龙据腹之祥而生文帝。若非史氏记之详明，则后世必谓：薄与龙交而生子矣。是故儒者莫要于穷理，理明然后物格而知至，知至然后意诚而心不乱。〔107〕

胡宏不认同这两个神奇受孕的故事，他所依据的是程颐 211
（1033—1107）在生物学方面的见解：虫来自繁气，而人则不同，人来自纯气，所以人类不可能在与"繁气"交合后诞生。〔108〕对此，胡宏补充了一个解释学上的论点。他拿汉高祖刘邦（前256—前195）的薄姬（？—前155）为例子来作比较。根据《史记》记载，薄姬与高祖第一次时便告诉他说，她梦到一条苍龙盘踞在她的肚子上，高祖回答说："此贵征也，吾为女遂成之。"〔109〕其后，刘恒（前203—前157；后来的汉文帝）便出生了。汉高祖这句话是个细节信息，以此避免了将此事解释为薄姬与龙的交合这种可能性。也就是说，这个孩子确定是在父亲介入之后才出生的。胡宏对帝喾及其帝妃们的故事也做了同样的推理，将它们解释为人的结合：如果红龙和玄鸟的故事里所描述的帝喾本人也说了类似的话，那么，帝喾的两位帝妃就显然没有与龙或鸟发生交合，而是与帝喾结合，即自然地与人发生关系。他把这些故事归咎于谶纬之书——事实上，《史记》 212
中也提到了玄鸟蛋的故事。最后，胡宏和引用了他的那些纲鉴类著作都建议读者对原则做深入探究，对故事做仔细调查，这样才能使自己的心不受迷惑。

因此可以说，对这些神奇生子的故事胡宏基本上选择了第三种解释类型：即有父亲角色的介入，且没有神奇力量的干预。纲鉴类文本也采用了这种解释，不过它们同时将更大的功劳归于天帝（Heavenly Lord）。

苏洵

苏洵是苏轼和苏辙的父亲。虽然没有考取功名，也没有追求仕途，但他也是一位著名的宋代学者。他的文集《嘉祐集》（1056—1063）里最著名的篇章是《六经论》，在这几篇文章中，苏洵拒绝承认经学传统的规范作用，也因此批判儒家的正统观念。[110] 他选择了历史批评的方式，而不是像经学那样做价值判断，这一点也表现在文集里其他一些文章当中，比如《喾妃论》一文。[111] 纲鉴体著作大量引用《史记》的内容来讲述帝喾生平，但它们（不是康熙皇帝御制的那些版本）引用了苏洵这段文字作为对帝喾传记的评注。苏洵首先说，在他眼中，帝喾的众妃们应该有另一种反应：[112]

> 燕堕卵于前，取而吞之，简狄其丧心乎？巨人之迹隐然在地，走而避之，且不暇忻然践之，何姜原之不自爱也？

没有被纲鉴体文本引用的苏洵原文里甚至还增加了一个伦理方面的论点——类似于王充表达过的观点，并且拒绝了整个神奇生子的故事，比如，苏洵认为帝王的妃嫔们不会如此不雅地去户外沐浴：

> 又谓行浴出野而遇之，是以简狄姜原为婬泆无法度之甚者？帝喾之妃稷契之母不如是也。[113]

接下来苏洵开始批评司马迁对于早期的注释使用不当：

> 虽然史迁之意必以诗有"天命玄鸟、降而生商"[114]
> "厥初生民、时维姜嫄。生民如何、克禋克祀、以弗无子。
> 履帝武敏歆[115]、攸介攸止、载震载夙、载生载育、时维
> 后稷"[116] 而言之。吁！此又迁求诗之过也。毛公之传诗
> 也，以鳦鸟降为祀郊禖之候，履帝武为从高辛之行。及郑
> 之笺而后，有吞践之事。[117] 当毛之时未始有迁史也。迁
> 之说出于疑诗，而郑之说又出于信迁矣。故天下皆曰：圣
> 人非人，人不可及也。甚矣迁之以不祥诬圣人也！

苏洵清楚地揭示了解读《诗经》可以有不同层次。他反 214
对司马迁和郑玄的字面解释——此二人都认为这两个神奇受孕
的故事都没有父亲角色的介入。相反，苏洵选择了毛亨的解
释——毛亨坚持认为这些生子故事完全是出于人的结合，没有
神奇力量的干预，这相当于也采取了第三种解释的类型。

周礼

纲鉴体著作中引用的第一位为神奇生子记做注的明代作者
是周礼。相较而言，周礼无藉藉名，但他写了好几部历史评论
类的著作：《通鉴外纪论断》《朱子纲目折衷》，以及《续编纲目
发明》。[118]《续编纲目发明》(序于1496年) 是周礼最著名的 215
作品，意在对以前的《通鉴纲目》类著作做进一步的阐述（即
书名里的"发明"），具体来说，这部著作意在解释补充宋元部
分的《通鉴纲目续编》。[119] 这部作品在呈送到朝廷之后，于
1507年首次出版，但经常被重印是在明代晚期。例如，明末出

版的《通鉴纲目全书》各个版本中就包括了他这本《续编纲目发明》。周礼也参与了《通鉴外纪节要》的校正工作。他还有一篇《训蒙史论》，收录在陈桱的《(资治)通鉴(纲目)前编》（18卷）和《外纪》（1卷）修订版当中。[120] 这些著作都是纲鉴类文本的起源。

在讨论帝喾众妃神奇生子记的时候，周静轩做了一般性的总结，从宇宙的角度来解释圣贤的由来。他认为，祥瑞预兆可能伴随着圣贤的出生，但不是生育的起源，因为孕育是通过身体的转化和气的作用才发生的。只有姜嫄的祭祀这一个故事可能是例外（纲鉴体文本中漏掉了这句的内容）[121]：

> 圣人应昌期而生：扶舆之精孕之，山川之英毓之，河海之秀钟之，五行范其体，万善罗其躬；固有祯祥之兆矣。然不过乎气化形化之理。[姜嫄禋祀上帝而生稷。岂上帝悦其禋祀而锡之以嗣乎？此犹可信者。][122] 至若[庆都]有赤龙之祥[而生尧]，[简狄有飞燕之祥而生契，嫘祖感大星如虹下临华渚之神而生少昊，[123]女枢感瑶光贯月之祥而生颛顼，][124]呜呼，有是理乎，无是理乎？不得不辨以祛童蒙之惑也。

216　　周礼认为，另一个更深层次的原因是很难想象圣人出自有鳞有羽的爬行动物。这种观点有一些也出现在王充反驳神奇生子记的论证当中，但似乎并不是直接从王充那里拿来的：

> 夫以父天母地而谓之天子。天子虽以形相禅，固天地之精也。天生圣人为生民主，其亦异于常人。赤龙鳞虫耳，

何必其祥而后生；飞燕羽虫耳，何必其瑞而后育？迨虹临华渚之神，尤其怪诞。安有人之一身可与鬼神交感而孕畜耶？其瑶光贯月容或有之矣。

周礼似乎与欧阳修一样对吉兆的说法存疑。在结论中，他呼吁道，应该回到历史记载中去做调查。他好像对从更早的史料记录中传下来的错漏非常挑剔：不是古书中的所有记载都值得相信：

> 盖穷理儒者之要道也。理不明则物不格，物不格则知不至，知不至则意不诚，意不诚则心不正，心不正则邪媚得以摇吾天德之刚，异端得以夺吾浩然之气。是谓"儒名而墨行"矣。[125] 孟子曰"尽信书则不如无书"。[126] 此固当时记载传疑之失，不足深信也。君子其谅之。

纲鉴类的文本也以类似的方式结尾：

> 其可不信理，而为记载传疑之所惑哉？[127]

周礼的评论与胡宏的解释类似，甚至可能是受到了后者的启发，不过周礼增加了几个新的例子。他专注的焦点是"圣人"的诞生，并且在宇宙人类学的基础上解释他们的出生——周礼认为，从宇宙人类学的角度看，通过与有鳞的爬行动物或鸟类的交合来孕育圣人，是不被允许的。周礼在某种程度上接受圣人诞生有可能伴随着吉兆的场景，但在他看来，他们仍然需要父亲角色的介入才得以孕育。在这个意义上，他有时候倾

217

218

向于对神奇生子记的第二种解释类型，而在其他时候，他则坚持第三种解释类型。在最后一段中，他沿用了宋代学者的论点，强调对事物进行调查研究，这一点也出现在胡宏的著作里。在"御批"版本的纲鉴著作中，引自周礼的段落常以一个新的解释性的陈述做结尾：不能深信古书中的所有内容。周礼表达这一立场的方法是引用孟子的话，并且暗示经书中含有不确定的因素。在这个例子中，注疏作者注意到了文本中存在解释上的缺口，他没有选择接受这些故事是神奇事件的说法，而是反驳了它们，理由是人们不应该深信这些说法。

李京

纲鉴体著作中最后一篇关于帝喾众妃生子的评论来自李京。它只出现在一部纲鉴类的文本中，即叶向高的《鼎锲叶太史汇纂玉堂鉴纲》(万历年间，1573—1619)。[128] 几乎没有任何关于李京的传记资料可查。收录了李京评注的纲鉴体著作也只是有一张"先儒名公姓氏"——晚明学者的名字出现在这个名单的末尾，其中包括李京。[129] 这就是为什么我们可知李京是晚明学者的原因。根据此处的信息，他的字是尹弘，号蕉鹿，籍贯闽县。

李京从一开始就表明立场——发生在姜嫄和简狄身上的神奇生子记是假的[130]：

> 纪载帝喾元妃姜嫄出野，见巨人迹，心悦而践之，遂身动如孕者；期而生子，以为不祥，弃之。次妃简狄浴于玄丘之水，适玄鸟翔水遗卵，取而吞之，遂生契。此两者皆非也。

在反驳姜嫄的故事时，李京似乎使用了胡一桂（1247—?）曾经讨论"生民"中关键句的内容。胡一桂是宋代学者，专长《易经》研究。[131] 这是一个用隐性的方式来实现文本互现的案例。李京选择了毛亨在《毛诗传》中的解释，并与郑玄的解释作对比。他还采用了比喻的表达方式，比如"方震"（《左传》用词），这种用法也可以拿来描述《诗经》中的表达。他最后把这个故事归结为诗人的手笔，他认为诗人只是为了强调天命的作用：

> 愚观姜嫄诞后稷之事，毛传初无异说，不过谓[132]姜嫄为帝喾元妃，姜嫄从帝喾禋祀郊禖，履帝迹而行，将事齐敏，神歆其祀，美人之福，遂止其身，于是震动，夙然而觉，生子而长养之，是为后稷。其说甚正。至郑氏乃有大神迹之说，并改敏为拇，谓姜嫄履大迹，不遍履其拇指之处，遂欣欣然如有人道之感己而有身。[133] 可乎哉？且古皆以有身为震，如《左传》云"邑姜方震""后缗方震"。[134] 是已然则诗言非欤？诗人亦不过因其名弃，故为此诗以见天命之隆也。

拒斥简狄的故事时，李京似乎采用了明代学者、诗人杨慎（1488—1559）的讨论。杨慎遵循毛亨的解释，反对郑玄所遵循的"《史记》之讹"。[135] 对于契的母亲，李京提供了一个动物学方面的解释：燕子不会移动它的巢或蛋，即使它移动了，蛋掉下来也会摔碎。李京还从天体现象的角度来比较这些人物出生时的星象：这些星象确实发生了，因此可以与出生的故事联系起来，但不能作为孩子得以孕育的成因：

220

221 　　　　　　至于契母之事，亦有可辨。夫卵不出蓐，燕不徒巢，何得云唧？即使唧而坠，未必不碎。即使不碎，契母何为吞之哉？"天命玄鸟、降而生商"之诗〔136〕从而为之诬之耳。余考《月令》，仲春玄鸟至，祀高禖以祈子。意者简狄以玄鸟至之月祈于郊禖，请子有应，诗人因其事而颂之曰"天命"曰"降"者，尊之神之也。如傅说为箕星生之曰直箕也；萧何为昴星生之曰直昴也。若以为然则黄帝之生，电虹绕枢，亦将曰生于电、生于虹可乎？梁之江总以张丽华为张星之精，至今人皆知笑之其佞以为不根。此足以证玄鸟之诬矣。

222 　　　　李京也坚持第三种对神奇生子记的解释类型：他认为奇迹般的受孕并没有发生，而且他重视"诗人"的作用。后稷和契都是以人的方式受孕的，但诗人用比喻的方式来表达，为的是表明他们的到来自有天意。

　　　　以上展开的这四则讨论都来自纲鉴类著作中为帝喾的生平故事所添加的评论内容。尽管有各种各样的细微差别，但这四位都或明确或含蓄地选择了毛亨的解释，即第三种解释类型——有父亲的介入、无神奇力量的干预。因此，这些作者的解释与朱熹的明显不同。朱熹追随郑玄，他相信奇迹般的生子过程没有父亲角色的介入，即第一种解释类型。尽管朱熹的观点被视为正统，但最终，是以胡宏和周礼为代表的纲鉴体著作中的解释进入了清代官方的通史，即《御批资治通鉴纲目前编》，即《御批资治通鉴纲目全书》（1707 年）中关于上古史的部分。上述例子也表明，人们对于远古时代持有不同的看法，并且可以用各种论据来支持自己的看法。这种多样性横跨新儒家的宇宙观和生物方面的理论，也体现为引用不同经书里面的文字来质疑经书文本。这些评论见证了正在增长的历史意识，有时还强调了诗人的角色。

结　论

前几章主要讨论了帝喾众妃的神奇生子记是否被纳入史书的问题，而本章的重点是收录了这些故事的文字究竟讲述了什么，以及如何明确解释这些神奇生子记。这些记录当中最重要的源头之一就是《诗经》，从《诗经》中提及这些故事的三首诗开始，后世对这些故事产生了各种各样的解读。

三种解释类型

可以区分出三个主要的解释框架。通过将不同解释者观点当中的各种细微差别抽象化，我们可以将这些解释归类如下：第一种，没有父亲角色介入的、完全的奇异受孕（无父感生——无人道），这是郑玄、谶纬之书、沈约、苏辙和朱熹的观点；第二种，将父亲角色的介入和神奇事件结合在一起（有父感生——有人道），代表人物是褚少孙、马融、王肃和孔颖达，在一定程度上还有周礼；第三种，完全由人的结合生子、不掺杂神奇元素的干预，这是由毛诗、王充、欧阳修、胡宏、苏洵、周礼和李京提出的观点。大多数作者都有一个共同的重要预设，那就是后稷、契、尧都是帝喾诸妃的儿子，而且他们在历史上占有重要地位：尧成为贤明君主，而后稷和契分别被认为

223

是商朝和周朝的先祖。鉴于这些人物被赋予的历史意义，再加上当时存世的古代经书文本，这些注疏作者更倾向于追问：这些故事是否已经或应该被解释为神奇的受孕。换句话说，如果他们没有被后世视作圣人，那么就没有理由把他们的出生判定为神奇的事情。在这方面，解释的时候将某种作用归因于上帝／天，也是至关重要的，不过，上帝／天被赋予了各种各样的角色。有时候，上帝／天是导致怀孕的直接原因（如，踩到了上帝的脚印）；有时候，上帝／天是间接原因（如，派遣燕子掉下一个蛋）；有时候，上帝／天只是一个总的解释（如，命这几位的后人当商朝和周朝的君主）；有时候，又根本没有提到上帝／天。然而，上帝／天的角色存在与否并不与神奇生子事件的解释类型的划分相吻合。《史记》中就讲述了一个具有奇异特征的版本，但没有提到上帝／天；有些解释让上帝／天的存在与生子记的神奇元素形成对应关系；在另一些解释中，即使生子的故事本身不被视为神奇，但仍有上帝／天的存在（比如接受祭品）。除了上帝／天，一些注疏作者还在解释中引入了诗人的角色。无论这些解释者是否相信真正的生子过程涉及某种奇异的力量，他们都认为，这些故事之所以显得不可思议，是因为诗人发挥了重要作用。

正文和注疏

本章概述了对具体的诗篇所做的各种解释，这个过程显示出这些解释之间强烈的文本互现特征，它们也体现了正文和注疏之间不断对话的悠久传统。由此也证实了注疏对于理解这些诗歌是多么重要。解释者处理前人观点的方式因历史时期而异。在对《诗经》的注疏传统做概述的时候，方泽林区分出注疏作者在面对既成传统的权威性问题时所持有的三种解释学的态度。二次注释（sub-commentary）的形式通常是为注解做疏义（有时甚至还评论另一份注解），它说明，做二次注释的作者认可自己做疏义的对象已经在注疏传统中被赋予了权威性的、半正统的地位。孔颖达的《五经正义》就是对毛亨、郑玄，及其他注解所做的疏义。胡广的《诗经大全》也是对朱熹的注疏进行评论。这些都属于第一种态度。第二种是"直接"做注，这种解释学的观点认为训诂传统在某种程度上是不重要的，甚至是理解经书的障碍。朱熹的《诗集传》就属于这一类。第三种注疏出现的时间相对较晚（在宋代）。对这些解释者来说，经书的传承和训诂历史在制造误解，使得对经书最初的解读——孔子本人的解释——在这个过程中已逐渐被混淆或丢失了。这些学者通过已经形成的注疏传统层层回溯，他们希望能发现一个真实的、未遭破坏的文本层，好在这个文本层的基础上理解经书。欧阳修、苏洵和李京代表了这样一群学者，他们以不同的方式对自己同时代的注疏、唐代的注释或汉代如毛亨和郑玄的著作展开严谨的研究。在宋代，对经典的解释催生了两个方向的发展：一个是对原始文本层的分析，另一个是对经典文本做出一系列的直接解释，并由此构成了新正统的基础。还可以注意到，从最早的时候开始其实就已经出现了不同的解释策略，它们遍及各个方面——从对某个具体人物所做的特定解释到历史的元解释，从文本内部的参考引用到文本外部的框架，都体现着多样性。

　　在这种背景下，史书（如纲鉴类的著作）中所包含的注疏评论内容得到了新的发展，因为它们指向另一种类型的评论。本书在前面已经提到过，纲鉴体文本最大的创新之一就是它们同时收录了不止一条的评论，即会引用不止一位注疏作者。本章聚焦的四位作者关于帝喾众妃神奇生子记的评论（通常会引用一到三位），就是这种多样性的一个例子。应该强调的是，这些评论只出现在正文的最后。文本部分（即历史叙事的部分）提到三个神奇受孕的故事，并把它们作为历史事件进行叙述。编纂者本来完全可以省略这些生子的故事，主流传统中的几部通史著作（如陈桱或南轩的作品）就是这样处理的。但是，纲鉴类史书却树立了一种对比，它们在正文中叙述了神奇生子的情节，但评论部分却倾向于否认这些情节。一些评论的解释观点显然与以朱熹为代表的正统解释背道而驰——朱熹赞成的解释类型是没有父亲介入的、纯奇迹般的出生。此外，纲鉴类文本把胡宏、苏洵、周礼和李京的历史批评一个接一个地罗列起来，也没有试图把它们综合成一种观点。通过这样的编排方式，纲鉴类史书的编纂者鼓励读者对这些批评进行比较，并将其与正文内容互相参照，从而形成自己的意见。通过这种对比性的文本互现，编纂者们提出了关于神奇生子记的其他解释，甚至在鼓励发展出一种批评的态度。我们可以注意到，这些评论倾向于将权威地位从文本和作者的身上转移给经验知识。于是，主要的问题变成了——在生物或宇宙学的意义上，神奇受孕是否真的能够发生？这些纲鉴类著作由此提供了官方传统文本的替代方案，因为它们容易获取、易阅读，还包括了对历史事件新的解释。它们反映了晚明的史书编纂中日益增长的批判意识，这种意识表现为，人们敏锐地发现了在获取关于历史上某些事件的可靠信息，再对它们做出一种公正的评判这一系列过程当中会出现的问题！[137] 纲鉴类的文本为解释者创造出来了新的空间，传教士对这些故事的解读便应运而生。

注释

〔 1 〕关于最近发现的手写本当中提到神奇生子记情节的，比如上海的手写本（年代约为公元前 300 年），见鲁瑞菁（2006）和 Allan（2009）。

〔 2 〕见 Van Zoeren (1991), p. 84; Loewe (1993), p. 415。

〔 3 〕见 Van Zoeren (1991), p. 85; Loewe (1993), p. 416。又名《毛诗故训传》。

〔 4 〕Van Zoeren (1991), pp. 83-84.

〔 5 〕Van Zoeren (1991), p. 85.

〔 6 〕Van Ess (1999), p. 37.

〔 7 〕Loewe (1993), p. 418.

〔 8 〕Van Ess (1999), p. 39.

〔 9 〕Van Zoeren (1991), p. 117; Loewe (1993), p. 418, 420.

〔 10 〕Van Ess (1999), p. 30.

〔 11 〕*Sung bibliography* (1978), pp. 319-320.

〔 12 〕《四库全书》，第 893 册，第 759—760 页（卷 84，叶 1a—3a）。

〔 13 〕Loewe (1993), p. 309.

〔 14 〕Knechtges in Knechtges e.a. (2000), pp. 17-18.

〔 15 〕《毛诗逐字索引》，第 124—125 页。英文译本，参见 Legge (1991), vol. 4, pp. 465-468。可以参阅 Waley (1969), p. 241 (no. 238) 和 Kalgren (1974), pp. 199-201。还有其他的翻译，比如宇文所安（Stephen Owen）的译文，见 Knechtges e.a. (2000), p. 12, 还有普鸣（Puett）的版本，见 Michael Puett (2002), p. 68。

〔 16 〕Legge (1991), vol. 4, p. 75, 465.

〔 17 〕Legge (1991), vol. 4, p. 466.

〔 18 〕《毛诗正义》，第 3 册，第 1055 页及其后内容。Legge (1991), vol. 4, pp. 466-467. Arthur Waley (1969), p. 239 给出以下评论："我们立刻想到，直到最近［该译本的第一版于 1937 年出版］，没有孩子的妇女还试图通过坐在英国各地白垩山上画的史前巨人的身上，来补救她们的情况。许多宗教中都有神的形象留下的脚印。印度西北部的一些地方就有巨大的佛祖脚印。踩大脚趾实际上是结婚仪式的一部分，例如新几内亚的 Arapesh 人就有这种习俗。"（参考了 Margaret Mead, *Sex and Temperament in Three Primitive Societies*, London: Routledge, 1935, p. 95）关于类似的解释（也参考了米德），见 Chow (1978), pp. 55-56。

〔19〕《毛诗逐字索引》，第 154—155 页。英译见 Legge (1991), vol. 4, pp. 620-621。可以参阅 Waley (1969), p. 269 (no. 251) 和 Karlgren (1974), pp. 257-259。

〔20〕《毛诗正义》，第 3 册，第 1407 页及其后内容；朱熹，《诗集传》，第 240 页。Legge (1991), vol. 4, pp. 621-622。

〔21〕《毛诗逐字索引》，第 156 页。英译见 Legge (1991), vol. 4, p. 636。

〔22〕《毛诗正义》，第 3 册，第 1055 页。英译见 Legge (1992), vol. 1, p. 259。

〔23〕《毛诗正义》，第 3 册，第 1441 页及其后内容；Legge (1991), vol. 4, pp. 636-637. 比较 Waley (1969), p. 275 (no. 253) 和 Karlgren (1974), pp. 262-263; Chow (1978), pp. 58-60。

〔24〕例如，见 Knechtges "Questions about the Language of *Sheng min*," in Knechtges e.a. (2000), pp. 14-24。

〔25〕《史记》，第 1 册，第 91 页（卷 3）。英译见 Nienhauser (1994), vol. 1, p. 41; Chavannes (1895-1905), vol. 1, pp. 173-174。

〔26〕《史记》，第 1 册，第 111 页（卷 4）。英译见 Nienhauser (1994), vol. 1, p. 41; Chavannes (1895-1905), vol. 1, pp. 209-210。

〔27〕关于这些日期的讨论，见 Durrant (1993), pp. 33-37。

〔28〕关于这段话和司马迁对于可靠性的标准，见 Durrant (1993), p. 25 及其后内容和 Durrant (2005), p. 97 及其后内容。

〔29〕《史记》，第 2 册，第 504—506 页（卷 13）(《三代世表第一》)。

〔30〕《毛诗正义》，第 3 册，第 1063 页。

〔31〕《公羊传》中没有这句。

〔32〕《左传》中没有这样的说法，仅《襄公十四年》有一句"自王以下，各有父兄子弟"。

〔33〕例如，见 Van Ess (1999), pp. 57-58；亦见鲁瑞菁（2007），第 156 页。

〔34〕《毛诗正义》，第 3 册，第 1063 页。

〔35〕Knetchtges in Knechtges e.a. (2000), p. 15.

〔36〕《毛诗正义》，第 3 册，第 1056 页。

〔37〕《毛诗正义》，第 3 册，第 1061、1063 页（天气）。

〔38〕《毛诗正义》，第 3 册，第 1055 页。

〔39〕《毛诗正义》，第 3 册，第 1057 页。亦见第 1060 页：且郑以姜嫄非
　　　高辛之妃，自然不得以帝为高辛帝矣。

〔40〕可以参阅他对《礼记·月令》中一段话的评论，他在那里认为这件
　　　事是对高禖产生崇拜的起源，见《礼记正义》，第 1 册，第 473 页。
　　　这段话出现在《毛诗正义》中，第 3 册，第 1058 页。

〔41〕《毛诗正义》，第 3 册，第 1444 页。事实上，郑玄并没有明确说这
　　　件事发生在举行祭祀的时刻。

〔42〕除了下面提到的段落之外，其他谶纬之书还有一些关于帝喾帝妃
　　　的段落〔参见《重修纬书集成》（1971—1992），第 2 册，第 64 页
　　　（尚书刑德放）；第 2 册，第 81 页（尚书中候）；第 3 册，第 24 页
　　　（诗含神雾）；另见 Van Ess (1999), p. 57.〕胡宏的《皇王世纪》也
　　　将其归于谶纬之书：胡宏，《皇王大纪》，《四库全书》，第 313 册，
　　　第 30 页（卷 2，叶 21a）。

〔43〕例如，孔颖达的评论，见《毛诗正义》第 3 册，第 1057 页（郑玄
　　　笃信谶纬），以及第 1447 页（毛氏不信谶纬）；另见《毛诗正义》
　　　当中与"谶纬"相关的引文，《毛诗正义》，第 3 册，第 1060 页。

〔44〕《太平御览》，《四库全书》，第 894 册，第 367 页（卷 135，叶
　　　14a—15b）。

〔45〕《太平御览》，《四库全书》，第 894 册，第 367 页（卷 135，叶 14a）。
　　　亦见《重修纬书集成》（1971—1992），第 6 册，第 107、139 页。

〔46〕《太平御览》，《四库全书》，第 894 册，第 367 页（卷 135，叶
　　　14a）。亦见《重修纬书集成》（1971—1992），第 4A 册，第 29 页。

〔47〕《宋书》，第 3 册，第 763—764 页；Lippiello (2001), pp. 276-277.
　　　关于简狄，也有一种说法是她与姐妹一起奋力去拿玄鸟掉落的蛋，
　　　但是简狄她首先成功拿到并吞下了蛋，然后就生下了孩子。此外，
　　　还添加细节说她生契的时候，是"胸剖而生契"。

〔48〕《宋书》，第 3 册，第 761 页。可以参阅《太平御览》，《四库全书》，
　　　第 894 册，第 367 页（卷 135，叶 14a-b）；亦见《重修纬书集成》
　　　（1971—1992），第 4B 册，第 11 页。英译参见 Lippiello (2001), p. 270.

〔49〕《〈楚辞〉逐字索引》，第 9 页。关于英译版本，可以参阅 Field
　　　(1986), nos. 107-108. 鲁瑞菁（2007），第 158 页。

〔50〕《〈楚辞〉逐字索引》，第 9 页。关于英译版本，可以参阅 Field
　　　(1986), nos. 149. 鲁瑞菁（2007），第 158—159 页。

〔51〕东汉时期，奇迹生子的故事作为天命之兆似乎已经是被普遍接受的观念。例如王符（约78—约163）的《潜夫论》第三十四章《五德志》里面有一连串的例子，其中使用了"神明感生"这一表达。见《〈潜夫论〉逐字索引》，第73页。鲁瑞菁（2007），第162—163页。

〔52〕根据鲁瑞菁的观点，在他们的传记开头简单提到简狄或姜嫄是帝喾的"妃"，就意味着有父亲角色的介入。这个结论的推理过程有些牵强（之前王逸的例子中也是如此）。

〔53〕关于司马迁使用了这两种故事，叶翰（Hans Van Ess, 1999, p. 58）说："这可能表明他还没有意识到'古'和'今'传统的问题。"

〔54〕《史记》，第2册，第504页（卷13）（《三代世表第一》）。

〔55〕《史记》，第2册，第506页（卷13）（《三代世表第一》）。

〔56〕《史记》，第2册，第505页（卷13）（《三代世表第一》）。

〔57〕例如，在为毛亨给"生民"篇所做的注释做总结的时候，孔颖达写道：姜嫄"为天神所美大"。但毛亨实际上并没有提到"天神"的因素。见《毛诗正义》，第3册，第1056页。

〔58〕《毛诗正义》，第3册，第1064页。王基进一步批评了这种解释。除了其他的方面，他还提到了王肃对褒姒出生所做的解释（见后文）："肃信二龙实生褒姒，不信天帝能生后稷，是谓上帝但能作妖，不能为嘉祥。长于为恶，短于为善，肃之乖戾，此尤甚焉。"

〔59〕《毛诗正义》，第3册，第1409页。

〔60〕《毛诗正义》，第3册，第1444页。也是在姜嫄的部分（《诗·生民》），毛亨的解释说，这是同时发生的。见《毛诗正义》，第3册，第1055页。

〔61〕例如，见《毛诗正义》，第3册，第1059页。

〔62〕《〈论衡〉逐字索引》，第1册，第42—44页。

〔63〕《〈论衡〉逐字索引》，第1册，第42页；参阅 Forke (1907), p. 319。

〔64〕Richett (1998), vol. 2, p. 29.

〔65〕《〈论衡〉逐字索引》，第1册，第42页；参阅 Forke (1907), p. 318。

〔66〕《〈论衡〉逐字索引》，第1册，第44页；参阅 Forke (1907), p. 322。

〔67〕《〈论衡〉逐字索引》，第1册，第43页；参阅 Forke (1907), p. 320。

〔68〕《〈论衡〉逐字索引》，第1册，第43页；参阅 Forke (1907), p. 320。

〔69〕《〈论衡〉逐字索引》，第1册，第43页；参阅 Forke (1907), p. 320。

〔70〕《〈论衡〉逐字索引》，第1册，第43页；参阅Forke (1907), p. 320。

〔71〕《〈论衡〉逐字索引》，第1册，第43页；参阅Forke (1907), p. 321。

〔72〕《史记》，第1册，第146页（卷4）。

〔73〕《〈论衡〉逐字索引》，第1册，第43页；参阅Forke (1907), p. 321。

〔74〕《〈论衡〉逐字索引》，第1册，第43—44页；参阅Forke (1907), p. 322。

〔75〕《〈论衡〉逐字索引》，第1册，第44页；参阅Forke (1907), p. 324。

〔76〕《〈论衡〉逐字索引》，第1册，第44页；参阅Forke (1907), p. 322。

〔77〕《〈论衡〉逐字索引》，第1册，第44页；参阅Forke (1907), pp. 322-323。

〔78〕《〈论衡〉逐字索引》，第1册，第44页；参阅Forke (1907), p. 323。

〔79〕《〈论衡〉逐字索引》，第1册，第44页；参阅Forke (1907), pp. 323-324。

〔80〕《〈论衡〉逐字索引》，第1册，第44页；参阅Forke (1907), p. 324。

〔81〕Loewe (1993), p. 421.

〔82〕Van Zoeren (1991), pp. 218-219, 228; Loewe (1993), p. 421.

〔83〕朱熹，《诗集传》，第190页。

〔84〕朱熹，《诗集传》，第240页。

〔85〕朱熹，《诗集传》，第190页。

〔86〕关于张载的天地和气的思想，可以参见多部研究，比如Kasoff (1984), chap 2。

〔87〕关于这部著作的重要性，见Van Zoeren (1991), p. 192及其后内容。

〔88〕苏辙，《诗集传》，《四库全书》，第70册，第478—479页（卷16，叶1b—2a）。

〔89〕苏辙，《诗集传》，《四库全书》，第70册，第530页（卷19，叶19b）。他没有提到祈求高禖的话。

〔90〕朱熹，《诗集传》，第190页。

〔91〕《论语》，9.9。

〔92〕《朱子语类》(2004)，第6册，第2129页（卷81，诗2）。回答[辅]广的问题。

〔93〕《朱子语类》(2004)，第6册，第2130页（卷81，诗2）。回答[潘]时举的问题。

〔94〕《朱子语类》(2004)，第6册，第2140页（卷81，诗2）。回答

〔陈〕淳的问题。

〔95〕Van Zoeren (1991), p. 182.

〔96〕欧阳修,《诗本义》,《四库全书》,第 70 册,第 286 页（卷 13,叶 15a-b）。

〔97〕《新五代史》,欧阳修编,第 3 册,第 794—796 页。

〔98〕《朱子语类》(2004),第 5 册,第 1675 页（卷 67,易 3,纲领下）。

〔99〕关于使用这些评论的多种方法,参见本书第一章注释 94。

〔100〕参见本书第一章中的翻译,注释 93。

〔101〕Schirokauer (2004), p. 121.

〔102〕袁黄,《历史纲鉴补》,《四库禁毁书丛刊》史部,第 67 册,第 131 页（卷 1,叶 17b）;《御批三编》:《御批资治通鉴纲目前编》,《四库全书》,第 692 册,第 30 页（首卷,叶 54a-b）。

〔103〕这句话指的是《孟子》2A.2 的《公孙丑》一篇中对"气"所做的著名描述之一:"夫志,气之帅也,气、体之充也。夫志至焉,气次焉;故曰:'持其志,无暴其气。'"

〔104〕原版的是"不识陋",而不是"不悟惑",参见胡宏,《皇王大纪》,《四库全书》,第 313 册,第 30 页（卷 2,叶 21a）。

〔105〕Schirokauer (2004), p. 135.

〔106〕胡宏,《皇王大纪》,《四库全书》,第 313 册,第 29 页（卷 2,叶 20a）。

〔107〕胡宏,《皇王大纪》,《四库全书》,第 313 册,第 29 页（卷 2,叶 21a）。

〔108〕《程氏遗书》,卷 18,见《二程集》,第 1 册,第 198—199 页。

〔109〕《史记》,第 6 册,第 1971 页（卷 49）。薄姬曰:"昨暮夜妾梦苍龙据吾腹。"高帝曰:"此贵征也,吾为女遂成之。"

〔110〕Sung Biographies, pp. 885-900: p. 898; Sung Bibliography, pp. 388-389.

〔111〕全文内容参见苏洵《嘉祐集》,《四库全书》,第 1104 册,第 910 页（卷 9,叶 14a—15b）。

〔112〕袁黄,《历史纲鉴补》,《四库禁毁书丛刊》史部,第 67 册,第 131 页（卷 1,叶 18a）。

〔113〕这段话出现在原文中,但袁黄的版本却没有提到。苏洵,《嘉祐集》,《四库全书》,第 1104 册,第 910 页（卷 9,叶 14b）。

〔114〕《诗》303 篇"玄鸟"。

〔115〕《诗经》和《嘉祐集》中都有"歆"字，可以指她动了，也可以指至高无上的主接受了她的献祭，但在袁黄的版本中没有这个字。

〔116〕《诗》245篇"生民"。

〔117〕关于郑玄的解释，参见本章前述内容。

〔118〕陈国军（2005），第104—105页。

〔119〕相关分析，见钱茂伟（2010），第207—213页："周礼与《续资治通鉴纲目发明》"。

〔120〕陈国军（2005），第106—107页；很可能指的是江贽的《少微通鉴节要》，其中有一个"外纪"作为补充；周礼的《发明》被加入完整版的《资治通鉴纲目》中，见《资治通鉴纲目》：《中国古籍善本书目》，第2册，第122—123页，第1244—1248号；周礼为《发明》写的序言页包括在《资治通鉴纲目》当中。见王重民（1983），第96页。关于《发明》，亦见钱茂伟更全面的讨论，钱茂伟（2010），第207—213页。

〔121〕袁黄，《历史纲鉴补》，《四库禁毁书丛刊》史部，第67册，第131页（卷1，叶17b—18a）；《御批三编》：《御批资治通鉴纲目前编》，《四库全书》，第692册，第30页（首卷，叶54a-b）。

〔122〕方括号内的文字没有出现在袁黄的著作中，但见于《御批资治通鉴纲目前编》。

〔123〕有此记载的地方是《竹书纪年》，《四库全书》，第303册，第5页（卷上，叶3a）；还有《太平御览》，《四库全书》，第893册，第757页（卷79，叶13a-b），来自《帝王世纪》以及《河图》。

〔124〕有此记载的地方是《竹书纪年》，《四库全书》，第303册，第5页（卷上，叶3a）；还有《太平御览》，《四库全书》，第893册，第758页，《河图》的"瑶光如蜺，贯月正白，感女枢"。

〔125〕这段话出现在韩愈（768—824）的《送浮屠文畅师序》（803年撰）的开头："人固有儒名而墨行者。"见Hartman (1986), p. 147。

〔126〕《孟子》7B. 3。

〔127〕袁黄，《历史纲鉴补》，《四库禁毁书丛刊》史部，第67册，第131册（卷1，叶18a）。

〔128〕《尊经阁文库汉籍分类目录》，第151页。

〔129〕《鼎镌叶太史汇纂玉堂鉴纲》，卷1，叶14a。

〔130〕《鼎锲叶太史汇纂玉堂鉴纲》，卷1，叶 20a。

〔131〕胡一桂，《读诗》，见程敏政，《新安文献志》，《四库全书》，第 1375 册，第 443 页（卷 35，叶 4a-b）。

〔132〕见《毛诗正义》，第 3 册，第 1055—1056 页。

〔133〕见《毛诗正义》，第 3 册，第 1056、1060 页。

〔134〕引自《毛诗正义》，第 3 册，第 1059—1060 页。

〔135〕在杨慎几个不同版本的《丹铅余录》里都有提及，见《丹铅余录》，〔《四库全书》，第 855 册，第 288 页（摘录，卷 9，叶 1a—2b）、第 536 页（总录，卷 17，叶 3a-4）〕，以及包括了《升庵集》节选的版本〔《四库全书》，第 1270 册，第 307 页（卷 42，叶 37a—38b）〕。

〔136〕"天命玄鸟，降而生商"是"玄鸟"的开篇之句。

〔137〕关于这个特点，见 Mittag (2005), p. 368。

第四章　耶稣会士对神奇生子记的解读

我们的传教士坦率地报告说，当他们向那位英明的康
熙皇帝谈及武加大、七十士译本和撒玛利亚人在纪年上的
巨大差异时，康熙问他们说："你们所相信的书有可能互相
冲突吗？"

伏尔泰，《历史哲学》(*La Philosophie de l'histoire*)，

(1969)，p. 153

导　论

第四章的重点不再是中国语言和文化内部的文本间对话，
而是转向研究这些对话如何转移到用欧洲语言写成的、面向欧
洲文化的文本里面，以及这个转移过程中发生了什么新的对话。
更具体地说，本章将讨论，当耶稣会传教士面对着这些为经典
中提到的神奇生子记做出各种解释的史书，他们又会产生什么
样的解读——讨论这些问题将帮助我们研究文化间诠释学的一
些特征。我们将看到，在转移发生之前，这种转移在很大程度

上已经被中国的注疏作者做出的解释所塑造了。而且，我们将清楚地看到，中国学者的多样解释与耶稣会士的多种解读之间遥相呼应。

关于耶稣会士的解释展示出来的多样性，我们可以借助毕诺的观点作为分析的基础。毕诺在他的重要著作《中国对法国哲学思想形成的影响（1640—1740）》一书中提出了一个非常有用的方法，他将研究中国上古史的法国耶稣会士先按照主题、随后按照地域做了一个区分：其中一群耶稣会士把古代中国视为一个民族——巴多明、雷孝思、冯秉正、孙璋和宋君荣；另一群则持相反观点——白晋、马若瑟，以及某种程度上的傅圣泽。[1] 随着康熙皇帝去世和之后的 1724 年驱逐，第一组的人可以留在北京，而另一组，除了白晋之外的其他人都不得不搬到广州和澳门。所以，毕诺称前者为"北京派"，后者为"广州派"。他们之间有时存在很多（针对个人的）敌意，包括他们的一些上级之间也是如此，不过那些上级没有像参与讨论的主要作者们那样就这些话题写下大量的文字。这种分裂在当时就被贴上了两个法国地域的标签：一方是里昂地区的，以汤尚贤（Vincent de Tartre）和殷弘绪（François-Xavier Dentrecolles）为代表的"里昂人"（Lyonnais），对立的一方是属于巴黎地区的白晋和傅圣泽。[2] 这种地理上的划分只能作为一种比方，因为它们并不完全准确。比如白晋，他从来没有离开过北京，而傅圣泽又必须在 1724 年之前离开中国。[3] 此外，各个群体内部也存在差异。不过在这本书中，我们还是会经常使用"北京派"和"广州派"这种说法来指称在华耶稣会传教士的两种主要的史书写作方法。

这两派人马都致力于促进天主教的传播，双方都认为最好的方式就是向中国人表明，他们可以接受犹太传统，摩西的书与中国的经书典籍并不矛盾。然而，他们对中国历史的态度有很大差别。"北京派"接受中国的上古史，因为它是由传统确立的，他们还试图将中国历史的纪年嵌入以《圣经》纪年为准的人类通史中。"广州派"则不认为能够在中国的经典文本中找到关于中国最早历史的记录。他们认为这些文本包含的是"象征"，因此他们更倾向于在这些中国文字中寻找初代人类的印迹和弥赛亚的预言。因此，根据他们所用的解释方法，毕诺称前者称"历史学派"，后者为"象征主义"或"索隐派"。[4]本书将采用同样的标签。

　　毕诺还提到了第三个群体：在巴黎的耶稣会士——他们从未到过中国，但编辑了在华法国耶稣会士的作品。本书第二章提过杜赫德修订《中国王朝大事记》的事，在这个过程中，什么能发表、什么时候发表，这些在很大程度上都取决于编辑的决定。[5]1730年代之后，这群人中不仅有如苏熙业（Etienne Souciet，1671—1744）等的耶稣会士，还包括弗雷烈等金石与美文学院的学者。毕诺，还有其他学者已经对他们的活动和文本做过研究[6]，而且还可以继续推进。但由于本书的重点是欧洲传教士与中国文献的互动，而不是欧洲著作之间的互动，所以这里将不再展开讨论第三个群体。

　　本章分为两部分：第一部分讨论"广州组"的索隐派即象征主义解释，第二部分讨论"北京组"的历史主义解释。我们将连续讨论主要的作者，介绍每一位作者所写的关于神奇生子记的解释，以此分析他们在历史编纂的方法上做出的选择。为方便起见，本章也像第二章一样，引文中的古法语将被按照音译转写出来。

228

4.1 索隐派（"广州派"）

巴黎的金石与美文学院的弗雷烈似乎是第一个用"索隐派"（Figurist）一词来形容这群法国耶稣会士的人。宋君荣在写给弗雷烈的一封信（1733 年 10 月 28 日）中提到了这一点。[7]同一封信中，宋君荣为"索隐派"提出的理论准确地总结出三个特点。首先，索隐派认为，在中国的经书或经典中可以找到人类最初的、最纯的宗教信仰的"痕迹"（"vestiges"）：创世、人类的堕落、洪水，等等。其次，还能找到关于亦神亦人的某位来到世间的"预言"（"prophecies"）、三位一体、圣餐，等等。最后，在中国上古史的经典版本中，中国古代帝王的"形象"（"figures"）被认为带有"旧约圣人"的影子。鲁保禄（Paul Rule）指出，这三种论点在索隐派的著作中都得到了发展，但不同作品所强调的重点不同。白晋的写作重点无疑是在"预言"方面。傅圣泽主要关心如何证明关于中国人起源的传统说法是一个精心设计的寓言故事，这个寓言的"形象"之下隐藏着《旧约》的纪事。马若瑟则坚持经典具有基本的历史性，但他声称自己在经典中发现了更早期教义的"痕迹"，即原始启示。[8]我们将按照这个顺序讨论他们对于帝喾众妃的神奇生子记都持有什么样的观点。

4.1.1 白晋（Joachim Bouvet）

最著名的"索隐派"人物毫无疑问就是白晋，他也被当代的研究者认为是索隐派的奠基之人。[9]他于 1687 年与其他四位"国王的数学家"一起来到中国，到达之后不久就被要求去教授康熙皇帝的数学。1693 年，白晋又作为康熙皇帝的特使被派往法国，1699 年回到中国，直到 1730 年在中国去世。白晋认为，要使中国人的精神和心灵接受天主教，最合适的方法就是向他们展示天主教与他们古代哲学的原则相一致。他把重点放在《易经》上，因为他认为《易经》是有关中国人道德层面和物理层面的学说最好的缩影。[10] 白晋与康熙皇帝就《易经》进行了多次交谈，康熙皇帝对他的一些想法表示赞同。这些与皇帝本人的私人接触导致了他与其他耶稣会士的冲突。1718 年，耶稣会的上级命令白晋，在没有经过耶稣会修订人员的审核和批准之前，不得向皇帝提出任何"奇异的"见解。[11] 白晋还撰写了许多著作，也是用中文写的，其中大部分是手稿，他还成了莱布尼茨（Gottfried Wilhelm Leibniz，1646—1761）的著名通信作者。[12]

　　除了关于《易经》的研究，白晋还为《诗经》的"生民"篇撰写了评论。这首诗专门讲到后稷的出生和一生事迹，白晋为它写评论的时间大约是 1718 年——当时中国和欧洲就这些问题展开了密集的通信往来，但也可能是更晚的时候。[13] 这篇文字存在着两个略有不同的版本，它非常清楚地展示了白晋的方法，显示出白晋在解释中国经典时如何地重视"预言"（"prophecy"）。[14] 白晋分析了关于这首诗的多种注疏，对它们做批评，并且毫不犹豫地从信仰的角度去解释经典文本。从写作形式这个层面的文本互现来看，白晋的手稿也具有代表性，它们跟我们将在后续部分讨论的许多其他耶稣会士的手稿一样，在向与欧洲人对话做转移的过程中，他们不仅用当时的（法文）转录系统转写了关键的汉语专用名词，而且还在字里行间或纸页空白处用汉字将大量引用的汉语原文写出来。

　　这篇长文的标题本身就已经很系统性地说明了它的内容和

题旨:《救世主基督的主要奥秘之预言传统:取自中国人的典籍〈诗经〉;应该将它展示给福音牧师,让他们都相信这一稳固的基础,中华帝国能够据此将其经书的教义提升到天堂,他们也可以从中期待得到重要的帮助,主要是为了让中国文人相信天主教律法中最难理解的真理。》("Traditio prophetica præcipuorum mysteriorum de Christo Redemptore, deprompta ex canonico Sinarum libro Xi Kim, et proponenda ministris Evangelicis, ad suadendum omnibus, quanto cum fundamento tota natio Sinensis usque in cœlum extollat suorum librorum canonicorum doctrinam; et quanta ex iis erui possint adjumenta ad suadendam præsertim doctis Sinis captu difficiliores Christianæ legis veritates") 在这篇文章中,白晋试图证明后稷就是耶稣基督的一种形象。在白晋眼里,后稷是弥赛亚的预言家,因为他像弥赛亚一样是无沾成胎的,并且由仍是处子身的母亲所生。后稷像耶稣一样生活在贫困中,年龄和智慧程度的增长也跟耶稣相近,长大后投身于神秘的农业,也就是归化灵魂。像耶稣基督一样,后稷既是牧者也是受害者,他设立了用面包和葡萄酒做祭祀的礼仪,同样也是一只被献祭的羔羊。甚至跟耶稣基督一样,后稷是上帝的儿子,是至高无上的那位的儿子,也就是神的儿子,他也是周朝的创立者,是普世天主教会的一个形象。[15]

字面的历史意义与神秘的象征意义作对比

白晋在文章的导言中阐述了他的一些核心观点,也解释了他的方法。在这里,白晋对之前在中国传教的前辈们表达敬意,他也知道前人已经因其在中国文献方面的卓越知识获得了良好的声誉;但同时,白晋认为,"迄今为止,他们当中没有人理解中国的古书和记载的本质以及真正起源,也没有意识到其中有关宗教的深层奥义——它们星星点点地掩藏在那无数的神秘且惊人的符号、谜语和象形文字之下"。这是因为之前的传教士们缺乏某些知识，比如"毕达哥拉斯哲学的原则、希伯来人的卡巴拉，以及埃及人象形文字的智慧，这些就好像中国书籍里神秘且神圣的科学的组成部分"。[16] 白晋说，开始研究中国书籍的时候，他自己已经具备了这种知识，于是很快在中国文本里清楚地看到了许多神圣的奥秘，"这些奥秘在用象形文字写成的书里面、在这些书神秘的风格下，以惊人的方式闪耀着，然而二十多个世纪以来，这些奥秘仍然是中国解释者的聪明才智一直无法触及的"。[17] 白晋和其他的索隐派作者提到的"中国象形文字"一词是指中国文字的神圣起源，不单指汉字的图形表示。[18] 这个细节已经显示出，白晋在如何按部就班地践行欧洲解释学的训练。这种训练源自三种具体的解释学方法。天主教会的教父们用的是预表解经法，他们认为自己可以在《旧约》中找到某个形象更深的喻意（拉丁文的 figura，希腊文的 typos），这些意义会指向《新约》的奥秘。这种所谓"原始神学"（prisca theologia）的前提假定是，在犹太—基督教背景之外的"异教圣徒"（如麦基洗德 Melchisedech）中存在着神圣的启示。犹太人的卡巴拉是一种神秘学说，旨在揭示《圣经》的含义，它已经发展成为犹太—基督教传统的卡巴拉，与原始神学的思想混合在一起。[19] 白晋正是在这些方法的基础上声称他拥有中国人不具备的洞察力。可以从文化间解释学的方面注意到，白晋采用了来自某一个文化和文本传统的特定的解释学方法（这些方法不一定是该传统的主流），然后将它应用于解释另一个文化和文本的传统。

　　白晋认同他的耶稣会前辈们在另一个方面的观点，他

232

也认为中国人已经知道"自然法"。在研究过中国的经学文本之后，他通常将这些经书称为古代象形文字的"档案库"（monumenta），尤其是《易经》。白晋认为，这些文本不仅讲述了自然法，而且还以先验的方式宣布了福音法，即弥赛亚救世主和他的神圣法律。[20]白晋认为，所有传教士都应该认识到中国古书中的双重含义。"除了字面意义之外，还有神秘的、象征性的和象形文字的意义，后世的解释者将其与第一种意义混淆在一起。"这种混淆"从编年史的第一代编纂者就开始了，他们将经书中寓言性的叙事与民间的、纯粹历史性的记载混在一起，并将上古圣人的智慧埋没在极浓重的黑暗之中"。因此，白晋的目的就是要说服中国人当中的有识之士，进而说服欧洲人，"他们的经书传统赋予圣贤君主或上古时代英雄人物的那些美德以及卓越且真正神圣的品质，不能不涉及万王之王、万主之主，即唯一的弥赛亚、上帝和人。这些英雄人物中的每一个似乎都正好是圣贤心目中符合自然法则的预表（typi ideales）"。总的来说，"上古纪年里面的圣贤英雄人物，特别是神圣的三皇和五帝，他们都不是真实的王朝，而是万王之王——救世主弥赛亚——的理想且神秘的预表（idealos et mysticos typos）"。[21]

在这段文字中，我们可以注意到白晋几个关键的思想点，例如，这些上古的英雄人物是基督的"预表"（"typus"）。同时，白晋在用词的时候也有一些犹豫不决的地方。为了实现更精确的表达，他经常使用两个或多个相近但不完全相同的词：一个表达字面的、非宗教的、历史的意义，另一个则表达神秘的、象征的、象形的、神圣的意义。[22]在白晋眼中，关键的解释学问题是要理解两者之间的区别，因此，不要停留在第一种意义的层面上，而是要进入第二种意义。

使用最古老且最受认可的注疏版本

白晋对"生民"中提到的后稷的出生情节和生平事迹做了一番解释，以此作为一个例子来说明自己的理论。他将"生民"称为"预言性的诗"，他认为"生民"在"一个独特的预表"之下，"清晰地、明确地、历史性地"显现出救世主基督的化身，包括他的出生、童年、私人和公共生活、预言、热情、死亡，以及他为了所有的人民能获得救赎和永恒幸福所做出的牺牲。[23]他依次分析了这八节诗的内容。我们将在此处重点讨论第一节，其中提到了神奇生子记的部分。

白晋首先简要介绍了纪年的史书当中关于后稷的内容，所以会首先说到后稷的历史意义，例如他是尧的兄弟、帝喾的儿子，但与尧是同父异母，后稷被认为是周朝的始祖，具有农业和酿酒方面的天赋。此外，解释者还将大洪水之后"首次举行面包和酒的祭祀"这件事归功于后稷。在白晋看来，这是最需要注意的一点：由于中国的上古资料中没有为后稷这个神秘的人物提供任何谱系，所以远古时候的中国人在他身上看到的是"做教牧工作的情景，即那位的真正预表（typus）——那位指的是圣保罗所说的能够永远做教牧工作的那位，唯独他没有谱系，也是他没有一天的开始、没有生命的结束，我这里所指的那位就是诗人所说的：'你是按着麦基洗德的次序、永恒中的大祭司。'"[24]这种与《圣经》系统做类比的方式清楚地说明了白晋想通过对这首八节诗的分析来表明什么观点。他在解释的过程中"尽可能地使用了最古老且最受认可的注疏版本"，而且在手稿的空白处用汉字将这个书名写了出来。这些引文也起到了参考的作用，因为它们在拉丁文版本中不一定被翻译出来（有时没有注明出处，有时只用了罗马字的转写）。白晋使用的

233

主要资料之一是《十三经注疏》(其中《诗经》部分用的是《毛诗正义》)。他明确注明了包括在这份资料里面的各种注释类型，即注、传、笺、疏、正义、毛氏［写作 chu, chuen, c(ç)ien, xu, chim y, maoxe］。[25] 他也引用了其他各种著名的《诗经》注释，如朱熹的《诗集传》(20 卷)，还有由胡广等人编辑的《诗传大全》(又名《诗经大全》)[26]——这部注疏是《五经大全》(1415 年)的一部分，也是官府授权的注疏版本和准备科考的必读书目。白晋还使用了一些不太知名的注疏汇编，比如由姜文灿和吴荃主编的《诗经正解》(1684 年)，这本书经常被传教士使用，他们称它为"析讲"(写作 Si kiam)。[27] 此外，除了其余的经典文本(及其注疏)，白晋还引用了大量的其他资料，例如关于汉代政治思想的重要著作《白虎通》、字典《品字笺》(约 1673 年)，[28] 作为新儒家知识合集的《性理大全》(1415 年)的更新版，名为《性理会通》(1634 年)[29]，私人编撰的有关上古历史的史书《路史》(约 1170 年)[30]，《大清会典》[31]、百科全书式的《文献通考》(1308 年)[32] 和《图书编》(1613 年)[33]，以及御批文集《古文渊鉴》(1685 年)[34]。很明显，白晋的论证方法以大量的中国原始资料为基础，这些资料相互交织在一起，而且他也没有回避新儒家的注释。[35]

没有父亲角色介入的神奇生子记

在白晋看来，后稷之所以是耶稣基督的化身，原因之一就是后稷与耶稣一样是无沾成胎的，都是由童贞女母亲所生。所以，他遵循了中国注疏传统中关于神奇生子记的第一种解释类型，即没有父亲角色的介入，是一个奇迹诞生的故事。这一点在他对这首八节诗的第一节所做的解释中表现得很清楚。在白晋眼里，第一节诗描述了"贞洁的姜嫄以令人赞赏的、真正神圣的方式怀上了她的儿子后稷，她是生命的真正创造者，也是整个周朝人民的第一位母亲。由于纯洁无瑕的姜嫄是后稷真正的母亲，如果后稷是人类再生者的真正预表（typus），那么姜嫄就应该被认为是这位神圣母亲的真正形象（figura）。关于这一点，撒拉米的厄比法尼（S. Epiphanius of Salamis；约310-20—403）写道：'通过孕育生命，即成为生命的创造者时，她便成为了所有生命体的母亲。'"在白晋眼中，这样就能理解《诗经》里的文字本身，也能理解注疏者的解释。对于中国的注疏作者，他补充说："虽然他们被异教文化的黑暗所遮蔽，于是顽固地依附于字面意义的外壳，但通常来说，他们并不怎么偏离这段文字神秘和神圣的意义。"若偏离了，他们也能在传统力量的帮助下"轻易地、毫不费力地被唤回到真正的、神圣的意义上。"〔36〕白晋一般坚持文本本身的价值（ex ipso textu），并且将获得文本的字面意义和神圣意义的可能性归功于解释者。可以注意到，白晋的论证基于中国文本彼此之间的文本互现，但也有一部分参考了欧洲的作者。

白晋对于神奇生子记的解释与文本的这两种含义之间的互动有密切的联系：正是因为他遵循了没有父亲角色的介入这种字面解释，所以他可以在此基础上增加一层象征意义——他添加的这层解释超出了中国文化的范畴，他说这预示着圣母生下救世主的过程是由于上帝的干预。"文本里写着"，因为姜嫄的美德，她配得上向上帝发誓愿，并且献上神秘的祭品郊禖，以此向上帝求得一个子嗣。白晋继续说，为了得到这个孩子，姜嫄为祭祀做了准备，并且她走路的时候就"仿佛（as if）将她的脚印（vestigia）踩在他无尽的爱留下的脚印（vestigiis）上"。在这个方面，白晋明显是按照郑玄的解释来写的，因为郑玄解释说姜嫄踩在了上帝（脚趾）的脚印上。[37] 于是，姜嫄得到了她应得的，"她那颗非常纯洁的心在上帝的注视下散发出如此强烈的气味，以至于神灵的美德一下子流入她的体内，她仍是处子之身的子宫感到一波动静，于是怀上了她的儿子后稷"。因此，在白晋眼中，"毫无疑问，在阅读第一节诗的解释时，没有人能不轻易地识别出这段相当忠实的描述——它讲述了神圣的道（the divine Word）在圣洁的圣母玛利亚的子宫中道成肉身（the Incarnation）"。[38]

在陈述完这个总观点之后，白晋继续对各种解释展开讨论。他首先提到其他人对他的解释提出的反对意见，特别是关于帝喾的角色："也许那些人和一些庸俗的注疏作者一样，只是读了这一节诗的文字就反驳它，或许也会立即反对我的解释，认为我的解释明显最不忠，特别是对于主要人物不忠。"白晋给出了两个理由来批评这些"庸俗"的解释。首先，他似乎认为姜嫄是上帝本人在精神上的配偶，她没有与男人同床共枕；第二，他认为姜嫄完全是倚赖神圣的德行受孕，这与第一个理由基本相同。不过，白晋确实承认，上古史书的传统表明的帝喾是姜嫄真正的丈夫，因此，后稷是两人的儿子。为了规避这一证据并且驳斥这些反对意见，白晋提到了他在文章开头的一段话，他在那里解释说："正如最高明的中国注疏作者在他们的史书中所教导的，三皇五帝从未真正存在过。"[39] 关于这一点，白晋在页边引用了孔颖达的一句话：

> 孔颖达曰：庄子列子皆寓言诞妄。秦汉学者采其文辞论议故竟称"三皇五帝"，而不知古无其人。[40]

对于白晋来说，五位神秘帝王的名字表明的是神圣威严的　237
上帝在不同方面的品质和功绩。因此，与其称帝喾是姜嫄的丈
夫和后稷的真正父亲，白晋选择了认为帝喾是"上帝自身的预
表"。[41]这一论证取向说明白晋知道对这段记录有不同的解
释，并且与各种解释进行了对话。对于这段文本，他提出自己
的解释是通过参考他人的解释，不过他选择的那些解释在中国
的注疏传统中可能显得很边缘。

关于说姜嫄"履帝武敏歆"的那句话，白晋再次区分了
"肤浅的解释者"和"古老的解释者"——前者的注疏停留在文
字的表面，后者则更接近神圣的意义：他遵循郑玄的解释，认
为姜嫄好像把自己的脚放在上帝的脚印（vestigia）里。这能证
实他的观点，即上帝把他的儿子献给人类，而且姜嫄是最高圣
灵的贞洁配偶。关于这一点，白晋从古代的注释中寻求认同，
并在页边引用了马融的一句话，这是转引自王肃的："上帝大安
其祭祀而与之子。"[42]就同样的问题，他还引用了其他权威人
士。例如，"朱熹云：稷契皆天生之耳。非有人道之感。非可以
常理论。"[43]白晋由此得出结论，这个怀孕过程完全是超自然　238
的（supernaturalem），不涉及任何男人的参与，这就非常明确
地支持了他的解释基础，即中国传统中对神奇生子记的解释就
是没有父亲角色介入的。白晋还指出，契也是类似的情况，他
还认为契是弥赛亚救世主的另一个预表，或者说化身。而且，
商朝（始祖为契）和周朝（始祖为后稷）都是"福音律法下的
教会"的预表。[44]

为了强化他将神奇生子记解释为没有父亲角色的介入这种
观点，白晋添加了一些也是来自中国文献的、但上文没有提及
的注疏评论，这些实际上是对各种注疏评论里的句子所做的汇

编。例如，有一段引文取自姜文灿和吴荃的《诗经正解》，这是一部对《诗经》做逐段评注的书，而且是新近出版的，通常被传教士称为"析讲"：

> 析讲：上帝降格，即有身耳，无人道。[45]

另一个例子来自孔颖达《正义》的引文汇编：

> 正义：感生则不得有父，有父则不得感生，天之胤，天帝之气，神灵所生，不由夫而生子，凡人之生，不如后稷。[46]

239   可以说，白晋的做法就像中国的注疏传统一样，将自己的解释建立在前人注疏的基础之上，而这些注疏本身已经彼此交织在一起。不过，白晋并不总是全然地遵循中国的注疏。这一点体现在他对"玄鸟"的解释上。白晋发现，姜嫄的祭祀发生于郊禖，即《礼记》中提到的高禖——这也是早期传注作者毛亨认定的。《礼记·月令》中提到，春分时节，在黑鸟到来的那一天，[帝王]向高禖献祭一头公牛、一只公羊和一头野猪。根据白晋的说法，这一天对应着道成肉身的奥秘已经完成之日，而且，"玄鸟或鸽子的到来，就是通过神圣的运作，圣灵已经完成的象征"。这是一种什么鸟，有不同的解释，白晋对此做了如下说明："即使解释者将'神秘之鸟'（玄鸟）理解为'燕子'也并无不妥，它在这里似乎仍然指上天的鸽子，它嘴里叼着橄榄枝，向地上的人们宣布和平；人们在正午的子午线上看到它，那是处子之身的标志；它的预表就是贞洁的姜嫄，带着一个穗子，标志和象征着她的儿子后稷，即弥赛亚。"[47]

与中国传统的解释方法一样，白晋将"生民"与"閟宫"联系起来，并在"閟宫"中找到了进一步的证据来支持第一种解释观点，即神奇受孕不涉及与人的交合。在白晋眼里，閟宫的意思是"上帝的神秘殿堂，暗指上帝母亲的无瑕的子宫，或天体的居所，在仍是处子之身的标志中可以看到"。白晋引用了"閟宫"中的文字——"上帝是依，无灾无害"，得出结论说，"后稷是通过无瑕受孕得到的，丝毫不影响他母亲的完整，这首诗的文字将这一点明确地归功于上帝的唯一美德"。为了强调没有与人结合，白晋还引用了孔颖达转述郑玄的解释说，姜嫄不是帝喾之妃，诗中第一节里的"帝"不可能指帝喾，而是指上帝。[48]白晋证明了自己非常了解更早时候的中国学者已经讨论过这个话题。例如，他引用了张融（曾经被孔颖达引用）——张融也否认姜嫄是帝喾的第一位帝妃："配合生子，人之常道，则《诗》何故但叹其母，不美其父。"[49]白晋再次评论道，有一些中国作者"顽固地否认"这种没有男人介入的受孕方式。[50]其他人，例如苏轼（字子瞻），"为了显示神圣奥秘的可能性和真实性"，驳斥了他们。白晋试图利用一些中国解释者的观点来驳斥另一些中国解释者，他首先引用了苏轼的一段话，摘自百科全书式的《文献通考》（1308 年）：

240

> 帝王之兴，其受命之符卓然见于《诗》《书》者多矣。河图、洛书、玄鸟、生民之诗，岂可谓诬也哉？[51]

关于没有父亲角色的介入也可以生子的这种可能性，白晋引用了苏轼弟弟苏辙的另一段话，这段话也被朱熹引用到为

"生民"所作的评论中：

> 麒麟之生异于犬羊；蛟龙之生异于鱼鳖；物固有然者
> 矣。神人之生而有以异于人何足怪哉？[52]

因此，白晋不仅用宋代以前的注释来强调他的论点，他也使用了宋代作者的观点。

241 白晋还有一种辩护来自另一个案例，案例中的"魔鬼般的女人"也是异常出生的。这段话指的是褒姒的故事，她也是由两条龙的唾液所生。《史记》提到了褒姒出生的故事，王充也引用了。[53]白晋将这个故事与《默示录》第 13 章当中的一段联系起来——在《默示录》中，两个野兽或龙导致了人类的毁灭。白晋引用了孔颖达，他说孔颖达"驳斥那些怀疑后稷是通过超自然的方式成胎的"，于是针对王肃的解释提出了下面的评论，并且得出结论说，后稷的出生仍然涉及了人的结合：

> 肃信二龙实生褒姒，不信天帝能生后稷，是谓上帝但
> 能作妖，不能为嘉祥。长于为恶，短于为善。[54]

白晋到这里对第一节诗作了如下总结："如果我想把不同作者所有的内容——包括那些值得注意的、还有明显地赞成道成肉身这个难以理解的奥秘的所有内容——都汇集在一起，就不太容易结束对这第一节的解释了。既然到现在为止所提到的内容似乎已经很充分了，让我们继续解释下一节。"[55]

在这篇专门讨论后稷的文章中，对于后稷的奇异出生，白晋的分析足以说明他在文化间的解释学这个方面所使用的方法

及其特点。作为一名数学家，他更喜欢用证明的方式：他展开论证、对反对意见做出回答、寻找文本证据。作为一个欧洲人，他明确地将这种方法应用于中国的文献。白晋从文字开始，首先解释了"字面的"和"历史的"意思，然后给出了"象征的"和"神秘的"意义。在他眼里，这两个层面是需要区分的。白晋声称，中国的文人往往丢失了第二个层面，而他自己却对这个层面有深刻的认识。因此，他选择了一种在当时非常特殊的，甚至是已经边缘化的欧洲训诂学的形式，将其用于自己的基督论和玛利亚论，并且从这个角度来解读中国的主流传统。在参考资料方面，白晋使用了一些欧洲资料，如《圣经》或教父神学的文本，他利用这些资料来做类比。白晋展开论证的方法就是将中国和欧洲文本中的主题或故事进行关联和类比（如褒姒和《默示录》），并以这种方式表明诗的"预言"性。他的观点的主要支撑点是中国古代对《诗经》的多种解读。他将这一悠久且丰富的文本互现的传统转移到他作为一个欧洲人参与的讨论中。他选择的注疏作者支持神奇生子记当中没有父亲角色的介入这种解释，不仅如此，他也选择了另一些注疏作者，他们明确将生子归因于上帝的干预（郑玄和朱熹），这也成为他的主要解释方案之一。为了捍卫这一立场，他还引用了其他中国和欧洲的资料，甚至与那些反对者的解释进行对话。他再次驳斥各个反对立场，而他使用的依据还是中国作者（孔颖达、苏轼、苏辙）的观点。因此，对于《诗经》中的诗，他选择了一种（主要）来自中国注疏作者的解释方案，随后又将这个文本的字面意义与中国文化中所没有的一种象征意义交织在一起。然而，白晋并没有把后稷当作是耶稣基督。他认为后稷只是耶稣基督的预表，还有其他人物作为这样的预表。

242

4.1.2　傅圣泽（Jean-François Foucquet）

最为激进和大胆的索隐派作者无疑是傅圣泽。[56] 他于1699 年来到中国，当时白晋刚结束他的欧洲之行（1693 到1699 年间）返回中国。傅圣泽在中国的最初几年里一直留在地方，主要是在江西省，他也是在那里接触了白晋和马若瑟的观点。现存最早的表达了傅圣泽索隐派观点的文献是一封相当长的信，写于1709 年10 月，估计是写给马若瑟的。在这封信中，傅圣泽表示支持一些有关中国上古纪年和历史的观点，他在已发表和未发表的文章中都为这些观点做辩护，甚至在他1722 年回到欧洲之后仍然如此。[57] 显然，同样在1709 年10 月，傅圣泽完成了一篇文章，题目是《关于三代体系的札记，或据称是从尧到秦统治着中国的帝王家族体系》（"Mémoire sur le système des trois dynasties ou familles imperiales que l'on pretend avoir gouverné la Chine depuis Yao jusqu'aux Tcin"），他用六十七页的篇幅抨击了"虚假的三代体系"。[58] 一旦拒绝三代的存在、否定上古中国的纪年，傅圣泽已经走上了一条不同的道路，与他的耶稣会教友们对中国历史和文学的看法分道扬镳。1711 至1720 年在北京逗留期间，傅圣泽形成了自己的索隐派思想体系，他也在几个关键问题上偏离了白晋的观点。白晋的注意力集中在《易经》中的数字和几何级数的问题上，但傅圣泽出于对道教的兴趣而走得更远。[59] 就是因为他的想法太具争议性，傅圣泽才最终被召回欧洲；而在此之前，他已经在中国生活了大约二十年之久。有很多与他相关的争议，据称其中一条是他将耶稣会的使命推向危险境地，因为他否认公元前五世纪之前的中国历史的真实性。根据宋君荣的说法，仅凭这一点，都有可能将傅圣泽判处死刑。[60] 回到罗马之后，傅圣泽离开了耶稣会，被任命为埃莱特罗波利斯的领衔主教（1725年）。他则在自己带回欧洲的大量中国书籍的基础上，继续做自己的研究。

经书就是神圣的书

在傅圣泽眼中，最重要的任务是向中国人展示，理解他们自己的"神圣著作"的关键是什么。一旦中国人明白了他们的仪式原本就是神圣的，只是在几个世纪的历史时间中堕落了，他们就会更愿意接受天主教。魏若望（John Witek）认为应该注意傅圣泽提出的这个观点，并且在傅圣泽和利玛窦之间做了一个类比："两人都试图通过调适策略来使中国皈依天主教，但他们对调适策略有自己的理解。"二者也有一些区别："对傅圣泽来说，经书是神圣的、不是世俗的，而利玛窦那样将经书视为世俗的做法就是冒犯经书。傅圣泽认为，那时的仪式原本是神圣的，后来变成了迷信的和偶像崇拜的（superstitious and idolatrous），而对利玛窦来说，它们是民俗的和政治性的（civil and political）。利玛窦试图绕过新儒家的传统，并努力理解儒家思想的原始形式。傅圣泽超越了这一点，他直接宣称中国的经书本身就以一种神秘的方式隐藏了天主教的各种真理在里面。"[61] 事实上，对大多数（除了索隐派之外的）耶稣会士来说，普遍接受的观点是，从中国的经书里可以找到某些自然神学中具有的普世性原则：例如，"天"和"上帝"就是在称呼天主教的上帝。但对傅圣泽来说，这些经书不是世俗的而是神圣的文本，因为这些书来自上帝的启示，拥有神奇的教义，只是隐藏在书写它们的汉字之下。傅圣泽的目标是为中国人找回他们失去的钥匙。要想理解这个奇异的、神秘的教义，就需要这把

244

钥匙。[62]

这些观点表达在傅圣泽所写的一些文章里，其中之一就是《通过四个命题论中国人的学说和文献的真正起源》（"Dissertatio de vera origine doctrinae et monumentorum Sinensium contenta quatuor propositionibus"）（约 1718—1721 年）。鲁保禄将这篇文章中的四个命题总结如下：1. 亚当是第一个世人，他不仅懂得宗教的奥秘——包括未来的救世主，而且还懂得所有的艺术和科学，他受委托将所有的科学和艺术"通过无限多的符号"传递给后代子孙。2. 亚当的一些子侄得到了这些神秘符号即卡巴拉的钥匙，特别是哈诺客（也叫以诺）。3. 卡巴拉不仅被口头保存，而且还被珍藏在书籍中，但这些书对普通人是保密的。4. 这些书在诺厄方舟中受到保护，之后，它们和口述传统一起，通过诺厄的儿子们传给了世界上所有的国家。这一古老传统的资料被保护得最全也最好的，就是在中国。通过研究中国的古书，就可以复原"神圣的奥秘"，就能在此基础上系统地阐述"神圣的科学"。[63]

回到欧洲后，傅圣泽写了一篇文章，这篇文章的主题就是他对于经书的看法，文章题名为《尝试初步介绍如何理解经，经是由中国人保存的古代文献。埃莱特罗波利斯主教对于古代和当代中国人学说的感想》（"Essai d'introduction préliminaire à l'intelligence des Kings, c'est-à-dire des monumens antiques conservés par les Chinois. Sentiments de l'eveque d'Eleutheropolis sur la doctrine des chinois anciens et modernes"）。[64]这篇论文是在枢机主教、当时的法国驻罗马教廷特使梅尔基奥·德·波利尼亚克（Melchior de Polignac，1661—1742）的建议下，1726年5月写于罗马。[65]

在这篇文章中，傅圣泽广泛阐述了他关于如何理解中国经书的想法。他首先将五经与它们的传注疏义区分开来，然后他说："经虽然现在被改变、被截断，但经本身仍然包含令人钦佩的学说体系，值得最高的尊敬。至于两千年以来的解释者和注疏作者，他们是完全不懂经的盲人；人们仍然要读这些注疏作者写的东西，因为他们在注释中保留了比自己更古老的这个传统的语言，以及原始教义的珍贵残余，这些内容有助于发现和确立真理。"[66]

在傅圣泽的眼中，"如果经书包含了人类精神无法触及的信仰真理，此外，奥秘以及对奥秘的实践要比经书作者们生活的时代晚了几千年，那么，将这些真理和奥秘纳入经书的作者必须通过启示提前知道它们，或者他们自己立即实践过，又或者这些真理和奥秘出现的时间要比他们更早"。[67]在傅圣泽看来，情况确实如此。而且傅圣泽认为，虽然经典仍然是神秘的作品，虽然经典的作者们将他们的学说包裹在黑暗中，但也有一些地方"出现了真理，就像天空中的太阳通过它的光辉刺穿阴影，迫使哪怕是最叛逆的心灵也能认识她"。[68]

这些观点说明了为什么傅圣泽对中国的历史和经典的理解令他去往两个方向。一方面，他必须证明经书是神圣的作品，书写这些经书的汉字揭示了诸如救世主这样的奥秘；另一方面，作为一个否认中国上古之存在的激进分子，他必须证明中国人关于他们作为一个民族的起源、关于他们的上古历史的所有想法都是错误的，或者说是对古代传统的误读。因此在他看来，把三代作为中国历史一个真实存在的时期这种想法几乎是没有基础的：夏、商、周三代都是虚构的。[69]当傅圣泽对《诗经》中关于后稷的诗进行讨论的时候，这些层面就清楚地显

246

现出来了。[70]

否认上古历史

傅圣泽对中国思想的排斥清楚地体现在他对于中国纪年的看法上，这是他思想体系当中一个必不可少的组成部分，但就这个问题本身，他的观点属于少数派。傅圣泽认为，夏、商、周三代都是"想象出来的"，因为几乎没有任何依据可以说服人们接受它们是中国历史上一个真实存在的时代。这个观点明确表达在他的《中国历史纪年表》（*Tabula Chronologica Historiae Sinicae*）一书当中。这本书是1729年傅圣泽返回欧洲之后出版的，为的是证实他对公元前五世纪之前的中国历史所持的观点。本书第二章介绍过，这本书的编纂基础是年希尧的《纲鉴甲子图》——它是一个根据《通鉴纲目》绘制的甲子系统（干支循环）的年表，从公元前424年（周威烈王即位初期）到1705年，但傅圣泽将这个年表的下限延长到雍正九年（1729年），并且加上了简短的说明。傅圣泽否认的是中国上古历史的真实性，他想通过这本出版物来证明，可靠的中国历史只从公元前五世纪开始。[71]傅圣泽对这个纪年表的"解释"广为流传，他在其中强烈坚称，上古时期的中国帝王"真的是虚构的人物"，为他们"伪造的生平不是由当时的作者写的"。[72]

关于虚构的人物这一点，一个非常具体的例子就是帝喾，还有其妃姜嫄所生的后稷。傅圣泽在关于经典的专论文章《尝试初步介绍如何理解经》里面，对这个案例做了充分的讨论。因此，他对后稷的神奇出生情节所做的讨论有一个更大的背景。傅圣泽的分析观点是，后稷由童贞女母亲所生，这个过程不涉及人的结合——这种解释与白晋的解释一样，对应着中国传统对《诗经》中"生民"一篇的第一种解释类型。与白晋类似，傅圣泽遵循的是神奇生子记的字面解释，排除了父亲角色的介入，由此他可以增加一种中国文化之外的象征性解释。在对《诗经》段落进行了简短的（语言方面的）分析[73]，并将它与《易经》中的一段话进行关联[74]之后，紧跟着的是"一个后果无穷的推论"。傅圣泽要求读者特别注意这个推论："如果有一个后稷，由童贞女母亲所生，那么这个人不可能出生或生活在中国：我们的信仰不允许有这样想法，没有一个天主教的博士会接受这件事。"[75]他继续提出了一组自问自答："谁敢说世界上发生了两次童贞女产子的奇迹？这是神圣的玛利亚不可言传的特权，她是所有女人中唯一的圣者，正如教会所唱，因为只有她可以在自己身上结合无瑕的贞洁带来的荣誉和成为母亲带来的喜悦。"[76]因此，即使傅圣泽清楚地确认，"后稷具有荣耀的且无法用语言表达的特权，因为他是由贞洁的母亲所生"[77]，但他还是认为，后稷不可能出生在中国，因为如果是这样的话，"天主教徒所虔诚敬拜的救赎者就得有一个身为中国人的同伴，一个连出生的奇迹都与他相匹配的模仿者——这种荒谬且不敬的想法远不是我们想要的"[78]。然而，后稷这个例子对傅圣泽的研究仍然很重要："但如果后稷本来就不是中国人，如果他从来没有出生在中国，若这个推论成为一个富有成效的信条，有多少重要的真理不会从中诞生？"[79]接下来，傅圣泽得到了一系列共十二条结论，明确地否认了上古的存在，为的是可以开辟空间，继续挖掘这个故事里的神圣意义，也就是将后稷视为救世主的形象。这十二条结论如下：

1. 因此，中国人自从两千多年以来都是盲目的，他们认这个后稷作为他们国家的英雄，然后把一切都建立在这个认识的基础之上，我说，所有这些都是建立在一个错得

248

离谱的基础之上，无法持续。

2. 因此，这个被当作是他父亲的帝喾，也被当作所谓的中国帝王，他是一个假想出来的人。

3. 因此，在《书经》里与后稷会面的人，如舜或禹，他们都不是中国真实的人物。

4. 因此，在同样一本《书经》里，尧把帝国传给了舜。但他传给舜的根本不是中华帝国，而是一个更高层面的帝国，而且尧从来不是中华帝国的奠基人。

5. 因此，《书经》里说禹在尧的时代、根据舜的命令治好了洪水，但这个禹根本就不是中国人，而发生在中国的洪水外溢、大禹治水也是一种神话般的想象。

6. 因此，关于所谓的"夏"朝或第一个皇族，人们希望这个禹是他们的开创者，但这个夏朝应该像其他国家一样被归入寓言的王国。

7. 因此，注疏者和其他的当代作者认为文王是后稷的第十五代后人，他与之前的各位一样，是想象出来的英雄人物，是由解释者的无知、傲慢和鲁莽创造出来的。

8. 因此，无论是他还是他的儿子武王在中国都不是真实的人。

9. 因此，关于所谓的"周"朝或第三个皇族，人们说文王和武王是它的开创者，但它根本就不存在，而周朝作为被经书称赞的帝国——它承诺了普世和永恒，它指的根本就不是这个王朝。

10. 因此，关于所谓的"商或殷"，或被称作第二个皇族，它跟随了第一个王朝和第三个王朝的命运。由于帝喾在中国从来就不是一个真实的人，正如上文所证明的，汤这个所谓的第二王朝的创始人作为帝喾的第十五代后人，不可能比帝喾真实到哪里去，而且这个寓言更清楚，因为人们说汤作为帝喾的后裔是通过他的儿子契传下去的，而契是一个叫简狄的王妃在吞下了一个燕子的蛋之后生下的。

11. 因此，言之凿凿地讲述了尧、舜、后稷、禹、汤、文、武的经书，根本不是为中国而作的，也不是为了讲述发生在中国的事情，而且这些神秘文本的作者根本不是中国人。

249

12. 因此，这些经书有另一种意义，中国人说它们是神秘的、隐蔽的、神圣的，但由于已经失去了关于它的信息，他们已经无法解释经书。古代圣贤的学派，也就是孔子在他的时代重新建立并供养的学派，显然是经书的守护者。由于两千多年来这个学派消失了，这个隐秘且神圣的意义不再为人所知。〔80〕

所以说，在傅圣泽眼中，分析一个人的出生导致了对中国前三个朝代的否定。他不仅把中国的圣人解释为天主教的人物，而且还粗暴地拒绝了大部分的中国上古历史。傅圣泽的激进主义理论让人不难理解他的上级和同辈为什么对他的想法怀有敌意。而且，他与传教团其他成员之间的个人关系也非常紧张，以至于耶稣会总会长不得不将他召回。

傅圣泽反对将经书解释为"神话般的书"和"充满虚构和欺骗的书"——他的确如此批评身在北京的历史派耶稣会士所提出的解释。对傅圣泽来说，这些都是神圣的书籍。因此，后稷在他眼中是"真正由童贞母亲所生"，也因此，帝喾"不是中国人"。他坚持这种解释，因为"经书从来都不是为中国而作的，这些经书里的英雄从来都不是中国的英雄，其中讲述的事件从来都没有发生在这个最遥远的东亚地区"。[81]

在傅圣泽的眼里，经书就像一座堡垒，它们以一种几乎不可触及的方式隐藏着一个"体系或学说"。[82]这个体系以上帝的概念为基础，而这里的上帝就是天主教徒的上帝——他认为，这是耶稣会应该珍视的解释；[83]这个体系也是基于圣人的概念，圣人就是上帝的使者，[84]执行上帝的计划和意志。那么，经典就是"神秘的作品"，是圣人的"象形历史"。[85]那位圣人——就是基督，在经书中经过装扮后掩藏在几个符号的下面——如后稷、禹、汤、文王等人。那些不了解这些奥秘的人自然会将奥秘人格化，并将其塑造成英雄人物，混乱也由此产生。傅圣泽认为，这就是此前两千年的注疏作者们所做的事。但傅圣泽表示，他拥有那些注疏作者们所缺乏的东西，因为他知道他们书里面的圣人。[86]

在文化间的解释学方面，傅圣泽的激进解释是一个特殊案例。他在作品中对上古历史的否定是一种比其他索隐派作者更强烈的路子。这种立场使他能够赋予这些经书一个在他看来更高的地位，即认为它们是具有普世意义的圣书。傅圣泽提出这种观点的方式，以及观点本身之激进，尤其令人印象深刻。在本节所引用的傅圣泽的文字中，他并没有详细分析《诗经》中关于神奇生子记的诗歌，而是把这个故事作为一个例子，放在他关于中国经典的角色和定位这个更宏观的解释中。总的来说，他采用了中国注疏作者的第一种解释类型，即认为神奇生子记当中没有父亲角色的介入。他做出这种选择的依据是他非常熟悉的中国文献。但他接下来所论证的后稷是由童贞女所生，从未作为历史人物存在，却完全是基于他的信仰。在某种程度上，傅圣泽并没有试图将欧洲和中国的纪年交织在一起，而是将中国的线头从中国的背景中抽离，放入他自己预先设定的体系里。认定中国没有上古历史，就有可能让他也在中国发现一个神圣的历史。

4.1.3 马若瑟（Joseph de Prémare）

马若瑟是1698年跟白晋一起来到中国的，当时的白晋结束了他的欧洲之行返回中国。[87] 在这次旅行中，马若瑟跟随白晋学习汉语和满语，他对汉字和汉语着迷了。余生中，他始终保持这个兴趣，写成了《汉语札记》(*Notitia linguae sinicae*)——这本书被认为是欧洲最早的汉语语法著作之一。在中国生活的前十五年里，马若瑟一直在江西传教站工作。1714年，他被召入皇宫，与白晋一起工作。他在那里待了两年，深感困苦。当被允许回到南方省份时，马若瑟以一种新的方式开始了索隐派的研究。1724年，他和其他所有在宫外的传教士都被流放到广州。马若瑟在生命的最后几年里一直与傅尔蒙保持通信联系——傅尔蒙是巴黎的皇家图书馆馆长助理，马若瑟就皇家图书馆购买中国书籍等问题为傅尔蒙提供建议。[88] 这些信件以及马若瑟所写的作品中使用的大量引文都能够证明，马若瑟精通中国的一手资料。他就索隐派的问题撰写了许多文章和论著，但没有一篇被允许发表。其中有几篇得以在十九世纪末出版，但几乎没有引起注意。[89]

马若瑟最重要的作品是《中国古书中的天主教要理遗踪》，拉丁文原稿收藏在巴黎的法国国家图书馆（BnF, Chinois 9248），为329张有编号的对开页。[90] 拉丁文的内容写在右边页，引文里面的汉字则在对页。因此，就像白晋的作品一样，这种将

251

对话转移到欧洲文本的做法催生了一份具有文本互现特征的手稿，其中所有引自中国文献的内容都以汉字的方式重现在一部欧洲作品里。这篇长文的法语译本由奥古斯丁·博纳特（Augustin Bonnetty）和保罗·佩尔尼（Paul Perny）发表在《天主教哲学编年》（*Annales de philosophie chrétienne*）当中，后来于 1878 年在巴黎进行了限量版重印，即《天主教主要教义的遗迹：摘自中国古书》（*Vestiges des principaux dogmes chrétiens, tires des anciens livres chinois*）。马若瑟还用汉语写过几份手稿，通常是根据许多中国文献里的引文写成的。与《要理遗踪》有关的另一个文本是一份无撰著者姓名的手稿，题名《经传遗迹》（"Antiquae traditionis selecta vestigia"，77 页），是马若瑟的手迹。[91] 这不是一份抄本，而是对前一部作品的总结和辩护，可能就是马若瑟在 1729 年 12 月 5 日和 1730 年 11 月 13 日写给耶稣会总会长的信中提到的那部。[92] 这份手稿也将拉丁文和中文的内容结合在一起，在拉丁文的解释之后跟着中文的引文。另一份手稿是《经传众说》（约 1710 年），马若瑟在这里按时间顺序综述了历史上的传注疏义如何混淆了隐藏在儒家典籍中的天主教信息，以及中国人如何需要传教士的帮助来澄清这些信息。[93] 这份手稿完全是用中文写的，这表示马若瑟不仅用欧洲语言，而且还用中文在这些问题上展开对话。从这份手稿中可以看出，马若瑟引用最多、他本人也最为钦佩的中国作者之一是欧阳修，一位对经书具有高度批判意识的、新儒家的注疏作者。

在鲁保禄看来，马若瑟与其他索隐派作者的区别在于他的历史感，"这一点肯定与他的索隐派理论经常发生冲突"。[94] 马若瑟的主要著作不仅对古代文本做出了标准的索隐派解释，而且还对许多公认的上古中国"历史"的非历史性表达了强烈的意见。不过，与白晋和傅圣泽不同的是，马若瑟没有对关于三代历史性的一般问题做出评判，这体现在他的著作《要理遗踪》当中。书中关于"圣人"的一节在开头有一则简短的序言，马若瑟在这里简要讨论了他对历史资料的看法。他指出，他想明确《书经》中提到的三代不是真实的，而是纯粹的象征（non esse reales sed mere symbolicas），读者可以从他的讨论中得出这个结论。马若瑟承认，一些博学之士认为《书经》"不是世俗、粗鄙的史书，而是一部非常深刻的史书，处于历史的笼罩之下"。但他补充说，他并不打算向读者传达他对这部著作的看法："我把中国人的历史留给中国人，他们可以在司马迁或其他的作者那里读到。"马若瑟解释说，即使这三代几乎肯定是不存在的，但相信它们确实存在的这种观点已经在中国人的头脑中根深蒂固，无法改变。因此，只要传教士自己避免回答这个讨厌的问题，中国人不但不会觉得被冒犯，反而会"因传教士对经书的赞美而鼓掌"。马若瑟自己的目的是，"从这些非常古老的遗迹中提取出神圣律法的奥秘之遗踪（vestigia）"。[95]

圣人必须出自贞女

在马若瑟的《要理遗踪》里面，有两处讨论了神奇生子记。第一处就在关于圣人的同一章节中，马若瑟用很大的篇幅讨论了中国经典中的"圣人"概念，其中描述了圣人的不同名称和特征。有一个段落专门讲的是"圣人必须出自贞女"这个话题。[96]马若瑟从一个比较的角度出发先说自己的观察，他从未在西方的世俗作者的著作中读到过贞女分娩的说法。尽管他在《荷马史诗》（Homer）中读到朱庇特（Jupiter）有众多儿子，但在他看来，朱诺（Juno）在没有朱庇特介入的情况下生出马尔斯（Mars）和伏尔肯（Vulcan）的故事并不具备充分的证据。从《西卜林书》(*Sibylline Books*)或古代德鲁伊人（Diruds）献给"能生育的贞女"的祭坛来看，没有任何东西是确定的。只有先知以赛亚所说的话是明确的："看呐，一个童贞女即将怀孕生子。"（Ecce virgo concipiet［et pariet filium］)〔97〕然而，"中国的古籍里常有既是贞女同时又是母亲的，没有什么比这个更常见的了。上古的天子——据说他们在英雄时代统治着中国人，他们被奇迹般地怀上，且由贞女所生，没有一个不是这样"〔98〕。马若瑟还提供了一系列表达过这一观点的参考文献。〔99〕

马若瑟的典型方法就是经常引用《说文解字》这部由许慎编纂的古代词源词典。关于依赖《说文解字》里面的解释这个方面，马若瑟在很大程度上受到了（天主教徒）学者刘凝（约1625—1715）的启发，马若瑟在文章中经常提到他。〔100〕马若瑟由此建立了单个汉字层面上的文本互现，并从中国词源学的传统出发加入了自己的解释。例如，他从"姓"字入手，这个字由"女"和"生"组成，马若瑟将其分别翻译为"贞女"和"生子"，即为"由贞女所生"。《说文》的解释是"古之神圣，母感天而生子，故称天子。从女从生"；马若瑟相应的翻译是："古代的圣人和神人被称为'天子'，因为他们的母亲因天而孕，从天得子；所以这个字由女和生组成。"接下来，马若瑟引用《春秋》的《公羊传》（本书第三章引用过《公羊传》，这是中国传统对神奇生子记的第一种解释类型）："春秋：古之圣人皆无父。感天而生。"〔101〕为了支持没有父亲角色的介入这种对神奇生子记的解释，马若瑟还补充了几个宋代和清代注疏作者的说法。其中一个来自罗泌的《路史》——这是备受马若瑟和其他索隐派作者青睐的著作之一。〔102〕马若瑟从《路史》中引述了一句简短的陈述："稷契无父而生。"〔103〕他还增加了朱熹和苏辙的说法，即白晋已经引用过的："稷契皆天生之耳。非有人道之感。非可以常理论也。"〔104〕"神人之生而有以异于人何足怪哉？"〔105〕还有出自清代作者姜文灿和吴荃的《诗经正解》（1684年，常称作《析讲》）的引文："无人道而生是天生之也。不坼不副全其躯也。"〔106〕马若瑟接着分析了其他汉字——女、母、閟，以表明母亲的贞洁保持得完好无损。〔107〕他还提到了中国历史上的其他案例：大禹从母亲的背部出生，契从母亲的胸部出生，〔108〕老子从左腋出生，释迦从右肋出生，〔109〕然后，后稷以普通的方式出生，"但那仍然是封闭的"。〔110〕这就是为什么《诗经》称这一篇为"閟宫"，或"闭宫"。有解释者称其为"上帝之天"。〔111〕所有这些引文在马若瑟眼中都证明了圣人母亲的贞洁之身。这些引文也说明了马若瑟的方法：分析汉字，积累大量出自中国文献的并且支持自己观点的引文，以及历史类的参考资料。

255

马若瑟关于贞女母亲生子的观点后来受到韩国英（Pierre-Martial Cibot，1727—1780）的跟随。鲁保禄说，韩国英在某些地方"显示出自己差不多也是一个索隐派"，但更多的是认同"马若瑟的路线，而不是白晋或傅圣泽的路线，他认为在汉字中可以看到天主教教义的一丝丝痕迹，但他接受尧、舜、禹和上古三代的历史性"。〔112〕韩国英显然是晚辈，因为他1760年才来到北京。他因在《北京传教士所作关于中国人的历史、科学、艺术、风俗习惯的札记丛刊》（*Mémoires concernant l'histoire, les sciences, les arts, les mœurs, les usages, etc. des Chinois, par les missionnaires de Pékin*，1776-1814，简称《中国丛刊》）上面发表的多篇文章而知名。他有几篇专门讨论汉字的文章，其中一篇是《论汉语的语言和文字：第二篇》（"Essai sur la langue et les caractères des Chinois: Article second"）[113]，韩国英在这里区分出五种类型的古汉字，他认为可以从这些文字中看到"最早中国人的宗教、信仰和传统的一些影子"。[114]对于"具有预言性的文字"这一类的汉字，韩国英写下长篇的注释，他在其中讨论了有关贞女母亲方面的中国传统。[115]"生民"讲述的姜嫄的案例在这篇文章中占据了重要位置。韩国英使用了与马若瑟非常相似的论点，这表明他手头可能有马若瑟的手稿。[116]两种解释之间的相似性不仅进一步证实韩国英的确亲近索隐派的观点，而且还表明马若瑟的一些想法也间接地发表在这本著名的作品集中。[117]

最杰出的圣徒的形象和预表

马若瑟在《要理遗踪》中第二次提到神奇生子记的地方是在长篇幅的"最杰出的圣徒的形象和预表（figurae et typi）"一节。马若瑟用导论展开这一节。在导论中，他解释了"符号"（symbols）和"预表"（types）之间的区别——做这种区分显然是为了指定"形象"和"预表"。"符号"包括无生命的东西（如：玉）、有生命且真实存在的（如：羊）、虚构的（如：龙）、或由人类创造的（如：鼎、《易经》中的爻、象形文字）。相反，"预表"需要人，它是真实的、象征性的或想象出来的，例如古希腊的神（如：朱庇特、阿波罗、维纳斯）、《旧约》中的人物（如：亚伯、以撒、约瑟、所罗门），以及中国古代"遗迹"（即古文献）里面提到的上古君王。马若瑟对此补充说，毫无疑问，中国人也像其他民族一样有可疑的（αδηλα）和神话的（μυθικα）时代，也就是不确定的和"英雄的"时代。但在马若瑟看来，关于这些不确定的和英雄的时代到底是什么时候结束的这个问题，对于中国来说可能更难确定，要比对于欧洲来说更难，因为对于欧洲来说，马若瑟服从大多数人的意见，将第一届古代奥林匹克运动会（公元前 776—前 772 年）作为分界点。[118] 在接下来的讨论中，马若瑟解释了他对于那些提到上古时代的历史资料和纪年方法持有什么样的看法。他似乎愿意把西周的共和执政时期作为中国的分界点——这个时期在公元前 827 年结束，"接近第一届古代奥林匹克运动会"。[119] 马若瑟提供这些信息是为了让读者能够更好地判断后续章节中所讨论的"预表"。[120] 由此，马若瑟在中国的时间线上设置了一个跟欧洲类似的"神话"时代和"历史"时代的分界。

接下来在关于各个预表的一节之前，马若瑟概括地讨论了一些关于预表（或人物形象）的意见。马若瑟指出，当人们想"在某些人物形象的翅膀下隐藏一些教义"时，有两种不同的方式：可以把几个人物合为一个，或者把一个人物分成几个。如果需要描述许多伟大的美德，则使用第二种方法，因为如果把所有美德都归于一人，那就不再是"由人物形象组成的历史，而是一种自负的谎言"了。中国的古老传统和欧洲关于神灵和英雄的寓言都是这样的情况。一旦"去除所有的污垢"——这些污垢是由"后世的堕落"出于"粗俗无知"添加上去的——人们就会发现它们中的每一个都包含着"这个世界真正的上帝救世主的传统留下的遗踪（vestigia）"。他认为非常有可能的是，"所有这些构成了英雄时代的神、英雄、君王，都汇集在一起就成了独一无二的基督。而所有这些英雄都不是以普通方式怀上的，而是在上帝的配合下，出自贞女母亲"。[121] 关于中国这边，马若瑟将基督的各个预表所具备的具体特征做了简要概述，遂皇，把火种带到人间；女娲，战胜过地狱；神农，一

257

位好医生，虽然自己身体健康，但却率先尝了药品，好让病人放心喝药；稷，以精选的麦子滋养我们；契，教导生活的法则；舜，使民顺服；禹，功勋卓著；成汤，补偿我们的罪过；文王，所有美德的典范；武王，专制且成功，主宰了整个世界。[122] 通过把这些人物都视为基督的预表，马若瑟将中国纳入了他具有普世性质的历史观当中。

后稷的神奇诞生

马若瑟仔细讨论的一位人物是后稷。他分三步展开自己的论点。[123] 首先，他综述了关于后稷出生的传注疏义都有哪些，类似于今天学术论文中的"该领域研究现状"。接下来，他提出了一个基于关键汉字的分析。最后，他自己对《诗经》中"生民"和"閟宫"这两首诗的主要句子进行了解释。

关于后稷故事的"该领域研究现状"实际上总括了各种相互矛盾的解释。它们从各种资料的冲突当中浮现出来，如《路史》《史记》，还有收入《毛诗正义》里面的传注，特别是马融和王肃的注释。[124] 马若瑟表明，他很清楚中国文本之间在这个问题上的对话，而且他并不害怕把各种彼此分裂的解释展现出来。

关于帝喾的帝妃数量这个问题就已经存在一些矛盾的说法，正如罗泌在《路史》中指出的，"一为正，三为妃。论者以为四妃"[125]。接下来，关于姜嫄的说法也有矛盾。根据《路氏》的记载，"姜嫄清净专一［而好稼穑］，衣帝衣，履帝履［敏］，居期，而生弃，弃惟元子"[126]。然而，马融（《毛诗正义》中提到）有不同的看法：后稷是在帝喾去世后的十个月出生的，"姜嫄知后稷之神奇，必不可害，故欲弃之，以著其神，因以自明。尧亦知其然，故听姜原弃之"[127]。马若瑟认为，其他人仍然否认这种可耻的说法，但没有提出更好的说法来取代它。在他们看来，圣人和贤人并不总是生出圣人和贤人，就像尧、舜和文王都生过恶人儿子。[128] 因此，他们认为，姜嫄让她的孩子经历这些，使自己和帝喾都沾了污名——"喾有淫昏之妃，姜嫄有污辱之毁。"[129]

马若瑟也密切关注《毛诗正义》里的注疏彼此之间相互矛盾的观点。例如，《世本》提到帝喾曾预言他的四个儿子将统治世界。但根据马融的说法，帝喾去世的时候还不知道他的妻子姜嫄怀孕。[130] 王肃去掉了围绕后稷出生的所有神奇之处，但其他人批评王肃没有否认褒姒是由两条龙所生来毁灭周幽王的说法。由此，王基得到的结论是，这就好像上帝"但能作妖，不能为嘉祥。长于为恶，短于为善"[131]——这个论点也被白晋采用。此外，尧和后稷都是帝喾的儿子。那么，尧为什么会允许他的兄弟被视为私生子？马若瑟问道，是不是因为他知道后稷是圣人，因此上天会保护他？但既然知道他的兄弟是这样一个圣人，尧在位七十年（按照中国作者的信息）这么长的时间里，他为什么不给自己的兄弟一个恰当的位置？[132]

针对有关这个故事的各种解释，马若瑟提供了一个方法论式的总结："我摆出这些背景信息是为了让公正的读者看到，中国解释者的说法是没有依据的。如果一个欧洲人自信满满地说'中国所有的文人都肯定这个或那个'，这说明他几乎不怎么了解这些文人，他读过的就更少。"[133]

接下来，作为分析的第二步，马若瑟研究了母亲和儿子的名字，并对组成这几个汉字的不同元素给出了自己的解释[134]：

让我们简单研究一下母亲和儿子的名字。母亲的名字

259

叫姜，跟上面提过的神农氏一样。她是女，贞女，因为她由上帝而受孕，怀的也是一位神；她是羊，从她体内为我们生出了一只羊羔。她的名字也叫嫄，因为她是贞女的来源和原点。在她之前，人们没看到过还有谁发过贞洁的誓愿。她的儿子名弃，被抛弃的，因为他是人的羞耻，是人的落魄。《诗经》称他为民，人民，因为他是人民的人、生活在人类当中的同人。他的名字是妘；云这个字显示了他的神性；而女则显示了他的人性。人们也叫他柱，因为就像整个房子依靠柱子一样，人类也依靠圣人；但柱这个字在我们眼里指的是王，是主和木；或者更准确地说，是人附在十字架上的十上面，但仍然是所有人的主。最后，因为他的高贵，因为他的功绩，人们给他起了一个名字叫后稷。后指国王，或者如我前面所说，是负责颁布旨在教导世界四方的律法的那个人；稷通常被认为是谷物，特别是小米。〔135〕

在整个论证的第三步，马若瑟着手讨论"生民"和"閟宫"这两首诗中的几个句子。关于后稷的神奇诞生，马若瑟的注意力主要集中在"履帝武敏歆"这句话上。〔136〕马若瑟首先反对把"武"解释为脚印、把敏解释为大脚趾，因为这样的解释会产生"巨人之脚"这个"寓言"。〔137〕在他眼里，虽然中国的解释者"毫无羞愧地"重复这句话，但"他们没有看到，帝这个字仍然是几乎悬浮在虚空中，不能与其他字产生任何联系"。他还反驳了毛亨的解释。毛亨将"帝"译为"帝喾"，但马若瑟在孔颖达引述张融的话——已被白晋引用——里面找到了支持自己的理由："配合生子，人之常道，则《诗》何故但叹其母，

不美其父。"〔138〕

马若瑟接着给出了对其他汉字的解释。〔139〕他将"帝"解释为上帝,这与"闷宫"一篇中所说的"上帝是依"保持一致。在他眼里,"很明显,'生民'诗当中的帝指的是同一个主,但毛亨提出反对。"至于"武",马若瑟参考了《说文》里的词源及其他资料,根据这些词源,"武"由"止"和"戈"组成,"因此它表示仁善宽厚的圣贤胜者,他不打仗,而是结束战争、建立永恒的和平"。马若瑟将"履"解释为履行、走,作为一种隐喻,如"履礼"就是行礼,表示仔细地遵守、奉行礼仪。这就是为什么他将整句话解释为:"姜嫄在心里奉行全胜的王,也就是想着他,用满心的爱盼望他。"

最后,"敏"的意思是"加速、赶快",或者根据《说文》的解法,"每"指"经常","攴"是"击打";人们不仅用手做击打的动作,也用祈祷和祝愿击打身心。马若瑟也遵循郑玄,解释为"疾",表示迅速、及时。"歆"的意思是"实现愿望,让愿望被接受"。他又一次在中国的解释传统中找到了论据:"但由于担心有人说我违反了文本,我将引用一位与我想法完全相同的中国人的话。他跟我一样把这两个字和其他三个字分开,并且说这两个字象征着上帝多么迅速地'感动'。就像诗歌中说的那样,谓上帝降格,即有身耳。"这是严氏在《析讲》中的解释。〔140〕

马若瑟引述了《析讲》里的一句话算是对后稷出生故事的解释做一个总结:"首言受孕之异,次言降生之异,次言见弃之异,以见其受命于天。"〔141〕

契和尧的神奇诞生

关于奇迹般地怀上契的故事,马若瑟的解释方法与他对后

261

稷故事采取的方法基本相同。首先，他概述了主要的既有解释，然后对汉字进行词源分析，接着给出他自己的解释。[142]

马若瑟先根据《史记》、郑玄[143]，以及谶纬之书[144]的版本，讲述了黑鸟或燕子坠落蛋的故事，然后，他引述了杨慎的驳斥观点——这句话被更早的李京在他的评论中引用过，且出现在纲鉴体著作里："夫卵不出蓐，燕不徙巢，何得云唧，即使唧而误坠，未必不碎（也），即使不碎，何至取而吞之哉。""愚以为即使吞之何遂生契。"[145]

262 然后，马若瑟讨论的对象是黑鸟："人们可以嘲笑司马迁笔下的燕子和蛋"，但《诗经》中也记载，"天命玄鸟，降而生商"，马若瑟说。"想把玄鸟当作一只燕子是很可笑的"。他对这个"误读"的解释是，这些所有的"预表"都是初春时孕育、冬天出生的，"因为原型就是这个这样的"。燕子每年春天都会回来，这就是为什么他们不怀疑玄鸟是一只燕子。为了反驳这种解释，马若瑟引述了明代学者赵宧光（1559—1625）编纂的字典《长笺》(拼作 tchang kien)[146]："《诗》之玄鸟当神物，与令社来之燕远甚。"[147]

在他下一步的论证中，马若瑟从词源学的角度来说明"玄"指的是"圣灵"，它以鸟的形式出现。他是通过《说文》中介绍的"玄"字的古文写法找来的理由，因为玄的古文字形是串起来的两个圆圈上下叠置，中间有点，一个圆就是"日字的古代写法。而太阳，就是火，就是圣灵的象征。"他通过引用《圣经》中的几句话来说明这一点，最后从中得出结论："把中间带点的圆圈符号做成两个，因为圣灵在外部显示自己的时候，将正义的太阳赋予肉体。圣灵是看不见的太阳；圣人、救世主是看得见的太阳，因为他被授予了光、被给予了肉体，就像披上

了一件衣服。"〔148〕

圣灵的概念也被应用到其他提到契的文本中，比如有一个托名孔子的说法是"尧命契为子氏"，即尧赐"子"姓给契，而马若瑟将这一点跟《圣经》中的句子联系起来："你是我的爱子"（《马尔谷福音》第1章第11节）。在他看来，这证明了"圣人是由圣灵孕育的"。而且，马若瑟认为"长发"（《诗》304篇）里面的"帝立子生商"（"主培养爱子，建立商朝"）这句话应该解释为："圣人是上帝，是天主的儿子，生自永恒。之所以加上'生商'二字，是因为圣人作为一个人诞生在地上的时代，他的预表就是商或契。"〔149〕

关于尧的神奇诞生，马若瑟其实并没有进入文本层面的讨论。〔150〕他只是阐述了关于尧的出生故事有几个不同版本，以及尧的其他奇异特征。马若瑟问"仁慈的读者"，这是否可以被称为历史？或者这是否与他先前描述的伏羲、神农等人的故事相同？关于尧的各种不同版本都取自《路史》的正文和注释部分，包括他的母亲庆都与一条龙的交合——龙向她显示出自己即将变幻成的男子样貌。〔151〕但他的结论仍然与其他解释者的类似："为了理解这一切，想象尧在这里以多种方式扮演了上帝的人格；他的名字足以说明这一点：希伯来人称真神为尧，狄奥多勒（Theodoret［of Cyrus］，约393—约457）和济利禄（Cyril［of Alexandria］，约376—444）已经证明过，神谕说：'愿他是你最伟大的神，他的名字叫尧。'（Maximus ille Deum tibi sit cui nomen Yao/Iaô）神谕中最后这句话指的是马克罗比乌斯（Macrobius，约370—?）在《农神节》（Saturnalia）里描述的克拉洛斯的阿波罗（Apollo of Claros）。"〔152〕

在关于中国上古史的历史评价问题上，马若瑟可能是索

263

隐派中最谨慎的一位，他避免明确发表意见。他关注的是中国古代文献里天主教义的遗迹，对后稷、契和尧的神奇出生情节所做的讨论构成了这个更宏观的系统论述的一部分。在文化间解释学的方面，马若瑟使用的是一种比较的方法。他不仅参引《圣经》中的内容，还与古希腊的元素进行了一些类比。对他来说，尤为重要的是比较中国的古老传统和欧洲关于神灵和英雄的寓言。这种类比使他能够将中国历史上"英雄"时代终结的时间点画在跟古希腊差不多的同一个时间点上。事实上，他建议人们用类似的方法来分析这两种文化里的英雄故事：为了找到上帝的遗迹，应该去掉在传统中累积起来的层层解读。在解释神奇生子记的时候，马若瑟使用的方法最重要的特点之一就是分析汉字，这是他从中国学者那里学到的一种利用词源的方法，但这种方法与天主教的解释交织在一起。这种词源方法通常先于他的文本分析，为此他使用并引述了大量的中文资料，其中包括《毛诗正义》和《路史》里面的传注疏义。这表示，他对中国文本间彼此引用或指涉的传统具备扎实的功底。虽然他将这些诗解释为没有父亲角色介入的奇异生子故事，这与郑玄提出的第一种中国的解释类型相一致，但这些文本内部或彼此之间存在着矛盾，而马若瑟是最公开地剖析这一点的作者之一。他一边揭露各种冲突的说法，一边还做着解释学方面的评论。在马若瑟看来，多种多样的解释应该引起一些谨慎：欧洲人不应该把他们自己在众多中国解释里做出的选择当作是"所有"中国学者的意见。马若瑟的著作体现出，他很清楚当时的中国人对经书持有哪些不同的态度，然后他从这些资料当中寻找内容来支持他自己的解释。马若瑟引述中文段落的时候，不仅剥离它们原有的语境，而且还根据他自己的神学思想，把它们与新的语境联系起来——在这个过程中，除了通过比较不同的注释、利用各种寓言来解读这些文本以外，使用字典这种方法帮助他实现了一系列的操作。〔153〕

4.2　历史派（"北京派"）

组成了"北京派"的那群耶稣会士最初都参加了一个朝廷委派的工程，即绘制整个中国的地图：冯秉正、雷孝思、巴多明和汤尚贤都参与其中。这项工作结束于1710年代末，之后他们就留在北京，并开始对中国历史展开深入研究。他们的研究原本就是对索隐派方法的一种替代——其实，索隐派的作者也到过北京，因为白晋曾设法将傅圣泽（1711至1720年间）和马若瑟（1714至1716年间）安排到北京。〔154〕另一位介于这两派之间的耶稣会士是殷弘绪，他曾担任法国驻华传教团在江西省住院的院长（1707至1719年间），随后他于1719年移居北京，成为法国耶稣会士住院的院长。他与索隐派展开过激烈的争论，对他们的理论提出异议。1720年，傅圣泽离开后，孙璋和宋君荣加入了北京派。他们所编撰的著作不再那么激烈地针对索隐派，而是更多地集中于向欧洲人描述和翻译中国的历史和纪年方法。几十年来，他们与巴黎的耶稣会士和金石与美文学院的成员保持着密切的通信联系。然而，他们的研究内容对欧洲造成的挑战并不小，因此他们的著作过了很长时间才得以出版。而且，这些出版物经常被删节或经过严格的编辑。在本节中，我们将首先讨论由汤尚贤编纂的文本，其中有对索隐派最激烈的批评；接下来，我们将研究冯秉正和雷孝思的翻译；最后，再来看宋君荣、巴多明、孙璋和钱德明这群新的北京派

265

所做的尝试。

4.2.1　汤尚贤（Vincent de Tartre）

汤尚贤（1669—1724）可能是对索隐派最严厉的批评者。他于 1701 年抵达中国。在各省辗转了几年后，他参与了上述绘制地图的工作。1718 年，他成为法国耶稣会在北京住院的院长。早在 1708 到 1709 年间，汤尚贤就写信批评白晋和马若瑟对中国经典的解释。他对二人思想的批评往往相当尖锐。[155] 汤尚贤给他们贴上醒目的标签——如"易经派"（写作"ykinistes"）等，以此来称呼他们。也正是从这一时期开始，这些标签逐渐固定下来。[156] 汤尚贤还被称为"里昂派"（Lyonnais）的领导者，与诸如傅圣泽等中华传教团的"巴黎派"相对立。汤尚贤赞成罗马公开谴责索隐派思想的做法。[157]

这里要讨论的文本是《评关于后稷的诗和其中所谓无法理解的奥秘》（"Animadversions-Sur l'ode de heou Tci et sur les mysteres incomprehensibles qu'on dit qu'elle contient"）[158]。这份手稿应该写在 1718 年之后。[159] 之前认为它的作者是殷弘绪[160]，但正如吴蕙仪的研究显示，它更有可能是汤尚贤所写，我在此处采用后者的观点。[161] 从内容上看，它的源头是一群耶稣会的历史派作者们在北京强烈批评索隐派的解释。该文的中心议题是解释后稷的神奇出生。在这份手稿中，引自中国文本的内容没有像以前的一些手稿那样被写在页边，而是被整合到了用法语写的正文当中。另一个文本间的特征是，作者不仅与欧洲传统和中国传统中的文献进行对话，而且还以同时代中国作者的观点为基础来反驳同时代的欧洲作者，特别是白晋和马若瑟。

有父亲角色介入的神奇事件

汤尚贤开篇简短地描述了帝喾和他四位妻子。帝喾被描述为中国第一位"一夫多妻"之人，原因是他的前三位妻子相继不孕。作者简要提到了这三个神迹般的事件，然后提出了该文的一个主要论点：尽管汤尚贤承认，关于"最后的三个孩子是否只是现实版的'上帝赐予的孩子'（Dieu-donnéz）这一奇迹，且帝喾没有参与他们的脱胎过程"这个问题，中国传统方面不乏各种各样的解释，但经过一番探索之后，他决定跟随"最合理的评论者"。汤尚贤所引用的这些评论者们一致认为，如果说帝喾不是通过奇迹成为那三个孩子的父亲，那么他就是像某些《圣经》人物那样成为父亲的。汤尚贤引用了三个例子——亚巴郎（Abraham）和撒辣（Sara）的孩子依撒格（Isaac），厄耳卡纳（Elkanah）和亚钠（Hannah）的孩子撒慕尔（Samuel），匝加利亚（Zacharias）和依撒伯尔（Elisabeth）的孩子施洗者若翰（John the Baptist）——他得出结论说："虽然他们的三个孩子是上帝赐予的（Dieu-donnéz）（a deo dati），但这只是通过奇迹治愈了父母的不孕不育，而且不是无人道。"〔162〕因此，汤尚贤选择了中国传统中第二种对神奇生子的解释：奇迹事件和父亲角色的介入相结合。

然而，唯一令人怀疑的是姜嫄，因为她在丈夫死后十个月才生下孩子。为了解释这个故事，汤尚贤首先大篇幅地引用了马若瑟文章的开头部分（提供了明确的出处），这相当于对姜嫄故事的各种解释做了一个相当好的"该领域研究现状"综述，前面在分析马若瑟的解释时也提到了这一点。〔163〕汤尚贤在他的结论中注意到，马若瑟"有点发火了"，因为马若瑟的解释是——帝喾是圣若瑟（St. Joseph）的预表，姜嫄是童贞圣母玛

267

利亚（St. Mary）的预表，而后稷是耶稣基督的预表。但某些引文其实与他这种解释背道而驰。[164]

为了反驳马若瑟勉强的解释，汤尚贤率先引用的第一部著作用他自己的话说——来自"松江一位著名无神论者[165]，他亵渎了我们信仰中不可言喻的奥秘，他认为只要说这些奥秘跟诗歌寓言一样，譬如跟《诗经》里的一首讲述后稷和契出生的诗歌一样，就足以好好地拒绝和嘲讽它们了"。汤尚贤引用这位"无神论者"的话说，"古史荒略载稷契有履迹吞卵之事，儒者深斥其非，今若无人道而生育，是必无之理也"[166]。汤尚贤的结论是："由此可见，在易经派看来是强有力的、有足够可信度、可以向中国人证明耶稣基督奥秘的主题，恰恰成了能据之与他们争论的武器。中国人不会采信易经派的那些观点，他们不相信这些，就像不相信自己书中最不可思议的寓言一样。"[167] 于是，汤尚贤为了反击索隐派的观点，甚至引用了几乎同时代的资料，而这些资料似乎主张生子记中有父亲角色的介入、没有奇迹的发生（即第三种解释类型）。

然而，汤尚贤也意识到，即使这种解释思路当中也有象征意义的存在，就像传统中国解释者表达过的那样。因此，"尽管最理智的评论者否定了这些神迹的真实性（……）他们仍然尊重它们，并在这些诗意的虚构中寻找一些美好的东西。周公和他那个时代的诗人就是通过这些诗意的虚构来美化（embellir）后稷和契的出生，毕竟后稷是周朝的第一代家长、契是商朝的第一代家长。但是《礼记》补充说，明智的评论者有责任拒绝把这些不羁的诗人虚构出来的东西归为有严格权威的经，历史学家有责任拒绝把它们作为历史事实纳入纲鉴"。对此，汤尚贤还引用了胡广《礼记大全》中的一段话，在其中，胡广拒绝了郑玄的解释：

> 郑注乃有堕卵吞孕之事，与《生民》诗注所言姜源履巨迹而生弃之事皆怪妄不经削之可也。[168]

由此看来，汤尚贤为了论证自己的观点也使用了中国史书——如纲鉴体的著作——里的解释，这些纲鉴类史书的作者清楚地意识到诗化的修饰方法，反对将它们视为历史事实。

汤尚贤得出的结论是："然而，这就是我们的易经派所做的，他们以先知的身份、通过讲述后稷的诗歌来宣告未来的耶稣基督，并警告中国人他真的已经带着福音来过了，而且这是在汉代第［十］三个皇帝在位期间发生在犹太地区的一个历史事实。"而且，汤尚贤说自己"不明白白晋神父是怎样在解释这首诗的时候发现了姜源是一位贞洁母亲，而后稷是道成肉身的上帝之子；但他能理解马若瑟神父的方法。不得不承认，没有什么比这更糟糕的了，他们引用的几乎所有中文段落里面所表达的真理真相都被篡改了，因为他们在拉丁文的版本中将不洁之意附加在那些中文段落上面"[169]。

汤尚贤这篇"评"（Animadversions）的主要内容是讨论马若瑟和白晋的"谬误"。可以看到，汤尚贤在反驳的过程中经常使用激烈言辞。这部分讨论涉及马若瑟和白晋解释中国古代文本的方法。在汤尚贤眼里，"易经派的解释在罗马和巴黎会令人钦佩，但在中国则让人发笑"[170]，"［马若瑟］扭曲中国文本"[171]，这些传教士的"想法是如此错误，如此缺乏常识"[172]，他们做的是"背离原文的解释"[173]，他们谈论古老的传统是为了"篡改它、使它转向错误的意义"[174]，汤尚贤还声称，"他显

269

然用一个背离原文的译本篡改了原文"[175]。

马若瑟的谬误

汤尚贤列举了马若瑟的七处错误的翻译，以此为例来讨论马若瑟的谬误，而且每次都会加入他自己的解释。[176]这些例子当中，有些讨论只是一笔带过，比如对于"閟宫"中的"上帝是依"一句，在汤尚贤看来这句话不应该像马若瑟那样翻译成"上帝依着姜嫄"，而是"姜嫄依着上帝"，"这意味着上帝是她的依靠"。[177]另一处更充分的讨论是关于"生民"中的"履帝武"。汤尚贤根据中国注疏作者的解释进行翻译，这些解释说姜嫄"踩到了上帝的一个脚印上"，这意味着"在祭祀过程中，她感觉受到启发，进入上帝为她开辟的奇迹之路，并且她有效地走上这条道路，带着坚定的信念走在神启的印迹上，直到她感到子宫格外地受到感动。这对她来说是一个信号，要么她是在自己祈祷的同一时刻受孕［就像叔能（Shunammite）的妇人听到厄里叟（Elisha）的声音之后所发生的事情[178]］，要么是她通过这种转化而处于某个状态，然后在第一次与丈夫帝喾结合时就受孕了"[179]。汤尚贤的观点是，受孕是奇异作用和人类结合这两种元素的共同结果。他对"歆"这个字的分析可以证明他选择了这个解释类型。此处，为了提供一个接近医学原理的解释，汤尚贤沿用了朱熹的方法："中国人的解释说，发生在姜嫄身上的兴奋和情感是由于她的脚踩在上帝的脚印上面，或多或少就好像人们解释说，育龄期的女人通常行夫妻之事后会短暂地颤抖，医生认为这就是妊娠开始的标志。"这里的"中国人的解释"指的是"姜嫄出祀郊禖，见大人迹而履其拇，遂歆歆然如有人道之感"。[180]汤尚贤的这种解释站在了马若瑟的对立面，因为马若瑟的解释是，姜嫄希望"她的誓言和祈祷能快快实现"。〔181〕汤尚贤也反驳了马若瑟提出的产后仍是贞女的说法。在汤尚贤看来，"不坼不副无菑无害"这句话与姜嫄的处子之身无关，无论是后稷出生之前或之后，都不是马若瑟解释的那样。他认为，这句话表达的是分娩过程的轻松顺利，就像羊"不费力、不痛苦"地把羔羊带到世界上来而已，正如朱熹的解释中所说，"姜嫄首生后稷如羊子之易，无坼副灾害之苦"。〔182〕

作为结论，汤尚贤引用了《析讲》对这首诗的总结——马若瑟引用的也是同一个出处的同一句话："首言受孕之异，次言降生之异，次言见弃之异，以见其受命于天。"〔183〕在汤尚贤眼中，马若瑟"显然用一个背离原文的译本篡改了原文"并以如下方式解释它："开头讲的是后稷被奇迹般地怀上，接着叙述了他出生的情节，让人目瞪口呆的程度一点不亚于任何东西，然后讲述了他如何被人民抛弃；所有这一切都是为了表明他是上帝派来的。"〔184〕汤尚贤基于同样的总结给出了"对这首诗真正的分析"。内容如下：

> 就是说，这首诗首先记述了后稷成胎的奇迹（在一个母亲的子宫里，她想怀孕却不得，而且无论在身体还是心灵上，绝对不是处子——"克祀以弗无子"〔185〕）。接下来讲述了他出生的奇迹（这位母亲没有经历正常的分娩痛苦，就像母羊轻松产下第一只小羊——"先生如达不坼不副"〔186〕）。最后，它描写了他出生后立即暴露在田野里、被遗弃的奇迹（被他的母亲抛弃——"或者以为不祥故弃之"〔187〕，但不是被上天抛弃，在他被抛弃的地方，上天将一位母亲的温柔赋予动物、鸟类和牧羊人，让他们来关

271

心保护这个孩子，直至他长大到足够照顾自己）。结论是，这三种神迹可以证明，上帝从此对周朝产生了偏爱，而后稷是周朝的首领，他注定了自己的子孙后代有一天要成为中国的帝王。以上是这首诗的真实分析。[188]

白晋的伪造

汤尚贤对马若瑟的批评非常尖锐，他对白晋也有类似的看法：

人们能看到，这位神父光就在这首诗中处处截断句子了，为的是把它们拼凑成一种狂热的自嗨。就像荷马的长篇诗（homerocentoes）和维吉尔的长篇诗（vergiliocentones），他们把荷马和维吉尔的部分诗句拿来编成耶稣基督的生活、他的热情，以及他的死亡；但他们这样做，就让这些句子传递出的意思跟原作完全不同。我不知道白晋神父如何以神秘的方式用寓言来诠释《诗经》中的同一首诗；但是，我发现马若瑟神父伪造了许多文本，以此类推，我们可以判断白晋神父又伪造了多少。此外，白晋神父为自己的解释选了一个标题，彰显出一个兴奋的人可以多么放肆，好似他都不是他自己了："解释《诗经》里一首具有预言性的诗，里面有一个独特的预表，在他之下清晰地、明确地、历史性地显现出救世主基督的化身，包括他的出生、童年、私人和公共生活、预言、热情、死亡，以及他为了所有的人民能获得救赎和永恒幸福所做出的牺牲。"[189]

汤尚贤在这里提出"一点建议给罗马和巴黎的修订者",建议内容涉及白晋对同一首"生民"诗的解释。总的来说,他认为,"白晋神父假装证明,所有这些显示在神圣的后稷身上的神迹都与耶稣基督单靠上帝的安排就能出自贞洁母亲的过程完全一致,但古代文人并不相信它",即"然巨迹之说先儒或颇疑之"[190]。值得注意的是,汤尚贤主要遵循的是朱熹的解释,胡广那部被视为正统汇编的《诗经大全》里面大量引用的也是朱熹。

例如,汤尚贤采用了朱熹的解释说,关于神奇生子记主人公的说法是周公后来发明的——"从后稷的时代再往后1262年",周公创制了一些说法,其中包括美化后稷的出生,尊他为周朝的"始祖"(primitive patriarch),并且纪念他,即"周公制礼,尊后稷以配天,故作此诗,以推本其始生之祥,明其受命于天,〔固有以异于常人也〕"。[191] 汤尚贤还参引了"閟宫"[192]和"玄鸟"[193]当中类似的段落,也认为是周公所作,他说:"人们相信英雄是真实的人,但没有义务相信所有那些美化他们的出生过程和人生经历的粉饰辞藻也一样真实。"为此,他又提到了前面引用过的一句话:"皆怪妄不经削之可也。"[194]

汤尚贤讨论的第二个点是,"也许在后稷出生之时,真的发生了一些接近奇迹的事实",比如,"他是由长期不育的母亲在受孕后十或十二个月才迟迟出生,而且是在他的父亲帝喾死后才出生"[195]。在他看来,"人们不应该由此推断他肯定是个私生子,因为在神圣历史和世俗历史上,有很多这种可以部分地解释为天意的事情发生在伟人出生的时刻。"汤尚贤还列举了《圣经》和欧洲背景中的例子:如《智慧篇》里面记载的撒罗满王(约公元前970—前931年)的出生情节[196],还有在维吉尔的《牧歌集》(*Ecloques*)中提到的，罗马执政官波利奥（Pollio，约公元前65—公元4年）出生的情节。[197]他也提到了朱熹的说法[198]和苏辙的说法[199]（朱熹也引用了苏辙这段话），并且由此强调，对于中国作者来说，这些杰出人物出生时候的天象也被认为是吉兆："上古中国的后稷、尧、契等人都生于天意，不管事实如此，还是看起来如此，或者人们以为如此。"汤尚贤由此得出的结论是：

> 我不想由此推断他们不是真正的人类，也不想推断说这些来自中国的书籍和学者（正是他们将这段历史不间断地、不歪曲地讲给我们）带给我们的纯粹是神话和预言，未来的耶稣基督是这些神话和预言唯一的归因对象，大洪水前的厄诺士（Enoch）是它们唯一的作者。这是白晋的结论，而我的结论恰恰相反。我们两个，谁说的对？要么按照白晋的说法，中国人三千年以来一直在欣然欺骗自己；要么按照我的观点，白晋神父准是在欺骗将来所有的中国人和欧洲人，有没有这种可能？"众人不能欺骗一人，一人也不能欺骗众人。"(neminem omnes fallunt, nemo omnes...)[200]

作为讨论的第三个主题，汤尚贤提到，"唯一一个可能更容易让人把后稷这个人与耶稣基督混淆起来的原因"，是人们在中国书籍中看到，他的母亲姜嫄"无人道也"（没有与人结合）。根据白晋（和马若瑟），这一点可以理解成姜嫄是"贞女母亲"。为了证明自己的解释，他们拿朱熹作为担保人，因为《诗经》并没有提到这一点。"上帝岂不宁乎？〔岂不康我之禋祀乎？］而使我无人道而徒然生是子也。"〔201〕汤尚贤继续他的批评，并且提到了福建的宗座代牧颜珰（Charles Maigrot, M.E.P., 1652—1730）："虔诚的朱熹啊——根据颜珰（科侬主教 Mr. de Conon）的说法，朱熹是中国无神论者的典范，他在自己的哲学著作《性理大全》中把上帝本身及其所有的神圣属性都降格为形而下的天堂的物质和形式！"汤尚贤指责白晋和颜珰，因为他们一方面批评朱熹说他败坏了关于真神及其神圣属性的思想，同时他们又在朱熹的基础上解释这些诗歌。汤尚贤"尽可能地远离那个颜珰所谓的无神论体系——不论是出于预谋还是无知，颜珰想要将这种无神论系统纳入中国的经书当中，而且由此招致了超过二十五年的麻烦，几乎使这一蓬勃发展的传教工作全盘毁灭。"汤尚贤自己显然不想在中国的经书中注入耶稣基督的概念："愿上帝保佑，我永远不会像白晋神父那样试图在这些中国的世俗经书中加入耶稣基督不可言说的奥秘，更不会使用朱熹和其他性理学家的注释来证明这些中国经书绝对且清晰地包含了《旧约》预言和《新约》圣事的细节。我也认为颜珰之流和白晋之流是新的异端……"〔202〕

在这段关于颜珰和白晋的"题外话"之后，汤尚贤回到了朱熹的说法，即受孕过程的发生无人道（不涉及与人的结合）。汤尚贤解释说，这句话应该放在朱熹和其他性理学家作者关于人类和宇宙的概念这个背景中来理解："没有两性的结合"，人也可以出生，因为他们由天地之气所生。汤尚贤指的是朱熹对"生民"的评论，其中提到了"天地之气"，他引用的是"无神论者"张载和苏辙的话。因此，"无人道"（即没有与丈夫结合）被这些作者解释为"盖天地之气生之也"，这对于汤尚贤来说与白晋所说的圣灵的个人行为完全不同，而白晋是则将圣灵的个人行为与这种天地之气相提并论。[203]

汤尚贤从这段讨论中得出了一个更普遍的结论：

哦，你们这些在罗马或巴黎的，你们是宽容的修订者，但也令我们作者头疼。当有人从中国寄给你们一小本关于福音工作的报告（brochée），它完全是用汉语文献里的文本碎片交织在一起的，你们怎么能分辨出这些引自世俗作者的文字碎片是否具有与那些超自然的奥秘相同的意义——我们的好神父们想方设法地让它们表现出这种意义。我承认，你们精通希腊文、希伯来文、叙利亚文、阿拉伯文、迦勒底文和其他的东方语言，但这一切对于理解朱熹和中国的性理学家们所说的"无人道"毫无帮助。[204]

然后，他总结说：

在中国的可怜传教士们，这是他们的不幸，他们不仅需要学习这种语言和文字，他们还被迫要教给遥远国度另一头的人［这种语言和文字］，也就是写信给我们非常神圣的教皇，给我们杰出的枢机主教的教会，给我们耶稣会的总会长和助理们，给欧洲科学院的所有学者。他们这样辛苦，为的是在受人尊敬的法庭上，当人们打算对极其混乱的中国学说作出评判的时候，至少不会在没有充分了解的情况下作出判断，或者仅仅根据其中一方像幻觉一样的阐述就作出判断，毕竟已经由此发生了太多不公正的评判。[205]

汤尚贤的文章显然是一种谴责，他的具体目标就是反驳索隐派对后稷诗歌的解释。在这里，对话本身不仅从中国文本转移到欧洲文本，而且还进入了一种欧洲文本之间的对话。从文化间的论证来看，汤尚贤的解释依赖的参考资料数量有限，主要是胡广收录的朱熹的解释。然而，他对朱熹解释的处理方式与索隐派不同，而且往往相反。例如，他从朱熹评论中挑出来的一句话是"先儒或颇疑之"，用以说明古代的文人并不相信贞女通过踩到巨大足迹就可以生子。汤尚贤并不排除当这些母亲怀上孩子的时候，也发生了某种神奇元素（上帝的作用），但这种奇迹元素是与父亲角色的介入联系在一起的。通过与《圣经》和古罗马诗文里的故事作类比，汤尚贤用朱熹的解释提出一种观点，即超凡伟人的出生往往伴随着某种真实的、看起来像是、或者人们自以为的天意或天象。在这个意义上，他倾向于中国的第二种解释类型，即把自然受孕跟神奇力量的干预结合起来。但是，汤尚贤拒绝将神奇生子记当中的孩子们解释为耶稣基督，也拒绝将那几位母亲解释为圣母玛利亚。值得注意的是他的论证方法，他选择了被索隐派和欧洲人拒绝的"无神论者"作为一种权威，来支持自己的论证。他引用了"松江的无神论者"，为的是突出索隐派和中国人之间的冲突，即中国人不相信这些故事，而索隐派的作者却相信它们。最后，他认为，"无人道"在汉语的语境中应该根据"无神论者"朱熹在人类和宇宙方面的"天地之气"的理论来解释。因此，基于"性理学家"他们自己的理论，汤尚贤想向欧洲读者表明，这些文本包含的意义不仅异于索隐派的解释，而且也不同于欧洲人对这些文本的期待。这是一个反向交织的案例，在这里，通常被传教士拒绝的那条文本线（即新儒家的解释）反而被用来拒绝新的解释（即白晋和马若瑟的解释）。

276

4.2.2 冯秉正（Joseph de Mailla）和雷孝思（Jean-Baptiste Régis）

冯秉正是北京派当中公认的最为博学的耶稣会历史学家。他于 1703 年抵达中国，并在这里度过了四十五年的时间。参与了绘制地图的工程之后他就留在北京，将大部分的时间用于研究历史。虽然已经有卫匡国和柏应理分别编纂的中国通史和纪年著作，冯秉正还是开始了一个新的项目，而且最初是从满文版的中国历史着手。这就有了大部头的《中国通史》（*Histoire générale de la Chine*）的诞生。正如本书绪论中提到过，它仍然是由欧洲作者个人编撰的最全面的中国历史。虽然冯秉正主要因这部作品而闻名，但其实他还用汉语写了好几部用于礼仪、行操方面的书，旨在帮助祈祷、冥想和礼拜。[206]

对中国历史的看法

作为耶稣会士中"历史派"的一员，冯秉正对中国历史的看法显然有别于索隐派。他的观点跟其他一些事一起写在一封讨论纪年方法的信中，这封信是寄给苏熙业的。在华耶稣会士写下了许多关于中国历史和纪年方法的报告，苏熙业就是这些报告的收信人，他是耶稣会士，也是路易大帝学院（College Louis-le-Grand）的教授和图书管理员。在这封信中，冯秉正对一个关于纪年方法的问题做出了回应："这个问题对欧洲有很大的影响，因为武加大本和七十士译本之间存在巨大差异。"他批评了站在反对方的人——主要是索隐派作者们，因为冯秉正认为，他们在研究中国纪年方法和历史的时候，不应该建立一个"系统"（système），而是应该只遵循"事实"。"信仰和对真理的热爱也不允许他们去沾染"这个真理。[207] 他对索隐派的批评之一是，他们没有考虑到文本本身。他们不满足于巧妙地写下他们在文本中发现的东西而不添加任何自己的想法，"（……）他们竟然想要创造出一种系统——他们缩短、改变、换位，并破坏了中国人的历史和纪年，好让他们最厉害的学者也辨认不出任何东西。他们的目标是，提出一种虔诚的思想或者我们欧洲的一种纪年。对于他们在中国书籍中发现的所有东西——无论多么荒谬或被中国人否定，只要对他们创造的系统有一星半点的价值，都成了他们精心保存的珍宝，手握那些东西，他们就得到了一种权利，可以推翻一切，混淆一切"[208]。冯秉正简洁地说明了他自己的方法："至于我，我没有去寻找奥秘；我想看看中国人是怎么想、怎么说的——独立于任何系统之外，我想看看他们的历史是怎么写的，他们的作者是谁，他们如何评价自己的历史，那些历史又是以什么方式拼接在一起的……"[209]冯秉正对他自己的方法以及他与别人的差异有清晰的认知。通过坚持事实而不是系统（即坚持追求史实而不是信仰或意识形态），他采用的方法接近于科学的历史研究方法。

　　冯秉正对中国的历史学家有很高的评价，这一点在本书的绪论中已经提到。冯秉正称赞他们"如实记述历史"、"唯一的愿望便是讲出事实"："对于这些历史学家来说，热爱事实真相是一种不容侵犯的责任，以至于我好几次看到他们宁愿付出生命的代价也不愿（在编纂史书的过程中）歪曲事实。"[210]这并不是说冯秉正认为所有的历史论著都在同一个水平上。本书第二章中提过，冯秉正在写给弗雷烈的信中说，他"同中国人一道"，将这些史书分为三类。第一类是公认的具有无可辩驳权威性的著作：它们基本上就是经书。在冯秉正的眼里，这些经书享有很高的权威，甚至没人胆敢"更改一字，或质疑其真实

278

性"。第二类著作属于历史和纪年的范畴，主要是断代史和通史作品。第三类著作由单个作者完成，他们靠自己手头的文献和资源来完成编纂。冯秉正列举了自汉代到明代的十八位私人著史的作者。最后，冯秉正还拎出了"神话历史，它们是由哲学家老子一派的学者所作，刚好到了汉代，人们开始重新建立中国的信史"。这类作品中最负盛名的就是罗泌的《路史》，它常常受到索隐派的青睐，冯秉正用了好几页的篇幅做批评性解释。[211]冯秉正的著作反映出他对各种历史资料的偏爱：一方面，他选择了经官方认证的满文版中国历史作为基础，这本身就与纲鉴类著作有关；另一方面，他认为有必要引用其他主要的中国史书作为权威资料，来扩展他的写作。

一位帝王的传记

对本书的主题来说重要的是，冯秉正认为三皇五帝以及夏、商、周这三代的历史是真实的，这其实意味着冯秉正还根据欧洲的历法增加了相应的日期（从公元前2953年的伏羲开始）。因此，冯秉正为帝喾写了整整一章的内容。根据他的计算，帝喾在位七十年（刊印版著作中写的是从公元前2436至公元前2366年，但手稿版本写的是公元前2424至公元前2354年）。冯秉正对帝喾的描述基本上来自纲鉴类的著作，他说帝喾因其敏锐的洞察力，早在十五岁时就被选为辅助颛顼帝治国的人。帝喾在位时，对待人民审慎而明智；他有威严，事无巨细皆可察，而且十分公正；他是所有臣民爱戴、钦佩和敬仰的对象；他对上帝和神灵都很恭敬；上天保佑他，但凡太阳和月亮的光芒照到的地方，大家都跟随着他。冯秉正用富有表现力的书写方式刻画出帝喾的这些特征，他有时还用一整段的篇幅去展开对某个特征的描写。其中，大部分的内容都符合《史记》的叙述，纲鉴类著作引自《史记》的也是这些内容。冯秉正也指出，帝喾被认为是第一位建立"公共学堂"的帝王，他还为这些学校配备了"技艺高超的老师来教导年轻人、提高他们的德行"，这句话可能在转述"抚教万民而利诲之"（原出处是《史记》，经常被引用在纲鉴类著作里），这一句的汉语原文出现在好几位历史派耶稣会士的著作中。[212] 冯秉正继续写道，帝喾下令在器乐中加入声歌，而且他把这个任务交给了一名叫咸黑的人。他在位七十年，逝于大名府清丰县，享年 105 岁，葬于顿丘。[213]

接下来，冯秉正将注意力转移到帝喾的众妃身上。他首先讲述了帝喾是如何与她们一个接一个地成婚，总共四位，因为她们刚好一个个的都不能生育。[214] 直到第四位妻子为他生下挚，则挚将成为帝喾的继任者，于是其他三位非常嫉妒，她们转而依靠上帝：

> 三位帝妃怀揣嫉妒却难以言表，但最后她们转而依靠上帝，则三人都怀孕了；她们为帝喾生了三个儿子，其中第一个是著名的尧，是帝妃庆都在她子宫里怀胎十四个月所生；第二个是契，他是帝妃简狄的儿子，属于王位谱系上的一支、商朝的创立者，成汤就是他的后裔；第三个是在帝喾去世之后十个月才来到这个世上的，他就是著名的后稷，帝妃姜嫄的儿子，他创立了周朝，他的后代也受到册封。[215]

由此看来，刊印版的内容几乎没有关注这些出生故事里的神奇之处。有一句没有刊出、但写在手稿中的句子甚至强调了这一系列事件中人性的一面："三位帝妃怀揣嫉妒却难以言表；

可能她们已经试过了一切可能的人为补救措施，但最后，发现这一切都于事无补，她们转而依靠上帝……"[216]

诗人虚构的细节

280 　　在关于帝喾的这一章里面，随后的内容专门讨论了这些出生故事里的神奇之处。由此可见冯秉正对文本批评和解释学的兴趣。[217] 首先，冯秉正认为，我们听到与这三个孩子的出生相伴随的奇迹，也听到建立辽、金、元、明、清等朝代的第一位开国皇帝的出生故事里表现出来的天意，人们不应该对前者感到更加震惊。冯秉正在他的描述中使用的字眼是诸如"神奇的、不可思议的"(le merveilleux qui paroît dans la conception de ces trois enfans; les choses merveilleuses qui arrivèrent ...)、"天选之人、天意之选"(les prodiges arrivés à la conception; les prodiges que le Chang-ti fit)、"非凡的、超凡的"(ce qu'il y eut d'extraordinaire dans la conception)或"惊奇的、震惊的"(ce qu'il y eut de surprenant dans sa naissance)和"特殊的、特别的"(d'une manière spéciale)。有一处手稿中的用词是"奇迹般的"(d'une maniere miraculeuse)，但在刊印版中被改成了"神奇的"(ils repandirent du merveilleux sur sa naissance)。[218] 冯秉正主要的解释思路是，这些事件的讲述方式是诗人的表达。因此，他认为应该遵循郑志（此人的姓名写法存疑）的警告，他引用了郑玄在给《礼记》作的注当中涉及姜嫄受孕部分的说法："明智的批评家不应该根据诗人的虚构而舍弃 [刊印版：攻击] 经书的权威性和我们众多历史 [刊印版：一段历史] 的真实性。"[219] "虚构"在这里指的是写作体裁的特征。

281 　　冯秉正觉得，"閟宫"和"生民"是诗人为维护姜嫄的清白而作，他们担心她会因为在帝喾去世十个月后生下后稷而被指控通奸，也担心她会因为把后稷遗弃在田野里而受到指责。接下来，冯秉正对这些诗做了意译，他在翻译过程中选择了中国人的第二种解释类型，即把神奇的事件（神圣力量的干预）跟父亲角色的介入结合起来。[220]"如果有人想知道这件事是如何发生的，它基本上是这样的：姜嫄为自己无法生育这件事已经绝望了，她不停地祈求上帝把自己从这种可耻的不孕不育症当中解救出来。最后，经过许多次的发愿和祈祷，在一次祭祀的时候——她的献祭比一般人要热切得多，她将自己的脚踩在了上帝的脚印上，她坚信上帝会满足她的祈愿，然后她感到一阵超凡的动静就立即明白，她的愿望终于实现了。"姜嫄遗弃孩子，令其与牛羊为伍这件事，是为了试着逃避指控——因为她在"孩子的父亲"帝喾去世后十个月才生下孩子，因此可能被指控做过可耻的行为，而"她深信自己的清白"。[221]冯秉正总结道，如果按照《诗经》的一种解释，周公在"生民"一篇中所要表达的可以归纳为四点："第一，为了揭示后稷的成胎过程中的超凡之处；第二，为了突出他出生之时的惊奇所在；第三，为了详细叙述他的母亲姜嫄抛弃他之后发生的不可思议之事；第四，为了将文王和武王获取王位的缘由追溯到因上帝偏爱他家的先祖后稷而完成的天意；这是一个明显的迹象，表示他以一种特殊的方式保护了她。"[222]这其实是转述了《析讲》中的解释，马若瑟和汤尚贤也曾引用过《析讲》中相应的内容。这里的解释（包括重新表述结论）与汤尚贤的类似，即"首言受孕之异，次言降生之异，次言见弃之异，以见其受命于天"。

冯秉正也对简狄生子的故事做了类似的解释，将其归结为诗人虚构的细节：

《诗经》——或者说商代的诗人们——不遗余力地赞美他们的先祖契。他们宣传与契的出生有关的神奇东西（奇迹般地成胎），他们说简狄在向上帝献祭的时候吞下了一只燕子的蛋，然后怀上了契。他们把成汤的崛起归功于契的美德——成汤是契的后代当中的一个，是商朝的创立者。这样一来，就有利于将帝喾和他的后代与伟大的黄帝的荣光联系在一起，帝喾本人也是黄帝的后裔。因此，这个王朝被他的家族统治持续了近 1600 年，这是前所未有的。[223]

在这两个例子里，冯秉正都采用了中国传统的第二种文本解释类型，他的解释是，因为向上帝祈祷才发生了神奇事件，使得不孕不育的症状消失，同时还有父亲角色的介入。关于神奇的元素，他把注意力从神奇事件本身（如：踩到上帝的脚印，吃下燕子的蛋）转移到另一件事情上，即母亲们的祈祷被上帝听到。诗人们做这种虚构，是为了把后稷和契跟周朝和商朝的先祖联系起来。

更多的虚构

非常类似的解释也出现在雷孝思手稿版的《中华帝国史》里面，这是部关于中国纪年的部著作，日后刊印的只是一个非常简略的翻译版本。雷孝思是康熙皇帝绘制地图项目的主要人物之一。他也留居北京，在那里，他把时间投入研究和翻译中。他翻译了《易经》，并且在翻译过程中大量使用了冯秉正和汤尚贤之前做过的一些文献工作。他在中国纪年方法这个方面的成果则鲜为人知。[224]

本书第二章提过，《中华帝国史》从一个比较的角度呈现了不同的纪年，它把神圣历史、中国历史和世俗历史的纪年一起梳理了一遍。帝喾的出生日期是公元前 2435 年，雷孝思把这个时间放在一个普世性的背景中，则与它接近的是亚巴郎（Abraham）出生的日期，即公元前 2406 年——也就是"大洪水之后 1232 年、创世之后 3494 年"。他对帝喾所作的描述较短，但与冯秉正的版本类似。可以想象，雷孝思在关于中国纪年的主要文献方面得到了冯秉正的一些帮助。他们二人事业发展的轨迹彼此平行，因为他们都是先参加了绘制地图的项目，然后一起留居北京的。虽然雷孝思的解释更简洁，但在诗人的角色这个问题上，他与冯秉正的观点相似，甚至倾向于神奇生子记的第三种解释，即认为这纯粹是人类的结合，没有神奇的干预。他没有具体说明围绕着后稷的出生情节有怎样的神奇因素，而是完全归结于"当时的诗人"一番自由发挥。"当时的诗人"（指《诗经》）用这些说法作为一种解释，为的是将周朝的起源追溯到后稷：

> 帝喾先是娶了有邰氏的女儿姜嫄，她为他生下一个儿子，但这个儿子是在他去世几乎十个月之后才生的，名叫后稷。当第三个也是非常著名的周王朝将其起源追溯到后稷时，那时的诗人就编造出许多东西，为的是让一位多年不孕不育的帝妃的这趟不寻常的分娩显得更加神奇 [mirabiliorem]。这些现在仍然可以在古老的、收集着诗歌的经书（《诗经》）当中读到。同时，为了得到后嗣，帝喾又娶了第二位，她是陈锋氏的女儿，名叫庆都。过了几年后，又娶了第三位，是有娀氏的女儿，名叫简狄。因为这两位都没有生儿子，所以他又娶了第四位妻子，出自娵訾氏的常仪，同年她生了一个儿子，就是帝挚，帝喾非常高

兴，便指定挚为继承人。虽然当时第二位妻子庆都也生了一个儿子尧唐，稍后第三位［妻子］简狄也生了一个儿子契，也就是第二个王族商朝的始祖，但是，帝喾说，不允许任何人从第四任帝后常仪那里夺走她儿子的荣誉。〔225〕

此外，尧的出生被解释为神灵和父亲角色的介入二者相结合的结果，这是中国的第二种解释类型。在雷孝思看来，即使向上帝做祈祷，怀胎十四个月这一点也是诗人们的想象力虚构出来的。

> 帝王的第二位帝后庆都，通过向至高无上的帝王（上帝）祈祷和发愿，在受孕后第十四个月（如诗人所言）生下了儿子尧。在中国［尧］甚至被说成具备超过所有君王或领袖的、令人钦佩的天赋和美德。〔226〕

冯秉正和雷孝思所写的不是关于这些神奇生子记的论文，而是历史和纪年方面的著作——他们将帝喾视为一个历史人物。他们使用的资料主要是（各种）史书，而不是对经书所做的传注疏义。这种隐性的文本互现随后被交织在一个更大的历史叙事当中。这两部历史方面的著作也包括对于神奇生子记直接或间接的讨论。从文化间解释学的角度来看，他们采用了不同的论证方式。冯秉正首先以历史类比为基础，举例说中国其他朝代的开国君主，他们的出生也通常伴随着神奇的事件——冯秉正没有用中国以外的统治者来举例。他为神奇生子记选择了有父亲角色的介入这种解释，并且把其中的神奇元素主要归结于上帝对祈祷的回应。他将天意本身归功于"诗人"，因为他们想要通过这种方式来强调后稷和契是周朝和商朝的先祖——在中国作者当中也可以找到这种观点。不过，在冯秉正看来，即使神奇事件是"虚构"，也不应因此质疑"经书的权威性"和"历史的真实性"，这是冯秉正看待中国历史的主要观点。这一原则来自郑玄，但郑玄其实赞成将这些故事解释为没有父亲角色介入的神奇生子记。在雷孝思的著作中，帝喾的传记与《圣经》的、埃及的和迦勒底的传记交织在一起，形成一种比较纪年的视角。神奇生子的情节只是其中的边角料，受到的关注微不足道。这些事件基本上被认为是诗人编造的。

4.2.3　宋君荣（Antoine Gaubil）、巴多明（Dominique Parrenin）、孙璋（Alexandre de La Charme）、钱德明（Joseph-Marie Amiot）

这本书要讨论的最后一位历史派作者是宋君荣，他也被现代的历史学家如谢和耐（Jacques Gernet，1921—2018）、戴密微（Paul Demiéville，1894—1979）和李约瑟（Joseph Needham，1900—1995）等人称为最重要的人物。[227]宋君荣比前面讨论过的耶稣会士们要晚一代，因为他1722年才到的中国。抵达广州之后，他立即前往北京，在那里住了至少三十五年，直到1759年去世。作为传教士、历史学家、翻译家和地理学家，他与巴黎、伦敦和圣彼得堡各个科学院的学者们保持着通信联系。也是从这些联络中，宋君荣获得了很高的声誉。

宋君荣并没有专门就帝喾的众妃们或神奇生子的情节写过一篇文章，但是，从他关于纪年方法的著作和信件中可以推断出他对这个问题的看法。而且，我们可以将宋君荣的这些文字与他同侪所写的一些文本联系起来看——特别是巴多明、孙璋和钱德明所写的作品，宋君荣与他们对待历史学的研究方法类似。巴多明属于较早的一代，1698 年就抵达中国了。他在北京生活了四十年，其中近二十年是与宋君荣一起工作的。孙璋抵达中国的时间比宋君荣晚六年，也在北京生活了四十年。他翻译的《诗经》直到十九世纪才出版，而他翻译的《礼记》一直停留在手稿阶段。〔228〕毕诺认为这些耶稣会士中的大多数人都属于同一个北京派，而且宋君荣支持、欣赏或修订过他们的一些文本。〔229〕此外，下文还将提到钱德明。他于 1750 年到达中国（与宋君荣一起工作了九年），在北京生活了四十三年之后于 1793 年去世。与宋君荣一样，钱德明与圣彼得堡、伦敦，尤其是巴黎的科学院成员保持通信联系。钱德明在两篇与中国上古史有关的论文中经常提到宋君荣的言论早些时候在欧洲引发过一些讨论，他大体上都在为宋君荣做辩护。

历史叙述

历史派耶稣会士的成果明显地体现在巴多明、孙璋、宋君荣，以及钱德明所写的作品里，因为他们每个人都写了一份关于（上古）中国历史和纪年方面的报告。分析他们的作品时，不仅需要看他们写了关于帝喾的哪些内容，以及他们依据的信息来源是哪些经典著作，而且还要注意他们没有写的是哪些内容。前三位作者似乎都没有提及发生在帝喾众妃身上的神奇受孕。造成这个结果的部分原因是他们使用的参考资料。

这里要讨论的三部作品当中，第一部也是最古老的一部是由巴多明所作。本书第二章已经提过，他的《中国初史直译，自伏羲至尧》完成于 1730 年 8 月 12 日的北京，全文直译——没有总结或转述——的是南轩的《资治通鉴纲目前编》（1595年）开篇的内容（基于满文和汉文的版本）。杜赫德使用了这个文本来准备他的《中华帝国全志》，但在这里，我们只参考原手稿的版本。宋君荣对这个译本的评价很高。事实上，宋君荣自己也曾将这段从伏羲到尧的历史翻译成法文，"因为这一时期对中国历史非常重要"，但他更喜欢巴多明的译本，并且认为它比冯秉正的手稿里面对同一时期的叙述要好得多。[230]巴多明的译本所包含的关于帝妃的信息是非常事实性的陈述：

> 帝王从他的第一位妻子姜嫄那里得到了一个儿子名叫弃，舜帝封他为后稷［掌管农事］，他的后裔是为周朝。他从第二位妻子简狄那里得到了一个儿子名叫契，舜帝封他为司徒［掌管教育］，他的后裔是为商朝。他从第三位妻子庆都那里得到了一个儿子名叫尧，就是尧唐。从第四位妻子常仪那里，他得到了一个儿子名叫挚，挚接替了他的位置；他还有两个无能的儿子：阏伯和实沈。[231]

287

这些信息属于一篇篇幅更长的帝喾传记。它与南轩的原文相对应，而且不包括关于神奇生子的情节。为了在满汉两种文本的基础上传递出自己的历史解释，巴多明选择了近乎是逐字翻译的方法来完成这一带有强烈文本互现色彩的叙述。

大约四十年后，钱德明同样以南轩的著作为基础，写成了《中华帝国简史》，显然，钱德明不知道巴多明已经翻译了南轩著作的一部分。与他同时代的欧洲也有许多关于古希腊、古埃及或古巴比伦历史的著作，跟他们一样，钱德明在为自己的简史所写的初探当中解释说，大多数历史的起源都充满了寓言故事，但在神话时代结束之后，就是历史的、确定的时代。在他看来，中国的史实可以追溯到公元前3000年，因此，大洪水应该提前几个世纪发生，这样人们就可以繁衍、流动、建造城市和创立王国。钱德明以七十士本的纪年作为参考：即使接受黄帝之前已经有过十位中国君王这个说法，伏羲建立中华帝国的时间仍然可以固定在大洪水之后第 254 年，即公元前 3462 年，也就是说，黄帝的 61 年可以确定为公元前 2637 年。[232] 帝喾在位时间对应着公元前 2435 到 2367 年，因此也属于历史时期。关于帝喾的描述出现在这部著作的"第三部分：自黄帝六十一年起的历史时期或有证据的时代"。这个部分包括一张中国历史纪年表，关于帝喾的相对较长的一段文字就出现在这里，它相当忠实地翻译了南轩的文本。[233] 虽然钱德明没有在排版方面区分正文和注释，但他明确提到了哪些是注释，包括南轩的文本所使用的参考资料出处。字里行间有时加入一些额外的信息，通常是为欧洲读者准备的。[234] 文中提到了四位帝妃和他们的孩子，但与南轩的文本一致，没有提及神奇生子的情节，关于后稷的唯一描述是一句非常笼统的话："他的出生和教育不是按普通人的方式进行的。"[235] 于是，钱德明选择了一种与巴多明非常相似的方法。这一点也可以通过《中国名人画像》（"Portraits des Chinois célèbres"）中关于帝喾的一段简短文字得到证实——《中国名人画像》是 1771 年由钱德明编写的[236]，其中包含了一些简短的传记，并附有包括帝王在内的知名人士的插图。[237] 帝喾的传记部分出现了四位帝妃，但没有提到神奇生子的故事，只是简短地提到关于姜嫄的一些事实信息，即她在一段时间的不孕不育之后，要求帝王与她一起向上天献祭，而她在献祭之后就怀孕了。[238]

与宋君荣有关的另一部作品是孙璋的《中国历史简编》。这部著作是宋君荣 1741 年 9 月 11 日核准的，他当日表示，"这部作品非常适合了解和尊重中国"〔239〕。他还承认,自己曾帮助孙璋来完成这部作品。〔240〕《中国历史简编》实际上是翻译了薛应旂的《甲子会纪》(1558年)。《甲子会纪》是宋君荣很关注的一部作品,它以黄帝八年作为第一轮甲子的开始重构了干支循环的周期。孙璋这部著作中关于帝喾的段落非常短,与《甲子会纪》里面相应的段落一样,完全没有提到帝妃或神奇生子的情节:

己丑
高辛一 (以木德王) 都于亳 (命咸黑典乐为声歌,命曰九招)
戊戌
高辛崩年百五岁,子挚立,荒淫无度,诸侯废之,尊尧为天子,自此至癸卯皆挚在位,仍以高辛纪年。〔241〕

289

公元前2432年是帝喾元年。[……]他的宫廷在亳国;[……]他在位第七十年时去世,享年105岁。他的儿子挚继位,但这位新帝沉溺于酒色,帝国的诸侯废黜了他,让尧登上王位。挚在位仅五年,他们就夺走了帝国的统治权。历史上并没有将这五年的时间归于他的名下,有一种记载将这五年也算作帝喾的统治。〔242〕

与巴多明的译本类似,孙璋的翻译通过严格忠于原文来传达他的解读。孙璋的其他研究很少涉及中国文本之间互相引用的传统。作为《诗经》的译者,孙璋当然知道"生民""閟宫"和"玄鸟"等诗歌中的神奇故事。他在翻译这些诗的时候,把神奇的方面尽可能地淡化。比如关于姜嫄，她在"万物之主"留下的带有大脚趾的脚印上祈祷和献祭，然后就怀孕了。再如简狄，是玄鸟自己下来了。在一则注释中，孙璋对"神话"（fabula）进行了解释：帝喾的孙子——人们没有说出他的名字——娶了那个名叫简狄的女人，她吃了一只在祭祀过程中飞下来的燕子的蛋，于是得到了孩子。[243]

最后，宋君荣在自己的写作中提到了帝喾。宋君荣没有就最上古时期的历史专门写一篇论文。他的主要兴趣是纪年方法，他为此写了一篇详尽的研究文章，题为《中国纪年方法》。早在1724年，他就关于这一主题写了一份初步的报告，随后又写了各种其他的报告，这些研究成果最终完结在一份1749年寄往欧洲的文稿中，但直到1814年才刊印出来。这篇论文分为三个部分。第一部分是概述从伏羲到公元前206年的中国上古史（1—71页）。本书第二章分析过这部著作，它摘编的内容应该是基于一部著名的纲鉴类史书，即钟惺的《鼎镌钟伯敬订正资治纲鉴正史大全》。这里对帝喾的描述非常简短，而且只是事实说明性的。宋君荣将帝喾在位的第一年认定为公元前2436年。如果宋君荣的确使用了钟惺的作品，他明显缩短了原文本，被删除的内容里包括了关于帝喾众妃神奇生子的段落：

> 帝喾，或高辛
>
> 帝喾，少昊的孙子，乙酉年（公元前2436年）接替了颛顼的位置。他的宫廷在河南。他的治下一片安宁辉煌。他在位七十年，他的儿子挚继位。挚在自己执政的第九年被废黜了。他只关心自己的享乐。他的弟弟尧登上了王位。[244]

　　宋君荣在有关纪年方法的讨论中也零星地提到了帝喾。讨论纪年方法时，他引用了大量的资料，这部著作的第二个部分是关于这个主题最好的概述，也充分显示出宋君荣对有关纪年方法的汉文和满文资料都了解得极其透彻。宋君荣的信中也曾提到帝喾，例如，在他 1737 年 5 月 8 日写给弗雷烈的一封信中就有一段关于沈约版《竹书纪年》的长篇大论，并且说其中"记载了帝喾的在位时间是六十三年"。[245] 宋君荣的讨论是很严谨的，除了引用其他作者之外，宋君荣还引用了一行（即张燧，683—727）的文字，这是他最喜爱的天文学家之一。但宋君荣不像冯秉正那么反对将《竹书纪年》视为一部有价值的参考资料。他在写给弗雷烈的另一封信中解释了这一点，他提到，《竹书纪年》已经被另一个"无可辩驳的"权威所采用，即王之枢（1685 年进士）担任主编、康熙皇帝于 1715 年下令刊印的《（御定）历代纪事年表》（100 卷），这部作品在计算年份、皇帝的在位时间和其他用于纪年的时间点这些问题上参考了《竹书纪年》。宋君荣指出，这是一本非常珍稀的书，甚至连巴多明也从没得到过，他自己是"用欧洲的礼物换来的"。"这部纪事年表开始于黄帝六十一年，沿用了《通鉴纲目》的说法；对于尧之前的帝王，它没有提到任何其他信息，只提到了帝喾、颛顼、少昊和黄帝的年份；它从尧的第一年开始讲述历史的进程。"[246] 另一本推荐给弗雷烈的"好书"是司马光的《稽古录》（约 1070年）："它从伏羲开始，然后是神农、黄帝、少昊、颛顼、帝喾、尧、舜，等等。"[247] 这些例子表明，在确定早期纪年的时候，帝喾也位列其他上古帝王之中，而且在这个主题下，宋君荣没有考虑神奇生子的故事。

291

　　北京的历史派作者们使用的上述参考资料有一些共同特点。

首先，与索隐派不同的是，他们认为从伏羲开始（钱德明的书中认为是黄帝）的上古历史通常是真实的历史。这一点反映在好几个地方，其中一个证明是孙璋、宋君荣和钱德明他们能够将一个帝王即位的时间转换成欧洲日历上的一个日期。其次，也是对我们的主题很重要的一点，这些作者认为不值得提及那些神奇生子的故事。他们使用了没有提及这些故事的中国文献，或者像宋君荣那样，即使中国资料提到了，他也剔除相应的内容。[248]此外，这些作者所依据的纲鉴类著作也对这些出生记采取了批判的态度。事实上，这些历史派的作者无疑选择了中国传统中有关这些文本的第三种解释类型：有父亲角色的介入、无神奇因素的干预。最后，在这些文本中，作者们并没有与索隐派或提到这些神奇生子记的中国资料（如《诗经》）展开讨论，他们干脆忽略了这些内容。

反驳索隐派

上面提到的著作中没有辩论，并不意味着宋君荣对索隐派没有批判意见。他在几封信中针对白晋、马若瑟和傅圣泽等人的解释表达了自己的看法。就像冯秉正一样，宋君荣称他们的解释为"系统"（systèmes）——这个系统将中国历史上或传说中的人物与《圣经》中的人物联系起来。总的来看，宋君荣对索隐派的解释采取了温和的立场。例如，在他看来，"我们不能否认道成肉身和三位一体的痕迹依然清晰，至少跟教父们在罗马人、高卢人、希腊人、印度人、埃及人等当中发现的一样清晰"。然而，但凡暗示中国经书是受神启的，但凡像索隐派那样否认上古历史的那些解释，宋君荣都坚决反对：

在我看来，这些痕迹根本不能从经书是受神启的这种

292

原则中推导出来；这个命题在我看来是站不住脚的，所有的纪年和历史的规则都证明夏、商、周三代的帝王是真实存在的人；毋庸置疑，他们的历史中也包含神话。他们的纪年总体上是确定的，虽然年份的切分不那么确定，但这从来不能作为一个理由去否认一个民族的历史的真实性。人们不知道如何在《圣经》里断定审判的时间，而且，切分从亚巴郎到大洪水之间的时间也有困难。在罗马和希腊的历史中，有一些神话甚至比中国历史中记载的更为荒唐。〔249〕

几年后，宋君荣在写给弗雷烈的信中表达了类似的观点——费雷烈因发明了"索隐派"这个叫法而闻名，宋君荣经常与他通信。宋君荣还在这封信中指出，如果有人传播索隐派的观点，宣称上古帝王和朝代是"虚幻"的，可能会危及中国的传教事业：

> 您给我们的几位传教士起"索隐派"这个名字让我感到非常满意。在欧洲，研究中文的人越多，人们就越能注意到这种说法的风趣。索隐派的系统是站不住脚的，谁也不能在这里宣扬这种说法而不危及传教事业。我们的上级采取了很好的措施，以防止索隐派的象征主义可能产生的危害，他们的这种理论已经让一些传教士浪费了很多时间，他们最好用这些时间来完成一些他们力所能及的工作，比如编写一本汉语字典，或翻译几本书，等等。关于为经书和其他书籍做完整且忠实的翻译这个方面，欧洲的学者会比我们更适合去鉴定如此多的预言，他们不必求助于不真实的和无法理解的痕迹，他们已经有一些被仔细记载的，或者至

293

少是非常可能的预言——关于上帝的真正崇拜、关于天使、关于创造男人和女人、大洪水，等等。人们可以很好地证明这一切，不必说中国的经书都是由于这些书中明确记载的亦神亦人的那位才写出来的，也不必说中国的书中对三位一体的奥秘、圣餐的奥秘等等有非常明确的记载，也不必把上古中国的君王变成《旧约》中的圣人，或变成三位一体中的人格，也不必将中国的土地变成像美索不达米亚、印度等地那样的地上天堂，最后，也不必非得宣称夏、商、周三个朝代是想象出来的——这是很重要的一点，如果在这里宣扬这个论调，一旦被指控，就是死罪。[250]

从这段引文可以看出，宋君荣并不反对自然神学，但他认为不需要拿自然神学来解读中国经典。

关于傅圣泽否定中国上古史这一点，宋君荣也同样认为不妥。傅圣泽在他的《中国历史纪年表》中公开表达过自己的观点。这张年表以年希尧的《纲鉴甲子图》为基础。《纲鉴甲子图》按照干支循环的体系从公元前424年（周威烈王即位初期）记到1705年，而傅圣泽在自己的版本中将这个年表的时间下限延续到雍正九年（1729年）。宋君荣把这个年表放在一个更大的背景下，说道：

然而，如果傅圣泽主教宣称中国历史从周威烈王元年才算开始，他就是引入了一个公开的谎言；如果他断言在此之前没有任何一年可以用干支循环的周期来标记，直到共和时代［公元前841年］，那他又增加了一个公开的谎言。（……）周威烈王之前的中国历史在很大程度上都记载在《春秋》、《书经》、孔子、孟子、左丘明［《左传》的作者］等人的著作里。至于经，傅圣泽主教可能并不认为这些书里记录的是中国的事，否定这一点的话，人们就不会看到周威烈王之前的中国历史。倘若傅圣泽主教有异端思想，那就应该由他去证明自己的想法，但由我们来告诉大家，中国历史在哪里、那些能证明这个民族的古代文明的文献在哪里。〔251〕

294

宋君荣继续用几种论证方法为上古史做辩护。质疑资料来源就是他的方法之一。例如，宋君荣指出，年希尧的著作从周威烈王开始，这是沿袭了司马光的《资治通鉴》（从周威烈王二十三年，即公元前403年开始），但他强调说，傅圣泽的观点所依赖的就是年希尧，而年希尧本人确信中国的上古史可以追溯到尧的时代。傅圣泽应该知道，同样是这位司马光，还写了一篇关于上古历史的著作《稽古录》，将历史追溯到伏羲。这是宋君荣在著作中始终重申的：我们必须认真对待中国的文献资料，其中或有谬误或神话，但它们不能说明这些资料完全不可靠。

纪年

和冯秉正不同，宋君荣的兴趣更多集中于纪年方法而不是历史事件，所以在他撰写的文字中，宋君荣很少谈到索隐派对后稷等人的神奇出生记所做的解读，几乎没有提到他本人对此持有什么看法。然而，他有一篇文章提及"关于后稷等人的系统"。这篇文字不同寻常，因为它表明宋君荣并不怕拿权威当作论据。这篇被认为是宋君荣所写的文章，题名为《就文章〈埃莱特罗波利斯主教傅圣泽关于古今中国人的学说发表的意见〉

的摘录内容，谈几点思考》（"Reflexions sur un extrait de l'écrit intitule: Sentiments de l'Evêque d'Eleutheropolis sur la doctrine des chinois anciens et modernes"）。[252] 在这篇文章中，他讨论了诸如傅圣泽、白晋等人的一些思想。他在这篇文章的最后使用了一个来自权威的论据——他提到了苏努（1648？—1725）家族中的满人天主教徒。苏努是雍正皇帝的堂兄。作为宗室，苏努家族也随皇帝一起狩猎。1712 年，他们在满洲的狩猎活动中与巴多明有一些初步的交谈；后来的几年里，苏努家的几个兄弟受洗，有人甚至在家族失宠之后还接受了洗礼。他们当中有：苏努的第三个儿子苏尔金（教名若望）、苏努的第十个儿子书尔陈（教名保禄）——是苏霖（José Soares，1656—1736）为他施洗，还有苏努的第十一个儿子库尔陈（教名方济各）。[253] 1727 年 3 月，雍正皇帝下令处决苏努家族的九人，罪名是信奉邪教，但推迟行刑。雍正皇帝还坚持要求宗室们放弃天主教，只遵守满人的教仪。在《谈几点思考》一文中，宋君荣提到说，1727 年 5 月 30 日若望亲王（即苏尔金）受到审讯，审判的官员要若望亲王说出天主教中有哪一点是中国典籍里没有的。"若望亲王回答说，他研习天主教律法二十多年了，中国书籍中没有提到的一个事情、也是千真万确的奥秘：一千七百多年前，天主降生为人，后来为拯救众人而殉难，死在一个十字架上，他承担了众人的所有罪孽。"在宋君荣的眼中，这是一个非常有力的证据来反驳他所摘录的文章作者，即傅圣泽，因为那位作者对经典的了解远不及若望亲王。换句话说，如果若望亲王说中国的经典里面没有提到耶稣基督的事情或奥秘，那么对中国经典不那么熟悉的傅圣泽怎么还能断言有这种联系。另外，宋君荣增加了如下的评论："第一，方济各亲王的答复与若望亲王相同，而且方济各亲王精通中国科学；第二，若望亲王和他的兄弟们基本上没有说经书谈论的是一位上帝、万物的创造者；第三，若望亲王和他的天主教徒兄弟方济各和保禄都精通中国科学，当被问及他们如何看待白晋神父二十四年前提到的有关后稷等人的系统时，他们回答说（关于这一点，巴多明神父和苏霖神父可以作证）：这样的系统没有根据，应该避免发表这样的言论。"[254]因此，宋君荣认为这些身为天主教徒的中国作者是这个问题上的重要权威。

天文观测

另有一个重要论据可以支持中国上古史的真实性，那就是记录在中国经典当中的天文现象，可以重新计算它们出现的时间。一个著名的例子是，《书经》中记录了上古时期仲康年间发生的一次日食[255]，宋君荣等人将这次日食的发生时间确定为公元前2155年[256]。这个议题在欧洲学者和在华耶稣会传教士当中引起了重大的争论，也有不同的学者研究这个问题。[257]此处，我们感兴趣的主要是他的论证方法。

除了书信，宋君荣还有两份关于中国天文学的研究报告是这些辩论的重要信息来源，它们使欧洲的辩论更有价值。这两份报告是1732年由巴黎的耶稣会士、路易大帝学院的图书管理员苏熙业发表的：《中国天文简史》[Histoire (abregée) de l'astronomie chinoise]和《中国天文论》(Traité de l'astronomie chinoise)。在这些研究中，宋君荣以这次日食的精确日期为论据，来评论不同的中国纪年，并以此证明上古历代王朝的存在。"《书经》里的日食是一个很好的证据，证明了盘古给予夏、商、周三家的时间。"[258]另一方面，这次日食，"发生在仲康年间，是孔子记录的，并且根据中国和欧洲的计算规则，可以确定为公元前 2155 年 10 月 12 日，这是一个非常有力的证据，可以反驳《竹书［纪年》，其中没有提及这次日食］"[259]。于是，来自他处的文本内容为评估一些文本和历史事件的真实性提供了证明。

正如维吉尔·毕诺所清楚表明的，宋君荣严谨治学的精神并没有使他成为自己中正思想的奴隶。宋君荣自己指出了他的论证中所缺少的东西："这基本上不是一个绝对的论证，因为，第一，通过论证，人们应该知道当时的九月就是今天的九月；第二，通过论证，人们应该知道当时的房星是否跟今天的一样，是否有相同的度数。我知道，自汉以来，中国人普遍肯定这两点；但我也知道，汉代距日食的发生时间有两千多年，谁敢肯定汉代的人对这两点有把握呢？"[260] 根据古代和当代的汉文和满文资料（康熙皇帝主持编撰的著作），宋君荣仍然相信这次日食的真实性。既然汉代的人没有能力逆向计算比他们的时代早那么多的一次日食确切发生在哪一天，"一定是作者们如实地记录了如此古老的观测结果"[261]。的确在宋君荣眼中，"公元前 2155 年的日食是中国人的观测，而不是事后的计算。"[262]

还有另一个论据可以支持中国纪年的真实性，那就是干支周期循环即六十一甲子这种方法的发明。宋君荣写道："这个周期可以追溯到上古时期。在康熙皇帝翻译成满文的史书上，从公元前 2357 年开始就标示出这个周期的字样。"[263] 苏熙业（Etienne Souciet）认为这并不是一个非常有力的论据，他在为宋君荣的文稿添加注释的时候解释道："后来的人们可以在这种方法发明出来之后，再将它应用于它被发明出来以前的时期，就像基督纪年的方法被应用到它的发明者丹尼斯（Dionysius

Exiguus，约470—约544）之前的所有世纪一样。"[264]但是，宋君荣却主张干支循环的方法古已有之，他援引的是一个被在华耶稣会士奉为权威的论据：算学馆——即钦天监——早已将干支循环的起点定在这个上古的时间点。不过，苏熙业并不以为然。宋君荣足够谨慎，他没有从这些资料中推导出中国第一位帝王（不管他是尧还是伏羲）的确切时间点；既然他认可公元前2155年在中国观测到的一次日食，也认同干支循环周期的发明时间是公元前2357年，那么，他从这两个论据中获得的确定性就让他必须将中国帝王的时间至少定在公元前2400年。这个时间点的定位在大洪水之前，至少从武加大本《圣经》的角度看就是如此。在另一个地方，宋君荣反而向欧洲提出一个问题，以此来增强他的解释："在亚巴郎的时代或亚巴郎和大洪水之间，有没有哪个年份跟这个一样确凿有据？"[265]

　　宋君荣知道讨论中国纪年的问题会对欧洲的纪年产生更大的影响。他并没有解决关于《圣经》纪年方法的问题，也没有牺牲中国的纪年来保障《圣经》纪年。他关于纪年的最后一篇长篇论文《中国纪年论，分三部分》是经过多年的辩论和研究，于1749年完成的。宋君荣在这篇文章中表达了他对这个问题的态度。他的观点与卫匡国的相呼应[266]，他说："为了调和中国纪年和《圣经》纪年，人们应该准确地知道哪种计算方法最符合真实的纪年，这就需要比较《圣经》的各种文本；我无法做到这一点。我把这个工作留给更善于调和这一切的人，如此一来，神农和伏羲拥有他们的中华帝国，也能为帝喾、颛顼、黄帝的王朝提供一个合适的时间。"[267]宋君荣不仅说出了自己的局限，而且以一种与卫匡国非常相似的方式参考中国的纪年：只要中国纪年被保留下来，就可以由欧洲自己去解决这些问题。

298

五星连珠

另一个证明上古纪年的著名论据是五星连珠，据说发生在颛顼时期，于是这条论据又将我们引向帝喾的时代，因为颛顼就在帝喾之前。最早提到五星连珠的资料之一是《晋书》的《律历志》篇，其中引用董巴的说法："颛顼以今之孟春正月为元，其时正月朔旦立春，五星会于天庙，营室也。"[268] 五星指的是土星、木星、火星、金星和水星。它们的合相应该发生在室宿的位置——也就是由室宿一（也叫飞马座 α）和室宿二（也叫飞马座 β）[269] 共同确定的，或者由飞马座中的室宿一和壁宿二（也叫仙女座 α，曾经归于飞马座）[270] 共同确定的——即在月宿方位。很多纲鉴类的史书在关于颛顼的这个部分都采用了《晋书》中这句话，只是稍作改动。[271] 这就解释了为什么卫匡国的《中国历史的第一世代》里面已经提到了这次与日月同辉的现象同时发生的合相。卫匡国评论道，它可能与研究欧洲纪年方法的学者认为发生在诺厄时代的那一次是同一次观测，但他没有展开这对欧洲的纪年意味着什么。无论如何，卫匡国认为，这是第一次几乎所有人都认同的星象观测。"欧洲人对此怎么看？……看来早在那个时候，欧洲这个名字还不存在，中国就已经如此先进了，我们还应该继续说中国人野蛮吗？"[272] 柏应理的《中国王朝纪年表》也提到了这次合相，[273] 它跟卫匡国的著作一样，所依据的出处也是纲鉴体史书。作为对这些著作的回应，欧洲的天文学家已经试图重新计算这次五星合相的日期，例如路易十四的天文学家让·多梅尼科·卡西尼（Jean-Dominique Cassini，意大利名 Giovanni Domenico Cassini，1625—1712），他于 1671 年在巴黎建立了天文台并一直担任台长直到 1712 年去世，还有柏林天文台的台长克里斯弗里德·基尔奇（Christfried Kirch，1694—1740）。[274]
冯秉正也报告了这个合相，他发现在公元前 2429 年出现过相似
或与五星邻近的星象。[275]

　　宋君荣对五星连珠的问题提出异议。他对这些解释持严苛的
批评态度，并且他展开批评的过程显示出科学的方法。在一篇题
为《关于颛顼时期的星体合相》（"Sur la conjunction des Planètes au
temps de Tchouen Hio"）（1729 年 10 月 9—10 日）的文章中，宋君
荣提出了一个可以用于任何计算的基准：春天的第一天就应该看
到太阳和月亮相合的点；还应该有一个五星相合或相近的位置；
并且这个五星会聚应该发生在室宿。他还反对卡西尼和基尔奇对
这次聚合的计算结果。[276] 关于冯秉正的说法，宋君荣认为冯
秉正使用的资料出处无法核实[277]，而且他的翻译是错误的。
冯秉正说"五星会于天庙（历）"这句话中的"会"不是指联
合（conjunction），而是指相近（approximation）。在宋君荣眼
中，问题是"会"在天文学领域的真正含义：他认为，这个词
意味着真正的"合"[即连成一条线]，或者至少是一种相近的
位置；但通过计算，我们无法找到一个颛顼时期的五星合相或
相近的位置。[278] 宋君荣不明白冯秉正想要通过将所谓的观
测结果定在公元前 2429 年来表达什么主张。根据他自己的计
算，在离那一年较近的好几个世纪里找不到任何类似的现象。
这也解释了为什么宋君荣不将它归到某一个年份，只是称它为
一个错误的合相或相近的位置。

　　他问道，既然如此，史书为什么会记载一个错误的信息？
宋君荣认为有三个原因。第一，关于尧以前的时代，史书记载
的内容不如后来的那样具有权威性，几乎没有保存编年纪事的
顺序；第二，没有人真正了解尧以前的历史细节及其来源：孔

子关于伏羲、黄帝等人所提不多，人们只是坚称这些是古老的传统，中国人也不觉得它们有多真实；第三，汉代有《颛顼历》，它需要在遥远的过去有一个七星相合的记录才能进行计算。一般认为颛顼是这种方法的作者，然而，宋君荣说："这些都是捏造的，是给当时的天文学方法挂一个荣誉的名字罢了。因此，它本来只是一种系统和方法——就像你会说［儒略历］那是儒略时期（Julian period）的方法，却被当作事实归功于颛顼。"根据宋君荣的论证，他并不是第一个这样说的人，七世纪著名的天文学家一行［本名张燧］已经表达过这种观点。[279]

在这些颇有能力的中国天文学家眼中，"这是一个伪造的纪元，或者说是一种计算星星和天体运动的方法"[280]。简而言之，"人们无法验证这种合相：那些试图这样做的人无法匹配记载在文献中的条件。不能用这个合相来支持或反对《颛顼历》的纪年方法"[281]。

宋君荣所使用的论据显示了他严谨的分析方法：科学观测先于其他论据。不过，缺乏科学观测并不意味着证伪上古历史的真实性，因为文化方面的原因可以解释错误的观测。在这方面，宋君荣用他自己经历的一个事件做了一个有趣的类比。他讲道，1725 年 3 月，木星、火星、金星和水星这四星相互靠近。这件事被报告给皇帝的版本是"七星连珠"，同时还加上了土星、太阳和月亮。宋君荣和其他耶稣会士不认为有天文学上的根据可以将这次观测视为七星合相，但是他们理解其中的象征性理由，因为这种合相被解释为帝王统治的吉兆。1725 年的情况就是这样：皇帝对这件事非常满意，这个消息传遍了全国。宋君荣作为目击者亲身经历的这一当代事件可以成为他的一个论据，即"在颛顼时代，也许是同样的情况，只有几颗星体位置相近，也许出于类似的原因，人们把七颗星放到一起"〔282〕。宋君荣根据自己的经验，使用了一种文化方面的论据来解读这个合相的说法。〔283〕

本节开始的时候介绍了一些对帝喾生平的描述，它们在文化间解释学方面提出了一种不同的方法，与本章前面分析过的那些耶稣会作者的论述不同。通过翻译没有提到神奇生子记的中国原始资料（如巴多明、孙璋、钱德明），或者通过省略任何提到帝喾孩子的内容（如宋君荣），这些历史派的耶稣会士完全无视这些出生故事里的奇迹成分，认为他们只是经过人的结合来实现的。宋君荣在信中对索隐派方法的阐述为我们增加了新的解释学方面的元素。这些阐述几乎没有讨论神奇受孕的故事，而是把它们放在上古中国的历位帝王这个大背景下——索隐派否认这些帝王的存在。首先，应该强调宋君荣的立场包含一些细微的特点。例如，他并不否认人们可以在中国的经典中找到一些记录，它们显示了"对上帝真正的崇拜"，但他认为，这不需要索隐派的解释——索隐派解释说中国的经典是根据天主教教义写的，并且宣布中国的上古王朝是"想象出来的"。宋君荣反对索隐派的理由和他支持上古历史的理由本质上不同。首先，他使用的是来自文本的论据，而且他利用了大量的原始资料。在他看来，这些中国文献应该是已经作为历史和纪年资料得到验证的，它们可能包含着瑕疵或神话，但并不能因此否认它们的效力。他还使用了一个来自权威的论据：精通中国经典和科学，并且还身为天主教徒的中国学者，他们与索隐派持不同观点，他们否认中国书籍中存在上帝的化身。另一个论据是这些文献中记录的天文现象。宋君荣采用科学方法来验证这些现象。他利用自己的论证过程中加入的所有细微信息，解释说，

302

《书经》中记载的仲康时期的日食是中国人最早的观测结果，不是后天计算出来的；与之相反的是，五星连珠的说法无法得到验证。不过文化方面的理据可以解释为什么会存在这样一条记录：既然 1725 年 3 月四星的相近位置会被天文学家报告为七星合相，同样的情况也可能发生在帝喾的前一任在位期间，哪怕这个天象没有真的发生过。因此，宋君荣将科学计算和个人观察与阅读分析中国的古书交织在一起。

我们跟随宋君荣来到了故事的结尾，这同时也是一个新故事的开始。由于他严格运用历史的方法，有时候，现代的历史学家将他和冯秉正等其他一些历史派的耶稣会士称赞为历史批评或"科学汉学"的开创者。[284] 还不能确定这个称呼是否完全表达了他们使用的方法。不过，尽管他们的著作经常表现出亲华情节（sinophilia），我们还是可以从中看到研究中国的新方法，而且这些方法在今天的汉学领域仍然存在。

结　论

303　　本章的重点不再是发生在同一种中国语言和文化内部的文本间对话，而是这些对话向欧洲的转移，以及它们与欧洲语言和文化内部的文本之间发生的新对话。这个转向并不是与最初的对话完全决裂，因为新对话在很大程度上不仅继续参考之前的对话，而且也由之前的对话所塑造。这一点从我们讨论过的大多数文本中可以看得出来，它们彼此之间存在强烈的文本互现的特征，本书第二章的结尾已经探讨过这个方面。一些手稿中出现了用汉字书写的大段引文，它们尤其体现了文化间的文本互现。它们象征着文化间解释学的一些特征，而本章所讨论的正是这个方面：将中国人的历史和观点转达给欧洲、加入与欧洲人的对话，这个过程在很大程度上是由中国人在对话发生转移之前已经做出的解释所决定的。

文本历史

本章讨论的索隐派和历史派的耶稣会士们所写的文字构成了一个特殊的文本历史。因为不允许索隐派作者们出版他们的著作，于是他们的大部分作品都是手稿。有两部是例外，一个是傅圣泽的《中国历史纪年表》，该书在他生前就已出版，另一个是马若瑟的《要理遗踪》，该书的法文译本直到十九世纪末才出现，而马若瑟的思想由倾向于索隐派的后辈韩国英体现在他的作品里。本章分析过的所有其他索隐派的作品都只以手稿形式存在，而且它们仅代表索隐派作者所写大量文献中的一小部分。历史派作者的文字以刊印本的形式更广泛地留存于世，但它们往往是作者去世很久之后才印行的。冯秉正的《中国通史》在他去世后三十年才问世。雷孝思的《中华帝国史》是他去世后十五年才出版了一个非常简略的法文译本。巴多明的《中国初史直译，自伏羲至尧》在他生前仍然只是手稿的形式，不过有一部分被杜赫德写《中华帝国全志》里面的《中国王朝大事记》一章时使用过。孙璋的《中国历史简编》一直是手稿。宋君荣的一些文章在他生前就得以发表，但许多还是他去世之后才出版的：他翻译的《尚书》，即《〈书经〉，一部中国圣书》，发表于他去世之后二十年；而他关于纪年的论文是在他去世后五十五年才得以刊印。钱德明的《中华帝国简史》是在手稿被送到欧洲十九年之后才出版的。法国出版商常常觉得这些作品没有市场。[285]因此，这些传教士在研究和撰写中国历史和经典方面付出了巨大的努力，但在出版方面的结果却往往很有限，这二者之间形成了鲜明的对比。出版的延迟是巴黎的耶稣会士或文人学者造成的。

此外，正如本书第二章展示过的，在华耶稣会士的出版作品往往被巴黎的耶稣会士和学者们做过大量的编辑和修改。本章开头提到，除了"广州派"和"北京派"之外，毕诺还提到过第三个群体：巴黎的耶稣会士，他们从未到过中国，却在为法国耶稣会士的著作做编辑。什么作品可以出版、什么时候出版，在很大程度上取决于这些编辑的决定。[286]他们的修订不仅针对格式（如汉字和中国词语的转写经常被剔除）、品味（太干瘪的叙述很少得到出版）[287]，还涉及内容。由于巴黎的耶稣会士经常与来自中国的文本里表达出来的观点意见相左，他们要么认真修改文本，例如杜赫德出版巴多明的手稿（见本书第二章），要么缩短文本（见雷孝思的情况），或者改变时间顺序（如对冯秉正的作品）。[288]因为索隐派的文本已经成了耶稣会的反对者在礼仪之争当中攻击耶稣会的弹药，巴黎的耶稣会士通常站在北京耶稣会士的一边。然而，北京耶稣会士在表达观点的时候比他们在巴黎的同侪要勇敢得多。第二章谈到过，为了调和他们建立起来的中国纪年与《圣经》纪年，北京的耶稣会士坚决放弃了武加大版《圣经》的纪年，因为它太短了，他们转而采用了七十士译本所载的纪年版本。巴黎的耶稣会士则相反，他们遵循武加大版，而且他们不愿意接受中国上古史的纪年，因为这会危及武加大《圣经》的地位。[289]

三种解释

若把他们作为一个群体来看，在关于帝喾众妃的神奇生子记这个问题上，"索隐派"（广州组）和"历史派"（北京组）存在着明显的区别。索隐派拒绝接受中国上古史但相信神奇生子的情节；历史派相信中国上古史但拒绝接受神奇生子的情节。

但若就个人立场来看，有更加微妙的地方。如果我们把三种中国的主要解释类型拿来对应耶稣会的解释者，同样对各位作者的细微差别进行抽象处理，就可以将这些解释者或文本归纳如下：第一类，没有父亲角色的介入、完全奇异的生子故事，这是索隐派的看法，代表人物是白晋、傅圣泽、马若瑟；第二类，父亲角色的介入和神奇事件（通常是神的干预）相结合，采纳这一观点的是汤尚贤，冯秉正和雷孝思在一定程度上也持有这种观点；第三类，完全是人类生子、没有神奇元素的干预，这种观点的提出者是巴多明、孙璋、宋君荣和钱德明。一边是索隐派否认上古王朝的历史性，而另一边是历史派与中国的解释者，但他们都有一个相同的预设前提，即后稷、契和尧是帝喾帝妃的儿子，而且他们在历史上取得了重要的地位：尧成为了圣贤明君，而后稷和契被认为是商朝和周朝的先祖。面对这些故事是否曾经被解释为——或者是否应该被解释为——神奇出生记这个问题，上面这种历史评价与这个问题的答案并不一致。最令人震惊的是，否定其历史性反而让索隐派更加信奉神奇生子记的情节，而不是减少他们的坚持。另一方面，对历史派来说，历史性是他们不将这些出生故事视为神奇事件的重要理由。

但是，传教士们做解读的时候还需要参考他们背景中的另一个框架，即《圣经》和古希腊或古罗马传统中就有贞洁母亲生子的例子，于是对他们来说，一些中国圣贤是由贞女母亲所生这一类的故事更容易让他们接受。在这个方面，做解释的时候将上帝或天的作用归结为上帝是至关重要的。就像中国的解释者一样，传教士将各种角色都托名于上帝或天，尽管他们认为的其中一些角色可能与中国人认为的不同。有时候，上帝（或圣灵）是导致怀孕的直接原因（例如：踩在上帝的脚印上，玄鸟代表鸽子而不是燕子）；有时候，上帝或天是间接原因（例如：治愈母亲的不孕不育）；有时候，上帝或天的作用只是作为一个综合的解释（例如：在傅圣泽眼中，经典是受上帝启示的书）；最后，有时候根本就没有提到上帝或天或神。然而，上帝是否出现与这个故事是否具备神奇元素并不是一一对应的关系。虽然如果判定为一个神奇事件，上帝总是在场的，但在有些解释中（例如：历史派的汤尚贤和冯秉正），神奇之处仅限于上帝的干预，而不是指如脚印或鸟蛋的奇异方面；而在其他解释中，即使出生记本身不被认为是神奇的，但仍有上帝的存在（事实上，中国经典中就有自然神学的元素）。比起中国的注疏作者，这些欧洲作者（特别是历史派的）在做解释的时候更强调诗人的角色。他们认为，诗人发挥了重要的作用，才让这些故事显得神奇。

经文内容和注疏评论

在如何处理中国资料和注疏传统这个问题上，撰写评注的耶稣会作者们彼此之间存在很大差异。我们可以将他们的观点与他们的欧洲及中国前辈进行比较。

为了在一个更大的视野里展开讨论，可以把本章分析过的作者与早期耶稣会士对中国文本的注释联系起来。纵向来看，耶稣会的解释传统大致可以区分为四个阶段。第一阶段，在华传教初期的辩论（1603年—1620年代），主要集中在利玛窦和龙华民（Niccolò Longobardo，1559—1654）之间；第二阶段，第一个翻译项目最终形成了《中国哲学家孔子》(*Confucius Sinarum Philosophus*)(1660—1680 年代)，主要人物是殷铎泽和柏应理；第三阶段，在中国礼仪之争的问题上使用中国经书（1680 年代—1704 年），主要人物是方济各（Francesco Filippucci，1632—1692 ）和卫方济（François Noël，1651—1729 ）；第四阶段，法国耶稣会士对中国经典的研究（1710—1730 年代），即本章的讨论。这四个时期都各自代表了对待经典和注释的不同态度。

　　关于耶稣会对待儒家典籍的态度，主要的参考之一就是利玛窦。虽然有一本失传的《四书》译本或者说意译或释义被认为是利玛窦所作，但利玛窦本人对四书五经似乎并没有非常全面的认识。尽管在他介绍天主教教义的《天主实义》里面出现了许多出自中国经典的引用，但这也不能证明利玛窦的经学水平。他认为经典基本上是一种关于自然神学的文献，然后他在自然神学的框架内将"上帝"和"天"与天主教的上帝联系起来。利玛窦对新儒家的注释持批判态度，他反对它们的理由是它们受"偶像崇拜"（佛教）和理、气等概念的影响太大。同一时期的另一位耶稣会士并不赞同利玛窦的观点，他就是龙华民，他对新儒家的解释——特别是基于胡广《性理大全》的解释，有更彻底的了解。对龙华民来说，关键的问题是：当儒家最初的经文与其传注疏义之间偶尔出现矛盾的时候，应该如何处理？上古文本往往晦涩难懂，因此，人们在理解它们的时候不应该没有注释，中国学者就离不开注释。利玛窦的观点和龙华民的观点分别导致了两条不同的解释思路，于是在很大程度上决定了下个世纪的耶稣会士对儒家思想的解释。然而事实上，他们的文化间解释学方式中也存在一个悖论。利玛窦路线将他们自己的欧洲解释作为标准，拒绝占主导地位的新儒家的解释，

307

这就使得他与（原）儒家的和解成为可能，并有可能让人们相信儒家和天主教之间的兼容性。龙华民路线将中国的解释作为标准，并认为应该尊重新儒家的解释，但这个立场恰恰使得与儒家和解的策略复杂化，因为它意味着儒家和天主教是无法兼容的。大多数耶稣会士采用了利玛窦的路线，而龙华民的路线则被边缘化。〔290〕

耶稣会解释儒家经典的下一个阶段是1660年代到1680年代的第一项翻译工程。这是一个集体的翻译事业，主要人物有殷铎泽和柏应理等，最终成果是出版了《中国智慧》(*Sapientia Sinica*)（建昌，1662年；译自《大学》和《论语》的部分内容）、《中国政治道德学说》(*Sinarum Scientia Politico-Moralis*)（广州、果阿，1667—1669；译自《中庸》），以及《中国哲学家孔子》（巴黎，1687；包括了前面三部翻译）。这些著作通常是带有评论和注释的意译，他们使用的资料来源是朱熹编辑的那四部经书，以及几部注疏作品［张居正（1525—1582）的《四书直解》、丘濬（1421—1495）的《大学衍义补》、张鼐（1604年进士）的《［新刻张侗初先生永思斋］四书演》］。柏应理对他使用的方法在理论上做了说明——他批评当代的注疏作者，称其为新理论家们（Neoteoretici），而且遵循利玛窦的路线，坚持认为不应关心注疏作者，只遵守上古文本即可。他也对不同时代的注疏作者作了区分。在柏应理眼里，古代的传注作者是具有权威性的解释者，而当代的注疏作者在破坏原文本。然而，在实践中，柏应理采取了更为温和的做法：不应盲目地谴责或赞成注疏作者；应该在很好地掌握这门语言的基础上，不断地阅读最重要的典籍以及它们的解释，对它们进行彻底的研究和评估；应该调查上古文本的真意和真理是否得到确认，或者上古文本是否由于后来的注疏作者的谬误或疏漏而遭到破坏。因此，这个翻译项目中的列位作者肯定了利玛窦的路线，不过，他们虽然使用了强烈的言辞来反对新儒家作者，但实际做法要温和得多，而且他们很少发表这种观点。〔291〕

　　下一个阶段是在中国礼仪之争当中使用中国经典（1680年代—1704年）。出于一个非常具体的目的——即捍卫耶稣会在关于"天"的概念以及祭祀祖先和孔子的礼仪这些问题上的立场，一些耶稣会士，如方济各，开始对经书做深入的研究。他在中国学者的协助下编纂了一些工具书，其中引用了各种各样的中国文献来支持他们的立场：许多引文出自经书、字典，以及礼仪方面的典籍。卫方济部分地使用了方济各的材料，用拉丁文编写了许多参考书来讨论礼仪之争中的关键问题，其中引用的大量中国文本既包括原始资料也包括注释，既有上古文本也有新出版的注疏评论，例如，蔡清（1453—1508）的《四书蒙引》，甚至非常新的、1670和1680年代编辑的综合疏义《日讲》（为皇帝编纂的讲义）。此外，他还翻译了六部中国的经书，包括对《四书》中的三部进行了新的翻译，于是出版了《中国六经》（*Sinensis Imperii Libri Classici Sex*）（布拉格，1711；译自《大学》《中庸》《论语》《孟子》《孝经》和《小学》）。这个译本没有区分原文和疏义，卫方济在难以理解的地方意译了一些中国注疏作者提供的解释。卫方济的一个重要贡献是对当代注疏的积极评价：新儒家的概念，如"太极"和"理"不再被认为是唯物主义的概念，而是上帝的完美运作。他把它们与欧洲关于自然（natura）的概念联系起来。在卫方济的眼里，新儒家不是无神论者，不过他对他们的解释还是持批评态度。在某种程度上，他将利玛窦的路线运用到了新儒家的疏义当中。〔292〕

308

本书所讨论的法国传教士的特点在这一背景下显得更加清晰。首先，法国耶稣会士了解的中国经典文本远远不止四书甚或五经。他们的知识水平反映在《诗经》《书经》《易经》的首批译本中。他们还翻译了许多其他的中国文献，分别单独出版，比如冯秉正的《中国通史》或著作集《中华帝国全志》、《北京传教士所作关于中国人的历史、科学、艺术、风俗习惯的札记丛刊》。其次，法国耶稣会士使用了各种各样的传注疏义，事实上，比引用在本书里的注释要多得多。白晋在论文中使用的引文、傅圣泽藏书的书单，或者马若瑟、宋君荣各自对中国的经典文献所做的评论性概述——以上种种都表明他们非常熟悉上古和当代的中文资料和满文资料。在法国传教士面前，是否使用注疏这个问题已不存在——那是一百年前的耶稣会传教士的问题，对他们来说，问题是应该使用哪些注疏。在这个方面，我们可以说，坚持认为原文和注疏之间存在联系的龙华民路线无疑成为主导。当然，传教士们对中文资料的使用是有选择的，但他们往往是对注释本身进行过非常全面的处理之后才做出选择。他们面对这些注释，并与它们进行对话。在某种程度上，他们经常把中国的资料汇集在一起，而这些资料可能已经是中国学者耳熟能详的内容，所以中国学者不再（以如此全面的方式）引用这些资料了。第三，他们对新儒家学者的看法也发生了变化。比如在白晋和马若瑟眼里，不仅上古的中国人是一神论者，而且当代文人自己也不是无神论者。傅圣泽却相反，他仍然相信当代文人持无神论的观点，相信他们做的异教仪式是偶像崇拜。对于历史派来说，新儒家学者的无神论常常只是文化底色中的一部分，无需多谈。〔293〕

在原文和注疏二者的关系这个框架下，关于既成传统的权

威性问题，中国注疏作者有三种解释学态度，也值得将它们与
耶稣会士的解释学态度进行比较。这三种态度是方泽林描述的，
本书第三章的结尾也谈到这个内容。第一种是二次注释（sub-
commentary）的形式，通常是为注解做疏义，耶稣会士在他们的
讨论中并不经常明确使用这种形式，但事实上他们有时会在自
己翻译中国文本的时候将这种形式付诸实践。例如，卫方济坚
持正文和注释之间有相互交织的联系，他在翻译经典原文时就
将注释做了意译转述，加在原典的译文中。冯秉正对帝喾段落
所做的评论，也可以被看作是针对已有注疏所做的评论。第二
种是"直接"做注，这意味着该解释学的观点认为，训诂的传
统在某种程度上是不重要的，甚至是理解经书的障碍。这种态
度可以跟利玛窦的立场放在一起。然而，即使传教士自己提供
了一种外来的解释，他们也很少采用这种立场。正如我们所看
到的，在整个十七世纪和十八世纪初，他们对传注疏义的使用
变得越来越重要，而且索隐派和历史派双方作出的反应通常都
是针对注疏，当然，他们仍然表达自己做出的解释，毕竟有时
候他们的解释灵感是从另一个文化来的。第三种注释类型是一
种方法，学者们通过已经形成的注疏传统层层回溯，希望能发
现一个真实的、未遭破坏的文本层，好在这个文本层的基础上
理解经书。这类型可能正是耶稣会士阅读经典的方法。这种方
法导致了新的解释，其中，神学解释对索隐派非常重要，而史
学解释则为历史派发挥作用。因此，在耶稣会士对中国上古文
本所做的解释中，经书原文与传注疏义之间存在着复杂的互动
关系。他们经常使用跟中国同行类似的策略——从对某个具体
人物所做的特定解释到历史的元解释，从文本内部的参考引用
到文本外部的框架，并且延伸到参考欧洲的背景（取自《圣经》

310

的以及巴比伦的、迦勒底的或埃及的纪年）。有时候，他们将中国的文本剥离原来的背景，以便把它们放入一个新的背景中，但这个过程往往发生在进入原语境之后，或者在将它与其他的、比较边缘的背景结合之后。耶稣会士内部的两种彼此抵触的倾向属于类似思潮中的一部分：索隐派倾向于离开文本和作者的权威，不再将它们视为核心权威，转而投向神学系统的权威；而历史学派倾向于淡化文本和作者的权威，选择经验数据的权威。所有这些催生了新著作的出现——在这些新的著作中，汉文的、满文的，以及欧洲的资料明显地交织在一起。这些资料在很大程度上渗透到欧洲：金石与美文学院的费雷烈所做的讨论表明，一些欧洲学者为了解汉文和满文资料做出了很多努力。

普世的历史

我们已经在本书的第一部分看到，耶稣会士如何试图从纪年的角度将中国的上古史纳入世界的或普世的历史。在本章中，我们可以从一个专题的视角观察到同样的尝试。耶稣会士前往中国的时候，欧洲的"普世的历史"（universal history）通常分为神圣的（即宗教的）和世俗的，如埃德温·范克莱总结的那样。[294] 神圣的历史来自《旧约》和《新约》，并在教会历史中延续；世俗的历史则是基于任何其他的来源。还可以进行细分。神圣历史分为三个时期：自然法则时期是从创世到摩西；成文律法时期是从摩西到耶稣基督；恩典时期是自基督以后。世俗的历史有时也分为三个时期，对应着资料来源的类型和可靠性：模糊或不确定的时代，从创世到古希腊寓言的出现；继而是神话或英雄的时代，直到奥林匹克运动会的设立为止；此后即历史的时代。这个系列也分为四个大的时期，这四个时期有地理上的联系：亚述或巴比伦时代、波斯时代、希腊时代和罗马时代。

一般来说，对中国上古帝王的不同处理方式，特别是对神奇生子记的不同处理方式，显示了耶稣会士如何通过主题用不同的策略将中国历史融入这段普世的历史。比如，大多数的索隐派认为中国的上古时期就是神圣历史。这也是他们否认这段历史的真实性的动机，正是为了将其纳入神圣历史的框架当中。他们的方法是将中国上古的圣贤帝王与属于这段神圣历史的《圣经》人物联系起来。在这一点上，中国史书中明显具有神话色彩的方面，例如后稷的神奇出生，刚好提供了机会让他们把中国的上古史与《圣经》联系起来。另一种策略是马若瑟使用的，这种策略将中国的上古时期与不确定的或英雄的时代联系起来，并且将中国的这个时代结束的时间点定在欧洲的第一届奥林匹克运动会附近。与此相反，大多数的历史派采用了一种不同的方法。他们想增加一个新的地理区域及其纪年，从而把中国纳入这个普世的历史。雷孝思的时间线清楚地显示出，这个纪年与既有的神圣纪年和世俗纪年是相平行的。因此，历史派需要证明中国上古史的真实性。当然，他们认为最古老的时期——通常指伏羲之前的时期——是“神话”，就像古希腊的一样。〔295〕在他们的报告中，中国史书的连续性代表着每个历史时期都有可识别的日期，这在十七世纪的欧洲人看来是非常了不起的。此外，与美索不达米亚、埃及、希腊和罗马的古文献相比，这些史书似乎没有奇迹般的或非常离奇的故事，这是令人惊叹的。除其他因素以外，这个方面也是使它们显得可信的原因。〔296〕难怪一些历史派的作者将这些神奇生子记概括为诗人的虚构，而另一些人则干脆否认它们。所有这些方法都有各

312

自的局限，但即使如此，它们共同构成了一项严肃而重要的尝试：欧洲首次尝试将中国纳入世界历史（world history）。不可否认的是，这种尝试对世界历史的传统框架是一个非常重大的挑战，也是改变该框架的一个重要因素。

众所周知，耶稣会士的著作在欧洲引起了回响。它们不仅是巴黎的学者们——如弗雷烈、德金或德·梅朗——争相讨论的对象，而且启蒙运动的思想家们也欢迎宋君荣的观点。然而，因为这些启蒙思想家，中国上古史在世界历史中的地位问题产生了新的转折。不管讨论中国历史的耶稣会士采取哪种立场，他们都以《圣经》中的历史为主要参照。这种做法到了一些启蒙思想家那里已不复存在。他们当中最重要的无疑是伏尔泰。本书绪论中提到，伏尔泰在他的《风俗论》一书中，一开始就把中国放到了首位，比其他国家都要早。伏尔泰试图在这部作品中写出一部普世的历史（尽管他的讨论主要涉及天主教范围内的世界），并且强烈批评宗教的狂热和偏狭。他选择第一章开篇就介绍中国的原因是可靠的中国上古史，因为中国的纪年可以通过天文观测得到验证。在这个方面，伏尔泰明确地提到了宋君荣：

> 它［即中国］的历史基本上是无可辩驳的。它是唯一一部建立在天体观测基础上的历史，有最精确的纪年可以追溯到遥远的、比我们的世俗时代早 2155 年之前的日食。这些已经被精通数理的传教士验证过了。最近这些年里，传教士们被派去这个未知的国家，向他们的人民传播福音——传教士对他们心生倾慕，同时也教导他们。宋君荣神父对孔子书中记载的 36 次日食进行了研究，发现其中

只有两次是可疑的、两次是伪造的。可疑的那些是的确发生过，但从观察者的方位不应该观察得到；甚至这也证明当时中国的天文学家计算过日食，因为他们在两次计算中犯了错误。[297]

在伏尔泰的《历史哲学》中，不可辩驳的中国历史与欧洲历史形成了鲜明的对比。这本书几年后出版，后来经常被加入《风俗论》当中作为导论。这是他最直言不讳的作品之一，他在其中通过研究人类的上古历史，对天主教的教义和历史编纂展开了猛烈批评。中国的历史记载得到了充分赞扬：

> 如果说有什么史书带有一股子确定性并且具有真实的特质，那就是中国人的史书；正如我在其他地方已经说过的，他们把天的历史和地的历史结合在一起。在所有民族中，只有他们不断地通过日食和行星的位置来标记他们的时代；我们的天文学家在检查他们的计算时惊讶地发现他们的计算都是正确的。其他的民族设计了寓言式的神话；但中国人他们用手中的笔和星盘写下了他们的历史，其简洁、准确，在亚洲任何其他地区都是无与伦比的。[298]

伏尔泰对中国的纪年文献有一种理想主义的认识，他认为，与欧洲的情况不同，中国的纪年不存在冲突："他们每个帝王的统治时期都是由同时代的人写的；他们之间没有不同的计算方式；没有相互矛盾的纪年。"[299]关于这一点，伏尔泰引用了传教士面见康熙皇帝时的经历。康熙皇帝指出了欧洲的矛盾之处：

　　我们的传教士坦率地报告说，当他们向那位英明的康熙皇帝谈及武加大、七十士译本和撒玛利亚人在纪年上的巨大差异时，康熙问他们说："你们所相信的书有可能相互冲突吗？"〔300〕

　　这个故事的逆转确实是有征兆的：欧洲最终将不得不调整它的纪年方法，以适应一种新的体系，在这个新的体系中，欧洲历史不再是唯一的参照。

注释

〔 1 〕Pinot (1932), pp. 251-252.

〔 2 〕Rule (1986).

〔 3 〕关于魏若望（Witek）的批评意见，参见 Witek(1982), pp. 333-334。

〔 4 〕Pinot (1932), pp. 149, 251-252.

〔 5 〕Pinot (1932), p. 142.

〔 6 〕Pinot (1932), p. 261 及以后内容；Élisséeff-Poisle (1978)；Hsia(1999), p. 217 及以后内容。

〔 7 〕Gaubil (1970), pp. 363-364：1733 年 10 月 28 日致费雷烈的信。

〔 8 〕Rule (1986), p. 155.

〔 9 〕关于白晋（Bouvet），参见 von Collani (1985); Mungello (1985), pp. 300-328; Rule (1986), p. 156，特别是 pp. 161-167。

〔 10 〕Witek (1982), p. 149.

〔 11 〕Rule (1986), pp. 165-166；von Collani (1985), p. 72 及以后内容。

〔 12 〕关于这份拉丁文手稿的简介，见 von Collani(1985), pp. 231-232；关于中文手稿，见 CCT-Database(http：//www.arts.kuleuven.be/sinology/cct)。

〔 13 〕白晋自己曾两次写道，他"三十年前"就到了中国、他研究了中国典籍"将近三十年"〔BnF, NAL 1173, pp. 1-2; Javary (1983a), pp. 17-18〕。在一封致苏熙业的信（1727 年 10 月 18 日）中，白晋写道，他将"一篇关于后稷的 20 到 30 页篇幅的文章"寄给了耶稣会士图尔纳米（René-Joseph de Tournemine）[*Revue de l'Extrême-Orient* III (1887), pp. 219-220]。

〔14〕BnF, NAL 1173, fols. 2-16（这里指的是有 25 个标号页的本子）；另一个本子见 ARSI, Jap. Sin. IV 5F（24 页，没有标题和引言）。在引用（和参考）中国史料方面存在差异。关于这个文本，见 Javary (1983a) 和 (1983b)；von Collani(1985), pp. 184-188；Chan(2002), pp. 532-533。

〔15〕BnF Ms.lat. 1173 / 11；参见 Javary(1983a) 和 (1983b)。

〔16〕BnF, NAL 1173, p. 1; Javary (1983a), p. 17.

〔17〕BnF, NAL 1173, p. 1; Javary (1983a), p. 18.

〔18〕Witek (1982), p. 150, n. 13.

〔19〕Claudia von Collani, "Figurism," in *HCC*, pp. 668-669.

〔20〕BnF, NAL 1173, p. 2; Javary (1983a), p. 17.

〔21〕BnF, NAL 1173, p. 2; Javary (1983a), p. 19.

〔22〕Javary (1983b), p. 104.

〔23〕BnF, NAL 1173, p. 3; ARSI, Jap. Sin. IV 5F, p. 1; Javary (1983a), p. 20.

〔24〕《圣咏集》110，4；《希伯来书》1，17。在白晋看来，在后稷身上体现出来的是诺厄的传统和麦基洗德（Melchisedech）的传统二者的结合。BnF, NAL 1173, p. 4; ARSI, Jap. Sin. IV 5F, p. 1; Javary (1983a), p. 20.

〔25〕BnF, NAL 1173, pp. 4-5; ARSI, Jap. Sin. IV 5F, p. 2; Javary (1983a), p. 21. 另见 Chan (2002), p. 532。

〔26〕BnF, NAL 1173, p. 7; ARSI, Jap. Sin. IV 5F, p. 4;《诗经大全》(20 卷),《四库全书》，第 78 册，第 307—856 页。

〔27〕BnF, NAL 1173, p. 7, 9; ARSI, Jap. Sin. IV 5F, p. 4, 20.《四库全书存目丛书》经部，第 80 册，第 1—743 页。

〔28〕BnF, NAL 1173, p. 21. 虞咸熙和虞德升编纂的《谐声品字笺》(57 卷)(1673 年，1684 年)；见《四库全书存目丛书》经部，第 217—218 册。当时的传教士经常使用这本字典。

〔29〕BnF, NAL 1173, p. 2; ARSI, Jap. Sin. IV 5F, p. 20, 23. 钟人杰编撰（70+42 卷），见《四库全书存目丛书》子部，第 17—19 册。

〔30〕BnF, NAL 1173, p. 4. 罗泌（?—1176 之后）编撰（47 卷），见《四库全书》，第 383 册，第 1—654 页。

〔31〕BnF, NAL 1173, p. 20. 版本不详。

〔32〕BnF, NAL 1173, p. 4, 7. 马端临（约 1254—约 1325）（348 卷），见《四库全书》，第 610—616 册。

〔33〕BnF, NAL 1173, p. 23; ARSI, Jap. Sin. IV 5F, p. 23. 章潢（1527—1608）编撰（127 卷），见《四库全书》，第 968—972 册。

〔34〕ARSI, Jap. Sin. IV 5F, p. 23. 徐乾学（1631—1694）编纂（64 卷），见《四库全书》，第 1417—1418 册。它被称为《御批古文渊鉴》，但在《四库全书》中，它的标题是《御选古文渊鉴》。

〔35〕Chan(2002), pp. 521-522 列出了白晋的另一份手稿中引用的大量中国书籍。

〔36〕BnF, NAL 1173, p. 3; ARSI, Jap. Sin. IV 5F, p. 2; Javary (1983a), pp. 21-22.

〔37〕参见页面边上的引文。BnF, NAL 1173, p. 5; ARSI, Jap. Sin. IV 5F, p. 3.《毛诗正义》，卷 3，页 1064（孔颖达做的概括）。

〔38〕BnF, NAL 1173, p. 3; ARSI, Jap. Sin. IV 5F, pp. 2-3; Javary (1983a), p. 22.

〔39〕BnF, NAL 1173, p. 6; ARSI, Jap. Sin. IV 5F, p. 3; Javary (1983a), p. 22; 他还提到一个单独的文献，Javary 认为它是 "Demonstratio aeterni et sacri mysterii legis evangelical"，见 BnF, NAL 1173, doc. 13 (fols. 41-65)。

〔40〕见 BnF, NAL 1173, pp. 6（同一引文也出现在 p.3）：这句引文看似来自《诗经笺》，其实不然。在耶稣会档案馆的藏本中（见 ARSI, Jap. Sin. IV 5F, p. 3），参考资料写的是《通鉴辨疑》。这是一部还没有经确认的著作。在白晋的另一部著作中，他提到过《纲目前编辨疑》〔见 Chan (2002), p.522〕。似乎还存在一部名为《订正通鉴前编辨疑》的著作。（参见百度 http://tieba.baidu.com/p/1028883367）。这些提到的参考资料可能是正确的，因为这段引文的确存在于在大部头的《御批资治通鉴纲目前编》当中，见《四库全书》，第 692 册，第 34 页（卷首，叶 62a)（出现在卷首的结尾处）。这个书名也出现在一份出自傅圣泽的手稿（见本章注释 70）中，见 BAV, Borg. Cin. 380.8, p. 25。

〔41〕BnF, NAL 1173, p. 6; ARSI, Jap. Sin. IV 5F, p. 3.

〔42〕BnF, NAL 1173, p. 6; ARSI, Jap. Sin. IV 5F, p. 3; Javary (1983a), p. 22, 110.《毛诗正义》，卷 3，页 1064（作为笺的一部分）。

〔43〕朱熹的《诗集传》没有提到它，但出现在胡广的《诗经大全》里面，见《四库全书》，第78册，第735页（卷17，叶3b）（诗245篇"生民"的注释）。

〔44〕BnF, NAL 1173, p. 7; ARSI, Jap. Sin. IV 5F, p. 4; Javary (1983a), p. 23.

〔45〕BnF, NAL 1173, p. 7; ARSI, Jap. Sin. IV 5F, p. 4; Javary (1983a), p. 23. "析讲"是传教士经常提到的评论；第一部分见于《四库全书存目丛书》经部，第80册，第582页（卷23，叶3a）。

〔46〕BnF, NAL 1173, p. 7; ARSI, Jap. Sin. IV 5F, p. 4; Javary (1983a), p. 23. 《毛诗正义》，第3册，第1061—1063页。

〔47〕BnF, NAL 1173, p. 7; ARSI, Jap. Sin. IV 5F, p. 4; Javary (1983a), pp. 23-24.

〔48〕未经翻译的引文留在页边上，见 BnF, NAL 1173, p. 8; ARSI, Jap. Sin. IV 5F, p. 5；参见《毛诗正义》，第3册，第1060页：且郑以姜嫄非高辛之妃，自然不得以帝为高辛帝矣。此上帝即苍帝灵威仰也。

〔49〕未经翻译的引文留在页边上，见 BnF, NAL 1173, p. 8; ARSI, Jap. Sin. IV 5F, p. 5；参见《毛诗正义》，第3册，第1057页。

〔50〕BnF, NAL 1173, p. 8; ARSI, Jap. Sin. IV 5F, p. 5; Javary (1983a), p. 24.

〔51〕BnF, NAL 1173, p. 7; Javary (1983a), p. 111. 马端临，《文献通考》，《四库全书》，第610—616册，第99页〔卷179（经籍考·诗），叶8b〕，引用的是欧阳修的《诗本义》，卷16。

〔52〕BnF, NAL 1173, p. 8; ARSI, Jap. Sin. IV 5F, p. 6; Javary (1983a), p. 111. 朱熹，《诗集传》，第190页。亦见苏辙《诗集传》（19卷），《四库全书》，第70册，第478—479页（卷16，叶1b—2a），其中提到的麒麟实际上是虎豹。

〔53〕《史记》，第1册，第146页（卷4）。关于引自王充的话，见本书第三章3.1.5节。

〔54〕BnF, NAL 1173, p. 8; ARSI, Jap. Sin. IV 5F, p. 6; Javary (1983a), p. 25, 111.《毛诗正义》，第3册，第1064页。

〔55〕BnF, NAL 1173, p. 9; ARSI, Jap. Sin. IV 5F, p. 6; Javary (1983a), p. 25.

〔56〕关于 Foucquet，特别参见 Witek (1982)；Rule (1986)，尤其是 pp. 167-177。

〔57〕Witek (1982), pp. 154-157.

〔58〕Witek (1982), p. 159: BnF, NAF 4755, pp. 1-67（未查阅）.

〔59〕关于这些不同，见 Witek (1982), p. 202 及其后内容。

〔60〕Pinot (1932), pp. 252-253; 另见 p.149：根据宋君荣的说法，否认夏、商、周三代的存在，就会令自己招致死刑〔Gaubil (1970), p. 364: 1733 年 10 月 28 日写给费雷烈的信〕。

〔61〕Witek (1982), p. 307.

〔62〕Witek (1982), p. 332; 另见 p. 307。

〔63〕Rule (1986), p. 171. 跟在 BAV, Borg. Lat. 566, fols. 338r-340r 的后面。这篇论文由两部分组成（fols. 355-480 和 fols. 481-611），引用了许多中国的原始资料。

〔64〕BnF, Fr. 12209, fols. 1-36. 这是从完整的藏本 BAV, Vat. Lat. 12870, pp. 1-134 当中摘录出来的。还有其他的摘录，参见 BNC, FG 1257, no. 32, fols. 1-6; BAV, Borg. Cin. 468, fols. 57-71.〔Witek (1982), p. 295-296, n. 109; p. 353〕。该部文献早先被误归为马若瑟和刘应名下 Rule (1986), p. 290, n. 164。

〔65〕魏若望提到傅圣泽的"日志"中留下的一则笔记，在 1726 年 5 月 30 日的条目下，参见 BAV, Borg. Lat. 565, fols. 349v-350〔Witek (1982), p. 295, n. 109; p. 353〕。

〔66〕BnF, Fr. 12209, fols. 3r-v; BAV, Vat. Lat. 12870, pp. 5-6.

〔67〕BnF, Fr. 12209, fol. 22v; BAV, Vat. Lat. 12870, p. 44.

〔68〕BnF, Fr. 12209, fol. 23r; BAV, Vat. Lat. 12870, p. 45.

〔69〕另见毕诺对这段话的讨论，Pinot (1932), pp. 252-255。亦见 Rule (1986), pp. 175-176。

〔70〕梵蒂冈图书馆藏有一份 107 页的册子（里面有许多空白页），即 BAV, Borg. Cin. 380.8，题名为"后稷"，有时被认为是傅圣泽的作品〔见 Pelliot(1995), p. 40〕。它里面的内容是按诗的句子分行写成的、中文的"生民"，写在纸页的上方，而纸页的下方是各种评论和关于后稷的、出自各种经典的引文。这些引文出处包括《诗经正解》和《通鉴辨疑》——这也是白晋提过的两部作品。虽然这部作品并不完整，也没有增加新的解释，但它表明傅圣泽在做研究的时候，很可能依赖的是各种汉语的文献资料，而且以一种非常系统的方式做分析。

〔71〕Pinot (1932), p. 252. 关于宋君荣的意见，参见 Gaubil (1970), pp. 262-263：1730 年 9 月 20 日的一封信，无收信人姓名（可能是

苏熙业）。

〔72〕Foucquet, "An Explanation of the New Chronological Table of the Chinese History," p. 400; Rule (1986), p. 176.

〔73〕BnF, Fr. 12209, fols. 23r-v; BAV, Vat. Lat. 12870, pp. 45-46. 在这之前，傅圣泽还提到过一位法国耶稣会士关于这个主题所写的文章，他说"几年前从中国寄到法国"的，题名为"De Virgine Matre, et filio Virginis"(fol. 23r/ p. 45)。但目前还未找到这篇文本。

〔74〕BnF, Fr. 12209, fols. 23v-24r; BAV, Vat. Lat. 12870, p. 47. 傅圣泽解释了姜嫄和后稷的故事（在"屯"字的条目下），他所依据的角度是《易经》中的一句话："女子贞不字，十年乃字"。他把这句话翻译成"仍是处子之身的女人不生孩子，十年后她生孩子"；对于"十年"，他认为应该解释为"十年之久"(dix grandes années)，也就是"从革新者（Réparateur）的法令到革新者的整个时间"。傅圣泽补充了以下的想法："通过《诗经》解释《易经》，通过《易经》解释《诗经》，真理就一目了然了。这是中国人做证明的一个例子，也就是说，他们的经有相同的目标，他们的学说是一体的，而且相互发展。"

〔75〕BnF, Fr. 12209, fol. 26v; BAV, Vat. Lat. 12870, p. 52.

〔76〕BnF, Fr. 12209, fols. 26v-27r; BAV, Vat. Lat. 12870, pp. 52-53.

〔77〕BnF, Fr. 12209, fol. 26r; BAV, Vat. Lat. 12870, p. 51.

〔78〕BnF, Fr. 12209, fol. 27r; BAV, Vat. Lat. 12870, p. 53.

〔79〕BnF, Fr. 12209, fol. 27r; BAV, Vat. Lat. 12870, p. 53.

〔80〕BnF. Fr. 12209, fols. 27r-28v; BAV, Vat. Lat. 12870, pp. 53-55. 关于这段话，亦见 Pinot(1932), pp.253-254。

〔81〕BnF. Fr. 12209, fols. 29r-v; BAV, Vat. Lat. 12870, p. 56.

〔82〕BnF. Fr. 12209, fols. 29v-30r; BAV, Vat. Lat. 12870, p. 58.

〔83〕BnF. Fr. 12209, fol. 30v; BAV, Vat. Lat. 12870, p. 59.

〔84〕BnF. Fr. 12209, fols. 31v-32v; BAV, Vat. Lat. 12870, pp. 61-64.

〔85〕BnF. Fr. 12209, fols. 33r; BAV, Vat. Lat. 12870, p. 64.

〔86〕BnF. Fr. 12209, fols. 35r-35v; BAV, Vat. Lat. 12870, p. 68.

〔87〕关于马若瑟（de Prémare），特别参见 Lundbaek(1991); Lackner(1993); Rule(1986)，特别是 pp. 177-182。

〔88〕例如，见马若瑟对中国书籍目录所作的详细评论（写于 1728 年 10

月 16 日；BnF, NAF 4754，有 19 页）。另见 Standaert (2015b)。关于傅尔蒙（Fourmont），见 Leung(2002)。

〔89〕根据的资料是 Lundbaek (1991), p. 11 及其后内容。

〔90〕最后一页写着日期是 1724 年 5 月 21 日；手稿显然是 1731 年寄往巴黎的；见 Lundbaek(1991), p. 54。

〔91〕ARSI, Jap. Sin. II, 168.

〔92〕ARSI, Jap. Sin. 184, fols. 47-49, 54-57；参见 Rule(1986), p. 292, n. 209；Chan (2002), pp. 455-456。

〔93〕BnF, Chinois 7165-II;《法国国家图书馆明清天主教文献》，第 26 册，第 525—571 页；对这份文本的分析，见祝平一（2007）。

〔94〕Rule (1986), p. 181.

〔95〕BnF, Chinois 9248, fols. 94r-95r; Prémare (1878), pp. 173-174.

〔96〕" § 5. Sanctus nasciturus e virgine," BnF, Chinois 9248, fols. 117-121; Prémare (1878), pp. 203-207.

〔97〕《依撒依亚》7.14。

〔98〕BnF, Chinois 9248, fols. 117r-118r; Prémare (1878), pp. 203-204.

〔99〕BnF, Chinois 9248, fols. 118r-119r; Prémare (1878), pp. 204-205.

〔100〕Lundbaek(1991), p. 141 及其后内容。

〔101〕引用这句话的地方是给《说文解字》的注释部分。它也被引用于《毛诗正义》，第 3 册，第 1063 页。

〔102〕BnF, Chinois 9248, fol. 257; Prémare (1878), pp. 391："作者罗泌在他非常有学问的作品《路史》中极好地、特别全面地论述了这些英雄的时代。没有人比他做得更好。"

〔103〕《路史》，《四库全书》，第 383 册，第 507 页（卷 35，叶 14a)（在"稷契考"一节的下面）。原文是：〔嘻！繇汉而来，学者之谈《商颂》，鲜不谓是〕稷、契无父而生。

〔104〕朱熹的《诗集传》当中没有提到它，但它出现在胡广的《诗经大全》里面，见《四库全书》，第 78 册，第 735 页（卷 17，叶 3b)（诗 245 篇"生民"的注释部分）。

〔105〕BnF, NAL 1173, p. 8; ARSI, Jap. Sin. IV 5F, p. 6; Javary (1983a), p. 111. 朱熹，《诗集传》，第 190 页。亦见于苏辙，《诗集传》，《四库全书》，第 70 册，第 478—479 页（卷 16，叶 1b—2a)。马若瑟误将苏辙的名字写成了苏轼的，即"Sou Tong po"（苏东坡）。

〔106〕在《诗经正解》中，这些句子出现的顺序是相反的。见《诗经正解》，《四库全书存目丛书》经部，第 80 册，第 582 页（卷 23，叶 4a）。

〔107〕BnF, Chinois 9248, fols. 120r-121r; Prémare (1878), pp. 206-207.

〔108〕参见《路史》，《四库全书》，第 383 册，第 170 页（卷 19，叶 16b），在这里，它以另一种句式出现：于宝云：前志所谓修已背坼而生禹，简狄胸剖而生契。

〔109〕这句话见于各种文献："剖母左腋而出，释迦之右肋。"

〔110〕BnF, Chinois 9248, fol. 120r; Prémare (1878), p. 207.

〔111〕《毛诗正义》，第 3 册，第 1408 页。

〔112〕Rule(1986), p. 193.

〔113〕Cibot, "Essai sur la langue et les caractères des Chinois: Article second," in *MCC*, vol. 9, pp. 282-430.

〔114〕Cibot, "Essai sur la langue et les caractères des Chinois: Article second," in *MCC*, vol. 9, p. 314.

〔115〕关于"具有预言性的文字"的讨论，见 *MCC*, vol. 9, pp. 316-317; "Note 40, p. 317," 出现的地方是 pp. 385-389. *Vestiges des principaux dogmes chrétiens* 这部著作的编辑指出这个文本与马若瑟的著作之间的关系，而且他们还重现了韩国英的注释，见 Prémare (1878), pp. 207-212。

〔116〕例如，参见 *MCC*, vol. 9, p. 386，该页上的第一个注释下面就包括了与上述相同的引文。韩国英对"生民"诗的分析也与马若瑟的类似。关于"女"字的词源解释，韩国英提到他参考的是 "*Lieou chou tsing hoen*"，经认定，这部文献是魏校的《六书精蕴》（6 卷）。这段话见于《六书精蕴》，《四库全书存目丛书》经部，第 189 册，第 168 页（卷 3，叶 33a）。

〔117〕另见 Lundbaek(1993), pp. 57-59。

〔118〕BnF, Chinois 9248, fols. 253r-254r; Prémare (1878), pp. 387-388. 也有一些不同之处：例如，韩国英（*MCC*, vol. 9, p. 387）将后稷出生的情节与维吉尔的 *Ecloques*（《牧歌集》，约公元前 40 年）当中描写的解放者出生的情节相提并论［即《牧歌集》第四章，写的是波利奥（Asinius Pollio）］。参见 Virgil, *Eclogues*(1969), p. 29 及其后内容。

〔119〕BnF, Chinois 9248, fol. 255r; Prémare (1878), p. 389.

〔120〕BnF, Chinois 9248, fols. 257r-258r; Prémare(1878), p. 392（pp. 392-413 是由法语版本的编辑和翻译撰写的）。

〔121〕BnF, Chinois 9248, fol. 258r; Prémare (1878), pp. 413-414.

〔122〕BnF, Chinois 9248, fol. 261; Prémare (1878), p. 417.

〔123〕BnF, Chinois 9248, fols. 276r-283r; Prémare (1878), pp. 435-444.

〔124〕BnF, Chinois 9248, fols. 276r-277r; Prémare (1878), pp. 435-437.

〔125〕《路史》，《四库全书》，第 383 册，第 159 页（卷 18，叶 7b)（在"高辛氏"的篇目下）(注释部分）。

〔126〕《路史》，《四库全书》，第 383 册，第 159—160 页（卷 18，叶 7b—8a)（在"高辛氏"的篇目下）(正文部分）。

〔127〕《毛诗正义》，第 3 册，第 1064 页。

〔128〕《毛诗正义》，第 3 册，第 1064 页："就如融言，审是帝喾之子，凡圣主贤妃生子，未必皆贤圣，能为神明所祐。尧有丹朱，舜有商均，文王有管、蔡。"

〔129〕BnF, Chinois 9248, fol. 276r; Prémare(1878), p. 434;《毛诗正义》，第 3 册，第 1064 页："喾有淫昏之妃，姜嫄有污辱之毁。"

〔130〕《毛诗正义》，第 3 册，第 1064 页："若如融言，任身之月而帝喾崩，姜嫄尚未知有身。"

〔131〕BnF, Chinois 9248, fol. 277r; Prémare(1878), p. 436;《毛诗正义》，第 3 册，第 1064 页："[肃信二龙实生褒姒，不信天帝能生后稷，是谓]上帝但能作妖，不能为嘉祥。长于为恶，短于为善。"

〔132〕《毛诗正义》，第 3 册，第 1057 页；《大戴礼·帝系篇》："帝喾卜其四妃之子，皆有天下。上妃，有邰氏之女，曰姜原，而生后稷；次妃，有娀氏之女，曰简狄，而生契；次妃陈锋氏之女曰庆都，生帝尧；下妃娵訾之女曰常仪，生挚。"以尧与契俱为喾子。《家语》《世本》其文亦然。故毛为此传及《玄鸟》之传，司马迁为《五帝本纪》皆依用焉。其后刘歆、班固、贾逵、马融、服虔、王肃、皇甫谧等，皆以为然。然则尧为圣君，契为贤弟，在位七十载而不能用……

〔133〕BnF, Chinois 9248, fol. 277r; Prémare (1878), p. 437.

〔134〕BnF, Chinois 9248, fols. 278r-279r; Prémare (1878), pp. 437-438; Lundbæk (1991), p. 135.

〔135〕BnF, Chinois 9248, fol. 278r; Prémare (1878), pp. 437-438.

〔136〕BnF, Chinois 9248, fols. 279r-280r; Prémare (1878), p. 439.

〔137〕BnF, Chinois 9248, fol. 279r; Prémare (1878), p. 439.

〔138〕BnF, Chinois 9248, fol. 279r; Prémare (1878), p. 439;《毛诗正义》，第 3 册，第 1057 页。

〔139〕BnF, Chinois 9248, fol. 280r; Prémare (1878), pp. 439-440.

〔140〕BnF, Chinois 9248, fol. 280r; Prémare (1878), p. 440.《诗经正解》，《四库全书存目丛书》经部，第 80 册，第 582 页（卷 23，叶 3a）："[严氏以] 敏歆。言感动之速。谓上帝降格，即有身耳。"

〔141〕《诗经正解》，《四库全书存目丛书》经部，第 80 册，第 587 页（卷 23，叶 13b）。

〔142〕BnF, Chinois 9248, fols. 284r-286r; Prémare (1878), pp. 444-448.

〔143〕《毛诗正义》，第 3 册，第 1058 页。故郑注云："高辛氏之世，玄鸟遗䲅卵，简狄吞之而生契。"

〔144〕在杨慎的著作中出现了"诗纬"这个参考（见下一个注释）："[诗纬含神雾曰] 契母有娀（音松）浴于玄丘之水，睇玄鸟衔卵过而坠之，契母得而吞之，遂生契。"

〔145〕BnF, Chinois 9248, fol. 284r; Prémare (1878), p. 445. 杨慎提到的这则参考显然没有像马若瑟所说的出现在《路史》当中。参见杨慎的《丹铅余录》[《四库全书》，第 855 册，第 288 页（摘录，卷 9，叶 1a）和第 536 页（总录，卷 17，叶 3a）] 以及包括节选摘录的《升菴集》[《四库全书》，第 1270 册，第 307 页（卷 42，叶 37a）]。他的原文是："[此事可疑也] 夫卵不出蓑，燕不徙巢，何得云唧，即使唧而误坠，未必不碎（也），即使不碎，何至取而吞之哉。"但是最后一部分也是马若瑟用汉语补充上去的："愚以为即使吞之何遂生契。"

〔146〕关于这部作品，见 de Prémare, "Catalogue de livres chinois"（1728 年 10 月 16 日），BnF, NAF 4754, p. 17. 其中提到赵宧光的地方是用的他的字即"赵凡夫"；这部作品的标题是《说文长笺》（100 卷），外加《六书长笺》（7 卷）。

〔147〕BnF, Chinois 9248, fol. 284r; Prémare (1878), pp. 445-446.

〔148〕BnF, Chinois 9248, fol. 285r; Prémare (1878), pp. 446-447.

〔149〕BnF, Chinois 9248, fol. 286r; Prémare (1878), p. 447; 马若瑟没有像朱

熹那样加上这句"［帝立］其女之［子］"。

〔150〕BnF, Chinois 9248, fols. 286r-288r; Prémare (1878), pp. 448-450.

〔151〕《路史》,《四库全书》, 第 383 册, 第 176—177、182—183、184—185 页（卷 20, 叶 1b—2b、13b—14a、17a—18a）。

〔152〕Macrobius, *Saturnalia*, book 1, 18 (pp. 254-257): φράζεο τὸν πάντων ὕπατον θεὸν ἔμμεν Ἰαώ, (……说万物之神的名字叫做 Iaô)。神谕指的是宙斯（Zeus）、哈迪斯（Hades）、太阳（the sun）和狄俄尼索斯（Dionysus）。

〔153〕关于中国解释学中的去语境化和这一系列操作, 见 Lackner (1993), p.50。

〔154〕关于他们的合作, 见 Rule (1985), p. 163。

〔155〕Rule (1985), p. 159.

〔156〕见 Rule (1985), p. 155。

〔157〕另见 von Collani (1985), p. 85 及以后内容。

〔158〕ARSI, Jap. Sin. IV, 5 G: 它由 16 个有编号的对开页组成, 但没有第 6 和第 8 对开页, 这是编号的人工作失误（因为文本内容是连续的）。在此, 我们还是按照所标明的对开页编号。见 Chan (2002), pp. 533-535。

〔159〕ARSI, Jap. Sin. IV, 5 G: 第 11 个对开页的右页提到了殷弘绪 1718 年的一则说明。

〔160〕Chan (2002), p. 534. 另见魏若望（Witek）在 ARSI, Jap. Sin. IV, 5 G 文本最前面留下的笔记。

〔161〕Wu Huiyi (2013), p. 145.

〔162〕ARSI, Jap. Sin. IV, 5 G, fols. 1r-v.

〔163〕它引自马若瑟的一篇题为"Selecta quâdam vestigia praecipuorum Christianae religionis dogmatum etc."的文章的第 72 页。这应该是一个与上一章分析过的相似的文本, 但是, 下文即将提到, 汤尚贤从马若瑟那里引用的几个段落没有出现在上述的文本内容中, 而且一些被引用的段落也略有不同。另外, 页码本身（第 72 页）也与前面分析过的文本不同。

〔164〕ARSI, Jap. Sin. IV, 5 G, fols. 1v-2r.

〔165〕还没有确认他的名字。有一种可能, 他是来自松江府华亭的董含（约 1628 年, 1661 年进士, 1696 年之后去世）。他的《三冈识略》

里面含有一些反天主教的言论，这些言论在无撰著者姓名的作品《辩诬》（1699 年）当中受到驳斥。见 CCT-Database。然而，在他的作品中还没有发现这句话。

〔166〕ARSI, Jap. Sin. IV, 5 G, fol. 2r. 手稿中的汉语文本就是这样写的。

〔167〕ARSI, Jap. Sin. IV, 5 G, fols. 2r-v.

〔168〕ARSI, Jap. Sin. IV, 5 G, fol. 3r.《礼记大全》，《四库全书》，第 122 册，第 206 页（卷 6，叶 19a)(《月令》篇的注释)。

〔169〕ARSI, Jap. Sin. IV, 5 G, fol. 3r.

〔170〕ARSI, Jap. Sin. IV, 5 G, fol. 3r: "font rire a la Chine."

〔171〕ARSI, Jap. Sin. IV, 5 G, fol. 3v: "ne donne pas moins la torture au texte chinois."

〔172〕ARSI, Jap. Sin. IV, 5 G, fol. 4r: "pensées si fausses et si vuides de sens commun."

〔173〕ARSI, Jap. Sin. IV, 5 G, fol. 5r: "interpretation infidelle."

〔174〕ARSI, Jap. Sin. IV, 5 G, fol. 5r: "pour la [= cette ancienne tradition] corrompre et la detourner en un sens faux."

〔175〕ARSI, Jap. Sin. IV, 5 G, fol. 9v: "il corromp[t] visiblement le texte par une infidelle version."

〔176〕ARSI, Jap. Sin. IV, 5 G, fols. 3r-10r. 在上述马若瑟引用的文本中，并非所有片段都能找到相同的细节点。第一点（fol. 3r）是讨论元子的；第三点（fols. 3v-4r）是关于无子和无羊；第六点（fols. 5r-v）是"弃"并不意味着被人民拒绝，而是被他的母亲抛弃；第七点（fols.7r-9v）讨论的是其他诗句。

〔177〕ARSI, Jap. Sin. IV, 5 G, fol. 3v.

〔178〕列王纪下 4:14-17。

〔179〕ARSI, Jap. Sin. IV, 5 G, fol. 4r-v.

〔180〕ARSI, Jap. Sin. IV, 5 G, fol. 4v. 朱熹，《诗集传》，第 190 页；亦见于胡广的《诗经大全》，《四库全书》，第 78 册，第 735 页（卷 17，叶 2b)("生民"的注释)。这一观点也出现在《毛诗正义》，第 3 册，第 1056、1060 页。

〔181〕马若瑟的引文的意思与上述著作相符，但措辞不一样，可以参阅BnF, Chinois 9248, fol. 280r; Prémare(1878), p. 440；《经传遗迹 》，ARSI, Jap. Sin. II, 168, p. 47。

〔182〕ARSI, Jap. Sin. IV, 5 G, fol. 3r. 朱熹,《诗集传》, 第 190 页; 亦见于胡广的《诗经大全》,《四库全书》, 第 78 册, 第 736 页（卷 17, 叶 4a)("生民"的注释）。

〔183〕《诗经正解》,《四库全书存目丛书》经部, 第 80 册, 第 587 页（卷 23, 叶 13b)。

〔184〕BnF, Chinois 9248, fols. 282r-283r; Prémare(1878), p. 443.《经 传 遗迹》, ARSI, Jap. Sin. II, 168, p. 50: 汤尚贤的版本与这些原作有一些不同, 例如, 汤尚贤提到的是 "a Deo missuserat", 而原作中是 "a coelo missus erat"。此外, 后面有一段话声称是出自维吉尔（Virgil）的第四牧歌（Eclogue）, 但在原作中也没有这段话。

〔185〕《诗》245 篇的正文内容。

〔186〕《诗》245 篇的正文内容。

〔187〕朱熹,《诗集传》, 第 190 页; 亦见于胡广的《诗经大全》,《四库全书》, 第 78 册, 第 736 页（卷 17, 叶 4b—5a）("生民"的注释）。

〔188〕ARSI, Jap. Sin. IV, 5 G, fols. 9v-10r.

〔189〕ARSI, Jap. Sin. IV, 5 G, fols. 10r-v.

〔190〕ARSI, Jap. Sin. IV, 5 G, fols. 12r-v. 朱熹,《诗集传》, 第 190 页; 亦见于胡广的《诗经大全》,《四库全书》, 第 78 册, 第 735 页（卷 17, 叶 3a)("生民"的注释）。

〔191〕ARSI, Jap. Sin. IV, 5 G, fols. 12r-v. 朱熹,《诗集传》, 第 190 页; 亦见于胡广的《诗经大全》,《四库全书》, 第 78 册, 第 735 页（卷 17, 叶 2b)("生民"的注释）。

〔192〕《诗》300 篇: 后稷之孙, 实维大王。居岐之阳, 实始翦商。至于文武, 缵大王之绪。

〔193〕《诗》303 篇: 天命玄鸟, 降而生商, 宅殷土芒芒。古帝命武汤, 正域彼四方。

〔194〕ARSI, Jap. Sin. IV, 5 G, fols. 12v-13r.

〔195〕ARSI, Jap. Sin. IV, 5 G, fols. 13r-v.

〔196〕《智慧篇》7:1-2（汤尚贤提到的是第八章）:"十月之久, 在母亲血中凝结。"

〔197〕《牧歌》4（汤尚贤提到的是《牧歌》5）:"与母亲相认, 十月怀胎为她带来了巨大的痛苦", 参见 Virgil, *Eclogues* (1969), p. 33。

〔198〕"其始生之祥, 明其受命于天, 固有以异于常人也。"朱熹,《诗传

集》，第 190 页；亦见于胡广的《诗经大全》，《四库全书》，第 78 册，第 735 页（卷 17，叶 2b)("生民"的注释)。

〔199〕"麒麟之生异于犬羊（汤尚贤：马），蛟龙之生异于鱼鳖，〔物固有然者矣〕。神（汤尚贤：圣）人之生而有以异于人何足怪哉"。朱熹，《诗集传》，页 190；亦见于胡广的《诗经大全》，《四库全书》，第 78 册，第 735 页（卷 17，叶 3a)("生民"的注释)。

〔200〕ARSI, Jap. Sin. IV, 5 G, fols. 13r-v. 原句全文如下：*Singuli enim decipere et decipi possunt: nemo omnes, neminem omnes fefellunt.* 意思是，个人完全有可能欺骗别人，也有可能被别人欺骗；但没有人能欺骗所有人，也没有可能所有人联合起来欺骗他一人。这是小普林尼（Gaius Plinius Caecilius Secundus, 63— 约 113）在《颂词》（Panegyricus）62 当中的一句话，参见 Pliny(1969), vol. 2, pp. 470-471。

〔201〕朱熹，《诗集传》，页 190；亦见于胡广的《诗经大全》，《四库全书》，第 78 册，第 736 页（卷 17，叶 4a)("生民"的注释)。

〔202〕ARSI, Jap. Sin. IV, 5 G, fols. 14r-v.

〔203〕ARSI, Jap. Sin. IV, 5 G, fols. 14v-15r.

〔204〕ARSI, Jap. Sin. IV, 5 G, fol. 15r. 在这之后（fols. 15v-16r），他仍然拒绝了白晋对"后稷为天地之主"这句话的解释。

〔205〕ARSI, Jap. Sin. IV, 5 G, fol. 16v.

〔206〕关于他的汉语著作清单，参见 CCT-Database。

〔207〕De Mailla: letter to Etienne Souciet (26 October 1727), *Revue de l'Extreme-Orient* 3 (1887), p. 72.

〔208〕De Mailla: letter to Etienne Souciet (26 October 1727), *Revue de l'Extreme-Orient* 3 (1887), p. 73.

〔209〕De Mailla: letter to Etienne Souciet (26 October 1727), *Revue de l'Extreme-Orient* 3 (1887), pp. 72-73; 另见 Rule(1986), p. 160。

〔210〕De Mailla, *Histoire générale de la Chine*, vol. 1, "Préface," pp. ij-iii（引用了几个例子）。

〔211〕De Mailla, *Histoire générale de la Chine*, vol. 1, "Lettre I," pp. lxxxvij-lxxviij 1735 年 5 月 23 日写给弗雷烈的信。

〔212〕De Mailla, *Histoire générale de la Chine*, vol. 1, pp. 36-37: Il fut le premier empereur qui établit des écoles publiques, qu'il eut soin de fournir de maîtres habiles & vertueux, pour instruire la jeunesse &

l'élever à la vertu. 可以与法国国家图书馆的藏本作比较，见 BnF. ms. fr. 12210, p. 20。

〔213〕所有这些细节都可以在纲鉴类的文本中找到，参见本书的第一章和第二章。

〔214〕De Mailla, *Histoire générale de la Chine*, vol. 1, p. 37: 可以与法国国家图书馆的藏本作比较，见 BnF. ms. fr. 12210, p. 21。那里也用转写的方式记下他们父亲的名字。

〔215〕De Mailla, *Histoire générale de la Chine*, vol. 1, pp. 36-37.

〔216〕BnF. ms. fr. 12210, p. 21.

〔217〕另见 Pinot (1932), p. 259。

〔218〕De Mailla, *Histoire générale de la Chine*, vol. 1, pp. 38-42；可以与法国国家图书馆的藏本作比较，见 BnF. ms. fr. 12210, pp. 21-23。

〔219〕De Mailla, *Histoire générale de la Chine*, vol. 1, p. 38；可以与法国国家图书馆的藏本作比较，见 BnF. ms. fr. 12210, p. 21: "... il faut suivre le sage avertissemt que nous donne le commentaire de *tching-tchi* sur le *Ly-ki*, à l'occasion même de la conception de *kiang-yuen*: c'est aux sages critiques, dit-il, de ne pas attaquer (faire tomber) sur des fictions de poëtes, l'autorité des *King* & la vérité de notre (nos) histoire(s)." 不清楚这段引文指的是哪一段。《礼记集说》当中，在解释《礼记》中的"礼不王不禘王"（出自《大传》）时有一段话，这里引用的是郑玄。这段解释说的是姜嫄生了后稷的事情："郑氏引纬书，以为禘祭太微五精帝，事非经据，圣人之意不如是也。"参见《礼记集说》，《四库全书》，第 118 册，第 754 页（卷 84，叶 10a—b）。《礼记注疏》中，在《檀弓上》开篇关于神奇生子情节的部分，在《月令》篇中关于玄鸟的部分，以及在《祭法》开篇关于殷人大祭帝喾的部分中，郑玄都提到了姜嫄。但是，这些地方都找不到对应冯秉正引文的文字。〔参见，《礼记注疏》，《四库全书》，第 115 册，第 147 页（卷 7，叶 4a—5a），第 325 页（卷 15，叶 5b—6a）；第 116 册，第 250—252 页（卷 46，叶 1a—5a）。〕

〔220〕他最后还提到了专门供奉姜嫄的庙。这也对应着前注中《礼记集说》当中的一段〔《礼记集解》，《礼记集说》，《四库全书》，第 118 册，第 754 页（卷 84，叶 10a）〕。另见《礼记注疏》，《四库全书》，第 115 册，第 512 页（卷 24 考证，叶 1b）。

〔221〕De Mailla, *Histoire générale de la Chine*, vol. 1, pp. 39-40；可以与法国国家图书馆的藏本作比较，见 BnF. ms. fr. 12210, p. 22。

〔222〕De Mailla, *Histoire générale de la Chine*, vol. 1, p. 41；可以与法国国家图书馆的藏本作比较，见 BnF. ms. fr. 12210, p. 23：这份手稿明确提到了 "si-kiang"，而不是 "un interprète du Chi-King"。我们可以在《毛诗正义》中找到类似的解释，参见《毛诗正义》，第 3 册，第 1055 页："经八章，上三章言后稷生之所由显异之事，是后稷生于姜嫄也。下五章言后稷长而有功，见其得以配天之意。"

〔223〕De Mailla, *Histoire générale de la Chine*, vol. 1, p. 42；可以与法国国家图书馆的藏本作比较，见 BnF. ms. fr. 12210, p. 23："Le *chi-king*, ou pour mieux dire les poëtes du temps des *Chang*, ne manquèrent pas aussi de s'exercer sur les louanges de *ki*, qui en estoit le chef; ils répandirent du merveilleux sur sa naissance (de la faire concevoir d'une maniere miraculeuse) en rancontant que Kien-ti l'avait conçu en avalant des œufs d'hirondelle lorsqu'elle offroit un sacrifice au Chang-ti (au temps du sacrifice que. *Kien-ti* sa mere offroit au *Chang-ti*)."

〔224〕只在十九世纪出版：雷孝思〔Jean-Baptiste Régis〕, *Y-king, antiquissimus Sinarum liber quem ex Latina interpretatione P. Regis aliorumque ex. Soc. Jesu P.P.*, ed. Julius Mohl, 2 vols., Stuttgart/Tübingen: J.G. Cottae, 1834-1839. 参见 Pfister(1932), p. 534。

〔225〕Régis, "Concordia chronologiæ annalium Sinensis Imperii," BnF, NAF 8981, p. 24.

〔226〕Régis, "Concordia chronologiæ annalium Sinensis Imperii," BnF, NAF 8981, p. 25.

〔227〕谢和耐曾在巴黎的金石与美文学院发表过一次演讲，重点议题就是宋君荣的形象〔参见 Gernet(2009), pp. 9-19〕。谢和耐引用了戴密微的话——戴密微在出版宋君荣的三百多封信时为此写了一篇序言，他在其中认为，宋君荣是"十八世纪最伟大的欧洲汉学家，是法国耶稣会士中最聪明的人，他在中国创立了第一个西方的中国研究博学派"〔Paul Demiéville, "Préface," in Gaubil (1970), p. vii.〕。此前，李约瑟也对宋君荣给予了类似的赞誉："他在巴黎天文台的卡西尼（Cassini）和马拉迪（Maraldi）手下接受了相当多的天文学训练。离开法国后，他进行了真的可以称为巨人般的、不屈不挠的工作，

获得了几乎完美的汉语知识，收集了所有可能包含天文学和数学内容的文献，并亲自进行天文观测。他在中文和其他亚洲语言方面的知识如此完美，所以他经常受到皇帝的召见，在国家级别的会议上担任翻译。"［Needham (1959), p. 182.］

〔228〕[Alexandre de La Charme], *Confucii Chi-king sive Liber carminum, ex Latina P. Lacharme interpretatione*, ed. Julius Mohl, Stuttgart & Tübingen: J. G. Cottae, 1830.

〔229〕Pinot (1932), pp. 251-252.

〔230〕Gaubil (1970), pp. 261-262：1730 年 9 月 20 日的一封信，无收信人姓名（可能是苏熙业）。Foss (1991), p. 165.

〔231〕Parrenin, "Version litterale du commencement de l'histoire chinoise depuis Fou-hy jusques à Yao," BnF, Ms. fr. 17240, fols. 91-144; 翻译的文字出现在：fol. 121r。

〔232〕*MCC*, vol. 13, pp. 77; 亦见 "Extrait d'une lettre de M. Amiot, Missionnaire, Ecrite de Péking à M.***, le 3 Novembre 1780," in *MCC*, vol. 15, pp. 280-281. 钱德明想要调和中国纪年的准确性与圣书不容有错的特征。他选择使用的是保罗·伊夫·佩兹龙（Paul-Yves Pezron, 1639—1706）的纪年，佩兹龙遵循了七十士译本的纪年，参见他的著作：Paul-Yves Pezron, *Antiquité des Tems rétablie*(1687), *Defense de l'Antiquité des Tems*(1691)。

〔233〕*MCC*, vol. 13, pp. 254-258.

〔234〕例如，*MCC*, vol. 13, p. 257：关于商朝的创始人是后稷的后裔这一说法，他补充道："就好像在欧洲，著名的哲学家就以孔子为名。"还有 p.258：解释帝妃们的头衔。

〔235〕*MCC*, vol. 13, p. 257: "La naissance & l'éducation de ce fils ne furent pas dans l'ordre ordinaire..."

〔236〕*MCC*, vol. 3, pp. 15-16; 寄给亨利·贝尔坦（Henri Bertin）的手稿。手稿保存在法国国家图书馆，编号 BnF, NAF, 4421, p. 20。

〔237〕这些文字是根据一本带有彩绘插图的小册子编写的。BnF, Chinois 1236（包括插图和汉语的传记文字）。钱德明的注释提到，原画在兴德寺，1685 年勃碣（常岫）从兴德寺复制了这些图画，他还添加了解释。*MCC* 中出版的翻译与汉语文本略有不同。

〔238〕*MCC*, vol. 3, p. 15.

〔239〕"J'ay lu l'abregé de l'histoire Chinoise composé en françois par le R. P. Alexandre de la Charme. Dans cet abregé l'auteur a mis avec gout et netteté ce qui est essentiel dans les differentes histoires Chinoises et cet ouvrage me paroit tres propre a faire connoitre et estimer la nation Chinoise, à Peking ce 11. 7bre 1741." "Abrégé de l'histoire Chinoise," München, Bayerische StaatsBibliothek, Cod. Gall. 679, 该藏本开头的笔记。

〔240〕Gaubil (1970), p. 534：1741 年 10 月 2 日致费雷烈的信。

〔241〕薛应旂,《甲子会纪》,《四库全书存目丛书》史部, 第 11 册, 第 243—244 页（卷 1, 叶 5b、6b）。

〔242〕"Abrégé de l'histoire Chinoise," München, Bayerische Staats Bibliothek, Cod. Gall. 679, p. 5.

〔243〕[Alexandre de La Charme], *Confucii Chi-king sive Liber carminum* (1830), pp. 155-156, 209, 215, 320.

〔244〕Gaubil, "Traité de la chronologie chinoise, divisé en trois parties," in *MCC*, vol. 16, p. 12. 可以参阅钟惺,《鼎镌钟伯敬订正资治纲鉴正史大全》,《四库禁毁书丛刊》史部, 第 65 册, 第 121—122 页（卷 1, 叶 20a—21a）。

〔245〕Gaubil (1970), p. 483：1737 年 5 月 8 日致费雷烈的信。

〔246〕Gaubil (1970), p. 534：1741 年 10 月 2 日致费雷烈的信。

〔247〕Gaubil (1970), p. 749：致费雷烈的信, 没有具体日期（似乎写于 1753 年）。关于记载了尧之前的帝王纪年（包括帝喾）的文献资料, 相关讨论见 "Traité de la chronologie chinoise, divisé en trois parties", in *MCC*, vol. 16, p. 269 及其后内容, 是这篇文章比较靠后的部分。

〔248〕钱德明提到了 "Ykingnistes", 见 "L'Antiquité des Chinois prouvée par les monumens", *MCC*, vol. 2, p. 26。而且, 在讨论哪些传教士可以将良好的语言功底和深入的研究能力结合起来时, 他似乎批评了索隐派, 说他们 "不幸地被一些他们自己想要实现的梦幻般的想法所浸染, 他们在这些想法的基础上来报告所有的东西, 并且解释所有的东西, 因此, 他们拒绝一切不利于他们的系统的东西, 或者如果有些东西可以用来像烟雾一样驱散他们在自己想象的空间里自鸣得意地建立起来的这座辉煌大厦, 他们也是拒绝的"（第 121—

122 页）。

〔249〕Gaubil (1970), p. 99：1725 年 11 月 5 日致苏熙业的信。

〔250〕Gaubil (1970), pp.363-364：1733 年 10 月 28 日致费雷烈的信。有关宋君荣与费雷烈对于纪年方法的讨论，见 Pinot (1932), p.261 及其后内容；Elisseeff-Poisle (1978), p.80 及其后内容；Witek (1983), p. 242 及其后内容；Hsia (1999), p. 218 及其后内容（她博士论文当中的这个部分没有包括在她 2009 年出版的书中）。

〔251〕Gaubil (1970), pp. 262-263：1730 年 9 月 20 日写的信，收信人姓名未知（可能是苏熙业）。

〔252〕之所以推断这篇文章是宋君荣所写，参见 Gaubil (1970), p. 906；文章的写作日期是 1727 年 10 月 29 日。

〔253〕Witek (1993), p. 270; Witek, "Manchu Christians," in *HCC*, pp. 444-448.

〔254〕BVE. Fondo Gesuitico 1257, no. 31, p. 15 (fol. 341r)；出现在 Gaubil (1970), p. 365。

〔255〕Legge, *The Chinese Classics*, vol. 3, p. 165（胤征）：乃季秋月朔，辰弗集于房。张培瑜解释为"辰不群于房"，参见 Nivison & Pang (1990), p. 138。 Gaubil, *Le Chou-king, un des livres sacrés des Chinois* (1770), pp. 67-68: "Au premier jour de la derniere lune d'automne, le soleil & la lune en conjonction, n'ont pas été d'accord dans Fang." 另有讨论和论证总结，参见 p. 372 及其后内容。

〔256〕汤若望在《古今交食考》(原版 1635 年)(2009 年再版) 中也提到了这次日食，称它是最早的记录。宋君荣参考了这个著作，见 Gaubil (1970), p. 62：1723 年 10 月 20 日写给苏熙业的信。 关于计算年份的方法，尤其见 Gaubil, *Traité de l'astronomie chinoise*, in *Souciet* (1732), vol. 3, p. 150 及其后内容。

〔257〕Pinot (1932), p. 259 及其后内容；Hsia (1999), p. 190 及其后内容。

〔258〕Gaubil, *Histoire (abregée) de l'astronomie chinoise* in *Souciet* (1732), vol. 2, p. 41; 关于宋君荣的观点，参见 Pinot, pp. 259-260。

〔259〕Gaubil, *Histoire (abregée) de l'astronomie chinoise* in *Souciet* (1732), vol. 2, p. 43.

〔260〕Gaubil, *Histoire (abregée) de l'astronomie chinoise* in *Souciet* (1732), vol. 2, p. 43.

〔261〕Gaubil, *Histoire (abrégée) de l'astronomie chinoise* in *Souciet* (1732), vol. 2, pp. 141-142.

〔262〕Gaubil (1970), p. 85：1725 年 10 月 25 日致苏熙业的信。

〔263〕Gaubil, *Histoire (abrégée) de l'astronomie chinoise* in (1732), vol. 2, p. 137. 可以参阅 Pinot, pp. 260-261。

〔264〕Gaubil, *Histoire (abrégée) de l'astronomie chinoise* in *Souciet* (1732), vol. 2, p. 137. 可以参阅 Pinot, pp. 260-261。

〔265〕Gaubil (1970), p. 197：1727 年 11 月 4 日写的信，收信人姓名位置（可能是苏熙业）。

〔266〕见本书第二章的结论。

〔267〕Gaubil, "Traité de la chronologie chinoise, divisé en trois parties," in *MCC*, vol. 16, p. 278; Hsia (1999), p. 232.

〔268〕《晋书》，北京：中华书局，1982 年，第 2 册，第 502 页（卷 17，志第七律历中）。

〔269〕Nivison & Pang (1990), p. 87.

〔270〕Nivison & Pang (1990), p. 183.

〔271〕例如，见袁黄，《历史纲鉴补》，《四库禁毁书丛刊》史部，第 67 册，第 130 页（卷 1，叶 16a-b）："帝作历，以孟春正月为元，是岁正月朔旦立春，五星会于天历，营室。"

〔272〕Martini, *Sinicae historiae decas prima* (2010), pp. 21-22.

〔273〕Couplet, *Tabula chronologica Monarchiæ Sinicæ* (1686), p. 2.

〔274〕关于涉及的参考资料，见 Gaubil (1970), p. 225 及其后内容；关于这个合相，亦见 Van Kley(1970), pp. 374-375。

〔275〕De Mailla, *Histoire générale de la Chine*, vol. 1, p. 34; 可以与法国国家图书馆的藏本作比较，见 BnF. ms. fr. 12210, p. 19. 值得注意的是，刊印版里写的是公元前 2461 年，而手稿则在页底写有公元前 2429 年。根据宋君荣的说法，冯秉正认定的是 2429 年，例如，参见 Gaubil(1970), p. 85：1725 年 10 月 25 日致苏熙业的信；p. 491：1737 年 10 月 7 日致弗雷烈的信。

〔276〕Gaubil (1970), pp. 224-226：1729 年 10 月 9 到 10 日，巴多明写给梅朗的一封信，其中包括宋君荣写的："Sur la conjunction des Planètes au temps de *Tchouen Hio*"；关于宋君荣否定二人的天文计算，另见 Gaubil(1970), p. 323：1732 年 7 月 3 日致巴耶尔（T. S. Bayer）

的信；以及 p.378：1734 年 7 月 17 日给巴耶尔的信；另见 p.384：
1734 年 7 月 23 日写给德利尔（J. N. Delisle）的信（p. 491）中提
到：即使冯秉正得到的年份与基尔奇（Kirch）的年份相同，也
不能就因此证明基尔奇的结果正确（1737 年 10 月 7 日致费雷
烈的信）；还有其他地方表示拒绝这种观点，见 Gaubil, *Histoire
(abregée) de l'astronomie chinoise* in *Souciet* (1732), vol. 2, pp. 149-
150，以及相似的表达，见 Gaubil, *Le Chou-king, un des livres sacrés
des Chinois* (1770), pp. 379-380。

〔277〕冯秉正告诉宋君荣，司马光和司马迁都曾谈到这个问题，但他找不
到相关出处。宋君荣本人也表示很难在《史记》中找到这段话，至
少根据满文版（？）的《通鉴纲目》，在这段话应该出现的地方也找
不到它。参见 Gaubil(1970), p. 444：1736 年 10 月 19 日致费雷烈的
信；p.502：1738 年 11 月 2 日致费雷烈的信。

〔278〕Gaubil (1970), p. 88：1725 年 10 月 25 日写给苏熙业的信；另见
p.98：1725 年 11 月 5 日致苏熙业的信。另见康言（Mario Cams）
的博客："Manchu as a tool language for European missionaries"。值
得注意的是，在手稿版本中，"le soleil et la lune se trouvoient en
conjunction" 的表述被纠正为 "se trouvoient assemblées"，但在
刊印版本中又被改为 "en conjunction"。 参见 De Mailla, *Histoire
générale de la Chine*, vol. 1, p. 34；可以与法国国家图书馆的藏本作
比较，见 BnF. ms. fr. 12210, p. 19。

〔279〕Gaubil (1970), p. 195：1727 年 11 月 4 日写的信，无收信人姓名
（可能是苏熙业）；亦见于 Gaubil, *Traité de l'astronomie chinoise*, in
Souciet (1732), vol. 3, p. 46。

〔280〕Gaubil (1970), p. 227：根据的是宋君荣（1729 年 10 月 9 日）的报
告，这句话的出处是 1729 年 10 月 9 到 10 日，巴多明写给梅朗的
信；另见 p. 226。

〔281〕Gaubil, "Traité de la chronologie chinoise, divisé en trois parties," in
MCC, vol. 16, p. 278.

〔282〕Gaubil (1970), pp. 88：1725 年 10 月 25 日写给苏熙业的信的附言
内容；另见 pp.89-91，是对于 1725 年 3 月合相的具体描述，见于
1725 年 10 月 25 日给 M. de Foucard 的信；见 pp.226-227，同样的
观点是宋君荣（1729 年 10 月 9 日）提的，见于 1729 年 10 月 9 到

10 日巴多明写给梅朗的信。

〔283〕关于这个以及其他天文观测对于将中国的部分融入世界历史来说的重要性，见 Van Kley (1971), pp. 374-375。

〔284〕见 Bernard-Maître (1935)，p.164, 169；亦见 Rule(1985) 的第 5 章，特别是 p. 185。

〔285〕Bernard-Maître (1935), p. 166：引用了 1741 年 4 月 24 日苏熙业写给宋君荣的一封信。

〔286〕Pinot (1932), p. 142.

〔287〕Pinot (1932), p. 145：见宋君荣的评论："on veut surtout de quoi s'amuser agréablement"。

〔288〕Pinot (1932), p. 173, 251.

〔289〕Pinot (1932), pp. 150-152, 250-251.

〔290〕关于这个阶段，可以参考的研究有，比如 Bernard-Maître (1935), pp. 101-117；Rule(1986), pp. 73-88; Standaert(2001), pp. 33-37; Golden(2009)。

〔291〕关于这个阶段，可以参考的研究有，比如 Bernard-Maître (1935), pp. 126-134；Mungello (1985), pp. 247-299；Mungello (1988), pp. 255-264；Rule (1986)，pp. 116-123；Meynard (2001)，特别是 pp. 217-224, 312-316（《中国哲学家孔子》的导论第 11 章："证据不是来自现代的诠释者，而是尽可能地来自于原始文本"）。

〔292〕关于这个阶段，可以参考的研究有，比如 Mungello (1988)，pp. 264-267；Rule(2003)；潘凤娟（2010）；黄正谦（2013、2015）。

〔293〕关于这个阶段，可以参考的研究有，比如 Bernard-Maître(1935), pp. 163-170。

〔294〕根据的是 Van Kley (1971), p. 359。

〔295〕例如 Gaubil (1970), p. 244：1729 年 10 月 24 日写的信，收件人身份不明；Joseph-Marie Amiot, "Abrégé chronologique de l'histoire universelle de l'empire chinois," in *MCC*, vol. 13, p. 176. 如卫匡国和柏应理等早期的耶稣会士也使用了同样的分类。对柏应理来说，古代故事的神话色彩并不足以成为拒绝中国历史或怀疑圣贤君主存在的理由，否则的话，人们也可以质疑土星（Saturn）、朱庇特（Jupiter）、赫拉克勒斯（Hercules）、巴克斯（Bacchus）或罗慕路斯（Romulus）的存在。Philippe Couplet, *Tabula chronologica*

Monarchiœ Sinicœ (1686), pp. x-xi. Van Kley (1971), p. 367.

〔296〕见 Van Kley (1971), p. 364, 373。

〔297〕Voltaire (1759), pp. 10-11（有改动，增加了缺失的句子）.Voltaire (2009), pp. 20-21: "Son histoire, incontestable dans les choses générales, la seule qui soit fondée sur des observations célestes, remonte, par la chronologie la plus sûre, jusqu'à une éclipse observée deux mille cent cinquante-cinq ans avant notre ère vulgaire, et vérifiée par les mathématiciens missionnaires qui, envoyés dans les derniers siècles chez cette nation inconnue, l'ont admirée et l'ont instruite. Le P. Gaubil a examiné une suite de trente-six éclipses de soleil, rapportées dans les livres de Confutzée; et il n'en a trouvé que deux fausses et deux douteuses. Les douteuses sont celles qui en effet sont arrivées, mais qui n'ont pu être observées du lieu où l'on suppose l'observateur; et cela même prouve qu'alors les astronomes chinois calculaient les éclipses, puisqu'ils se trompèrent dans deux calculs."

〔298〕Voltaire (1829), pp. 106-107. Voltaire (1969), p. 153: "Si quelques annales portent un caractere de certitude, ce sont celles des Chinois, qui ont joint, comme on l'a deja dit ailleurs, l'histoire du ciel a celle de la terre. Seuls de tous les peoples, ils ont constamment marque leurs epoques par les eclipses, par les conjonctions des planets; et nos astronomes qui ont examine leurs calculs, ont ete etonnes de les trouver presque tous veritables. Les autres nations inventerent des fables allegoriques, et les Chinois ecrivirent leur histoire la plume et l'astrolabe a la main, avec une simplicite don't on en trouve point d'exemple dans le reste de l'Asie."

〔299〕Voltaire (1829), pp. 106-107. Voltaire (1969), p. 153: "Chaque règne de leurs empereurs a été écrit par des contemporains; nulle différente manière de compter parmi eux, nulles chronologies qui se contredisent."

〔300〕Voltaire (1829), pp. 106-107. Voltaire (1969), p. 153: "Nos voyageurs missionnaires rapportent, avec candeur, que lorsqu'ils parlèrent au sage empereur Cam-hi〔康熙〕des variations considérables de la chronologie de la *Vulgate*, des *Septante*, et des *Samaritains*, Cam-hi〔康熙〕leur répondit: "Est-il possible que les livres en qui vous croyez se combattent?""

后　记

子羔问于孔子曰："三王者之作也，皆人子也，而其
父贱而不足称也欤？抑亦诚天子也欤？"孔子曰："善，尔
问之也……"〔1〕

这段话出自上海博物馆收藏的一份战国楚竹书，由当代的
编辑以孔子弟子子羔的名字命名。这份竹书被认为是大约公元
前300年与郭店竹简同时期下葬的。这份竹简中保存下来的大
部分残片都提到了夏、商、周三代创始人神奇出生的故事，包
括契与燕子、后稷与脚印。这段文字开头的问题表明，孔子在
很早的时候就认为，无论是否存在父亲角色的介入，神奇出生
记这个话题本身就是一个很有价值的问题，他积极鼓励对这个
问题的讨论。

本书也算是响应孔子的要求，对这个问题做了进一步讨论。
为此，本书采取的方式是对帝喾及其众妃们的神奇生子记，以
及历史上的各种解释进行梳理和回顾。我们主要从"文化间的
历史编纂学"这个角度来看待这些叙事。作为一种书写历史的
方式，"文化间的历史编纂学"强调的是，与另一种文化互动是
编纂史书的过程中一个不可或缺的组成部分。在这方面，我们

已经不止一次地指出了十七世纪和十八世纪初期中国与欧洲之间发生相遇的具体历史背景。中国有着悠久的史书编纂传统，文化复刻的方法（如通过刊刻和教育）使得这些与史书有关的资料广泛流传。此外，明末清初是史书编纂的创新时期，当时不仅产生了大量的历史文本，而且发展出新的体裁。于是，接受过文艺复兴晚期的欧洲教育的耶稣会传教士抵达中国的时候，他们来到了一个非常重视古代历史书写文化空间。正是这样的时代背景、对历史编纂的共同追求，深化了欧洲学者和中国学者之间的互动。这场互动得以展开，所依赖的中介是中国的对话者提供给耶稣会士的文献资料。虽然我们对资料的来源知之甚少，但从文化互动的角度来看，可以认为这些对话者将当时最流行的书籍文本展示给耶稣会士，引起了他们的注意。这也是为什么本书的第一章专门介绍了明末清初的史书资料。这一章对通史的概述表明了当时诸如纲鉴体文本这种新体裁的发展，也展示了这些文本在中国传统中彼此交织、指涉、引用、互现的特征。这一章还指出了当时史书的多样性，无论是在体例方面（纪传体或编年体）还是内容方面（有些作品提到了神奇生子的情节，有些则没有）。

这些纲鉴体的书籍继而成为耶稣会士展开写作的文献基础，本书在第二章中对其进行了概述。耶稣会士仰慕中国的"通史"传统。他们在欧洲没怎么见过这种传统，对其他文化中的这类史书更是一无所知。事实上，耶稣会士在撰写关于中国的通史著作时普遍采用了中国的文本间指涉的方法，并将其介绍到欧洲。因此，中国方法塑造了一种欧洲传统。从文化间的角度来看，汉文和满文的史书资料交织在一起，共同出现在用欧洲语言写成的著作中。我们可以用雷孝思的作品为例来说明这种文本交织的复杂性：《拉丁文稿的摘要：中国编年史的纪年和古代历史的比较》是一部拉丁文著作的法文缩略本，而《中华帝国史》这部拉丁文著作里面交织了来自中国的、《圣经》里的、埃及的、巴比伦的编年史和叙事。中国部分所依赖的资料来源就是纲鉴类的史书，作为参考的甚至可能是满文版本而非汉文版本。纲鉴体史书本身可以追溯到宋代著作的修订版，这些宋代史书吸纳了更早期的著作（比如《史记》等）。于是，这些更早期的文本资料间接地被纳入了为欧洲读者而写的文本体系中。对我们的主题来说比较重要的是，这是历史上第一次有这些中国史料进入为欧洲读者所写的著作中并且达到如此的广度和深度。作为对自己所依据的汉文和满文资料的一种回应，传教士们就他们所叙述的中国历史提供了多种不同的版本，而不是对中国历史的单一看法。一些耶稣会士——比如马若瑟，甚至厌恶会友们的一些做法，因为那些传教士们展示的是一种代表"所有中国人"的、统一的看法。他说："如果一个欧洲人自信满满地说'中国所有的文人都肯定这个或那个'，这说明他几乎不怎么知道这些文人，他读过的就更少。"[2]

317

　　这些不同文本的交织构成了一个文化间解释学的案例；我们在本书的研究中采用这种视角，为的是寻找中国历史是如何被解释的。鉴于这个目的，我们选择了一个主题，即神奇生子记，并且将其充分展开。我想强调的是，通过帝喾及其众妃的故事，我并不打算为中国历史编纂学的发展或耶稣会士关于中国的历史著作给出一个总体的答案。相反，通过对这个案例做微观分析，我希望能揭示历史叙述的多样性和差异性。本书第三章展示了中国人对这些出生故事的解读，我们从中看到了各种不同的解释（完全是奇异事件，完全是人类所为，或者两种元素兼而有之），以及支持这些解释的广泛论据。在整个中国历史上，作者们以多种方式处理主体文本和传注疏义之间的关系。第四章展示的是耶稣会士的解释，我们从中看到了耶稣会士与这些解释的互动，以及文化间的解释是多么复杂。一方面，他们与中国人的解释有相似之处，因为耶稣会士使用了中国已有的、相同类型的解释或观点。另一方面，耶稣会士引入了新的解释，这些解释方法各种各样——既有索隐派使用的神学方法，也有历史派对诗歌修饰的隐喻解读，还有一些擅长天文和纪年方法的耶稣会士基于实证数据发展出自己的解释，算是一些科学方法的早期尝试。这种在书写其他文化的历史时缔造文本的复杂方式，可以比作制作纺织品时所发生的交织——许多不同的纤维缠绕在一起，丝线以复杂的方式一缕缕地穿梭在一起。所有这些绞合都是为了一个目的：将中国历史融入世界历史。尽管其中一些方法是有局限的，但它们在欧洲并不是没有产生效果。埃德温·范克莱很好地总结了关于中国古代史的新知识怎样在欧洲激发了新的思潮，使人们逐渐意识到，传统的普世历史的叙述结构和方法是不够的，必须找到新的方法。"由中国编年史引发的激烈争论促使人们对史书的态度越来越具有批判性——这既包括西方历史、也包括中国历史。欧洲人将中国纳入普世历史的尝试有时是很难办的，通常是不充分的，但却是越来越无法避免的，这些尝试第一次暴露了书写世界历史的传统方法存在问题和不足"。[3]

在这本书的结尾，我想简要地说明一下这项研究对于欧洲人理解当代中国、汉学以及二者的文化间解释（intercultural interpretation），具有什么样的意义。

首先应该强调的是，自十七世纪以来，文化间解释的背景已经发生了很大变化。在十七世纪和十八世纪初，欧洲人抵达中国之后面对的是一个强大的史书编纂传统——一方面，他们觉得这个传统看起来很熟悉，似乎与他们自己的文艺复兴晚期的传统相似，但另一方面，大量比他们自己的历史记载更早的史料信息使他们自己的历史认知受到质疑。因此，欧洲不得不进行自我调整：它不仅将中国历史纳入到《圣经》的、埃及的和巴比伦的历史纪年中，而且还对武加大版本的纪年提出了疑问（在此之前，武加大版一直被用作主要的参考）。最终，欧洲放弃了《圣经》纪年，象征着这次废止的时间是十八世纪中期，伏尔泰（1694—1778）在他的《风俗论》中直接将中国置于远古的首位。十九世纪，在欧洲与中国新一轮的接触中，情况发生了巨大的变化。欧洲开发了一种新的、即所谓科学的方法来书写历史，部分原因是由于早些时候中国对欧洲历史编纂学的挑战。这已经是第二次接触的时候，而中国仍然保持着这种强大的历史编纂传统，该传统由于考证学派的力量在十八世纪得到进一步发展。然而，新的欧洲历史震撼了中国的传统历史学。与其他知识框架（如涉及宗教概念的知识框架）的情况一样，在十七世纪和十八世纪初曾对欧洲人的框架提出过重大挑战、并由此改变了欧洲框架的中国史学本身，受到了十九世纪、二十世纪初期引入的新的欧洲框架发起的挑战，中国史学不得不做出改变。

这一点随着二十世纪初的中国所经历的一些事件——特别是"疑古派"的发展，变得明显起来。在二十世纪二十和三十年代，关于中国上古史的问题是"疑古派"提出的所有问题的核心。顾颉刚（1893—1980）等人的主要观点是，传说中的统治者（包括五帝中的帝喾）是神或图腾，不是人。在他们看

319

来，上古的神和图腾已经在后世被视同为历史了。因此，帝喾被看作是先祖之灵的化身，而这些先祖便是如甲骨中提到的俊、夒、夔等。[4] 关于他们如何化身为历史人物的研究一直持续到今天，并且伴随着更多关于（反向的）神话历史化（euhemerisation）的理论讨论。[5]

欧洲现代历史学的发展和二十世纪中国对上古历史的解构形成了鲜明的对比：在欧洲，中国人的上古历史几乎不会存在于欧洲人所熟悉的世界历史中（就他们所了解的范围而言）。与此同时，中国人对自己的过去所做的研究却发展到了有时与之相对立的方向。近几十年出现了各种新的演变。发现了新的考古遗址和出土文献，它们比二十世纪二十年代的学者们能接触到的文献还要早，因此有必要对一些早期的解释重新进行评估。这就促成了新的辩论，其中，考古发现和文本证据之间的关系已成为一个备受争议的问题。早期的纪年方法也成为新的兴趣点，如大规模的跨学科项目夏商周断代工程（得到过中国九五计划的支持；1996—2000）。最后，对非物质文化遗产的兴趣导致了新的、地方上的礼仪活动激增，它们往往伴随着重塑那些旨在促进民族主义的世系神话。所有这些方面都涉及帝喾这个角色，这一点可以得到很多学术成果和实践活动的证实——有一些研究出土文献的文章提出了有关五帝（其中包括帝喾）的新证据。[6] 其他的例子还有：讨论颛顼、帝喾和中国上古文明之间关系的学术会议；[7] 就陶寺（山西襄汾县）考古遗址是否是黄帝和帝喾的都城这个问题展开的激烈辩论；[8] 调研河南内黄县与颛顼和帝喾有关的信仰和祭祀活动的硕士论文；[9] 最后还有，为纪念帝喾作为人类的先祖之一，每年举办的祭祀庆典，以及在农历三月二十八日到颛顼和帝喾陵前为中国祈福的活

动。[10] 这些新情况是对十七世纪已经讨论过的问题给出的新
答案。帝喾是否存在过？他生活在什么时代，他的统治持续了
多长时间、取得了哪些成就？他的帝妃们是否经历过某种神奇
的生育方式？这些故事对于中国历史和世界历史有什么意义？
同时，这些新的动态也引发了新的疑问：人们是否仍然抱有疑
古的态度？如果是的话，以哪种方式疑古？回到各个文化割裂
的历史是否会催生新的仪式？

　　这些问题也被抛向从外部研究中国的汉学家们，而且回答
这些问题并非易事。正如第四章末尾提到的，宋君荣有时与他
在中国的一些同侪、以及巴黎的学者一起，被誉为开创了历史
批判的学者；由于他采用严谨的方法论，宋君荣被推崇为汉学
研究新方法的发起者。[11] 然而，他提出的有些问题仍未得到
解答。例如，天文观测和文献记载之间是什么样的关系？尽管
今天在天文方面的测算可以比十八世纪精确得多，但关于如何
解释这些文献中记载的天文现象，辩论仍然非常激烈。比如，
早期是否出现过五星连珠，关于这个问题仍然存在着激烈的讨
论，这表示，今天的许多挑战和争论仍然与十七、十八世纪的
相同。[12] 不过，大多数汉学家并不涉及天文计算，只是研究
文本。然而在这个领域，许多相关的问题也仍未得到解答。例
如，他们应该采用哪种史书编纂的方法？是以文本间的彼此指
涉互现和传统方法为主导，还是采取论述的方法，强调观点和
原创性？各种形式的传注疏义对于阅读中国典籍的重要性是什
么？可以不参考任何注释就直接解释古代文献吗（即所谓利
玛窦路线）？还是必须遵循注释里面的解释（即所谓龙华民路
线）？虽然出发点不同，使用的方法也不同，但当代汉学倾向
于遵循利玛窦路线，从而忽略了悠久的汉文典籍的注疏传统。

这就要求我们"重新审视汉学的解释学",正如鲁保禄所说,"从历史的角度来看,耶稣会士对儒学的解释存在着明显的缺陷,但他们没有隐瞒自己的偏见,他们所做的前提假设通常是相当明确的。距今较近的学者所使用的预设往往不那么显而易见,但他们的偏见可不一定少"[13]。最后,这些问题也涉及文化间的历史学这个学科本身:应该如何书写另一种文化的、经过交织的历史?书写这段历史的作者应该如何将自己置身于来自不同文化的文献资料之间、各个文化多种多样的原典文本和注疏评论之间?也许,正是由于汉学家们处于一种之间的位置,他们才可以得益于此,继续这场十七世纪就已经开启的探索。[14]

这篇后记在开头引用的那段话并不完整。因为竹简有残缺,它的下一句仍留给我们一个开放式的结尾:

孔子曰:"善,尔问之也。久矣其莫……"

"久矣其莫……"——这句话道出了历史留下的空白。任何人都可以补全这句话。希望其他学者能继续讲述本书介绍的故事。

注释

〔 1 〕Allan (2009), p.126, 144-145; 鲁瑞菁(2006);法文翻译,参见 http://languechinoise.wordpress.com/textes-anciens/zigao%E5%AD%90%E7%BE%94/。

〔 2 〕见本书第四章的引用。BnF, Chinois 9248, fol. 277r; Prémare (1878), p. 437.

〔 3 〕Van Kley (1971), p. 385.

〔 4 〕《古史辨》(1982),第 7 册上,第 223 页及以后内容。另见艾兰(Allan)

的讨论，包括了她自己的解读，Allan (1991), p. 33 及之后内容，
p. 51 及之后内容。

〔 5 〕关于（反向的）神话历史化，参见 Bodde (1961), pp. 372-373; Boltz
(1981), pp. 141-142, 151-152; Allan (1991), pp. 22-23。

〔 6 〕王晖（2007）。

〔 7 〕徐春燕（2006）。

〔 8 〕潘继安（2007）、王先胜（2009）。

〔 9 〕张阳（2013）。

〔10〕见"河南内黄县公祭颛顼帝喾二帝祈福华夏"的多个网页。

〔11〕见 Bernard-Maître (1935), p. 164, 169；亦见 Rule(1985) 的第 5 章，
特别是 p.185。

〔12〕见 Pankenier (2007)，Keenan (2007)；亦见 Nivison & Pang (1990)。

〔13〕Rule (1985), p. 196.

〔14〕关于之间性和汉学家处于之间的位置，见 Standaert (2015a)。

参引书目

常用缩略词

ARSI, Jap. Sin.: Archivum Romanum Societatis Iesu, Japonica-Sinica Collection 耶稣会罗马档案馆（罗马），亦见 Albert Chan, *Chinese Books and Documents in the Jesuit Archives in Rome: A Descriptive Catalogue: Japonica-Sinica I-IV*, New York: M.E. Sharpe, 2002

BAV: Bibliotheca Apostolica Vaticana 梵蒂冈图书馆（罗马），亦见 Paul Pelliot, *Inventaire sommaire des manuscrits et imprimés chinois de la Bibliothèque Vaticane*, rev. and ed. by Takata Tokio, Kyoto: Istituto Italiano di Cultura, 1995

BnF: Bibliothèque nationale de France 法国国家图书馆（巴黎），亦见 Maurice Courant, *Catalogue des livres chinois, coréens, japonais, etc.*, 8 vols., Paris: Ernest Leroux, 1902-1912

BVE: Biblioteca Nazionale Centrale Vittorio Emanuele II 维托里奥·伊曼纽尔二世国立中央图书馆（罗马）

CCT BnF:《法国国家图书馆明清天主教文献》(*Chinese Christian Texts from the National Library of France Textes chrétiens chinois de la Bibliothèque nationale de France*), ed. by Nicolas Standaert（钟鸣旦）, Ad Dudink（杜鼎克）and Nathalie Monnet（蒙曦），台北：利氏学社，2009

CCT ZKW:《徐家汇藏书楼明清天主教文献》(*Chinese Christian Texts from the Zikawei Library*), 5 vols., ed. by Nicolas Standaert（钟鸣旦）, Ad Dudink（杜鼎克）, Huang Yi-long（黄一农）and Chu Ping-Yi（祝平一）, 台北：辅仁大学出版社，1996

HCC: *Handbook of Christianity in China: Volume One*（635-1800）, ed. by Nicolas Standaert, Leiden: Brill, 2001

HYL: Harvard-Yenching Library 哈佛燕京图书馆，哈佛大学

LEC: *Lettres édifiantes et curieuses, écrites des missions étrangères*（Nouvelle édition; Mémoires de la Chine）, Toulouse: Sens & Gaude, 1810-1811, vols. 21-22.

MCC: *Mémoires concernant l'histoire, les sciences, les arts, les moeurs, les usages, &c. des Chinois, par les missionnaires de Pékin*, 16 vols., Paris: Nyon Libraire / Treutel et Würt, 1776-1814.

SNU: 首尔大学，Kyujanggak Library（奎章阁）

汉文一手资料

Aleni, Giulio（艾儒略）:《万物真原》,《徐家汇藏书楼明清天主教文献》, 第 1 册，第 161—215 页

《八编经世类纂》, 285 卷，1626 年刊，《四库未收书辑刊》, 第 1240—1246 册

《白虎通逐字索引》, 香港：商务印书馆，1995 年

Buglio, Lodovico（利类思）:《不得已辩》,《天主教东传文献》, 第 225—332 页

陈臣忠等：《纲鉴要编》（又名《纲鉴世史》）, 24 卷，1617 年刊。

陈桱：《资治通鉴（纲目）前编外纪》（即《（资治）通鉴续编》）, 24 卷，《四库全书》, 第 332 册，第 435—976 页。《外纪》部分见于第 439—469 页（亦收录于《御批三编》, 见《四库全书》, 第 692 册, 第 3—34 页）

程敏政编纂，《新安文献志》（100 卷），约 1497 年，《四库全书》，第 1375
　　册，第 1—770 页；第 1376 册，第 1—709 页

程颢、程颐：《二程集》，王孝鱼点校，北京：中华书局，2004 年

《重修纬书集成》，安居香山（Yasui Kōzan）、中村璋八（Nakamura
　　Shōhachi）编，东京：明德出版社，1971—1992

《楚辞逐字索引》，香港：商务印书馆，2000 年。

《春秋左传逐字索引》，香港：商务印书馆，1995 年

房玄龄编：《晋书》，北京：中华书局，1982 年

冯梦龙：《纲鉴统一》，39 卷（附《论题》2 卷，《历朝捷录》2 卷），1644
　　年刊。重刊本：冯梦龙：《冯梦龙全集》，上海：上海古籍出版社，
　　1993 年，第 8—12 册。现代点校本：魏同贤主编：《冯梦龙全集》，
　　南京：凤凰出版社，2007 年，第 13—14 册

冯琦：《鼎锲纂补标题论表策纲鉴正要精抄》，20 卷，1606 年刊

顾锡畴：《纲鉴正史约》，36 卷，崇祯本（1628—1644 年间刊）；1737 年
　　重刊；《四库全书存目丛书》史部，第 17 册，第 532—855 页；第 18
　　册，第 1—527 页

郭子章：《（新刊补遗标题论策）纲鉴全便精要》，20 卷，1592 年刊

郭子章：《（新锲郭苏二文参订）纲鉴汇约大成》，20 卷，1593 年刊

郭子章：《纲鉴要选》，10 卷，明本

《国朝宫史》，36 卷，1742 年，1759 年修订，《四库全书》，第 657 册，第
　　1—618 页

《国语逐字索引》，香港：商务印书馆，1999 年

何乔远：《刻王凤洲先生家藏通考纲鉴旁训》，20 卷，明末本

胡广编：《礼记大全》，30 卷，《四库全书》，第 122 册，第 1—781 页

胡广编：《诗经大全》（又名《诗传大全》），20 卷，《四库全书》，第 78 册，
　　第 307—856 页

胡宏：《皇王大纪》，80 卷，《四库全书》，第 313 册，第 1—777 页（万历
　　年间 1611 年版：HYL: T 2512 4233）

黄道周：《精刻补注评解纲鉴历朝捷录》，约 21 卷，明末本

黄洪宪：《资治历朝纪政纲目》，74 卷，1597 年刊

皇甫谧：《帝王世纪》，10+2 卷，《续修四库全书》，第 301 册，第 1—32 页

姜宝：《资治上编大政纲目》，40 卷（下编 32 卷），万历年刊本（1573—1619）

姜沆：《纲鉴大成》，36 卷，约 1600 年

姜文灿、吴荃：《诗经正解》，30 卷，1684 年，《四库全书存目丛书》经部，第 80 册，第 1—743 页

江贽：《少微通鉴节要》（附《外纪》），50+4 卷，1515 年编，《四库全书存目丛书》史部，第 2 册，第 145—824 页（1428 年版：HYL: T 2512 1279.314）

江贽：《重刻翰林校正少微通鉴大全》，唐顺之编，20+3 卷，1569 年、1588 年、1630 年本

蒋先庚：《龙门纲鉴正编》，20+1 卷，1665 年刊，《四库禁毁书丛刊》史部，第 44 册，第 1—591 页

焦竑撰，李廷机编：《新锲国朝三元品节标题纲鉴大观纂要》，20 卷，1598 年刊

金燫：《诸史会编大全》，112 卷，1525 年刊

金履祥：《资治通鉴（纲目）前编》，18 卷，《四库全书》，第 332 册，第 1—375 页（亦见：《御批三编》，《四库全书》，第 692 册，第 1—576 页：包括陈柽，第 3—34 页）

金履祥：《资治通鉴纲目前编举要》，3 卷，《四库全书》，第 332 册，第 376—433 页（亦见：《御批三编》，《四库全书》，第 692 册，第 577—634 页）

金履祥、周礼（发明）、张时泰（广义）：《御批资治通鉴纲目前编》，18 卷，[《外纪》1 卷（卷首），第 3—34 页；《举要》3 卷，第 577—634 页]，《四库全书》，第 692 册

金之光：《纲鉴汇览》，12 卷，明本

觉岸编：《释氏稽古略》，4 卷，1354 年，收录于《大正新修大藏经》，东

京：大正一切经刊行会，1924—1932，第 49 册，第 737—902 页
（T2037）

黎靖德编：《朱子语类》，8 册，北京：中华书局，2004 年

李纯卿：《新刻世史类编》，45 卷（首 1 卷），1604 年、1606 年刊，*SKJH*，
史部，卷 54，页 1—722；卷 55，页 1—379

李纯卿：《重刻详订世史类编》，61 卷 +1 卷，崇祯本（1628—1644 年间
刊），1712 年重刊

李东阳：《历代通鉴纂要》，92 卷，《四库未收书辑刊》，第 4—12 册，第
1—833 页

李昉等编：《太平御览》，1000+10 卷，《四库全书》，第 893—901 册

李槃等：《重刻详订世史类编》，61+1 卷，1644—1735 年间刊，HYL: T
2512 1142

李廷机：《新刻校正古本历史大方通鉴》，41+1 卷，明本

李廷机：《新刻九我李太史编纂古本历史大方纲鉴》，39+1 卷，1600 年及
万历年刊本（1573—1619）

李廷机：《新刻九我李太史校正古本历史大方通鉴》，41+1 卷，1604 年刊

李贤编：《明一统志》，90 卷，1461 年本，《四库全书》，第 472—473 册

李学勤主编：《礼记正义》(《十三经注疏》)，3 册，北京：北京大学出版
社，1999 年

李学勤主编：《毛诗正义》(《十三经注疏》)，3 册，北京：北京大学出版
社，1999 年

李学勤主编：《周礼注疏》(《十三经注疏》)，2 册，北京：北京大学出版
社，1999 年

刘孔敬：《梦松轩订正纲鉴玉衡》，72 卷，1637 年刊

刘恕：《资治通鉴外纪》，10 卷，《四库全书》，第 312 册，第 527—838 页

刘知幾：《史通》，20 卷，约 708—710 年刊，《四库全书》，第 685 册，第
1—156 页

罗泌编：《路史》，47 卷，《四库全书》，第 383 册，第 1—654 页

《吕氏春秋逐字索引》，香港：商务印书馆，1994 年

《〈论衡〉逐字索引》，2 册，香港：商务印书馆，1996 年

马端临编：《文献通考》，1308 年，348 卷，《四库全书》，第 610—616 册

《毛诗逐字索引》，香港：商务印书馆，1995 年

《明实录》，100 册（影印本），"中央研究院"历史语言研究所编，北京：中华书局，1987 年（汉籍电子文献数据库，检索可得）

南轩：《资治通鉴纲目前编》，25 卷，1595 年、1630 年本，《四库全书存目丛书》史部，第 9 册，第 1—411 页

年希尧：《纲鉴甲子图》，约 1705 年刊

欧阳修：《诗本义》，16 卷，《四库全书》，第 70 册，第 181—310 页

欧阳修编：《新五代史》，3 册，北京：中华书局，1974 年

潘光祖：《（鼎锓潘义绳先生纂辑）纲鉴金丹》，32 卷，1631 年刊

浦起龙：《史通通释》，20 卷，《四库全书》，第 685 册，第 157—467 页

乔承诏：《新镌献苠乔先生纲鉴汇编》，92 卷，1624 年刊

《潜夫论逐字索引》，香港：商务印书馆，1995 年

《乾隆御批纲鉴》（又名《御批历代通鉴辑览》），合肥：黄山书社，1996 年

《钦定四库全书总目》，纪昀主编，北京：中华书局，1997 年

《清代起居注：康熙朝》，33 册，台北：联经出版事业公司，2009 年

《清实录》，60 册，北京：中华书局，1986 年。（汉籍电子文献数据库，检索可得）

Schall von Bell, Johann Adam（汤若望）等编：《古今交食考》，1635 年，收录于《崇祯历书：附，西洋新法历书增刊十种》，2 册，徐光启、潘鼐编，上海：上海古籍出版社，2009，第 2 册，第 1487—1504 页

商辂：《御批续资治通鉴纲目》，27 卷，《四库全书》，第 693—694 册

邵雍：《皇极经世书》，14 卷，《四库全书》，第 803 册，第 291—1088

沈约编：《宋书》，北京：中华书局，1974 年

司马光：《资治通鉴》，290 卷，《四库全书》，第 304—310 册

司马光：《稽古录》，20 卷，约 1070 年，《四库全书》，第 312 册，第 391—526 页

司马迁：《史记》，10 册，北京：中华书局，1982 年

《(文渊阁)四库全书》，1500 册，台北：商务印书馆，1983—1986 年。
（亦见电子版）

《四库全书初次进呈存目》，9 册，台北：商务印书馆，2012 年

《四库全书存目丛书》，1199 册，济南：齐鲁书社，1997 年

《四库禁毁书丛刊》，311 册，北京：北京出版社，1998 年

《四库禁毁书丛刊：补编》，90 册，北京：北京出版社，2005 年

《四库未收书辑刊》，301 册，北京：北京出版社，1997—2000 年

苏濬：《重订苏紫溪先生会纂标题历朝纲鉴纪要》，16 卷（首 1 卷），明重
刊本，崇祯本（1628—1644 年间刻），《四库禁毁书丛刊》史部，第
52 册，第 623—685 页；第 53 册，第 1—343 页

苏濬，李廷机编：《镌紫溪苏先生会纂历朝纪要旨南纲鉴》，20+1 卷，
1612 年刊

苏濬，李廷机编：《新刻紫溪苏先生删补纲鉴论策题旨纪要》，20 卷，
1615 年刊

苏洵：《嘉祐集》，16 卷，《四库全书》，第 1104 册，第 845—987 页

苏辙：《诗集传》，19 卷，《四库全书》，第 70 册，第 331—533 页

孙鑛：《历朝纲鉴辑要》，20 卷，明本

汤宾尹：《纲鉴标题一览》，1 卷，明末本

汤宾尹：《纲鉴大成》，14 卷，万历本（1573—1619 年间刻）

汤宾尹：《汤睡庵先生历朝纲鉴全史》，70+1 卷，万历本（1573—1619 年
间刻）

唐顺之：《重刻翰林校正资治通鉴大全》，23 卷，明本，《四库禁毁书丛
刊》史部，第 9 册，第 39—438 页

汪旦：《新刊翰林考正纲目通鉴玉台青史》，17 卷，1606 年刊

王昌会：《全史详要》，30 卷，1630 年刊

王世贞：《凤洲纲鉴（会纂）》，39 卷，万历本（1573—1619 年间刊）

王世贞：《镌王凤洲先生会纂纲鉴历朝正史全编》，23 卷，1590 年刊，《四
库禁毁书丛刊》史部，第 53 册，第 345—682 页

王世贞，陈仁锡编：《重订王凤洲先生纲鉴会纂》，46 卷 +《续宋元纪》23

卷，明末本

王世贞，郭子章编：《纲鉴标题要选》，12+1 卷，明末本

王世贞：《纲鉴通纪论策题旨》，20 卷，明末本

王世贞：《合锓纲鉴通纪今古合录注断论策题旨大全》（又名《王凤洲钟伯
　　敬两先生家藏纲鉴通纪》），20+1 卷，明崇祯本（1628—1644 年间刻）

王世贞：《（历朝）纲鉴会纂》，39+1 卷，1746 年本，约 1774 年本

王世贞：《王凤洲先生纲鉴正约会纂》，36 卷，康熙本（1662—1722 年间刻）

王世贞：《王凤洲先生纲鉴正史全编》，26 卷，明崇祯本（1628—1644
　　年间刻，其中一个版本刊于 1639 年），清初重刊，36 卷，康熙本
　　（1662—1722 年间刻）

王世贞、袁黄：《纲鉴合编》，北京：中国书店，1985 年

王锡爵：《新刊史学备要纲鉴会编》，48 卷，1578 年刊

王锡爵：《新刊通鉴标题采要》，28+1 卷，明本

王之枢，周清源等编：《（御定）历代纪事年表》，100 卷，1715 年刊，《四
　　库全书》，第 387—391 册

卫湜编：《礼记集说》，约 1225 年，《四库全书》，第 117—120 册

魏校：《六书精蕴》，6 卷，《四库全书存目丛书》经部，第 189 册，第
　　63—325 页

翁正春：《编辑名家评林史学指南纲鉴新钞》，20+1 卷，明本

吴乘权、周之炯、周之灿：《纲鉴易知录》（又名《明鉴易知录》），92+15
　　卷，1711 年。现代白话文本，见管学成等编，北京：红旗出版社，
　　1998 年；刘韶军等编，北京：中华书局，2012 年

吴相湘编：《天主教东传文献》，台北：学生书局（《中国史学丛书》24），
　　1965 年

徐发：《天元历理全书》，12 卷，序于 1682 年，《续修四库全书》，第 1032
　　册，第 331—615 页，《四库禁毁书丛刊：补编》子部，第 33 册，第
　　183—484 页

徐奋鹏：《古今治统》，20 卷，明末本，《四库禁毁书丛刊》子部，第 29
　　册，第 641—699 页；子部，第 30 册，第 1—220 页

徐文靖:《竹书统笺》,12卷,《四库全书》,第303册,第43—202页

《续修四库全书》,1800册,上海:上海古籍出版社,1994—2002年

薛应旂:《甲子会纪》,5卷,1558年刊,《四库全书存目丛书》史部,第
11册,第241—374页。另一版本由陈仁锡编辑,万历本(1573—
1619年间刻),HYL: T 2512 4400

杨慎:《丹铅余录》,17卷,《四库全书》,第855册,第1—669页

杨慎:《升庵集》,81卷,《四库全书》,第1270册,第1—825页

叶向高:《鼎锲叶太史汇纂玉堂鉴纲》,72卷,1602年本(HYL: T 2512
4920);万历年间重刊本(1573—1619),崇祯本(1628—1644年
间),清初重刊本(虞二球编)

《御批历代通鉴辑览》,116+3卷,序于1767年,《四库全书》,第335—
339册

《(御批)三编》,1708年刊,《四库全书》,第689—694册

《御批资治通鉴纲目全书》,序于1707年,亦见《(御批)三编》

余有丁、申时行:《(新刻补遗标题论策指南)纲鉴纂要》,20卷,1599
年刊

袁黄:《历史纲鉴补》(又名《鼎锲赵田了凡袁先生编纂古本历史大方纲鉴
补》),39+1卷,1610年刊,《四库禁毁书丛刊》史部,第67册,第
99—741页;第68册,第1—384页。日本刊本,1663年刊(同一
刊本,见HYL: T 2512 4348)

袁黄、王世贞:《袁了凡先生重订凤洲纲鉴世史类编》,39卷+1卷,明
末本

袁枚:《随园诗话补遗》,收录于《随园诗话》,北京:人民文学出版社,
2006年

《元史》,北京:中华书局,1973年。

恽毓鼎著,史晓风编:《恽毓鼎澄斋日记》,2册,杭州:浙江古籍出版
社,2004年

曾纪泽著,王杰成编:《出使英法俄国日记》,长沙:岳麓书社,1985年

张居正:《通鉴直解》,28卷,崇祯本(1628—1644年间刊)。现代白话文

本，参见陈生玺编：《资治通鉴皇家读本》，上海：上海古籍出版社，1998 年

张鼐：《新镌张太史注释标题纲鉴白眉》，21 卷（首 1 卷），明本，《四库禁毁书丛刊》史部，第 52 册，第 1—622 页

郑玄、孔颖达、陆德明编纂：《礼记注疏》，63 卷，《四库全书》，第 115 册，第 1—626 页；第 116 册，第 1—535 页

钟惺：《鼎锓钟伯敬订正资治纲鉴正史大全》，74 卷（首 1 卷），明崇祯本（1628—1644 年间刻），《四库禁毁书丛刊》史部，第 65 册，第 1—727 页；第 66 册，第 1—723 页；第 67 册，第 1—98 页

钟惺：《通鉴纂》，20 卷，明末本，《四库禁毁书丛刊》史部，第 68 册，第 385—719 页

周昌年：《新锲增订历国朝捷录全编》，4 卷，明末本

朱权：《通鉴博论》，3 卷，明本，《四库全书存目丛书》史部，第 281 册，第 59—189 页

朱熹：《御批资治通鉴纲目》，59 卷，《四库全书》，第 689—691 册

朱熹：《资治通鉴纲目》，59 卷，《四库全书》，第 689—691 册

朱熹：《诗集传》，上海：上海古籍出版社，1980 年

诸燮：《新编通鉴集要》，28 卷，1549 年、1564 年、1575 年、1622 年本，另有一版本刊刻时间不明

诸燮：《新镌通鉴集要》，10 卷，明末本，日本明治年间本（1868—1912 年间刻）

诸燮：《增补论策全题苏板通鉴集要》（又名《新刊通鉴集要》），28 卷，1575 年、1581 年本

《竹书纪年》，2 卷，《四库全书》，第 303 册，第 1—41 页

满文一手资料

Hafu buleku bithe（通鉴），80 册，1665 年刊。

Han-i araha tunggiyan g'angmu bithe（通鉴纲目），111 卷，1691 年刊。

Han i Pilehe tonggime araha jalan jalan i hafu bulek'u bithe（御批历代通鉴辑览），55 卷，出版时间不详。

西文一手资料

Amiot, Joseph-Marie, "Abrégé chronologique de l'histoire universelle de l'empire chinois," in *MCC*, vol. 13, pp. 74-308.

——, "Abrégé chronologique de l'histoire universelle de l'empire chinois," Ms.: sold at Christie's (London) (Sale 3587, Lot 70, 30 April 2014) (c. 312)

［——］, "L'Antiquité des Chinois prouvée par les monumens," in *MCC*, vol. 2, pp. 1-364

［——］, "L'Antiquité des Chinois prouvée par les monumens," Ms.: BnF, Bréquigny 107, fols. 1-193

Bouvet, Joachim, "Traditio prophetica præcipuorum mysteriorum de Christo Redemptore, deprompta ex canonico Sinarum libro *Xi Kim*, et proponenda ministris Evangelicis, ad suadendum omnibus, quanto cum fundamento tota natio Sinensis usque in cœlum extollat suorum librorum canonicorum doctrinam; et quanta ex iis erui possint adjumenta ad suadendam præsertim doctis Sinis captu difficiliores Christianæ legis veritates," Ms.: BnF, NAL 1173, fols. 2-16 (25 numbered pages)；another copy in ARSI, Jap. Sin. IV 5F (24 pages)

Cibot, "Essai sur la langue et les caractères des Chinois: Article second," in *MCC*, vol. 9, pp. 282-430

Couplet, Philippe, "Prologomena ad Annales Sinicos, necnon Synopsim Chronologicam Monarchiæ Sinicæ," Ms.: ARSI, Jap. Sin. IV, 6 A, fols. 3-26

——, "Prologomena ad Annales Sinicos, necnon Synopsim Chronologicam Monarchiæ Sinicæ Auctore Patre Philippo Couplet Societatis Iesu," Ms.: ARSI, Jap. Sin. IV, 6 D, fols. 100-121

——, "Prologomena ad Synopsim Chronologicam Monarchiæ Sinicæ," Ms.:

BnF, Ms. Lat 17804 (49 fols)

——, "Ex Prolegomenis ad Annales Sinicos necnon Synopsim Chronologicam Autore P. Philippo Couplet Societ. Iesu anno 1666 in provincia Quàm tūm," Ms.: BVE, Fondo Gesuitico, n. 1314, fols. 1-16v, 20r-v.

——, "Synopsis Chronologica Monarchiæ Sinicæ, Ab Anno post Diluvium 275 Usque ad Annum Christi 1666," Ms.: ARSI, Jap. Sin. IV,6A, fols. 27-56; ARSI, Jap. Sin. IV, 6 B, fols. 57-80

——, "Synopsis Chronologica Monarchiæ Sinicæ, Ab Anno post Diluvium 275 Usque ad Annum Christi 1666," Ms.: ARSI, Jap. Sin. IV, 6 E, fols. 122-141

——, *Tabula chronologica Monarchiæ Sinicæ juxta cyclos annorum LX, Ab anno ante Christum 2952, ad annum post Christum 1683*, Paris: s.e., 1686. Also appended at the end of *Confucius Sinarum Philosophus*, Paris: Daniel Horthemels, 1686/87

——, *Tabula chronologica Monarchiæ Sinicæ: A R. P. Philippo Couplet Soc. Jesu concinnata, Et Honoribus Illustrissimorum, ac Perillustrium Dominorum In Antiquissima ac Celeberrima Universitate Viennensi, Promotore R. P. Carolo Granelli Societatis Jesu, AA. LL. & Philosophiæ Doctore, ejusdémque Professore Ordinario, primâ AA. LL. & Philosophiæ laureâ Condecoratorum A Neo-Baccalaureis Condiscipulis Inscripta & dicata Anno M.DCCIII*, Viennae: Voigt, 1703

Du Halde, Jean-Baptiste, "Fastes de la Monarchie Chinoise, ou Histoire abrégée selon l'ordre Chronologique de ce qui s'est passé de plus remarquable sous chaque Empereur." In *Description geographique, historique, chronologique, politique et physique de l'empire de la Chine et de la Tartarie chinoise*, 4 vols., Paris: P.-G. Le Mercier, 1735, vol. 1, pp. 263-556. Also in *Description geographique, historique, chronologique, politique et physique de l'empire de la Chine et de la Tartarie chinoise*, 4 vols., La Haye: H. Scheuleer, 1736, vol. 1, pp. 259-488

——, "Fastes de la Monarchie Chinoise, ou l'on voie en abrégé selon l'ordre chronologique de ce qui s'est passé de plus remarquable sous chaque empereur," Ms.: BnF, ms.fr. 19537, fols. 1-72

——, "Annals of the Chinese Monarchs; or, A compendious History, containing the most remarkable Events under each Reign according to Chronological Order," in *A Description of the Empire of China and Chinese-Tartary, Together with the Kingdoms of Korea and Tibet: Containing the Geography and History (Natural as well as Civil) of those Countries*, 2 vols., London: T. Gardner, 1738-1741, vol. 1, pp. 130-236

——, "The Annals of the Chinese Monarchy: or, A Chronological History, of the Most Remarkable Events that Happen'd during the Reign of every Emperor." In *The General History of China, Containing a Geographical, Historical, Chronological, Political and Physical Description of the Empire of China, Chinese-Tartary, Corea and Thibet*, 4 vols., London: John Watts, 1736 (repr. 1739, 1741), vol. 1, pp. 269-509

Foucquet, Jean-François, "Dissertatio de vera origine doctrinae et monumentorum Sinensium contenta quatuor propositionibus," Ms.: BAV, Borg. Lat. 566, fols. 337v-343v; 355r-480v; 481r-611v

——, "Essai d'introduction préliminaire à l'intelligence des Kings, c'est-à-dire des monumens antiques conservés par les Chinois. Sentiments de l'eveque d'Eleutheropolis sur la doctrine des chinois anciens et modernes," Ms.: BAV, Vat. Lat. 12870, pp. 1-134; extract: BnF, Fr. 12209, fols. 1-36. Other extracts BNC, FG 1257, no. 32, fols. 1-6; BAV, Borg. Cin. 468, fols. 57-71

——, "An Explanation of the New Chronological Table of the Chinese History, Translated into Latin from the Original Chinese, by Father Johannes Franciscus Foucquet, Soc. Jes. Bishop of Eleutheropolis, and Published at Rome in the Year 1730. Collected from Two Accounts Thereof, Written in French, One Sent from Rome by Sir Tho. Dereham, Bart. to the Royal Society, the Other Sent from Father Foucquet to Father Eustache Guillemeau, a Barnabite at Paris, and by Him Transmitted to Sir Hans

Sloane, Bart. Pr. R. S.," *Philosophical Transactions* (1683-1775), vol. 36 (1729-1730), pp. 397-424

——, *Tabula chronologica historiae Sinicae connexa cum cyclo qui Vulgo Kia Tse Dicitur*, Rome, 1729

Gaubil, Antoine, (ed.), *Le Chou-king, un des livres sacrés des Chinois...*, Paris: N. M. Tilliard, 1770

——, "Chronologie chinoise," Ms.: BnF, Bréquigny 21, fols. 1-137 (autographe); Obs., Paris, B 1, 12 portef. 152 no. 5, 203 pages; München, Bayerische StaatsBibliothek, Cod. Gall. 675, no. 1304

——, *Histoire (abregée) de l'astronomie chinoise*, in Etienne Souciet, ed., *Observations Mathématiques, astronomiques, géographiques, chronologiques et physiques, Tirées des Ancient Livres Chinois, ou faites nouvellement aux Indes, à la Chine & ailleurs, par les Pères de la Compagnie de Jesus*, Paris: Rollin, (1732) , vol.2

——, *Traité de l'astronomie chinoise*, in Etienne Souciet, ed., *Observations Mathématiques, astronomiques, géographiques, chronologiques et physiques, Tirées des Ancient Livres Chinois, ou faites nouvellement aux Indes, à la Chine & ailleurs, par les Pères de la Compagnie de Jesus*, Paris: Rollin, (1732), vol. 3

——, "Traité de la chronologie chinoise, divisé en trois parties," in *MCC*, vol. 16., in appendix, 285 pages

Gaubil, Antoine, *Correspondance de Pékin, 1722-1759*, ed. by Renée Simon, Appendices Joseph Dehergne, Genève: Droz, 1970

Gouveia, António de, "Monarchia da China dividida em seis idades," Ms.: Biblioteca Nacional de Madrid Ms 2949; Archivum Provinciae Toletanae Societatis Iesu, M-96(227)

La Charme, Alexandre de, "Abrégé de l'histoire Chinoise," Ms.: München, Bayerische Staats Bibliothek, Cod. Gall. 679 (647)

[——] , *Confucii Chi-king sive Liber carminum, ex Latina P. Lacharme interpretatione*, ed. by Julius Mohl, Stuttgart & Tübingen: J. G. Cottae, 1830

Mailla, Joseph-Anne-Marie de Moyriac de, *Histoire générale de la Chine, ou Annales de cet Empire, traduites du Tong-kien-kang-mou*, 13 vols., Paris: Ph.-D. Pierres et Clousier, 1777-1785

——, Italian translation: *Storia generale della Cina ovvero grandi Annali Cinesi tradotti dal Tong-Kien-Kang-Mou*, 35 vols., Siena: Francesco Rossi, 1777-1781

——, "Histoire générale de la Chine," Ms.: BnF, ms.fr.n.a. 2492, fols. 1-143

——, "Histoire générale de la Chine, tirée des Annales de l'Empire," Ms.: BnF ms.fr. 12210-12214

Martini, Martino, *Sinicae historiae decas prima: Res à gentis origine ad Christum natum in extremâ Asiâ, sive Magno Sinarum Imperio gestas complexa*, Monachii: Lucæ Straubii, 1658; Amsterdam: Joanem Blaev, 1659

——, *Histoire de la Chine*, trans. by Claude Le Pelletier, Paris: Claude Barbin, 1692

——, *Opera Omnia, vol. III, Novus Atlas Sinensis*, 2 vols., ed. by Giuliano Bertuccioli, Trento: Università degli Studi di Trento, 2002

——, *Opera Omnia, vol. IV, Sinicae Historiae Decas Prima*, 2 vols., eds. Federico Masini & Luisa M. Paternicò, Trento: Università degli Studi di Trento, 2010

Mentzel, Christian, *Kurtze Chinesische Chronologia oder Zeit-Register/ Aller Chinesischen Käyser: Von ihrem also vermeinten Anfang der Welt bis hieher zu unsern Zeiten/ des ... 1696 sten Jahres; In einer richtigen Ordnung von Jahren zu Jahren/ ... auch mit zween Chinesischen erklährten Tafeln der vornehmsten Geschichten von ihrem Anbeginn der Welt/ Gezogen aus der Chineser Kinder-Lehre Siao Ul Hio oder Lun genandt ...*, Berlin, Salfeld für J. M Rüdiger, 1696

Parrenin, Dominique, "Version litterale du commencement de l'histoire chinoise depuis Fou-hy jusques à Yao.," Ms.: BnF, Ms. fr. 17240, fols.

91-144

Prémare, Joseph de, "L'ancienne histoire du monde suivant les Chinois," Ms.: BnF, Collection Bréquigny 18, fols.2-144

——, "Catalogue des livres chinois" (Lettre à Etienne Fourmont), Ms.: BnF, NAF 4754 (19 pages)

——, "Discours preliminaire ou recherches sur les tems antérieurs à ceux dont parle le Chou-king, & sur la Mythologie Chinoise, par le P. de Prémare," in Antoine Gaubil, *Le Chou-king, un des livres sacrés des Chinois...*, Paris: N. M. Tilliard, 1770, pp. xliv-cxxix

[——], "Antiquae traditionis selecta vestigia," (经传遗迹)Ms.: ARSI, Jap. Sin. II, 168 (79 pages)

——, 经传众说, Ms.: BnF, Chinois 7165-II; *CCT BnF*, vol. 26, pp. 525-571

——, "Selecta quædam vestigia præcipuorum Christianæ relligionis dogmatum ex antiquis Sinarum libris eruta," Ms.: BnF, Chinois 9248 (329 numbered folios)

——, *Vestiges des principaux dogmes chrétiens, Tirés des anciens livres chinois, avec reproduction des textes chinois, par le P. de Prémare, jésuite, ancien missionaire en Chine*, trans. by Augustin Bonnetty and Paul Perny, Paris: Bureau des Annales de philosophie chrétienne, 1878

Régis, Jean-Baptiste, "Concordia chronologiæ annalium Sinensis Imperii, cum epochis annisque Historiæ nostræ tam sacræ tam prophanæ, paucis exposita et comprobata a mundo condito ad æræ Christianæ initium; adscriptis suo cuique tempori rebus gestus ad posterorum memoriam insignioribus exerptisqu. ex historicis antiquis et vetustis monumentis quorum mentio fit in singulis locis accedunt notæ criticæ," Ms.: BnF, NAF 8981 (438 pages in folio)

——, "Abbregé d'un manuscrit Latin qui a pour titre: Accord de la Chronologie des Annales de la Chine, avec les Époques de l'Histoire ancienne, &c.," in Vojeu de Brunem (= Joseph Jouve), *Histoire de la conquete de la Chine par les Tartares mancheoux; à laquelle on a joint un accord chronologique des annales de la monarchie chinoise, avec les epoques de l'ancienne histoire sacrée & profane, depuis le déluge jusqu'à Jesus-Christ*, Lyon: Frères Duplain, 1754, vol. 2, pp. 207-318

———, "Agreement of the Chronology of the Chinese Annals with the Epochs of Ancient History," *North China Herald*, no. 64 (October 18, 1851); *Shanghai Miscellany* for 1852 (12 pages) and *Shanghai Miscellany* for 1853 (12 pages)

[Tartre, Vincent de] , "Animadversions- Sur l'ode de heou Tci et sur les mysteres incomprehensibles qu'on dit qu'elle contient," Ms.: ARSI, Jap. Sin. IV, 5 G (16 fols.)

Thévenot, Melchisédec, "Synopsis Chronologica Monarchiæ Sinicæ, Ab Anno post Diluvium CC. LXXV Usque ad Annum Christi M. DC. LXVI," in Melchisédec Thévenot, ed., *Relations de divers voyages curieux: qui n'ont point esté publiées, et qu'on a traduit or tiré des originaux des voyageurs françois, espagnols, allemands, portugais, anglois, hollandois, persans, arabes & autres orientaux*, Paris: Thomas Moette Libraire, 1696, vol. 2, part IV, 76 pages (without page numbers)

Visdelou, Claude de, "Canon chronologiae sinicae. I, Ad annum primum aerae Christianae. II, Ab anno primo aerae Christianae ad nostram aetatem," Ms.: BAV, Vat. lat. 12862, fols. 2r-49v.

———, "Chronologicae Sinicae codex primum," Ms.: BAV, Vat. lat. 12862, fols. 103r-141r

———, "Historia Sinica latine versa," Ms.: BAV, Vat. lat. 12855 (720 pp.), Vat. lat. 12856 (513 pp.), Vat. lat. 12857 (587 pp.), Vat. lat. 12858 (798 pp.), Vat. lat. 12859 (722 pp.); Vat. lat. 12860 (318 pp.). See also Biblioteca da Ajuda, Cod. 46-XI-18, 19, 20, 21, 22, 23, 24; Cod. 46-XII-1, 2.

[Visdelou, Claude de] , "Tabularum chronologicarum," Ms.: Bibliothèque Mazarine, Ms. 2006 (1643)

Voltaire, *Essai sur les mœurs et l'esprit des nations*, (Les œ uvres complètes de Voltaire 22), Oxford: Voltaire Foundation, 2009

——, *An Essay on Universal History, the Manners and Spirit of Nations, from the Reign of Charlemaign to the Age of Lewis XIV*, trans. by Nugent, London: J. Nourse, 1759

——, *La Philosophie de l'histoire*, (Les œuvres complètes de Voltaire 59), Genève: Institut et Musée Voltaire / Univ. of Toronto Press, 1969

——, *The Philosophy of History*, trans. by Henry Wood Gandell, London: Thomas North, 1829

研究资料

Allan, Sarah, *The Shape of the Turtle: Myth, Art, and Cosmos in Early China*, Albany: SUNY, 1991

——, "Not the *Lun yu*: The Chu Script Bamboo Slip Manuscript, *Zigao*, and the Nature of Early Confucianism," *Bulletin of the School of Oriental and African Studies* 72:1 (2009), pp. 115-151

(Anon.), "Chinese History: Its Value and Character, as Viewed and Exhibited by Native Historians: With a Notice of the Work Entitled History Made Easy," *Chinese Repository* 10:1 (January 1841), pp. 1-9

Asami Masakazu 浅见雅一, "Antonio de Govea no Chūgokushi kenkyū ni tsuite"アントニオデゴヴェアの中国史研究について, *Shigaku* 史学 68:3/4 (May 1999), 第 225—251 页

《北京大学图书馆藏古籍善本书目》, 北京: 北京大学出版社, 1998 年

北京市民族古籍整理出版规划小组办公室满文编辑部编:《北京地区满文图书总目》, 沈阳: 辽宁民族出版社, 2008 年

《北京图书馆古籍善本书目》, 北京: 书目文献出版社, 1987 年

Bernard-Maître, Henri, *Sagesse chinoise et philosophie chrétienne*, Paris: Cathasia, 1935

Birrell, Anne, *Chinese Mythology: An Introduction*, Baltimore: The John Hopkins University Press, 1993

Bodde, Derk, "Myths of Ancient China," in *Mythologies of the Ancient World*, ed. by Samuel N. Kramer, Garden City: Doubleday, 1961, pp. 367-408

Boltz, William G., "Kung kung and the Flood: Reverse Euhemerism in the 'Yao tien'," *T'oung Pao* 67 (1981), pp. 141-153

Bouwsma, William J., *The Waning of the Renaissance, 1550-1640*, New Haven: Yale Univ. Press, 2002

Brancaccio, Giuseppe, "*Sinicae Historiae Decas Prima*: Some Suggested Interpretations," in Franco Demarchi & Riccardo Scartezzini, (eds.), *Martino Martini: A Humanist and Scientist in Seventeenth Century China*, Trento: Università degli Studi di Trento, 1996, pp. 221-230

Brokaw, Cynthia J., *The Ledgers of Merit and Demerit: Social Change and Moral Order in Late Imperial China*, Princeton: Princeton University Press, 1991

Burson, Jeffrey D., "Chinese Novices, Jesuit Missionaries and the Accidental Construction of Sinophobia in Enlightenment France," *French History* 27:1 (2013), pp. 21-44

仓修良:《朱熹和〈资治通鉴纲目〉》,《安徽史学》2007 年第 1 期, 第 18—24 页

Chan, Albert, *Chinese Books and Documents in the Jesuit Archives in Rome: A Descriptive Catalogue: Japonica-Sinica I-IV*, New York: M.E. Sharpe, 2002

Chang, Shelley Hsueh-lun, *History and Legend: Ideas and Images in Historical Novels*, Ann Arbor: The University of Michigan Press, 1990

Chavannes, Éduoard, *Les mémoires historiques de Se-ma-Ts'ien*, 5 vols., Paris: E. Leroux, 1895-1905

陈国军:《周静轩及其〈湖海奇闻〉考论》,《文学遗产》2005 年第 6 期, 第 104—112 页

Cheng, Anne, *Histoire de la pensée chinoise*, Paris: Seuil, 1997

Chia, Lucille, *Printing for Profit: The Commercial Publishers of Jianyang, Fujian (11th-17th Centuries)*, Cambridge: Harvard University Asia Center, 2002

———, "The Uses of Print in Ming Dynasty China: A Very Brief Survey," in Wilt L. Idema, (ed.), *Books in Numbers*, Cambridge: Harvard-Yenching Library, Harvard Univ., 2007, pp. 143-196

Chow, Tse-tsung, "The Childbirth Myth and Ancient Chinese Medicine: A Study of Aspects of the *wu* Tradition," in David T. Roy & Tsuen-hsuin Tsien, (eds.), *Ancient China: Studies in Early Civilization*, Hong Kong: The Chinese University Press, 1978, pp. 43-98

Collani, Claudia von, "Martino Martini's Influence on the Figurism of Joachim Bouvet," in Giorgio Melis, (ed.), *Martino Martini: Geografo, cartografo, storico, teologo*, Trento: Museo tridentino di scienze naturali, 1983, pp. 518-527 (in Italian: "L'influsso di Martino Martini sul figu-rismo di Joachim Bouvet," in id., pp. 505-517)

———, *P. Joachim Bouvet S.J.: Sein Leben und sein Werk*, Nettetal: Steyler Verlag, 1985

———, "La chronologie chinoise, base de la méthode missionnaire du P. Joachim Bouvet, S.J.," in *Actes du IVe colloque international de sinologie, Chantilly 1983: Chine et Europe: Evolution et particularités des rapports Est-Ouest, du XVIe au XXe siècle*, Taibei: Ricci Institute, 1991, pp. 107-124

———, "Theology and Chronology in *Sinicae Historiae Decas Prima*," in Franco Demarchi & Riccardo Scartezzini, (eds.), *Martino Martini: A Humanist and Scientist in Seventeenth Century China*, Trento: Università degli Studi di Trento, 1996, pp. 231-244. [in Italian: "Teologia e cronologia nella *Sinicae historiae decas prima*," in Franco Demarchi & Riccardo Scartezzini, (eds.), *Martino Martini: Umanista e scienziato del secolo XVII*, Trento: Università degli Studi di Trento, 1995, pp. 241-253]

——, "Weltbild und Weltchronologie in der Chinamission im 17. Jahrhundert," in Roman Malek, (ed.), *Western learning and Christianity in China: The Contribution and Impact of Johann Adam Schall von Bell, S.J. (1592-1666)*, Nettetal: Steyler Verlag, 1998, vol. 1, pp. 79-99

——, "Chinese Emperors in Martino Martini *Sinicae Historiae Decas Prima* (1658)," in Adrian Hsia, Ruprecht Wimmer & Michael Kober, (eds.), *Mission und Theater: Japan und China auf den Bühnen der Gesellschaft Jesu*, Regensburg: Schnell und Steiner, 2005, pp. 113-175

Cordier, Henri, *Bibliotheca Sinica*, Paris: E. Guilmoto, 1904-1908

Courant, Maurice, *Catalogue des livres chinois, coréens, japonais, etc.*, 8 vols., Paris: Ernest Leroux, 1902-1912

Dehergne, Joseph, "Gaubil, historien de l'astronomie chinoise," *Bulletin de l'Université de l'Aurore* (1945), pp. 168-227

——, "Le père Gaubil et ses correspondents (1639-1759)," *Bulletin de l'Université de l'Aurore* (1944), pp. 354-392

——, *Répertoire des jésuites de Chine de 1552 à 1800*, Roma: Institutum Historicum S.I., 1973

Demel, Walter, "Antike Quellen und Theorien des 16. Jahrhunderts zur Frage der Abstammung der Chinesen: Überlegungen zu einem frühneuzeitlichen Diskussionsthema," *Saeculum* 37 (1986), pp. 199-211

Dictionary of Ming Biography 1368-1644, 2 vols., ed. by L. Carrington Goodrich & Chao-ying Fang, New York/London: Columbia University Press, 1976

杜泽逊编:《四库存目标注》，8 册，上海：上海古籍出版社，2007 年

Dudink, Ad, "The Inventories of the Jesuit House at Nanking Made Up during the Persecution of 1616-1617 (Shen Que, *Nangong shudu*, 1620)," in Federico Masini, (ed.), *Western Humanistic Culture Presented to China by Jesuit Missionaries (XVII-XVIII centuries)*, Roma: Institutum Historicum S.I., 1996, pp. 119-157

——, "Biblical Chronology and the Transmission of the Theory of Six 'World Ages' to China: *Gezhi aolüe* 格致奥略 (Outline of the Mystery [Revealed through] Natural Science; before 1723)", *East Asian Science, Technology, and Medicine* 35 (2012), pp. 89-138

Durrant, Stephen, "With or Without Fathers? Ssu-ma Ch'ien, Ch'u Shao-sun and the 'Table of the Generations of the Three Dynasties'," in《第六届亚洲族谱学术研讨会会议记录》, 联合报文化基金会国学文献馆编, 台北: 联经出版事业有限公司, 1993 年, 第 15—43 页

——, "Truth Claims in *Shiji*," in *Historical Truth, Historical Criticism and Ideology: Chinese Historiography and Historical Culture from a New Comparative Perspective*, ed. by Helwig Schmidt-Glintzer, Achim Mittag & Jörn Rüsen, Leiden: Brill, 2005, pp. 93-113

Élisséeff-Poisle, Danielle, *Nicolas Fréret (1688-1749): Réflexions d'un humaniste du XVIIIe siècle sur la Chine*, Paris: Collège de France, Institut des hautes études chinoises, 1978

Elman, Benjamin A., *A Cultural History of Civil Examinations in Late Imperial China*, Berkeley: Univ. of California Press, 2000

Eminent Chinese of the Ch'ing period (1644-1912), ed. by Arthur W. Hummel, Washington: United States Government Printing Office, 1943-44

Ess, Hans van, *Von Ch'eng I zu Chu Hsi: Die Lehre vom Rechten Weg in der Überlieferung der Familie Hu*, Wiesbaden: Harrassowitz, 2003

Field, Stephen, *Tian Wen: A Chinese Book of Origins*, New York: New Directions, 1986

Findlen, Paula, "Historical Thought in the Renaissance," in *A Companion to Western Historical Thought*, ed. by Lloyd Kramer & Sarah Maza, Oxford: Blackwell, 2002, pp. 99-120

Forke, Alfred, *Lun-hêng: Part 1: Philosophical Essays of Wang Ch'ung*, Leipzig: Otto Harrassowitz, 1907

Foss, Theodore Nicholas, "Reflections on a Jesuit Encyclopedia: Du Halde's

Description... de la Chine (1735)," in *Actes du IIIe colloque international de sinologie, Chantilly 1980: Appréciation par l'Europe de la tradition chinoise à partir du XVIIe siècle*, Paris: Les Belles Lettres, 1983, pp. 67-77

——, "Chinese Chronology in Jean-Baptiste Du Halde, S.J., *Description... de la Chine (1735),"* in *Actes du IVe colloque international de sinologie, Chantilly 1983: Chine et Europe: Evolution et particularités des rapports Est-Ouest, du XVIe au XXe siècle*, Taibei: Ricci Institute, 1991, pp. 153-191

Franke, Otto, "Das *Tsě tschi t'ung kien* und das *T'ung kien kang-mu*, ihr Wesen, ihr Verhältnis zueinander und ihr Quellenwert," in *Sitzungsberichte der Preussischen Akademie der Wissenschaften* (1930), pp. 103-144

Franke, Wolfgang, *An Introduction to the Sources of Ming History*, Kuala Lumpur: University of Malaya Press, 1968

——, "Historical Writing during the Ming," in *The Cambridge History of China, vol.7: The Ming Dynasty, 1388-1644, Part I*, ed. by Frederick W. Mote and Denis Twitchett, Cambridge: Cambridge University Press, 1988, pp. 726-782

Fuchs, Walter, *Beiträge zur Mandjurischen Bibliographie und Literatur*, Tokyo: Deutsche Gesellschaft für Natur-und Völkerkunde Ostasiens, 1936

——, *Chinesische und mandjurische Handschriften und seltene Drucke: Nebst einer Standortliste der sonstigen Mandjurica*, Wiesbaden: F. Steiner, 1966

Gaubil, Antoine, *Correspondance de Pékin, 1722-1759*, ed. by Renée Simon, Appendices Joseph Dehergne, Genève: Droz, 1970

Gernet, Jacques, "À propos du Père Gaubil S.J., à Pékin de 1723 à 1759," *Académie des Inscriptions & Belles-lettres, Comptes rendus des séances de l'année 2009*, fascicule 1 (janvier-mars), Paris: Boccard, 2009, pp. 9-19

Ghisalberti, Carlo, "Il methodo storiografico di Martino Martini," in Giorgio Melis, (ed.), *Martino Martini: Geografo, cartografo, storico, teologo*, Trento: Museo tridentino di scienze naturali, 1983, pp. 195-213 (in English: "Martino Martini's Historiographic Method," in id., pp. 214-228)

Giles, Herbert A., *A Catalogue of the Wade Collection of Chinese and Manchu Books in the Library of the University of Cambridge*, Leiden: Brill, 1898

Gliozzi, Giuliano, *Adamo e il nuovo mondo: La nascita dell'antropologia come ideologia coloniale: dalle genealogie bibliche alle teorie razziali (1500-1700)*, Florence: La Nuova Italia, 1977

Golden, Séan, "'God's Real Name is God' : The Matteo Ricci-Niccolo Longobardi Debate on Theological Terminology as a Case Study in Intersemiotic Sophistication," *The Translator* 15:2 (2009), pp. 375-400

Golvers, Noël, "The Development of the *Confucius Sinarum Philosophus* Reconsidered in the Light of New Material," in Roman Malek, (ed.), *Western Learning and Christianity in China: The Contribution and Impact of Johann Adam Schall von Bell, S.J. (1592-1666)*, Nettetal: Steyler Verlag, 1998, vol. 2, pp. 1141-1164

Gouveia, António de, *Asia Extrema: Entra nella a fé, promulga-se a Ley de Deos pelos Padres de Companhia de Jesus*, ed. by Horácio P. Araújo, 3 vols., Macau: Fundaçao Oriente, 1995-2005

Grafton, Anthony, "Kircher's Chronology," in Paula Findlen, (ed.), *Athanasius Kircher: The Last Man Who Knew Everything*, New York/London: Routledge, 2004, pp. 171-190

Grover, Yvonne, "La correspondence scientifique du P. Dominique Parrenin (1665-1741)," in *Actes du IIe colloque international de sinologie, Chantilly 1977: Les rapports entre la Chine et l'Europe au temps des lumières*, Paris: Les Belles Lettres, 1980, pp. 83-99

Haenisch, Erich, "Gedanken zum T'ung-kien kang-muh," *Nachrichten der Gesellschaft für Natur- und Völkerkunde Ostasiens/Hamburg* 79/80 (1956), pp. 41-47

Han'guk sojang Chungguk hanjŏk ch'ongmok 韩国所藏中国汉籍总目. ChŏnIn-ch'o 全寅初编. 首尔: Hakkobang, 2005

Hartman, Charles, "Chen Jun's *Outline and Details*: Printing and Politics in Thirteenth-Century Pedagogical Histories," in *Knowledge and Text Production in an Age of Print: China, 900-1400*, ed. by Lucille Chia and Hilde De Weerdt, Leiden: Brill, 2011, pp. 273-315

Hartman, Charles, *Han Yü and the T'ang Search for Unity*, Princeton: Princeton Univ. Press, 1986

Hsia, Florence C., "French Jesuits and the Mission to China: Science, Religion, History," Univ. of Chicago: Ph.D. diss., 1999

——, "Chinese Astronomy for the Early Modern European Reader," *Early Science and Medicine* 13 (2008), pp. 417-450

——, *Sojourners in a Strange Land: Jesuits & Their Scientific Missions in Late Imperial China*, Chicago/London: University of Chicago Press, 2009

黄润华、屈六生编:《全国满文图书资料联合目录》,北京:书目文献出版社,1991 年

黄正谦:《论耶稣会士卫方济的拉丁文〈孟子〉翻译》,《中国文化研究所学报》第 57 期,2013 年,第 133—172 页

黄正谦:"The Unalterable Mean: Some Observations on the Presentation and Interpretation of *Zhongyong* of François Noël, SJ",《中国文化研究所学报》第 60 期,2015 年,第 197—224 页

Hummel, Arthur W., (ed.), *Eminent Chinese of the Ch'ing period (1644-1912)*, Washington: United States Government Printing Office, 1943-44

Jachontov, K.S., *Katalog mandjurischer Handschriften und Blockdrucke in den Sammlungen der Bibliothek der Orientalischen Fakultät der Sankt-Petersburger Universität: Aus dem russischen Manuskript übersetzt und herausgegeben von Hartmut Walravens*, Wiesbaden: Harrassowitz Verlag, 2001

Javary, Geneviève, "Hou Ji, Prince Millet l'agriculteur divin: interprétation du mythe chinois par le R.P. Joachim Bouvet S.J.," *NZM* 39 (1983), pp. 16-41, 107-119. (1983a)

——, "Hou Ji, Prince Millet, interprétation du mythe chinois par le Père

Joachim Bouvet," in *Actes* III (1983), pp. 93-106. (1983b)

纪德君:《明代"通鉴"类史书之普及与"按鉴"通俗演义之兴起》,《扬州大学学报》2003 年第 5 期,第 62—66 页

纪德君:《明代"通鉴"类史书之普及与通俗历史教育之风行》,《中国文化研究》2004 年春季刊,第 111—116 页

Karlgren, Bernhard, *The Book of Odes*, Stockholm: Museum of Far Eastern Antiquities, 1974

Kasoff, Ira E., *The Thought of Chang Tsai (1020-1077)*, Cambridge: Cambridge Univ. Press, 1984

Keenan, Douglas J., "Defence of Planetary Conjunctions for Early Chinese Chronology Is Unmerited," *Journal of Astronomical History and Heritage* 10:2 (2007), pp. 142-147

Klaproth, Julius, *Catalogue des livres imprimés, des manuscrits, et des ouvrages chinois, tartares, japonais, etc., composant la bibliothèque de feu M. Klaproth ...*, Paris: R. Merlin, 1839

Klempt, Adalbert, *Die Säkularisierung der universalhistorischen Auffassung; zum Wandel des Geschichtsdenkens im 16. Und 17. Jahrhundret*, Göttingen: Musterschmidt, 1960

Knechtges, David R., Stephen Owen, Willard Peterson & Pauline Yu, "Sheng min (Shi jing〔Classic of Poetry〕, Mao 245: 'Birth of the People')," in Pauline Yu, Peter Bol, Stephen Owen and Willard Peterson, (eds.), *Ways with Words: Writing and Reading Texts form Early China*, Berkeley: Univ. of California Press, 2000, pp. 11-40

Knoblock, John and Jeffrey Riegel, (trans.), *The Annals of Lü Buwei*, Stanford: Stanford University Press, 2000

Kolmaš, Josef, "Foucquet's *Tabula chronologica historicae Sinicae*: Latin text and Czech translation," *Listy filologicke (Folia philologica)* 130 (2007): 3-4, pp. 229-259

Kraft, Eva S., "Frühe Chinesische Studien in Berlin," *Medizinhistorisches*

Journal 11 (1976), pp. 92-128

Lackner, Michael, "A Figurist at Work: The *Vestigia* of Joseph de Prémare S.J.," in Catherine Jami & Hubert Delahaye, (eds.), *L'Europe en Chine: Interactions scientifiques, religieuses et culturelles aux XVIIe et XVIII siècles*, Paris: Collège de France, 1993, pp. 23-56

Landry-Deron, Isabelle, *La Preuve par la Chine. La* Description *de J.-B. Du Halde, jésuite, 1735*, Paris: Editions de l'EHESS, 2002

Langlès, Louis, *Alphabet mantchou, rédigé d'après le syllabaire et le dictionnaire universel de cette langue*, Paris: Imprimerie impériale, 1807.

Laufer, Berthold, "Skizze der manjurischen Literatur," *Keleti Szemle* IX (1908), pp. 1-53

Lee, Thomas L. C., *Education in Traditional China: A History*, Leiden: Brill, 2000

Lee, Tsong-han, "Different Mirrors of the Past: Southern Song Historiography," Ph.D. diss., Harvard University, 2008

———, "Making Moral Decisions: Zhu Xi's 'Outline and Details of the Comprehensive Mirror for Aid in Governance'," *Journal of Song-Yuan Studies* 39 (2009), pp. 43-84

Legge, James, (trans.), *The Chinese Classics*, 5 vols., repr. Taibei: SMC Publishing, 1991

———, *The Li Ki*, 2 vols., (The Sacred Books of the East vols. 27-28), Delhi: Motilal Banarsidass, 1992

雷梦辰编:《清代各省禁书汇考》, 北京: 书目文献出版社, 1989 年

Leung, Cécile, *Etienne Fourmont (1683-1745): Oriental and Chinese Languages in Eighteenth-Century France*, Leuven: Leuven Univ. Press, 2002

李德启主编, 于道泉修订:《国立北平图书馆故宫博物院图书馆满文书籍联合目录》, 北京: 国立北平图书馆、故宫博物院图书馆, 1933 年; 重刊于李莉编:《故宫藏书目录汇编》, 3 卷, 北京: 线装书局, 2004 年

Lippiello, Tiziana, *Auspicious Omens and Miracles in Ancient China: Han, Three Kingdoms and Six Dynasties*, (Monumenta Serica Monograph Series XXXIX), Nettetal: Steyler Verlag, 2001

刘晓军:《"'按鉴'考"明清小说研究》,《明清小说研究》2006 年第 3 期,第 19—33 页

Loewe, Michael, *Early Chinese Texts: A Bibliographic Guide*, Berkeley: The Society for the Study of Early China, 1993

卢秀丽,阎向东编:《辽宁省图书馆满文古籍图书总录》,沈阳:辽宁民族出版社,2002 年

鲁瑞菁:《〈上海博物馆藏战国楚竹书(二)·子羔〉感生神话内容析论——兼论其与两汉经说的关系》,《传统中国研究集刊》第 1 辑,上海:上海人民出版社,2005 年,第 294—306 页;亦见《学灯》2009 年第 1 期(电子版)

鲁瑞菁:《两汉"三代始祖感生说"述论》,《传统中国研究集刊》第 3 辑,上海:上海人民出版社,2007 年,第 154—180 页;亦见《学灯》2009 年第 2 期(电子版)

Lundbæk, Knud, *T. S. Bayer (1694-1738): Pioneer Sinologist*, London: Curzon Press, 1986

——, "The First European Translations of Chinese Historical and Philosophical Works," in Thomas H. C. Lee, (ed.), *China and Europe: Images and Influences in Sixteenth to Eighteenth Centuries*, Hong Kong: The Chinese University Press, 1991, pp. 29-43. (1991a)

——, *Joseph de Prémare (1666-1736), S.J.: Chinese Philology and Figurism*, Aarhus: Aarhus Univ. Press, 1991. (1991b)

——, "Pierre Martial Cibot (1727-1780): The Last China Figurist," *Sino-Western Cultural Relations Journal* 15 (1993), pp. 52-59

吕思勉、童书业编《古史辨》,7 册,上海:上海古籍出版社,1982 年

Macrobius, *Saturnalia*, (Loeb Classical Library 510-512), 3 vols., ed. and transl. by Robert A. Kaster, Cambridge, MA: Harvard Univ. Press, 2011

Malek, Roman, "The Christian *Carrière* of King Cheng Tang: Notes and Preliminary Remarks," in *Miscellanea Asiatica: Mélanges en l'honneur de / Festschrift in Honour of Françoise Aubin*, ed. by Denise Aisgle, Isabelle Charleux, Vincent Goossaert & Roberte Hamayon, Nettetal: Steyler Verlag, 2010, pp. 719-752

Makeham, John, *Transmitters and Creators: Chinese Commentators and Commentaries on the* Analects, Cambridge (Mass.): Harvard University Asia Center, 2003

Melis, Giorgio, "Chinese Philosophy and Classics in the Works of Martino Martini S.J. (1614-1661)," in *International Symposium on Chinese-Western Cultural Interchange in Commemoration of the 400th Anniversary of the Arrival of Matteo Ricci, S.J. in China*, Taipei: Furen daxue chubanshe, 1983, pp. 473-512

Meynard, Thierry, (ed.), *Confucius Sinarum Philosophus (1687): The First Translation of the Confucian Classics*, Rome: Institutum Historicum Societatis Iesu, 2011

Min, Eun Kyung, "China between the Ancients and the Moderns," *Eighteenth Century: Theory and Interpretation* 45:2 (2004), pp. 115-129

Mittag, Achim, "What Makes a Good Historian: Zhang Xuecheng's Postulate of 'Moral Integrity' (*Shi De*) Revisited," in *Historical Truth, Historical Criticism and Ideology: Chinese Historiography and Historical Culture from a New Comparative Perspective*, ed. by Helwig Schmidt-Glintzer, Achim Mittag & Jörn Rüsen, Leiden: Brill, 2005, pp. 365-403

Moloughney, Brian, "Derivation, Intertextuality and Authority: Narrative and the Problem of Historical Coherence," *East Asian History* 23 (June 2002), pp. 129-148

Möllendorff, Paul Georg von, "Essay on Manchu Literature," *Journal of the China Branch of the Royal Asiatic Society* 24 (1890), pp. 1-45

Mungello, David E., *Curious Land: Jesuit Accommodation and the Origins of*

Sinology, Stuttgart: Franz Steiner Verlag, 1985

——, "The Seventeenth-Century Jesuit Translation Project of the Confucian Four Books," in Charles E. Ronan & Bonnie B. C. Oh, *East Meets West: The Jesuits in China 1582-1773*, Chicago: Loyola Univ. Press, 1988, pp. 252-272

——, "A Study of the Prefaces to Ph. Couplet's *Tabula Chronologica Monarchiae Sinicae* (1686)," in Jerome Heyndrickx, (ed.), *Philippe Couplet, S.J. (1623-1693): The Man Who Brought China to Europe*, Nettetal: Steyler Verlag, 1990, pp. 183-199

Naikaku bunko kanseki bunrui mokuroku 内阁文库汉籍分类目录 (Systematic Catalogue of the Chinese Books in the Cabinet Library), Tokyo: Naikaku bunko, 1956

Needham, Joseph, *Science and Civilisation in China: Volume 3: Mathematics and the Sciences of the Heavens and the Earth*, Cambridge: Cambridge Univ. Press, 1959

Nienhauser, William H., (ed.), *The Grand Scribe's Records*, 8 vols., Bloomington: Indiana University Press, 1994-2008

Nii Yōko 新居洋子, "18 seiki kōhan no zai-Ka Iezusukaishi ni yoru Chūgoku shi jojutsu" 18 世纪後半の在華イエズス会士による中国史叙述, *Tōhōgaku* 東方学 129 (2015), 第 87—103 页

Nivison, David S., *The Riddle of the Bamboo Annals*, Taibei: Airiti Press, 2009

—— and Kevin D. Pang, "Astronomical Evidence for the Bamboo Annals' Chronicle of Early Xia" [with comments by Huang Yi-long 黄一农 (trans. by Edward L. Shaughenessy), John S. Major, David W. Pankenier, Zhang Peiyu 张培瑜 (trans. by Edward L. Shaughenessy); and responses by David S. Nivison & Kevin D. Pang] , *Early China* 15 (1990), pp. 87-196

潘凤娟：《卫方济的经典翻译与中国书写：文献介绍》,《编译论丛》2010 年第 1 期，第 189—212 页（2010a)

潘继安：《陶寺遗址为黄帝及帝喾之都考》,《考古与文物》2007 年第 1

期，第 56—61 页

Pang, Tatiana A., *A Catalogue of Manchu Materials in Paris: Manuscripts, Blockprints, Scrolls, Rubbings, Weapons*, Wiesbaden: Harrassowitz Verlag, 1998

Pankenier, David W., "*Caveat Lector*: Comments on Douglas J. Keenan, 'Astro-Historiographic Chronologies of Early China Are Unfounded'," *Journal of Astronomical History and Heritage* 10:2 (2007), pp. 137-141

Paternicò, Luisa M., "La scelta delle fonti per la compilazione della Sinicae Historiae Decas Prima," in Federico Masini, Luisa M. Paternicò, (eds.), *Martino Martini, Opera Omnia*, vol. IV, *Sinicae Historiae Decas Prima*, Trento: Università degli Studi di Trento, 2010, vol.1, pp. xv-xxxix

Pfister, Louis, *Notices biographiques et bibliographiques sur les Jésuites de l'ancienne mission de Chine, 1552-1773*, 2 vols., Shanghai: Imprimerie de la Mission, 1932-1934

Pinot, Virgile, *La Chine et la formation de l'esprit philosophique en France (1640-1740)*, Paris: P. Geuthner, 1932

Pliny [Plinius Caecilius Secundus, Caius] , *Letters and Panegyricus*, (Loeb Classical Library 55, 59), 2 vols., with an English transl. By Betty Radice, London: Heinemann, 1969

Poppe, Nicholas, Leon Hurvitz and Okada Hidehiro, *Catalogue of the Manchu-Mongol Section of the Toyo Bunko*, Tokyo and Seattle: Toyo Bunko & Univ. of Washington Press, 1964

Puett, Michael J., *The Ambivalence of Creation: Debates Concerning Innovation and Artifice in Early China*, Stanford: Stanford Univ. Press, 2001

——, *To Become a God: Cosmology, Sacrifice, and Self-Divinization in Early China*, Cambridge: Harvard University Asia Center, 2002

Puyraimond, Jeanne-Marie, *Catalogue du Fonds Mandchou*, Paris: Bibliothèque nationale, 1979

钱茂伟:《明代史学编年考》，北京：中国文联出版社，2000 年

钱茂伟:《明代史学的历程》,北京:社会科学文献出版社,2003 年

钱茂伟:《中国传统史学的范型嬗变》,哈尔滨:黑龙江人民出版社,
   2010 年

乔治忠:《明代史学发展的普及性潮流》,载于张国刚编:《中国社会历史
   评论》,第四卷,北京:商务印书馆,2002 年,第 439—452 页

Ramsay, Rachel, "China and the Ideal of Order in John Webb's An Historical
   Essay ...," *Journal of the History of Ideas* 62.3 (2001), pp. 483-503

Ricci, Matteo, *The True Meaning of the Lord of Heaven (T'ien-chu Shih-i)*,
   trans. by Douglas Lancashire & Peter Hu Kuo-chen, ed. by Edward J.
   Malatesta, St. Louis (Mo.): Institute of Jesuit sources / Taibei: Ricci
   institute, 1985

Richett, W. Allyn, *Guanzi: Political, Economic, and Philosophical Essays from
   Early China*, 2 vols., Princeton: Princeton Univ. Press, 1985 (vol. 1) and
   1998 (vol. 2)

Rolston, David L., *Traditional Chinese Fiction and Fiction Commentary:
   Reading and Writing Between the Lines*, Stanford: Stanford Univ. Press,
   1997

Rosenberg, Daniel & Anthony Grafton, *Cartographies of Time: A History of the
   Timeline*, New York: Princeton Architectural Press, 2010

Rule, Paul, *K'ung-tzu or Confucius? The Jesuit Interpretation of Confucianism*,
   Sydney: Allen & Unwin, 1986.

——, "Moses or China?," in *Actes du Vie colloque international de sinologie,
   Chantilly 1989: Images de la Chine: Le contexte occidental de la sinologie
   naissante*, Taibei: Ricci Institute, 1995, pp. 303-331

——, "François Noël, S.J., and the Chinese Rites Controversy," in Willy Vande
   Walle & Noël Golvers, (eds.), *The History of the Relations between the
   Low Countries and China in the Qing Era (1644-1911)*, Leuven: Leuven
   Univ. Press, 2003, pp. 137-165

Schäfer, Dagmar, *The Crafting of the 10,000 Things: Knowledge and*

Technology in Seventeenth-Century China, Chicago: Univ. of Chicago Press, 2011

Schäffner, Christina, "Intercultural Intertextuality as a Translation Phenomenon," *Perspectives: Studies in Translatology* 20:3 (2012), pp. 345-364

Schirokauer, Conrad, "Chu Hsi and Hu Hung," in *Chu Hsi and Neo-Confucianism*, ed. by Wing-tsit Chan, Honolulu: Univ. of Hawai'i Press, 1986, pp. 480-502

——, "Hu Hung as Historian," in *The New and the Multiple: Sung Senses of the Past*, ed. by Thomas H. C. Lee, Hong Kong: The Chinese University Press, 2004, pp. 121-161

Schwab, Raymond, *The Oriental Renaissance:Europe's Rediscovery of India and the East, 1680-1880*, trans. by Gene Patterson-Black and Victor Reinking, New York: Columbia Univ. Press, 1984

沈津编:《美国哈佛大学哈佛燕京图书馆藏中文善本书志》, 桂林: 广西师范大学出版社, 2011 年

沈俊平:《明中晚期坊刻制举用书的出版及朝野人士的反应》,《汉学研究》27 卷第 1 期（2009 年）, 第 141—176 页

Simon, Walter and Howard G. H. Nelson, *Manchu Books in London: A Union Catalogue*, London: British Museum, 1977

Sonkeikaku bunko kanseki bunrui mokuroku 尊经阁文库汉籍分类目录, Tokyo: Sonkeikaku bunko, 1934

Standaert, Nicolas, "The Study of the Classics by Late Ming Christian Converts," in Denise Gimpel & Melanie Hanz, (eds.), *Cheng - In All Sincerity: Festschrift in Honour of Monika Übelhör*, Hamburg: Hamburger Sinologische Gesellschaft, 2001, pp. 19-40

——, *The Interweaving of Rituals: Funerals in the Cultural Exchange between China and Europe*, Seattle: University of Washington Press, 2008

——, "Jesuit Accounts of Chinese History and Chronology and their Chinese

Sources," *East Asian Science, Technology, and Medicine* 35 (2012), pp. 11-87. 中文版见，钟鸣旦:《耶稣会士的中国史与纪年著作及其所参考的中国文献》,《世界汉学》2013 年第 11 期，第 55—102 页

——, "Dont't Mind the Gap: Sinology as an Art of In-Betweenness," *Philosophy Compass* 10,2 (2015), pp. 91-103. (2015a)

——, "Jean-François Foucquet's Contribution to the Establishment of Chinese Book Collections in European Libraries: Circulation of Chinese Books", *Monumenta Serica* 63, 2 (2015), pp. 361-424. (2015b)

——, "Comprehensive Histories in Late Ming and Early Qing: The Genealogy of the *Gangjian* 纲鉴 Texts," *Bulletin of the Museum of Far Eastern Antiquities* 79/80 (2016), pp. 221-312. 中文版见，钟鸣旦:《明末清初的通史著述——纲鉴体史著谱系》,《世界汉学》2015 年第 15 期，第 37—90 页

Struve, Lynn. A., *The Ming Qing Conflict, 1619-1683: A Historiography and Source Guide*, Ann Arbor, Mich.: Association for Asian Studies, 1998

孙殿起编:《清代禁书知见录》, 上海：商务印书馆，1957 年

Sung Bibliography/Bibliographie des Sung, ed. by Yves Hervouet, Hong Kong: Chinese University Press, 1978

Sung Biographies, 3 vols., ed. by Herbert Franke, Wiesbaden: Franz Steiner Verlag, 1976

Tjan, Tjoe Som, *Po Hu T'ung: The Comprehensive Discussion in the White Tiger Hall*, 2 vols., Leiden: Brill, 1949, 1952

Tomasko, Nancy Norton, "Chung Hsing (1574-1625): A Literary Name in the Wan-li Era (1573-1620) of Ming China," Ph.D. diss., Princeton University, 1995

涂秀虹:《"按鉴"：明代历史演义的编撰方式及其意义：从建阳书坊刊刻通鉴类图书谈起》,《福建师范大学学报》2011 年第 1 期，第 69—77 页

Ueda Nozomu 上田望, "Kōshi shōsetsu to rekishi sho (1): *Sangoku engi, Zuitō ryochō shiden* o chushin ni" 講史小説と歴史書（1）—『三国演義』、『隋唐両朝史伝』を中心に［On Historical Novels and History Books (1): With a Focus on *Romance of the Three Kingdoms* and the *History of the Two Dynasties Sui and Tang*］, *Tōyō buka kenkyūjo kiyō* 東洋文化研究所紀要 130 (1996:3), pp. 97-180

——, "Kōshi shōsetsu to rekishi sho (2): *Zantō godai shi engi, Nanzō shiden no kozō to henhyō*" 講史小説と歴史書（2）—『残唐五代史演義』、『南宋志伝』の構造と変容［On Historical Novels and History Books (2): The Structure and Transfiguration of *The History of the Later Tang and Five Dynasties* and *The History of Southern Song*］, *Tōyō buka kenkyūjo kiyō* 東洋文化研究所紀要 137 (1999:3), pp. 43-90

——, "Kōshi shōsetsu to rekishi sho (3): *Hoku Sō shiden, Yōke shō engi* no sesho kate to koz ō" 講史小説と歴史書（3）—『北宋志伝』、『楊家将演義』の成書過程と構造［On Historical Novels and History Books (3): The Textual Formation and Structure of *The History of Northern Song* and *The Generals of the Yang Family*］, *Kanazawa daigaku Chugoku-gogaku Chugoku-bungaku kyoshitsu kiyō* 金沢大学中国語学中国文学教室紀要 3 (1999:4), pp. 49-63

——, "Kōshi shōsetsu to rekishi sho (4): Eiyū monogatari karo reikishi engi e" 講史小説と歴史書（4）—英雄物語から歴史演義へ［On Historical Novels and History Books (4): From Legendary Heroic Tales to Popularized Chronicles］, *Kanazawa daigaku Chugoku-gogaku Chugoku-bungaku kyoshitsu kiyō* 金沢大学中国語学中国文学教室紀要 4 (2000:3), pp. 47-83

Van Ess, Hans, "The Apocryphal Texts of the Han Dynasty and the Old Text/New Text Controversy," *T'oung Pao* 85 (1999), pp. 29-64

Van Kley, Edwin J., "Chinese History in Seventeenth-Century European Reports," in *Actes du IIIe colloque international de sinologie, Chantilly 1980: Appréciation par l'Europe de la tradition chinoise, à partir du*

XVIIe siècle, Paris: Les Belles Lettres, 1983, pp. 195-210

——, "Europe's 'Discovery' and China and the Writing of World History," *The American Historical Review* 76:2 (1971), pp. 358-385

Van Zoeren, Steven, *Poetry and Personality: Reading, Exegesis and Hermeneutics in Traditional China*, Stanford: Stanford Univ. Press, 1991

Virgil, *Eclogues, Georgics, Aeneid*, (Loeb Classical Library 63), 2 vols., trans. by H. Rushton Fairclough, Cambridge, MA: Harvard University Press, 1967

Waley, Arthur, *The Book of Songs*, London: George Allen & Unwin, 1969

Walravens, Hartmut, *China Illustrata: Das europäische Chinaverständnis im Spiegel des 16. bis 18. Jahrhunderts*, Weinheim: VCH, 1987

王晖:《出土文字资料与五帝新证》,《考古学报》2007 年第 1 期,第 1—28 页

王先胜:《陶寺遗址不是黄帝及帝喾之都:与潘继安先生商榷》,《社会科学评论》,2009 年第 4 期,第 5—15 页

王重民:《中国善本书提要》,上海:上海古籍出版社,1983 年

Wilkinson, Endymion, *Chinese History: A Manual*, Cambridge: Harvard University Asia Center, 2000

——, *Chinese History: A New Manual*, Cambridge: (Mass.): Harvard University Asia Center, 2013

Witek, John W., *Controversial Ideas in China and in Europe: A Biography of Jean-François Foucquet, S.J. (1665-1741)*, Roma: Institutum Historicum S.I., 1982

——, "Chinese Chronology: A Source of Sino-European Widening Horizons in the Eighteenth Century," in *Actes du IIIe colloque international de sinologie, Chantilly 1980: Appréciation par l'Europe de la tradition chinoise, à partir du XVIIe siècle*, Paris: Les Belles Lettres, 1983, pp. 223-252

——, "Manchu Christians at the Court of Peking in Early Eighteenth-Century China," in *Actes du Ve colloque international de sinologie, Chantilly*

1986: Succès et échecs de la rencontre Chine et Occident, du XVIe au XXe siècle, Taibei: Ricci Institute, 1993, pp. 265-279

Wu Huiyi［吴蕙仪］, "Traduire la Chine au XVIIIe siècle: Les jésuites français traducteurs de textes chinois et la reconfiguration des connaissances européens sur la Chine (1687-ca. 1740)," Ph.D. diss. Paris: Université Diderot (Paris 7); Firenze: Istituto italiano di scienze umane Firenze, 2013.

(to be published: Paris: Editions Honoré Champion, Paris, 2016)

吴莉苇：《明清传教士中国上古编年史研究探源》,《中国史研究》2004 年第 3 期, 第 137—156 页

吴莉苇：《当诺厄方舟遭遇伏羲神农：启蒙时代欧洲的中国上古史论争》, 北京：中国人民大学出版社, 2005 年

吴振清：《明代〈通鉴〉学的成就及其特点》,《北方论丛》1997 年第 2 期, 第 61—64 页

徐春燕：《颛顼帝喾与华夏文明学术研讨会综述》,《中国史研究动态》, 2006 年第 10 期, 第 21—22 页

严绍璗编：《日藏汉籍善本书录》, 北京：中华书局, 2007 年

Yang, Lihui & An Deming, Jessica Anderson Turner, *Handbook of Chinese Mythology*, Santa Barbara: ABC-Clio, 2005

姚觐元编：《清代禁毁书目（补遗）》, 上海：商务印书馆, 1957 年

张阳：《河南内黄颛顼、帝喾二帝信仰调查研究》, 山西师范大学硕士论文（民俗学）, 2013 年

中国古籍善本书目编辑委员会编：《中国古籍善本书目：史部》, 2 册, 上海：上海古籍出版社, 1991 年

中国古籍综目编纂委员会编：《中国古籍综目：史部》, 8 册, 上海：上海古籍出版社, 2009 年

《中华大典：历史典：史学理论与史学史分典》, 3 册, 上海：上海古籍出版社, 2007 年

祝平一：《经传众说：马若瑟的中国经学史》,《中央研究院历史语言研究所集刊》2007 年第 3 期, 第 435—472 页

左桂秋：《明代通鉴学研究》，青岛：中国海洋大学出版社，2009 年

左桂秋：《科举功能下的史学普及：析明代纲鉴史书》，《山东社会科学》
2012 年第 7 期，第 42—45 页

数据库

CCT-Database: Ad Dudink & Nicolas Standaert, Chinese Christian Texts
Database (CCT-Database) (http://www.arts.kuleuven.be/sinology/cct)

高校古文献资源库 (http://rbsc.calis.edu.cn:8086/aopac/jsp/indexXyjg.jsp)

古今图书集成

汉籍电子文献

（文渊阁）四库全书

中国方志库

中国古籍善本书目联合导航系统 (http://202.96.31.45/shanBenDir.do?method =
goToIndex)（现已不能使用）

网络资料

Cams, Mario, "Manchu as a tool language for Europeanmissionaries" (blog)
〈 http://www.manchustudiesgroup.org/2013/02/12/manchu-as-a-tool-
language-for-european-missionaries/

索 引

阿塔纳修斯·基歇尔（Kircher,
　　Athanasius） 196, 215
埃德温·范克莱（Van Kley, Edwin
　　J.） 4, 214, 370, 400
艾儒略（Aleni, Giulio） 55, 59, 62, 105,
　　197
艾萨克·福修斯（Vossius, Isaac） 186
Alexandre, Noël 195
安德鲁·马什姆（Marsham,
　　Andrew） 185
奥林匹克运动会 311, 370

《八编经世类纂》 101
巴蒂（Pardies, Ignatius Gaston） 196
巴多明（Parrenin, Dominique） 139-
　　142, 144, 146, 147, 168, 174-176, 178,
　　180, 192, 201, 202, 206, 207, 280, 319,
　　341-347, 352, 353, 359, 361-363, 393-
　　395
巴黎
　　学者 1-2,156, 173, 282, 305, 319,
　　　　341-342, 356, 362, 372, 403
　　耶稣会士 190, 281, 319, 353, 362
巴耶尔（Theophilus Gottlieb）Siegfried

　　Baye） 137, 169, 393, 394
《白虎通》 44, 94, 288
白晋（Bouvet, Joachim） 139, 205, 280,
　　282-296, 300, 305, 307, 309, 313, 314,
　　319, 320, 323, 326-329, 331, 348, 352,
　　353, 363, 368, 374-376, 378, 387
班固 44
褒姒 248, 274, 294, 295, 313, 382
保罗·伊夫·佩兹龙（Pezron, Paul-
　　Yves） 390
《编辑名家评林史学指南纲鉴新钞》 61
编年体 22, 23, 27-29, 31-37, 42, 43, 45,
　　47, 49, 51, 62, 65, 67-69, 71-74, 81-84,
　　111, 160, 167, 176, 179, 398
辩诬 385
别史 32, 51
柏应理（Couplet, Philippe） 1, 115, 116,
　　126-131, 134-139, 145-148, 176, 180-
　　181, 187-190, 192-193, 195, 198-199,
　　208, 215, 332, 356, 365, 366, 395
勃碣 390
薄太后 259
《补史记》 27, 85, 151, 159
布莱恩（Moloughney, Brian） 82

蔡清 367

蔡应渐 97

曹于汴 56

"Catalogue des livres chinois" 158

《尝试初步介绍如何理解经》("Essai
d'introduction préliminaire à
l'intelligence des Kings") 298-305

常仪 13, 26, 36, 40, 45, 120-122, 222,
339, 340, 343, 382,

昌意 134, 198,

陈臣忠 49, 103

陈宏谋 70, 109, 175

陈继儒 98, 104, 109

陈樫 34-43, 47, 50, 67, 70, 72, 75, 77,
79-81, 83, 86, 88, 89, 91, 92, 94, 101,
108, 118-120, 123, 131, 134, 158, 164-
167, 176-178, 191, 194, 197, 203, 205,
256, 262, 270

陈仁锡 40, 41, 49, 58, 59, 67, 73, 90-93,
101, 103, 141, 194

陈志襄 103

谶纬 33, 228, 229, 240, 241, 255, 259,
267, 273, 316

程颐 259

成际理（Pacheco, Feliciano） 126, 129

成汤 158, 205, 312, 335, 338

《重订苏紫溪先生会纂标题历朝纲鉴纪
要》 54, 94

《重订王凤洲先生纲鉴会纂》 59

《重刻翰林校正少微通鉴大全》 95

《重刻翰林校正资治通鉴大全》 95

《重刻详订世史类编》 56, 69, 105, 109

褚少孙 228, 235-238, 243, 249, 267

《楚辞》 241, 242

创世 15, 116, 153, 185-187, 214, 215,
282, 339, 370

《春秋》 23, 29, 84, 130, 165, 308 另见
"编年体"

《春秋合诚图》 229, 241

《春秋元命苞》 229, 241

Confucii Chi-king sive Liber
carminum 390, 391

达海 65-66

大洪水 11, 116, 126-127, 129, 135, 153,
183, 184, 186-189, 195, 196, 215, 282,
287, 328, 339, 343, 344, 349, 350, 355

《大明会典》 66

《大清会典》 288

《大学》 118, 366, 367

《大学衍义补》 366

戴密微（Demiéville, Paul） 341

丹尼斯（Dionysius Exiguus） 354

道教（道家） 33, 165, 191, 296

德金（Guignes, Joseph de） 115, 157,
169, 210, 215, 372

德·梅朗（Mairan, Jean-Jacques Dortous
de） 140, 144, 200, 272, 394, 395

德索特莱耶（Le Roux Deshauterayes,
Michel-Ange-André） 162, 207, 209

德维诺（Thévenot, Melchisédec） 115,
135-137, 139, 149, 189, 192-193, 199

狄奥多勒（Theodoret of Cyrus） 317

帝喾，另见"帝喾的妃嫔""帝喾的
儿子"

　　中文文献中的生平 24-29, 31-34,
36-39, 43-45, 67-68, 72-75, 81-83,
233, 242-243, 256-258, 259-260,
266-267, 345-346

欧洲文献中的生平 123, 125-126,
135-138, 141-142, 144-149, 153-
157, 167-168, 170, 193, 300-303,
333-347, 358-359

亳都 26, 28, 35, 37-39, 44, 74, 86,
89, 121, 141, 142, 168, 205, 345

欧洲纪年中的日期 123, 137-138,
150-155, 167-168, 170, 334, 339,
343-347

谱系 14

发明乐器和声歌 28, 30, 32, 35, 38,
39, 44, 131, 134, 141-142, 147-148,
168, 335

姓名 24, 26, 30, 34, 44, 123-124,
236, 249

年龄和统治 28, 44-45, 131-134,
224-225, 335

帝喾的儿子 11-14 另见"后
稷""契""尧""挚""神奇生子"
其他儿子 35-36, 40, 44, 343

帝喾的妃嫔 12-13, 26 另见"常
仪""简狄""姜嫄""庆都""神奇生
子"
提及 25, 26, 32-33, 36, 38, 40, 44,
67, 123, 131, 138, 142, 153, 175,
228-229, 233, 240, 245-246, 260,
262, 264, 312-313, 342-344
未提及 27, 30, 341, 345
顺序 26, 36, 43, 123, 131, 167, 221-
222

帝喾的祭祀庆典 402

《帝王（世）纪》 26, 35, 39, 43, 85, 89,
165, 229, 233, 277

丁奉 44, 94, 158

《（鼎锲潘义绳先生纂辑）纲鉴金
丹》 61

《鼎锲叶太史汇纂玉堂鉴纲》 54, 69,
94, 264, 277, 278

《鼎锲赵田了凡袁先生编纂古本历史大
方纲鉴补》 69 另见"《历史纲
鉴补》"

《鼎锲纂补标题论表策纲鉴正要精
抄》 61, 106

《（鼎锲潘义绳先生纂辑）纲鉴金
丹》 61, 102

《鼎锲钟伯敬订正资治纲鉴正史大
全》 58, 66, 94, 102, 134, 170, 175,
179, 198, 199, 203, 213, 216, 346, 391

《订正通鉴前编辨疑》 376

董巴 356

董定策 106

董含 384

董其昌 98

《读史辨惑》 111

杜赫德 115, 142-151, 155, 161, 176,
1800, 181, 187-188, 190, 192, 193,
200-203, 207, 216, 281, 342, 361-362

Dzjy tunggiyan g'angmu bithe（《资治通
鉴纲目》） 67

Dzjy tunggiyan g'angmu ciyan biyan（《资
治通鉴纲目前编》） 67

《尔雅》 111

方济各（Filippucci, Francesco） 365,
367

方昆山 158

方泽林（Van Zoeren, Steven） 226-227,
255, 268, 369

放勋，见"尧"

弗雷烈（Fréret, Nicolas）161, 165, 168, 169, 209, 211, 281, 282, 333, 347-350, 372, 87, 393

《风俗论》（Essai sur les mœurs et l'esprit des nations）3, 4, 372, 373, 401

冯秉正（Mailla, Joseph-Anne-Marie de Moyriac de）2, 3, 6, 14, 139, 160-168, 172, 177, 179-181, 187, 190, 203, 206, 208, 209, 211, 216, 280, 319, 332-341, 343, 347, 348, 351, 357, 360-364, 368, 369, 393, 394

冯光璧　97

冯梦龙　52, 60, 94, 104

冯梦祯　100

冯琦　52, 60, 61, 104, 106

《凤洲纲鉴》　76, 112

《凤洲纲鉴（会纂）》　59, 76, 109

佛祖（释迦牟尼）88, 271, 309, 365

傅得道（Foss, Ted）144, 145, 155, 161, 199, 201, 203, 206

傅尔蒙（Fourmont, Étienne）152, 156, 158, 162, 305, 380

傅圣泽（Foucquet, Jean-François）139, 151, 154-156, 176, 179, 190, 193, 204, 280, 282, 296-305, 307, 309, 319, 320, 348, 350-352, 361, 363, 364, 368, 376, 378, 379

伏尔泰（Voltaire）1, 4, 190, 279, 372-373, 401

伏羲　11, 29, 31, 37-39, 41, 58, 69, 73, 85, 88, 117, 120-123, 126, 127, 129, 130, 136, 137, 140, 141, 144, 162, 170, 173-176, 180, 186, 187, 189-192, 194, 198, 199, 201, 206, 213, 214, 216, 217, 317, 334, 342-344, 346-348, 351, 355,

358, 361, 371　另见"干支纪年"

干支纪年　39, 70, 117-118, 134, 150, 155, 168, 171, 174-175, 186, 191, 300, 350, 354-355

　始于伏羲　58, 191

　始于黄帝　39, 70, 117, 129-130, 150, 168, 175, 189, 191, 345

　始于尧　30, 39, 73, 191

纲鉴　6, 29, 31, 34　另见"编年体""纪传体"

　明　33-37, 40-42, 47-49, 58

　清　66-68, 70-71, 73-74, 174

　宋　28-33, 47-48

纲鉴［体文本］7, 22, 42, 77-82, 84, 269-270

　受众　62-65

　编纂者　51-61

　谱系　22

　基本特征　42-48

　关于神奇生子的解释　256-267, 347-348

　清代的版本　68-70, 74-76

　耶稣会士的资料来源　118-119, 125-126, 131-134, 149, 153, 155, 159-160, 163-164, 166-167, 170-171, 175-180, 183-184, 191, 193, 315-316, 323, 344-345, 346-348, 355-357, 398-399

　三个亚型及其起源　47-51

《纲鉴标题》　97

《纲鉴标题要选》　98

《纲鉴标题一览》　50, 97

《纲鉴补注》　97

《纲鉴大成》　61

《纲鉴大成》 69

《纲鉴大全》，见《鼎锓钟伯敬订正资治纲鉴正史大全》

《纲鉴读要》 97

《纲鉴贯珠录》 97

《纲鉴合编》 60, 82

《纲鉴汇览》 61

《纲鉴会纂》 66

《纲鉴甲子图》 70, 155, 176, 179, 300, 350

《纲鉴纪要》 53, 75

《纲鉴集要》 53, 97

《纲鉴世史》 49

《纲鉴通纪论策题旨》 59, 105

《纲鉴统一》 60, 94

《纲鉴统宗》 97

《纲鉴要编》 49

《纲鉴要选》 98

《纲鉴易知录》 68, 69, 93

《纲鉴正史大全》 75, 76

《纲鉴正史约》 49, 69, 74, 75, 96

《纲鉴传记》 97

《纲目前编辨疑》 376

高禖，见"禖"

高祖 247, 254, 259

Gaverius, Joannes 196

格鲁贤（Grosier, Jean-Baptiste） 162, 207

《古今交食考》 392

《古今图书集成》 106, 109

《古文观止》 68

《古文渊鉴》 288

谷应泰 165

顾颉刚 401

顾锡畴 49, 59, 69, 73-75, 96

《关于三代体系的札记》（"Mémoire sur le système des trois dynasties"） 296

《关于颛顼时期的星体合相》（"Sur la conjunction des Planètes au temps de Tchouen Hio"） 357

《管子》 246

广州派，见"索隐派"

郭子章 53, 61, 98, 106

《国朝宫史》 212

《国语》 32, 81, 130

Hafu buleku bithe（达海译本） 65-66, 83-84, 171

韩国英（Cibot, Pierre-Martial） 309-311, 361

韩敬 57, 101

Han i Pilehe tonggime araha jalan jalan i hafu bulek'u bithee 110

Han i araha tunggiyan g'angmu bithe 66, 67, 83, 108, 141, 164, 172

何大化（Gouveia, António de） 125-126, 176, 192, 193, 195

何乔远 52, 59, 61

《合锓纲鉴通纪今古合录注断论策题旨大全》 59, 60, 106

和素 67

《河图》 229, 241, 277, 293

弘治皇帝 36

后稷 40, 134, 148, 149, 168, 212, 221, 226, 229-232, 234-237, 241-244, 247, 249, 252, 253, 255, 257, 261, 265-267, 274, 283, 284, 287-295, 299-304, 309, 312-315, 318, 320, 322, 323, 325, 327, 328, 331, 335-339, 341, 343, 344, 351, 353, 363, 371, 374, 375, 378, 379, 381,

382, 386-390, 397

胡安国 31, 88

胡广 251, 269, 288, 322, 327, 331, 365,
377, 380, 385-387

胡宏 31-33, 37, 45, 48, 50, 58, 62, 72,
74, 79, 81, 83, 87, 88, 94, 100, 103,
120, 121, 166, 194, 213, 256, 257-259,
263, 264, 266, 267, 270, 273, 276

怀胎十四个月 13, 45, 119-122, 124,
221, 241, 257, 335, 340

黄道周 50

黄帝 24, 27, 30, 39, 70, 117, 120, 121,
122, 130, 137, 150, 157, 167, 173-176,
187, 189, 191, 195, 205, 216, 235-237,
243, 249, 250, 266, 338, 344, 345, 348,
355, 358, 402 另见"干支纪年"

黄洪宪 96

黄名瓯 111

皇甫谧 26, 35, 37, 39, 43, 85, 89, 92,
120, 121, 165, 233, 382

《皇极经世书》 30, 58, 86, 102, 122

《皇王大纪》 31-33, 45, 58, 74, 79, 83,
87, 88, 103, 166, 177, 194, 256, 257,
273, 276

《畸人十篇》 61

《稽古录》 29, 30, 83, 86, 347, 351

《集解》 26, 39, 93

《纪年表》("Tabularum
chronologicarum") 149, 150

纪年文本

中国 27-29, 39, 58-59, 69-70, 73, 83,
138, 155, 167-168, 170-171, 174-
177, 300, 347

欧洲 126-129, 134-138, 149-151,

153-156, 167-172, 174-177, 300,
338, 347

《纪传》,见"纪传体"

纪传体 20, 22-25, 27-29, 31-34, 37, 43,
47, 49, 65-66, 68, 71, 73-74, 81-83,
167, 176, 179, 257, 398

济利禄(Cyril of Alexandria) 317

《嘉佑集》 260, 276, 277

《甲子会纪》 39, 75, 83, 91, 167, 168,
171, 177, 179, 193, 210, 216, 217,
345, 391

简狄 13, 25, 26, 36, 40, 45, 120-122,
221, 231-232, 234, 240, 241, 245, 253,
255, 259, 260, 262, 264, 265, 273-274,
303, 335, 337-340, 343, 346,
381-383

鉴纪合录 60

姜宝 96

姜沇 69

姜文灿 288, 292, 309

姜嫄 13, 25, 26, 36, 40, 45, 120-122,
148, 221, 229-233, 235, 236, 239-241,
244, 249, 252, 253, 255, 257, 258, 261,
262, 264, 265, 273, 274, 288-293, 300,
310, 312-315, 321, 323-325, 328, 335-
337, 339, 343, 344, 346, 377, 379, 382,
388, 389

江贽 31, 33, 37, 48, 53, 83, 86, 87, 95,
101, 256, 277

蒋先庚 68, 108

焦竑 52, 54, 98

郊禖,见"禖"

脚印／趾印

帝王脚印 233, 244, 253, 258, 262,
265, 271

巨人脚印　25, 234-236, 239, 241-243, 247, 250-253, 255, 260-261, 264-265, 314, 323-324, 331, 337, 346, 363, 397

上帝脚印　244-245, 258, 268, 289-291, 324, 337, 338, 364

《解读中国历史新纪年表》　154

解释学

　　中国　8, 232, 251-252, 254-255, 259, 263-264, 267-270, 368-369

　　欧洲　284-287, 336, 368-369, 403

　　文化间　318-319, 368-369

金燨　38-40

金履祥　30, 34, 38-41, 47, 58, 67, 72, 75, 77, 81, 86, 89, 92, 95, 101, 110, 119, 164-166, 201, 205

金尼阁（Trigault, Nicolas）　125, 193

金之光　61

《晋书》　356, 393

《经传遗迹》　205, 306, 385

《经传众说》　306

《精刻补注评解纲鉴历朝捷录》　50

景明　100

《救世主基督的主要奥秘之预言传统：取自中国人的典籍〈诗经〉》（"Traditio prophetica præcipuorum mysteriorum de Christo Redemptore, deprompta ex canonico Sinarum libro Xi Kim"）　283-295

《举要》　30, 36, 72, 89, 92, 119, 120

《镌王凤洲先生纲鉴正史全编》　94, 205

《镌王凤洲先生会纂纲鉴历朝正史全编》　59, 103

《镌紫溪苏先生会纂历朝纪要旨南纲鉴》　53-55

觉岸　88

康熙皇帝　36, 62, 66-73, 75, 80, 81, 83, 90, 92, 106-110, 137, 141, 161, 163, 164, 167, 171, 172, 175, 183, 208, 256, 260, 279, 280, 282, 283, 338, 347, 354, 373, 374, 396

《刻王凤洲先生家藏通考纲鉴旁训》　59

克拉洛斯的阿波罗（Apollo of Claros）　317

克里斯弗里德·基尔奇（Kirch, Christfried）　357

孔颖达　227, 228, 238, 240, 243, 244, 267, 269, 273, 274, 290, 292-295, 314, 376

孔子　128, 138, 156, 169, 173, 188, 236, 249, 269, 303, 317, 351, 353, 367, 372, 390, 397, 404

库尔陈　352

《拉丁文稿的摘要：中国编年史的纪年和古代历史的比较》（"Abbregé d'un manuscrit Latin qui a pour titre"）　154, 193, 399

老子　165, 309, 334

雷孝思（Régis, Jean-Baptiste）　139, 151, 152, 154, 156, 176, 187, 190, 192-193, 207, 216, 280, 319, 332, 338-341, 361-363, 371, 389, 398

类书　57, 63, 85, 101, 111, 228, 240, 288, 293

李长庚　104

李纯卿　55, 94, 100

李东阳　36-38, 40, 49, 71, 73-75, 79, 80, 83, 89, 90, 96, 111, 195

李昉　228

李京 45, 55, 94, 257, 264-267, 269, 270, 316

李懋考 100

李盘 55-56, 105, 109

《李师五经世史便蒙引》 100

李廷机 54-55, 98, 100, 101

李贤 37

李约瑟（Needham, Joseph） 341, 389

李贽 200

《礼记》 232, 233, 253, 273, 292, 322, 336, 342, 388

《礼记大全》 322, 385

《礼记集说》 388

《礼记注疏》 388

《（历朝）纲鉴会纂》 59, 70, 103

《历朝纲鉴辑要》 61

《历朝纪要（旨南）纲鉴》 55

《历代帝王总记》 137-139, 200

《历代纪要纲鉴》 105

《历代通鉴纂要》 37, 38, 71, 73, 75, 83, 89, 90, 195

《历史纲鉴补》 57, 93-95, 101, 102, 111, 151, 158, 164, 166, 195, 198, 203-206, 213, 216, 217, 276, 277, 393

历史派（"北京派"） 139-140, 190, 280-281, 303, 318-320, 332, 335, 341-342, 347-348, 358-364, 368-372, 400 另见 "巴多明""雷孝思""冯秉正""孙璋""宋君荣""钱德明""汤尚贤"

历史意识 181-185

《历史哲学》（La Philosophie de l'histoire） 226, 373

利安当（Caballero, Antonio de Santa María） 195

利玛窦（Ricci, Matteo） 53, 54, 56, 61,

297, 364-367, 369, 403

励杜讷 67, 107

《两仪玄览图》 54

《了凡纲鉴补》 76

林天爵 97

刘邦，见"高祖"

刘恒，见"文帝"

刘弘毅 39

刘孔敬 61

刘凝 308

刘恕 30, 47, 58, 74, 86, 87, 95, 157, 159, 164-166, 171, 197, 203, 205, 217

刘剡 48

刘应（Visdelou, Claude de） 149-151, 378

刘知几 23, 84

《六书长笺》 383

龙 12, 221, 247-248, 253, 255, 259, 294, 310, 317

苍龙 259

红（赤）龙 13, 45, 50, 119-122, 124, 221, 239, 241-242, 255, 257, 258, 259, 262-263

二龙 274, 294, 313, 382

龙华民（Longobardo, Niccolò） 364-366, 368, 403

《龙门纲鉴正编》 68, 108,

鲁保禄（Rule, Paul） 282, 298, 306, 309, 404

路易十四（Louis XIV） 1, 356,

路易十五（Louis XV） 173

陆商隐（Paternicò, Luisa） 118-119

吕不韦 32

《吕氏春秋》 32, 35, 38, 40, 87

吕祖谦 37

《路史》 32, 33, 83, 88, 157, 160, 165, 166, 176, 191, 205, 213, 288, 308, 311-312, 317-318, 334, 380-384

伦敦

学者／科学院成员 173, 341, 342

《论衡》 225, 229, 245-250

《论语》 275, 366, 367

罗泌 32, 83, 88, 157, 158, 160, 165, 176, 205, 213, 308, 312, 334, 375, 380

罗祖莫夫斯基（Rozumovsky, Kirill Grigorievich） 211

《洛书》 293

马端临 165, 376, 377

马克罗比乌斯（Macrobius） 317

马融 227, 243, 267, 291, 312, 313, 382

马若瑟（Prémare, Joseph de） 139, 156-160, 177, 204-206, 224, 280-282, 296, 305-326, 328, 331, 337, 348, 361, 363, 368, 371, 378-381, 383-385, 399

《马若瑟神父所作的绪论》（"Discours preliminaire"） 156-160

麦基洗德（Melchisedech） 285, 287, 375

满文译本 8, 9, 65-68, 70-73, 75, 83-84, 170-172

文本间 13, 81-82, 141-142, 149-150, 177-178, 398-399

耶稣会士的资料来源 6, 10, 141-142, 149-150, 163-164, 166-167, 170-177, 179-180, 347, 368-369

毛亨 227-228, 231, 240, 244, 245, 252, 253, 255, 261, 265, 266, 269, 274, 314, 315

《毛诗正义》 227, 228-245, 271-274,

278, 312, 313, 318, 376, 377, 380-383, 385, 389

《毛诗传》 226, 229, 230, 232, 265

禖／郊禖／高禖 13, 45, 222, 232, 239-240, 245, 252, 253, 257, 261, 265, 266, 273, 275, 289, 292, 324

梅尔基奥·德·波利尼亚克（Polignac, Cardinal Melchior de） 298

梅文鼎 183

门采尔（Mentzel, Christian） 115, 136-139, 177-178, 180, 192, 199

蒙图奇（Montucci, Antonio） 91

孟化鲤 106

《孟子》 66, 118, 188, 276, 277, 351, 367

梦松轩 61

《梦松轩订正纲鉴玉衡》 61

《闽书》 59

《明实录》 90, 106

《明史纪事本末》 165

《明一统志》 37, 39

摩西 281, 370

《牡丹亭》 59

Muller, Andreas 199

南轩 6, 36, 38-43, 49, 67-70, 72, 75-77, 79-81, 83, 90-93, 96, 108, 110, 119-121, 123, 131, 134, 136, 141, 142, 147, 164, 166, 167, 171, 174-180, 191, 193, 194, 197, 198, 201, 203, 207, 212-214, 216, 217, 270, 342-344

年希尧 70, 155, 176, 179, 204, 300, 350, 351

《廿二史纪事提要》 111

《廿一史》 130, 164-166, 208

《廿一史约编》 208

女娲　11, 85, 311

诺厄　11, 186, 298, 356, 375

欧阳修　251, 254-256, 263, 267, 269, 276, 306

潘光祖　61, 102

潘荣　46, 94

潘阳节，见潘荣

盘古　26, 34, 41, 42, 68, 69, 118, 119, 157, 173, 175, 191, 194, 353

庞迪我（Pantoja, Diego de）　58, 100

裴骃　26, 39, 43

《佩文韵府》　72

彭好古　100

彭遵古　100

《评关于后稷的诗和其中所谓无法理解的奥秘》（"Animadversions-Sur l'ode de heou Tci"）　320, 323-331

《品字笺》　288

Possinus, Petrus　196

浦起龙　84

七十士译本，见"上古纪年"

弃，见"后稷"

钱德明（Amiot, Joseph-Marie）　1, 20, 114, 172-177, 179, 187, 190, 192, 204, 206, 211-213, 319, 341-344, 348, 359, 361, 363, 390, 391

钱应充　111

乾隆皇帝　64, 70-71, 73-75, 83, 174

乔承诏　50

蟜极　14, 24, 44

《钦定四库全书总目提要》　74

庆都　13, 26, 36, 40, 45, 120-122, 221, 241, 259, 262, 317, 335, 339, 340, 343, 382

屈原　241

《全史详要》　61

《全唐诗》　72

权威性　2-4, 24, 28, 36, 41, 42, 65, 68-71, 75, 79, 80, 82, 83, 165, 177, 178, 189, 220, 269, 331, 333, 334, 336, 341, 357, 366, 370

让·多梅尼科·卡西尼（Cassini, Jean-Dominique）　356, 357, 390

撒拉米的厄比法尼（Epiphanius of Salamis）　289

《三冈识略》　384

《三山论学纪》　55

《山海舆地全图》　53

商辂　34, 40, 41, 67, 76, 82, 92, 93, 119, 123, 164,

上古纪年　185-191, 300, 351-358

　　巴比伦纪年　343, 370-371, 399, 401

　　《圣经》纪年　3-4, 116, 176-177, 186-189, 341, 355, 369-370, 399, 401

　　迦勒底纪年　4, 341, 370

　　中国纪年　4, 28, 39, 58, 70, 78-79, 136, 140, 159, 167-168, 170-171, 176-177, 179-180, 186-193, 295, 304-305, 310-311, 332-333, 339, 346-347, 349, 351, 354-355, 357-358, 398, 401-402

　　埃及纪年　4, 14, 215, 341, 343, 370, 399, 401

　　七十士译本纪年　4, 116, 136, 186-

190, 196, 214, 215, 279, 332, 344, 362, 374, 390

普世纪年　1, 153, 185, 304, 312, 339, 370-372

武加大译本纪年　4, 116, 186-190, 214, 215, 279, 332, 355, 362, 374, 401

《尚书》，见《书经》

少昊　44, 100, 121-123, 262, 346, 347

《少微通鉴节要》　31, 33, 48, 49, 83

　　修订版　37, 48, 53, 256

邵雍　30, 58, 86, 102, 122, 157, 258

申时行　54, 106

神话历史化（反向的）　402

神奇生子　11-13, 221, 222, 224-226, 228, 229, 397

　　反对的观点　245-251, 255, 257-265, 270

　　诗人的美化（虚构）　236, 237, 322-323, 327, 336-340, 371, 400

　　第一种解释类型

　　　　无父感生　230-232, 234-235, 237-242, 251-253, 270, 288-289, 291-293, 295, 300-301, 304, 307-309, 311, 315-316, 318, 363-364

　　　　提及　25, 32-33, 37, 44, 48, 50, 72, 74, 83-84, 119, 123, 131, 134, 148, 167, 192-193, 225, 233-234, 398

　　　　未提及　25-27, 29-31, 35, 37-40, 66, 67, 72, 74, 83, 126, 131, 134, 138, 142, 148, 157, 167, 168, 175, 192-193, 231, 233-234, 341-348, 359, 398

　　第二种解释类型

　　　　有父感生　230, 242-244, 263-

264, 321, 324, 330-331, 337-338, 340-341, 363-364

　　第三种解释类型

　　　　有父不感生　231, 244-245, 255, 258-261, 263, 264, 266, 322, 338-341, 363-364

　　三种解释类型　222, 225, 238-239, 267-268, 362-364, 397, 400

沈约　27, 241, 267, 347

圣彼得堡

　　学者/科学院成员　2, 173, 341-342

《诗本义》　255, 276, 377

《诗集传》

　　苏辙　253, 275, 377, 380

　　朱熹　229, 272, 275, 288, 377, 380, 385-387

《诗经》　32, 149, 167, 225-238, 240, 242, 243, 251, 254, 256, 261, 265, 267, 268, 277, 283, 288, 289, 292, 295, 299, 300, 301, 304, 309, 312, 314, 316, 322, 326, 328, 337-339, 342, 345, 348, 368, 379

《诗经大全》　251, 269, 288, 327, 375, 377, 385-387

《诗（经）集注》，见《诗集注》（朱熹）

《诗（经）集传》，见《诗集传》（朱熹）

《诗经正解》　288, 292, 309, 381, 383, 386

《诗传大全》，见《诗经大全》

施迦莱格（Scaliger, Joseph）　14, 215

《十三经注疏》　228, 288

《史记》　7, 18, 20, 23-28, 31, 32, 35-39, 43, 47-50, 74, 83, 84, 85, 87-89, 93, 118, 119, 123, 131, 134, 142, 147, 151, 158, 159, 166, 177, 198, 205, 225, 228, 229, 232-235, 237, 240-243, 248, 249,

252, 253, 257, 259, 260, 265, 268, 272, 274-276, 294, 312, 316, 334, 335, 377, 394, 399
史继偕 104
史书编纂
中国 17-18, 27, 42-43, 76-78, 84, 176-177, 179-180, 184-185, 397-398
欧洲 4-5, 181-185, 341-342, 373, 398-399
文化间 3-5, 8-9, 11-12, 222, 397-401, 404
《史通》 23, 84
《史通通释》 84
《史学璧珠》 111
《释氏稽古略》 88
书尔陈 352
《书经》 44, 118, 119, 130, 157, 165, 167, 169, 197, 293, 302, 307, 351, 353, 360-361, 368
《〈书经〉：一部中国圣书》(*Le Chou-king, un des livres sacrés des Chinois*) 156-157, 169, 215, 353, 361
《数马堂答问》 111
舜 36, 40, 77, 102, 120-122, 131, 174-175, 197, 211, 236, 243, 249, 302, 303, 309, 312, 313, 343, 347, 382
《说文长笺》 383
《说文解字》 308, 315, 316, 380
《四库禁毁书丛刊》 7, 76
《四库全书》(项目和审查) 7, 64-65, 69, 71-76, 177
Sioi dzjy tunggiyan g'angmu bithe 67
司马光 29-30, 43, 47, 52, 74, 80, 83, 85, 88, 119, 140-141, 166, 206, 347, 351, 394
司马迁 24, 46, 118, 131, 197, 205, 236, 243, 261, 307, 316, 394
司马谈 24
司马贞 26, 27, 43, 151, 158, 159
《四书蒙引》 367
《四书人物考》 91
《四书直解》 366
宋君荣(Gaubil, Antoine) 139, 141, 156, 157, 161, 167-172, 177-179, 184, 187, 190, 192, 193, 201, 204, 206, 208-211, 215, 216, 280, 282, 296, 319, 341-361, 363, 368, 372, 378, 389, 392-395, 403
《宋书》 241
宋翔凤 85
《宋元通鉴纲目》，见《续资治通鉴纲目》
《宋元通鉴》 91
苏尔金 352
苏濬 53-55, 75, 94, 98-100, 105
苏霖(Soares, José) 352
苏努 352
苏轼 252, 260, 293, 295, 380
苏熙业(Souciet, Etiennet) 281, 332, 354, 355, 378-379, 390, 392-395
苏洵 45, 102, 257, 260-261, 267, 269-270, 276
苏辙 252, 253, 260, 267, 293, 295, 309, 328, 329
孙鑛 61, 84
孙璋(La Charme, Alexandre de) 139, 167-168, 171, 177, 179, 187, 190, 192, 280, 319, 341, 342, 344-346, 348, 359, 361, 363
《索隐》 26, 43, 158, 198
索隐派(广东派) 139-140, 157, 184,

190, 281-282, 285, 296-297, 304-306, 308-310, 319-320, 322, 331-332, 334, 348-349, 351-359, 361-363, 369-370, 391, 400　另见"白晋""马若瑟""傅圣泽"

《太平御览》 85, 89, 228, 240-241, 273, 277

太宗 227

《泰西水法》 61, 100

汤宾尹 50, 61

汤尚贤（Tartre, Vincent de） 280, 319-331, 337-339, 363, 364

《汤睡庵先生历朝纲鉴全史》 61

汤显祖 59

唐龙泉 98

唐顺之 48

鹈饲石斋（Ugai Sekisai） 69

天文观测 188, 190, 353-355

　五星连珠 356-360, 403

天乙 14

《天元历理全书》 70, 171

《天主教主要教义的遗迹》（*Vestiges des principaux dogmes chrétiens*） 159, 306, 381　另见《中国古书中的天主教要理遗踪》

《天主实义》 365

《通过四个命题论中国人的学说和文献的真正起源》（"Dissertatio de vera origine doctrinae et monumentorum Sinensium"） 298

《通纪会纂》 102

《通鉴》，见纲鉴

《通鉴辨疑》 376, 378

《通鉴博论》 97

《通鉴纲目全书》 41, 72, 80, 92, 119, 141, 176, 262

《通鉴前编》 30, 34, 39-41, 47, 58, 67, 72, 75, 95, 164-166, 205, 262

《通鉴外纪节要》 262

《通鉴外纪论断》 261

《通鉴直解》 96

《通鉴纂》 97, 102

《通志》 166, 194

《图书编》 288

《外纪》 34-35, 37-38, 39-40, 43, 47-48, 72, 83, 119, 123, 164-165, 177

　修订版 36-37, 39-41, 49-50, 67, 72, 80-83, 118-119, 123, 165-166, 177, 191, 256, 262

外史 196

《万宝幼学须知鳌头杂字大全》 138

《万物真原》 62, 105, 197

汪旦 61

王昌会 61

王充 225, 229, 245-250, 260, 262, 267, 294

王逢 48

《王凤洲先生纲鉴正史全编》 59, 69, 205

《王凤洲先生纲鉴正约会纂》 109

《王凤洲钟伯敬两先生家藏纲鉴通纪》 60

王符 274

王基 313, 274

王建衡 111

王升 97

王世贞 52, 55, 58-60, 66, 68, 70, 73-76, 82, 94, 95, 98, 103, 106, 109, 158

王守仁 55

王肃 227, 243-244, 267, 274, 291, 294, 312-313

王锡爵 54, 61, 99, 106

王逸 241-242

王之枢 73, 171, 347

王穉登 200

王重民 58, 62

威廉·鲍斯曼（Bouwsma, William J.） 181-184

威烈王 29, 37, 38, 70, 90, 155, 174, 300, 350, 351

维吉尔（Virgil） 326, 328, 381, 386

维吉尔·毕诺（Pinot, Virgile） 4, 136, 144-145, 148, 188, 199, 280, 281, 342, 354, 362, 378

卫方济（Noël, François） 365, 367, 369

卫匡国（Martini, Martino） 2, 115-110, 123, 125, 126, 128, 133-137, 145-148, 176, 180, 182, 184, 186-190, 192-194, 199, 215, 332, 355, 356, 395

魏校 381

魏若望（Witek, John） 297

文安之 100

文本和评注 5-6, 9, 23, 36, 141, 268-270, 364-370, 400

文本互现 8-10, 12-13, 32-33, 40-41, 65, 80-82, 134-135, 142, 149-150, 165-166, 179-181, 227-228, 237, 253-254, 270, 283-284, 307-308, 403

隐性的 31-32, 80-81, 144-145, 264-265, 340-341

文化间的 9-10, 81-82, 130, 149-150, 166-167, 177-180, 360-361

文本交织 5-10, 12-13, 20, 22-24, 36, 38,

39-41, 43, 73-76, 80-83, 115-116, 134-135, 144-145, 154, 159-160, 166-167, 176-181, 184-185, 220-221, 234-235, 237, 241-242, 244-245, 252-254, 288-289, 292-293, 295-296, 304-305, 318-319, 330-331, 340-341, 368-370, 398-399, 404 另见"文本互现"

文帝 259

文王 14, 235, 236, 249, 302, 304, 312, 313, 337, 382

《文献通考》 288, 293, 377

翁正春 61, 97

吴乘权 68, 93

吴蕙仪 320

吴莉苇 118

吴荃 288, 292, 309

吴绥 111

《五经大全》 288

《五经异义》 227, 238

《五经正义》 227, 269

武加大译本（Vulgate），见"上古纪年"

武王 249, 302, 312, 337

《西学凡》 59

《西学十诫初解》 55

《析讲》 288, 292, 309, 315, 325, 337 另见《诗经正解》

《宪章录》 91

《小儿论》 138-139

《小学》 367

《孝经》 367

谢和耐（Gernet, Jacques） 341, 389

谢迁 55

《新镌通鉴集要》 98

《新镌献苍乔先生纲鉴汇编》 49-50

《新镌张太史注释标题纲鉴白眉》 61

《〈新刊补遗标题论策〉纲鉴全备精
要》 53, 106

《新刊古本大字合并纲鉴大成》 48

《新刊翰林考正纲目通鉴玉台青史》 61

《新刊史学备要纲鉴会编》 54

《新刊通鉴标题采要》 99

《新刊通鉴集要》 98

《〈新刻补遗标题论策指南〉纲鉴纂
要》 54, 105

《新刻校正古本历史大方通鉴》 99

《新刻九我李太史编纂古本历史大方纲
鉴》 99

《新刻九我李太史校正古本历史大方通
鉴》 99

《新刻世史类编》 55, 100, 102

《新刻紫溪苏先生删补纲鉴论策题旨纪
要》 99

《〈新刻张侗初先生永思斋〉四书
演》 366

《新镌国朝三元品节标题纲鉴大观纂
要》 54, 98

《〈新镌郭苏二文参订〉纲鉴汇约大
成》 54

《新镌增订历国朝捷录全编》 97

契 13-14, 25, 26, 35-36, 40, 45, 120,
121, 124, 168, 222, 226, 231-237, 241-
243, 245, 249, 253-255, 257, 259, 260,
262, 264-267, 273, 297, 303, 309, 312,
315-318, 322, 328, 335, 338-341, 343,
363, 380-383, 397

离，见契

《新编通鉴集要》 53

《新编纂注资治通鉴外纪增义》 95

《性理大全》 63, 130, 288, 329, 365

《性理会通》 288

熊成冶 55

熊明遇 58, 62, 101

熊三拔（De Ursis, Sabatino） 58, 61,
100

徐发 70, 109, 171, 211

徐奋鹏 52, 97

徐光启 61, 100

徐乾学 376

徐文靖 86

许慎 227, 238, 239, 308

许顺义 96

《续编纲目发明》 261

《续资治通鉴纲目》 34, 40-41, 47, 67,
82, 119, 164

玄鸟 12, 13, 25, 226, 231-234, 236, 240,
241, 245, 253, 254, 258, 259, 261, 264,
266, 273, 276, 278, 292-293, 316, 327,
345, 346, 364, 382, 383, 386, 388 　另
见 "燕子"

《选自〈中国历朝年表绪论暨中国王朝
纪年简介〉》（"Ex Prolegomenis ad
Annales Sinicos"） 127

薛凤（Schäfer, Dagmar） 51, 106

薛应旂 39, 75, 83, 91, 167, 171, 177,
179, 193, 210, 216, 217, 345, 391

《训蒙史论》 262

亚巴郎（Abraham） 153, 187, 321, 339,
349, 355

颜珰（Maigrot, Charles） 329

颜茂猷 103

《弇山堂别集》 59

《弇州史料》 59

杨慎 265, 278, 316, 383

杨廷筠　55, 58, 100

阳玛诺（Dias, Manuel）　58

尧　11-13, 25, 30, 35, 36, 39-41, 45, 70,
　73, 77, 102, 110, 119-122, 124, 131,
　140, 141, 144, 149, 155, 168, 176, 179,
　180, 187, 190-192, 197, 198, 204, 206,
　216, 221, 233, 235, 236, 240-242, 247,
　248, 255, 259, 262, 267, 287, 296, 302,
　303, 309, 312, 313, 315, 317, 318, 328,
　335, 340, 342, 343, 345-347, 351, 355,
　357, 361, 363, 382, 391　另见"干支
　纪年"

野史　51, 196

叶从文　100

叶向高　52, 54-55, 62, 94, 99, 264

一行，见张燧

夷，或燕　13, 45, 50, 222, 231-232, 236,
　240, 242, 243-245, 247, 250, 253, 257,
　260, 262, 265, 266, 268, 292, 303, 316,
　338, 346, 364, 383, 397　另见玄鸟

《易经》　265, 283, 286, 296, 301, 310,
　338, 368, 379

《艺文类聚》　85

薏苡　246-247

音乐

　九招　32, 35, 40, 44, 87, 120-122,
　　131, 168, 205, 345

　六英　32, 38-40, 87, 121, 141, 142,
　　148

殷铎泽（Intorcetta, Prospero）　129, 365-
　366

殷弘绪（Dentrecolles, François-
　Xavier）　280, 319, 320, 384

英宗　30

雍正皇帝　6, 144, 155-156, 300, 350-352

于慎行　54, 103

余昌祚　56

余象斗　57-58

余应虬　56, 58

余有丁　54, 106

虞德升　375

虞二球　69

虞咸熙　375

禹　35, 102, 118, 120-122, 236, 243, 245-
　246, 249, 302-304, 309, 312, 381

《（御定）历代纪事年表》　73, 175, 177,
　347

《御批历代通鉴辑览》　73-75, 82, 83,
　111, 174, 177, 191, 209

《御批三编》　86, 88, 110, 276, 277

《御批资治通鉴纲目前编》　89, 110,
　256, 257, 276, 376

《御批资治通鉴纲目全书》　71-72, 75,
　81, 83, 89, 110, 205, 257, 266

《御纂历代三元甲子编年万年书》　175

袁黄　42-45, 48, 57-58, 60, 66, 68, 69,
　75, 76, 82, 93-95, 101-102, 105, 107,
　109, 111, 112, 119-122, 126, 131, 136,
　149, 151, 158-160, 164-166, 176, 177,
　195, 198, 203-206, 213, 216, 217, 257,
　276-277, 393

《袁了凡先生重订凤洲纲鉴世史类
　编》　104

《元史》　86

约瑟夫·尼古拉斯·德利尔（Delisle,
　Joseph-Nicolas）　169, 206, 394

杂史　51

曾德昭（Semedo, Álvaro）　193

《增补论策全题苏板通鉴集要》　53, 106

《增补素翁指掌杂著全集》 200

《增广幼学须知鳌头杂字大全》 139,
　176, 178

詹姆斯·乌雪（Ussher, James） 186,
　187

张（夫子） 228, 235-236, 243

张淮 97

张居正 96, 366

张萧 61-62, 93-94, 105, 366

张溥 103

张融 293, 314

张睿卿 49, 103

张时泰 92

张守节 26

张燧 347, 358

张谢莉 56

张晏 39, 93

张载 252-253, 275, 329

章潢 376

赵宦光 316, 383

赵时齐 97

郑樵 166, 194

郑玄 120, 227-232, 239, 240, 245, 251,
　253, 255, 261, 265-267, 269, 273, 277,
　289, 291, 293, 295, 315, 316, 323, 336,
　341, 388

郑元庆 208

正德皇帝 37

正史 196

正义 26, 44

《职方外纪》 55

趾印，另见脚印 229-231, 233, 251,
　254, 261

挚 13-14, 25, 26, 36, 39, 40, 45, 120-
　124, 141, 149, 154, 168, 198, 202, 222,

233, 252, 255, 335, 339, 343, 345-346,
　382

《中国初史直译，自伏羲至尧》
　（"Version litterale du commencement
　de l'histoire chinoise depuis Fou-hy
　jusques à Yao"） 140, 141, 144, 178,
　180, 192, 361

《中国丛刊》（Mémoires concernant ... les
　Chinois） 169, 170, 172, 173, 309, 368

《中国古史实证》（"L'Antiquité
　des Chinois prouvée par les
　monuments"） 114, 172, 175, 348

《中国古书中的天主教要理遗踪》
　（"Selecta quædam vestigia"） 159,
　160, 179, 224, 305, 306, 307, 310, 311,
　361

《中国纪年》（"Chronologie
　chinoise"） 168, 170, 346

《中国纪年简表》（Kurtze Chinesische
　Chronologia） 136-139, 178, 192

《中国纪年论》（"Traité de la Chronologie
　chinoise, divisé en trois parties"） 141,
　169, 179, 192, 193, 355

《中国历朝年表》（"The Annals of the
　Chinese Monarchy"） 143, 148,

《中国历朝年表绪论》（"Prologomena
　ad Annales Sinicos"） 126, 129-130,
　192, 193

《中国历史》（Histoire de la Chine） 116,
　199

《中国历史的第一世代》（Sinicae
　historiae decas prima） 2, 117, 119,
　133-136, 145, 180, 356

《中国历史纪年表》（Tabula chronologica
　historiae Sinicae） 154-155, 179, 190,

300, 350, 361

《中国历史简编》（"Abrégé de l'histoire Chinoise"） 167, 179, 192, 345, 361

《中国六经》（Sinensis Imperii Libri Classici Sex） 367

《中国名人画像》（"Portraits des Chinois célèbres"） 344

《中国人眼中的世界古代史》（"L'ancienne histoire du monde suivant les Chinois"） 156-159

《中国天文简史》[Histoire(abregée) de l'astronomie chinoise] 353, 392-394

《中国天文论》（Traité de l'astronomie chinoise） 353, 394

《中国通史》（Histoire générale de la Chine） 2, 6, 14, 160-167, 192, 203, 207-209, 216, 332, 361, 368, 387-389, 393, 394

《中国通史》（Storia generale della Cina） 161

《中国王朝大事记》（"Fastes de la Monarchie Chinoise"） 142, 144, 180, 192, 193, 281, 361

《中国王朝的六个时期》（"Monarchia da China dividida em seis idades"） 125, 126, 192

《中国王朝纪年表》（Tabula chronologica Monarchiæ Sinicæ） 127-135, 137, 145, 180, 181, 192, 197, 198, 215, 273, 356

《中国王朝纪年简介》（"Synopsis Chronologica Monarchis Sinicee"） 127, 129, 130, 131, 135-137, 192, 193

《中国王朝纪年简介绪论》（"Prologomena ad Synopsim Chronologicam Monarchiæ Sinicæ"） 126

《中国哲学家孔子》（Confucius Sinarum Philosophus） 128, 365-367, 395

《中国政治道德学说》（Sinarum Scientia Politico-Moralis） 366

《中国智慧》（Sapientia Sinica） 366

《中华帝国简史》（"Abrégé chronologique de l'histoire universelle de l'empire chinois"） 20, 172-175, 192, 343, 361

《中华帝国全志》（Description ... de la Chine） 142-149, 155, 188, 190, 343, 361, 368

《中华帝国史》（"Concordia chronologiæ annalium Sinensis Imperii"） 152, 153, 192, 338, 361, 399

《中庸》 366-367

钟人杰 375

钟惺 52, 58, 60, 75, 94, 97, 102, 105, 119, 120, 122, 134, 166, 167, 170, 175-177, 179, 198, 199, 203, 213, 216, 346, 391

仲康 353, 360

周公 249, 252, 322, 327, 337

周礼 37, 45, 72, 92, 94, 165, 209, 257, 261-264, 266, 270, 277

周幽王 27, 248, 313

周之灿 68

周之锦 100, 105

周之炯 68

朱京 100

朱权 97

朱熹 6, 29, 40-41, 43, 47, 52, 67, 76-77, 80, 82, 85, 88, 92, 93, 98, 119, 164-

166, 205, 251-256, 266, 267, 269, 270, 288, 291, 293, 295, 309, 324, 325, 327-331, 366, 383-384

《朱子大全》 72

《朱子纲目折衷》 261

《诸史会编大全》 38

诸燮 53, 106

《竹书纪年》 27-28, 30, 70, 74, 83, 171, 209, 211, 217, 347

《竹书统笺》 85

颛顼 13, 25, 26, 44, 120-123, 148, 249, 262, 334, 346, 347, 355-358, 402, 405

传注疏义 26, 28, 32-33, 36-37, 39-40, 45, 62, 220-221, 224-228, 237, 239, 244, 251, 253-257, 261, 286-288, 306-307, 329, 364-365, 403

　行间注 23, 28, 32, 37, 43, 48, 81, 168, 180, 220, 225

　多重注 39-40, 42, 72, 79, 256-257, 269-270, 283, 288, 291-293, 318

《资治纲鉴大全》，见《鼎镌钟伯敬订正资治纲鉴正史大全》

《资治历朝纪政纲目》 49

《资治上编大政纲目》 96

《资治通鉴》 18, 29, 31, 34-35, 37, 38, 40, 45, 47, 74, 88, 119, 123, 130, 164, 165, 206, 351

《资治通鉴纲目》 6, 19, 29, 31, 32, 41, 47, 67, 82, 88, 119, 163, 166, 277, 394

《资治通鉴纲目前编》 38-41, 43, 67, 72, 75, 80, 83, 90, 119, 140-141, 171, 174-180, 191, 193, 197, 342

《(资治)通鉴(纲目)前编》，见《通鉴前编》

《(资治)通鉴(纲目)前编举要》，见《举要》

《(资治)通鉴(纲目)前编外纪》，见《外纪》

《资治通鉴外纪》 30, 47, 58, 74, 87, 166, 171, 205

《(资治)通鉴续编》 34, 47, 75, 118, 119, 158

《资治通鉴纂要》 55

左丘明 32, 351

《左传》 22, 23, 29, 33, 35, 44, 84, 88, 111, 165, 197, 238, 265, 272, 351　另见"编年体"

图书在版编目(CIP)数据

历史文本的文化间交织 ：中国上古历史及其欧洲书写 / (比)钟鸣旦(Nicolas Standaert)著；陈妍蓉译. 上海 ：上海人民出版社，2025. -- (论衡). -- ISBN 978-7-208-19278-2

Ⅰ. K210.7

中国国家版本馆 CIP 数据核字第 2024MP4122 号

责任编辑　倪文君
封面设计　赤　祥

论衡

历史文本的文化间交织

——中国上古历史及其欧洲书写

[比利时]钟鸣旦 著

陈妍蓉 译

出　　版　**上海人民出版社**
　　　　　（201101　上海市闵行区号景路 159 弄 C 座）
发　　行　上海人民出版社发行中心
印　　刷　江阴市机关印刷服务有限公司
开　　本　889×1194　1/32
印　　张　14.75
插　　页　6
字　　数　327,000
版　　次　2025 年 2 月第 1 版
印　　次　2025 年 2 月第 1 次印刷
ISBN 978 - 7 - 208 - 19278 - 2/K·3443
定　　价　108.00 元

"论衡"书目

邓秉元《新文化运动百年祭》

虞云国《南渡君臣：宋高宗及其时代》

姜　鹏《稽古至治：司马光与〈资治通鉴〉》

周振鹤《天行有常：周振鹤时评集》

李文杰《日暮乾清门：近代的世运与人物》

张仲民《叶落知秋：清末民初的史事和人物》

谭徐锋《察势观风：近代中国的记忆、舆论与社会》

王瑞来《天水一勺：研宋品书序跋漫谭》

王振忠《从黄山白岳到东亚海域：明清江南文化与域外世界》

郭永秉《金石有声：文献与文字断想》

王子今《长安碎影：秦汉文化史札记》

王子今《上林繁叶：秦汉生态史丛说》

陆　胤《变风变雅：清季民初的诗文、学术与政教》

李天纲《与阁老为邻》

裘陈江《知所先后：近代人事与文献的考索》

沈　洁《百年锐于千载：清末民初的世局与士议》

徐　冲《带献帝去旅行：历史书写的中古风景》

李文杰《辨色视朝：晚清的朝会、文书与政治决策》

张仲民《出版与文化政治：晚清的"卫生"书籍研究》

李孝迁、胡昌智《史学旅行：兰克遗产与中国近代史学》

黄丽君《化家为国：清代中期内务府的官僚体制》

陈　丹《驼背将军：美国人荷马李与近代中国》

虞云国《学随世转：二十世纪中国的史家与史学》

李　磊《流风回雪：六朝名士的庙堂与山林》

［日］渡辺信一郎著，徐冲译《中国古代的王权与天下秩序（增
　　订本）》

［日］三浦国雄著，李若愚、张博译《王安石：立于浊流之人》

［美］包筠雅著，杜正贞、张林译《功过格：明清时期的社会变
　　迁与道德秩序》

［比］钟鸣旦，陈妍蓉译《礼仪之争中的中国声音》

［美］戴思哲著，向静译《中华帝国方志的书写、出版与阅读：
　　1100—1700 年》

［日］原岛春雄著，谢跃译，张宪生审校《近代中国断章》

王维江、吕澍辑译《倾盖如故：德语文献中的民国上海》

皇甫峥峥著，汪林峰译，李文杰校《远西旅人：晚清外交与信
　　息秩序》

［比］钟鸣旦著，陈妍蓉译《进入全球公共视域的清帝国：欧洲
　　文献里的中国邸报》

［比］钟鸣旦著，陈妍蓉译《历史文本的文化间交织：中国上古
　　历史及其欧洲书写》